謹以此書獻給我的友人吉德煒與邵東方，並以此紀念我六十五年前的老師洪業

This book is dedicated to my friends David M. Keightley and Shao Dongfang, and to the memory of William Hung (Hung Yeh), who was my teacher 65 years ago.

早期中國研究叢書

《竹書紀年》解謎

[美] 倪德衛 著　魏可欽　解芳　等譯

邵東方 校

上海古籍出版社

倪德衛像

倪德衛像

倪德衛與吉德煒

倪德衛與邵東方

叢 書 序

　　"早期中國"是西方漢學(Sinology)研究長期形成的一個學術範疇,指漢代滅亡之前(公元 220 年)的中國研究,或是佛教傳入之前的中國研究,此一時期的研究資料和研究方法都自成體系。以吉德煒(David Keightley)教授於 1975 年創辦 *Early China* 雜誌爲標誌,"早期中國"這個學術範疇基本確定。哥倫比亞大學近年設置的一個常年漢學講座也以"早期中國"命名。

　　"早期中國"不僅是西方漢學研究長期實踐中形成的一種實用分類,而且是探求中國傳統文化之源的重要的實質性概念。

　　從最初的聚落發展到廣大地域內的統一的中央集權專制主義的秦帝國建立,并且在漢代走上農業文明之路、確立起帝國社會的價值觀體系、完善科層選拔官僚制度及其考核標準,早期中國經歷了從文明起源到文化初步成型的成長過程,這個過程實際上也就是中華民族的形成過程。可以說,早期中國不僅奠定了中華文明的基礎,也孕育、塑造了此後長期延續的傳統中國文化的基本性格:編户齊民自給自足的小農經濟長期穩定維繫;商人的社會地位始終低下;北方遊牧民族入主中原基本都被漢化,帝國疆域的擴張主要不是軍事征服而是文化同化的結果;各種宗教基本不影響政治,世俗的倫理道德教化遠勝超驗的宗教情感;儒家思想主導的價值觀體系以及由此造就並共同作用的强大的官僚制度成爲傳統中國社會的決定性力量，等等。追源這類基本性格形成伊始的歷史選擇形態（動因與軌跡），對於重新審視與釐清中華文明的發生發展歷程，乃至重新建構現代中國的價值觀體系，無疑具有至關重要的作用。

　　早期中國研究不僅是西方漢學界的研究重心，長期以來，也是中國學術研究中取得巨大進展的重要方面。早期中國研究在中西學術交流的大背景下，形成了獨特的研究風格和研究方法。這就是：擴充研究資料、豐富研究工具、創新研究技術，多學科協同不斷探索新問題。

　　1916 年，王國維以甲骨卜辭中所見殷代先公先王的名稱、世系與《史記·殷本紀》所記殷代先公先王的名稱、世系一一對照，發現《殷本紀》所記殷代先公先王之名，絕大部分出現在卜辭中。王國維把這種用“紙上材料”和“地下新材料”互證的研究方法稱爲“二重證據法”：“吾輩生於今日，幸於紙上之材料外更得地下之新材料。由此種材料，我輩固得據以補正紙上之材料，亦得證明古書之某部分全爲實錄，即百家不雅馴之言亦不無表示一面之事實。此二重證據法惟在今日始得爲之。”

　　出土文獻資料在現代的早期中國研究中顯示出越益重要的作用。殷墟甲骨 100 年來約出土 15 萬片，其中考古發掘出土的刻辭甲骨有 34 844 片。青銅器銘文，1937 年羅振玉編《三代吉金文存》，著錄金文總數 4 831 件，其中絶大部分爲傳世器。《殷周金文集成》著錄資料到 1988 年止，共著錄了金文 11 983 件。此後到 2000 年，又有約 1 350 件銘文出土發表。最近二三十年，簡帛文獻資料如銀雀山簡、馬王堆帛書、定州簡、阜陽簡、郭店簡、上博簡等都以包含大量古書而深受關注。

　　嚴格地説，王國維所説的地下材料，殷墟甲骨、商周金文都還是文字資料，這些發現當時還不是考古發掘的結果，研究也不是從考古學的角度去研究。真正的考古學提供的是另外一種證據。傅斯年提倡"重建"古史，他主張結合文獻考證與文物考證，擴充研究"材料"、革新研究"工具"。1928 年，傅斯年創立"中央"研究院歷史語言研究所，並立刻開始發掘殷墟。傅斯年在申請發掘殷墟的報告中説："此次初步試探，指示吾人向何處工作，及地下所含無限知識，實不在文字也。"從 1928 年 10 月開始一直到 1937 年夏，"中央"研究院歷史語言研究所在殷墟共進行了 15 次發掘，發掘地點共 11 處，總面積 46 000 餘平方米，這 15 次發掘收穫巨大：在小屯北地發掘了 53 座宮殿基址。在宮殿基址附近還發現了大量甲骨。在小屯村北約 1 公里處的武官村、侯家莊北地發現了商代王陵區，發掘了 10 座大墓及一千多座祭祀坑。在小屯村東南約 1 公里處的高樓莊後崗，發掘出了叠壓的仰韶、龍山和殷三種文化層關係，解決了華北地區這三種古文化的相對年代。在後崗還發掘了殷代大墓。在殷墟其他地區，如大司空村等地還發掘了一批殷代墓葬。殷墟王陵的科學發掘舉世震驚。中國考古學也從開創之初就確立了鮮明的為歷史的特色和風格。為歷史的中國考古學根植於這塊土地上悠久傳承的豐富文化和歷史知識的積澱，强烈的活的民族情感和民族精神始終支撐着中國考古學家的工作。近 50 年來，中國考古學取得了無比巨大的成就，無論是新石器時代城址還是商周墓葬的發掘，都是早期中國文明具體直觀的展示。

　　不同來源的資料相互檢核，不同屬性的資料相互印證，提供我們關於早期中國更加確切更加豐富的信息，能夠不斷地解決舊問題提出新問題，又因為不斷提出的新問題而探尋無限更多的資料，而使我們對早期中國的認識不斷深入愈益全面。開放的多學科協同的綜合研究使早期中國研究取得了輝煌的成績。對其他歷史研究和學術研究來説，早期中國研究的這種研究風格和研究方法或許也有其可資借鑒的意義。

王國維、傅斯年等人是近現代西方科學思想和知識的接受者、傳播者，他們的古史研究是現代化的科學研究，他們開創了中國歷史學和中國學術的新時代。現代中國學術的進步始終是與西方學術界新觀念、新技術、新方法的傳播緊密相連的。西方早期中國研究中一些重要的研究課題、重要的研究方法，比如文明起源研究、官僚制度研究、文本批評研究等等，啓發帶動着中國同行的研究。事實上，開放的現代學術研究也就是在不同文化知識背景學者的不斷交流、對話中進步。我們舉最近的一例。夏商周斷代工程斷代的一個重要基準點是確認周懿王元年爲公元前 899 年，這是用現代天文學研究解釋《竹書紀年》"天再旦於鄭"天象資料的一項成果。這項成果的發明權歸屬韓國學者，在斷代工程之前西方學界已確認了這個結論。將"天再旦"解釋成日出前發生的一次日全食形成的現象的假説是中國學者劉朝陽在 1944 年提出的，他和隨後的董作賓先生分別推算這是公元前 926 年 3 月 21 日或公元前 966 年 5 月 12 日的日食。1975 年韓國學者方善柱據此假説並參考 Oppolzer 的《日月食典》，首次論證"天再旦"記録的是公元前 899 年 4 月 21 日的日環食（《大陸雜誌》51 卷第 1 期）。此後，1988 年美籍學者彭瓞鈞、邱錦程、周鴻翔不僅也認定"天再旦"所記是公元前 899 年的日環食，並對此次日食在"鄭"（今陝西省華縣，$\lambda = 109.8°E$，$\varphi = 34.5°N$）引起"天再旦"現象必須滿足的天文條件，第一次做了詳盡理論分析和計算，並假設食甚發生在日出之時，計算得出了表示地球自轉變化的相應的 ΔT 爲 $(5.8 \pm 0.15)h$，將"天再旦"的研究又向前推進了一步。夏商周斷代工程再次確認了"天再旦"這一成果，並爲此於 1997 年 3 月 9 日在新疆北部布網實地觀測驗證。

本叢書不僅是介紹西方學者一些具體的早期中國研究的成

果,引進一些新的概念、技術、思想、方法,而且更希望搭建一個開放性的不斷探索前沿課題的學術交流對話的平臺。這就算是我們寄望於《早期中國研究》叢書的又一個意義。

只有孤寂的求真之路才能通往獨立精神、自由思想之境。值此焦躁不安的文化等待時刻,願《早期中國研究》叢書能够堅定地走出自己的路。我們歡迎所有建立在豐富材料縝密分析基礎上、富有獨立思考探索成果的早期中國研究著作。

著述和出版是長久的事業,我們只要求自己盡力做得更好一些。希望大家來襄助。

朱淵清

2006/12/2

寫於學無知室

目　録

圖表目錄

中文版修訂及翻譯序言

　　自從我所著的《〈竹書紀年〉解謎》（英文版）在臺北華藝學術出版社（Airiti Press）付梓，已經一年過去了。我一直都希望能將此書譯成中文，交付出版。最近我有幸與優秀的譯者合作，這個願望也終於得以實現。當然，我的研究也從未中斷。我的朋友們——尤其是芝加哥大學的夏含夷教授——爲我提供了新發現的材料，使我能够發現並更正原書中的錯誤。我還決定縮減書中的一些内容：我刪去了和主要論點並非密切相關的部分，以及針對斷代工程的激烈而又可能並無必要的批評。我選留了一些嚴肅而温和的批評，也希望讀者們秉承科學精神來看待這樣的批評。

　　0.1　以下是我做出的具體修改：
　　一、原書分爲三個部分，第二部分主要側重於斷代工程。我刪去了第二部分的四個章節，其中最具批判性的一章已由徐鳳先翻譯並多次在中國出版。這四章中最長的一章是我 2002 年 4 月 12 日在芝加哥大學顧立雅研究中心的演講，内容爲遠古三年守喪制度。我非常遺憾地刪去了這一章，但它的核心内容已納入本書的其他章節，第六章概述了這次演講的主要觀點。

二、第一部分分爲兩章，根據《竹書紀年》重建紀年。第一章關於周克商日期的考證，其中大部分已於 1998 年譯成中文出版；我在本書中採用了原來的中文翻譯，只稍加修改。原第二章的主要部分取自我的一篇會議論文。此處我採用了稍後寫的一篇同主題文章——從《竹書紀年》中推測出自（神化的）黃帝到西周末年的確切日期。這篇英文文章於 1999 年發表，2002 年譯成中文後（由原斯坦福大學東亞圖書館館長、現美國國會圖書館亞洲部主任邵東方先生翻譯）在臺北出版。我對其進行適當修改後，作爲本書的第二章。

三、第三部分（第七、第八章）收錄了我對《竹書紀年》中從黃帝到晉武公每段簡文嘗試的重建情況。我保留了這一部分，作爲中文版的第三章和第四章；但是對簡文評注進行了增補和修訂。這一部分還包括了第九章，該章主要介紹簡文在戰國時代的演變。

我發現自己幾乎要全盤重寫這章。並不是原來出版的書有誤，而是需要進一步地澄清和改進。這一新章以及關於雙元假説的最後一章，是全書正文中的最後一部分。它們證實了"今本"的真實性、雙元假説的正確性，以及四分月相的正確性是相輔相成的。我們必須全盤接受這三個觀點，或者全部否定這三個觀點，從而使重建古代紀年的希望變得渺茫。

0.1.1 現在共有兩個附録，我稱之爲補充章節：原英文版的書中有四個附録，其中附録一（"三代科學縱覽"）被刪去了。我把附録二的内容納入中文版，作爲正文文末的新章。該章（第六章）主要論證了雙元年假説。其餘兩個補充章節是：

（1）第七章（原附録四）關於商代甲骨卜辭的絶對日期，我插入了一條重要的關於武丁至祖庚的卜辭並作了相應分析，此外，我原封不動地予以保留。

（2）第八章（原附録三）考查了所有日期完整的青銅銘文。現在發現的銘文更多，其中新出土的幾段銘文與我的研究間接相關，我根據它們對西周最後四任君王的在位時間進行了微小但却非常重要的修正。

還有一個新寫的後記，其中我提出了全書的大綱。

0.2　夏含夷給我帶來了一項令人興奮的新發現：師酉鼎。白川靜有一個觀點让我非常關注，他認爲師酉是師訇（旬）的父親（可是夏含夷以爲父親是師訇：夏氏 2005，第 201‑203 頁）。師訇簋（只有幸存的銘文）和赫赫有名的毛公鼎在行文風格上非常相似，它們必爲同時代的作品（倪德衞 1996‑1997），毛公鼎的圖例表明此鼎爲宣王或幽王世；因此我把它們的日期確定爲幽王繼位之年——該年可能爲公元前 783 年，而非公元前 781 年——即使與之相關的訇簋採用了西周中期的格式。但是師酉鼎的日期非常完整，可以確鑿地將其定爲共王世。所以我姑且作出這樣的推斷：我們所研究的毛公鼎，是西周晚期對於共王世原文（可能是毛遷所作，他是穆王時代著名的將軍，公元前 909 年被任命爲共王的重臣）的抄録：它没有獻辭的對象，最後兩行漢字變大變少，以佔滿空間，這或可表明，原文是有一段獻辭的。

0.2.1　因此，我得出這一結論：歷史上記載的幽王在位十一年（前 781‑前 771），並不意味着他原本有 2＋11 年。幽王亡國後，没有朝廷採用從他的即位之年開始計算的紀年方法。因此要解釋《紀年》中厲王的公元前 853 年，我們必須假定他名義上的統治（包括放逐期間）是 2＋28 年（前 857/前 855 ‑前 828），而不是 2＋30 年；且《紀年》中夷王在位的八年則原本爲 2＋8 年（前 867/前

865－前 858)。我現在從這兩世的銘文中得出上述結論。其他我重建的紀年未受影響。這項新研究也解決了我和夏含夷多年來激烈爭論的問題之一。

0.2.2 但是並未涉及我和夏含夷爭論的核心。1986 年,他公布了一項驚人的發現。他發現,一支明顯屬於周成王紀年的竹簡被置於武王紀年之中,從而把武王的壽命延長了三年。對此問題,我和他的意見相左。夏含夷認爲,《紀年》的簡文散亂不堪,因此晉朝學者發現該書的時候,也找到了一支鬆落的竹簡。這些學者還根據當時皇甫謐的研究,決定把這支簡置於武王紀年之中。其他出土竹簡也七零八落,狀況堪憂。夏含夷認爲,這支簡肯定和其他竹簡是一樣的。他用這一理論證明:整本《紀年》的簡文散亂無序,因此當代的學者們可以對其進行修補。"今本"則只是重建簡文的努力之一,只是恰巧包含了很多原簡文中記載的內容,但是最多只能恰巧爲一些西周銅器銘文的記載提供佐證,或者記載銘文中一些內容的具體情況。這也導致西周(銘文所作的年代)成爲他研究的上限。

0.2.3 在本書的第二章(大部分最早發表於 1999 年)中,我陳述了自己的觀點,亦在第三章末。這些文章中第一次記載了我們各自確定的時間,我們也必須研究清楚這些日期是怎樣計算出來的。夏含夷的發現基於晉朝學者荀勗的研究成果。荀勗認爲,當時出土的《穆天子傳》中,每支簡上有 40 字位,用未經染色的絲綢包裹起來,似乎是極不尋常的東西,是一件珍品,因而人們將它妥善保存。此外,夏含夷發現有一段簡文非常工整——從成王紀年到被挪竹簡之前——每段正好 40 字位;因此《竹書紀年》本身可能也是一件不尋常的珍品:各簡長度一樣,保存良好。由此我們可以得出這一假設:我們現在看到的《竹書紀年》可能忠實地記錄了入土簡文中大部分的内容。這也就是我一直以來研究的内容。
剛開始我只是署作嘗試，但隨着工作的開展，我越來越堅信我的理
論是可行的。我很快發現日期有誤，並試着找出其原因。我認爲
自己的這一嘗試越來越成功，而且我認爲這項研究不應止步於
西周。

　　0.2.4　我認爲，這支夏含夷發現的錯簡應爲戰國時期魏國學
者所移動。因爲在成王紀年混亂的文本中剛好出現一支簡的空間
絶非偶然，而且也不可能是晉朝學者所爲。① 夏含夷的發現並不
能證明《竹書紀年》出土後送往晉都時全書散亂無序，而恰恰證明
了與之相反的觀點：晉朝學者照搬了他們發現的簡文。對於自命
題的成功證明，如"雙元假設"、"干名假設"，對於冬至日一直被推
後兩日的理論，以及商朝就已開始使用"中氣"決定置閏的理論，讓
我的研究得以證實。很久以前對於這項假設的成功解釋，以及天
文記録中出人意外而又令人驚訝的證據，讓我進一步確信這個假
設。這一爭論應當有一個結果。或許本書能有所幫助。如果我的
理論正確的話，那麼我就完成了夏商周斷代工程本應完成却未能
成功的任務。

　　我所描述的這本書，已不再僅是我 2009 年出版的英文本的
修訂或譯本。但此書也並非全新，許多内容還是和原來一樣。
我要感謝吉德煒（David N. Keightley），他在 1971 年引我走向研
究商周銘文的道路，1979 年的時候，又促使我研究扶風的考古發
現。正是這一考古發現，讓我意識到"今本"《竹書紀年》其實和
以往《竹書紀年》研究所認爲的情況很不一樣。但真正促成我寫
作這本書的，是幾年以後夏含夷和班大爲（David W. Pankenier）

---

　　①　參見第三章。

所作的發現。在我寫了幾篇文章後，梅維恒（Victor H. Mair）和邵東方幫我將這些文章發表了。2000 年蔣經國國際學術交流基金會的資助，使我有機會將這部手稿出版。這一基金會提供了資金，使邵東方得以從新加坡來到美國，開始與我長期合作。本書的譯者及尖銳的讀者，如邵東方、周平、魏可欽、解芳、趙昊，也給予了我很多幫助。

我將此書題獻於我的朋友吉德煒及邵東方，亦紀念我的恩師洪業。

倪德衛（David S. Nivison）

加州洛斯拉圖斯市，2013 年 12 月 10 日

導　言

0.3　這本書是自 1979 年以來，我研究"今本"《竹書紀年》的成果。《竹書紀年》篇幅不長，計兩卷（或稱兩章，共 16000 字），以編年爲體，記載中國上古北方君王世系，從傳說最早的黃帝，一直到戰國時魏國的第二位君王魏襄王（前 299）爲止。黃帝在位時間，大約從公元前 2402 年到公元前 2303 年（詳見下文）。人們通常稱該《竹書紀年》爲"今本"，以與"古本"相區別。"古本"指的是，從古代典籍、古書注釋中彙輯原本《竹書紀年》佚文，後校編而成的本子。稱"今"往往有稱"僞"之意。18 世紀中國最偉大的學者們就斥"今本"《竹書紀年》爲僞書。[①] 若是三十年前，或許我會認同他們的看法。但現在，我不認爲它是僞書。"今本"一詞，不過是用來命名罷了。

　　公元 280 年左右，原本《竹書紀年》在河南汲縣一座王陵古墓（亦或王室地下倉庫）內被發現（據《晉書·帝紀》載，是年爲公元 279 年）。該古墓（亦或王室地下倉庫）必定有隧道直通山坡。當時，一位樵夫無意走了進去，發現了這座古墓。他可能發現了像青

---

　　① 最嚴重的指責來自官修圖書目錄《四庫全書總目提要》。史學理論家章學誠亦持相同意見，見《乙卯札記》，《章氏遺書》（嘉業堂刊本）外編卷二，第 16b–17a 頁。

銅祭器一類值錢的東西，然後又找到了成捆的竹簡，便拿來點火，當照明火把用。幸好，當地官員很快注意到這件事，並彙報給西晉朝廷，纔沒有讓那樵夫用掉太多竹簡。這些竹簡，亦即竹書。它們被埋於地下近六個世紀，其中有一部分完整無缺，後經人編輯，便成爲現今人們所見之《竹書紀年》。

0.4　人們對《竹書紀年》真偽的論斷尚存争議。據唐代文獻記載，《竹書紀年》有十二卷本、十三卷本，甚至十四卷本。宋、元兩代鮮有記載。直至明代晚期，纔又出現了以兩卷爲主的各種輯本。必須承認，各種版本的《竹書紀年》、《汲郡紀年》所彙輯的原文佚文，都與原本《竹書紀年》有出入。差異較明顯的，是第二卷的最後三分之一。原本《竹書紀年》的篇幅更長，但到元代已佚失。可能明代時，有人試圖利用彙輯的佚文和其他材料，來重建原文，恢復墓本樣貌。也可能有人並不這麽審慎，而把蓄意作偽的材料整合在一起，充當原本。

兩卷本和十二卷本、十三卷本、十四卷本的存在，也許是對同一文本所作的幾種不同方式的編輯。但也有可能，這兩種主要版本都出自晉代學者之手（兩者內容大致相同，但其他部分則相去甚遠）。我們知道，晉代有兩批學者參與了出土竹簡的編輯工作：第一批以荀勖、和嶠爲主，從公元 281 年起，編輯數年。第二批以束皙爲主，從公元 290 年起，開始修訂整理，並試圖解決之前遺留下來的問題。在我看來，早期文獻學所記載的，大抵是第二批學者的編輯成果。但他們的成果，除了一些隻言片語爲人引述外，其餘並未保留下來。相反，第一批學者的編輯成果倒是得以留存。後世彙輯的佚文很多都是從這裏來的。當然，有些佚文來自第二批學者的編輯成果。另外，但凡看過或讀過《竹書紀年》的人，也許會有這樣一個想法，即墓本《竹書紀年》在送到晉廷學者手中時，其最後一部分已是混亂不堪。捆繩鬆開、竹簡散落；許多竹簡已損壞，一些竹簡則不知所蹤。所以，就我個人來説，對這最後一部分簡文，是不作進一步考察的。

18 世紀以來，中國學者對《竹書紀年》的看法各不相同。但到 20 世紀，大部分學者，以及所有西方學者都接受了王國維的説法（我在哈佛念研究生的時候，學的就是王國維的觀點）。王國維認爲，《竹書紀年》是徹底的僞書。他作《今本竹書紀年疏證》，欲證《紀年》乃後人搜輯，除各君王在位年月外，無一不是杜撰僞造者依着一己之想象，雜陳古今材料拼凑而成的。但我認爲，這恰證明了僞造一説，即重建説，是不成立的。

0.5　20 世紀的多項考古發現，使學者們得以將中國有確切紀年的歷史向前推進了許多。一般説來，公元前 841 年，是中國歷史上有確切紀年的開始。這一年乃周厲王出奔、改元"共和"的第一年。《史記》記載了這個日期，且與當時各諸侯年表相吻合。許多新發現的材料都包含日期，但很可惜，這些日期往往不完整。在上千片的甲骨卜辭裏，大部分日期以六十天爲周期。有些是按照某種陰曆計算的日期；有一小部分是君王的在位年份（但没有標注君王的名字）；另有極小一部分提到日食或月食。西周青銅器大多刻有銘文。這些青銅器中，有七十件刻有"完整"的日期。但這些日期之具體所指，往往含混不清。例如，君王的在位年份（但不指明君王名稱），陰曆月（第一個月的四種可能），意指四分月相的術語（此説爭議頗多），還有干支紀日。有了這些材料，再加上一個好的曆法，就可以進行合理推算。我花了很多時間作此研究。人們也可以利用古代文獻中另外一些相似的材料。

於是有人會想，何不利用《竹書紀年》來作一些合理推算。我就是那個人。1979 年 11 月的一個星期日夜晚，我正爲第二天晚上的研討會發言作準備。許多教授，包括吉德煒教授，還有一些斯坦福和柏克萊的研究生，會來參加那個研討會。而發言的内容，是陜西扶風的青銅器窖藏。這是吉德煒教授指定的内容。從發掘簡報和新近公開的青銅器銘文中，我選取了幾段相互關聯且"日期完整"的銘文。有四段銘文描繪了王在"師录宫"，聽司馬共向其介紹賓客及作器者的場景。銘文上年份很小，所以，銘文中所描繪的那個王，可能是一位在位時間很短的君王。按照銘文字體的形態，我推斷，這應是公元前 870 年至公元前 850 年間的器物。與此同時，我又想，何不到《竹書紀年》核對一番？反正無人知曉。於是，我畧帶愧疚地翻看了理雅各（James Legge）譯的《竹書紀年》。《竹書紀年》顯示，孝王在位時間爲公元前 870 年至公元前 862 年，夷王爲公元前 861 年至公元前 854 年，厲王爲公元前 853 年至公元前 842 年。

　　不到五分鐘，我便意識到，眼前讓人半信半疑的材料，將是我窮盡餘生研究的主要問題。《竹書紀年》標注的日期雖不正確，但青銅銘文上的三個日期卻指向同一個元年，且與《史記》世家所記載的日期十分接近。也就是説，《竹書紀年》年表雖不確切，但必有規律可循，必定按照某種方式從實際日期推演而來。我要做的，就是找出其中的規律，並嘗試解釋這規律背後的原因。所以，《竹書紀年》並非僞書，而是無價史料。第二天晚上的研討會開得很熱烈，同時也影響了夏含夷和班大爲這兩位研究生未來的職業規劃。

　　0.6　我認爲，四段"師录宫"銘文均屬夷王世。但這有一個困難，即其中三段銘文以公元前 867 年爲元年，而餘下一段則以公元前 865 年爲元年，晚了兩年。① 另外兩段屬共王世，也存在相同問

---

　　① 我認爲孝王在位前五年裏，夷王的父親懿王仍在世，後卒於公元前 868 年。而孝王一直統治到公元前 864 年，王子胡（即厲王）誕生。

題,後一段標明的元年年份要比前一段標明的元年年份晚兩年。後來,我又在宣王銘文中,發現了諸如此類的現象。宣王元年爲公元前 827 年,本無爭議。但據公元前 809 年以後的一些銘文,宣王元年應爲公元前 825 年。另外一些類似的現象,如《竹書紀年》載周文王在位五十二年,而《史記》卻指其在位五十年。

就此現象,《竹書紀年》本身似已給出了解釋。夏代始於禹,但禹死後,其欽定繼承人卻未得認可。"三年喪畢,天下歸啓",自此以後,每位君王死後到新君王即位,其間都要空出幾年,作爲守喪期。通常,守喪期爲兩年。夏以後,舊王崩逝到新王執政之間,不再因守喪而有一段空隙。但守喪這一制度,仍在紀譜上得以體現。夏含夷曾告訴我,從君王在位後期的紀譜可以看出,他究竟是在守喪結束後什麼時間正式登基爲王的。而按我推斷,這一情況通常發生在舊王的某位大臣退休、罷官或去世的時候。①

只有夏含夷認同守喪制一說。而中國學者,但凡考慮過這個說法的,都無一例外地加以否定。② 我認爲,守喪制對解釋《竹書紀年》内各年份爲什麼與實際年份不同,對理解這些年份又是怎樣與實際年份不同,起着關鍵作用。公元前 4 世紀,《竹書紀年》的戰國編者們在編撰夏以後紀譜時,就忽畧或有意抵制了存在三年守喪期的這一原則。所以,君王在位的第一年要麼往前挪,要麼被推後。不過,商朝太戊和雍己的守喪期倒是體現在他們的紀譜上。但夏代的末代皇帝、昏庸無道的暴君桀,卻是被杜撰出來的。其他

---

① 公元前 809 年,爲共和舉行的守喪期剛剛結束。厲王流亡期間,共和攝政(《史記》將共和與共餘相混淆。共餘爲共和之弟,年幼許多)。

② 實際上王國維提及這一觀點,當時他在推測爲什麼僞造者處理夏朝紀年的方式和他一樣。王國維認爲這一理論已廣爲人知,無須注明出處(《今本竹書紀年疏證》,夏朝部分結尾;他可能引用雷學淇《義證》卷十四,第 95 頁;而雷氏又引自《韓詩内傳》和鄭玄)。

還有一些問題，此次中文修訂本第二章就圍繞這些問題展開。該章已於 2002 年發表在《經學研究論叢》上。本書第一章探討武王克商的具體年份，這個問題由來已久，且頗多爭議。該章在 1997 年，收録於北京師範大學國學研究所編《武王克商之年研究》論文集中。

　　本書前兩章，主要以《竹書紀年》爲基礎，輔以夏含夷、班大爲在 1982 年至 1984 年間所作的研究發現，對部分歷史問題加以澄清。夏含夷、班大爲的研究發現功不可没。假使没有這些發現，單靠我一個人，恐怕形成不了如此深刻、獨到的見解，便也没有辦法完成本書第二章的書寫了。班大爲先後在《早期中國》上發表了幾篇文章。其中，1983 年第 7 期的一篇，解釋了夏帝癸紀譜裏的一條相當費解的天文記録（該記録顯示爲公元前 1580 年，但實際上是公元前 1576 年）。1984 年第 9 - 10 期的另一篇，則將公元前 1953 年 2 月的一次五星會聚，與舜讓位禹的政治事件聯繫起來，確認該事件即夏朝之創始。

　　1988 年 12 月，《洛杉磯時報》一位科普作家阿什利・鄧恩（Ashley Dunn）打來電話，讓我留意彭瓞鈞（Kevin Pang）的一篇文章。彭瓞鈞是帕薩迪納噴氣推進實驗室（Pasadena Jet Propulsion Laboratory）的研究員。他觀察到，夏朝初年有一次日食現象。這恰恰佐證了班大爲的發現，也使我得以很快推算出夏代和商代的確切紀年。1990 年，我和彭瓞鈞就此發現合寫了一篇文章，發表於《早期中國》第 15 期。我曾邀班大爲參與寫作，但他婉拒了。其實，在 1995 年時，我的這本書已初具雛形（1997 年又有更新）。但因各種新的發現，原稿早已改得面目全非。原稿的前兩章已分別於 1997 年、1998 年譯成中文發表。其中一篇中譯，得以保留，成爲本書第一章，主要討論了周克商年份的問題。至於原稿的其他部分，我不打算再一一發表了。我把它們濃縮成爲一篇文章，在

1999 年時，發表於梅維恒主編的 *Sino-Pcatonic Papers* 上。我的朋友兼合作者、曾任斯坦福大學東亞圖書館館長、現任美國國會圖書館亞洲部主任的邵東方先生，將這篇文章翻譯成中文，並於2002 年在臺北發表（本書第二章即用邵氏之翻譯）。

0.7　守喪期這一說法，可能是我的研究無法爲中國大陸學者接受的一個主要原因。一般説來，要接受守喪期的説法，勢必要承認《竹書紀年》並非僞書。可惜，中國大陸的主流學者，既不接受守喪期，也不承認《竹書紀年》爲真。[①] 1995 年，亦即我完成初稿的那一年，在原國務委員兼國家科委主任宋健的積極推動下，中國政府決定資助啓動夏商周斷代工程。這項工程爲期五年，由來自各學科的兩百多位專家學者共同參與，希望將中國有年代可考的歷史，從公元前 841 年再向前推進。我很清楚，這項工程必定對《竹書紀年》視若無睹；我也清楚，《竹書紀年》對推算出更早以前的年表，有着關鍵意義。我自己就已推算出這樣一份年表。但也恰是這項正在中國如火如荼進行着的工程，使我重新整理我的研究所得，並解決了一些可能被忽畧的問題。因此，我特別感謝李學勤先生，以及徐鳳先小姐，他們的研究著作使我對商代晚期的紀年產生了更大的興趣。

0.8　篇幅所限，我還没能好好介紹夏含夷的工作。1986 年，夏含夷在《哈佛亞洲研究學報》上，發表了一篇有關《竹書紀年》的文章。也正是因爲這篇文章，我寫了本書第三、第四章。夏含夷的

---

　　① 　班大爲例外。他不接受倪德衛-夏含夷假説，但是認爲《紀年》大部分爲真——雖然（他認爲）現存的克商時期的記載嚴重損毀。如果陳力仍然認爲三年守喪期是之後纔出現的，那麼他也是例外。

文章,主要有兩項發現。第一,據可靠史料載,周朝第一位君王武王,在周克商以後兩年去世。但《竹書紀年》卻説是五年,且武王最後三年爲武王第十五、第十六、第十七年。第二,《竹書紀年》成王紀譜中,從成王元年到成王十四年,每年都有記事。但從成王十四年到成王十八年,則沒有,造成一段空白。爲什麼《竹書紀年》中會有武王第十五、第十六、第十七年?夏含夷找到了一條晉代學者寫的注釋。這位學者在竹簡出土後,參與了編輯工作。他説,那批出土竹簡中,有一部《穆天子傳》,是按照每簡四十字的編排書寫的。於是,夏含夷回頭查看武王紀譜,發現一支四十字的竹簡恰好可以放到成王紀譜的那段空白裏。這支簡放進成王紀譜後,成王紀譜就連貫起來了。而武王紀譜抽掉這支簡後,亦變得合乎情理了。另外,從成王紀譜原來的那段空白往前數,直到成王元年,恰好是十支四十字的竹簡。①

由此可見,"今本"《竹書紀年》絶非原本《竹書紀年》的改本或一種粗糙的抄本。它至少是一種較爲準確、逐字逐句的抄本,除了其中一支竹簡從成王紀譜中挪到了武王紀譜中。夏含夷認爲,錯簡一事,可能是晉代編者有意爲之,也可能是他們的無心之失。但最後,他還是論定,錯簡乃晉代編者有意爲之。同時,他稱他知道晉代編者造成錯簡的原因。本書中,我會證明,錯簡事實上在竹簡遭埋藏以前,即戰國魏國時期已發生,且出於一個極爲不同的原因。②

現在的問題是,要弄清《竹書紀年》在多大程度上是按照墓本《竹書紀年》嚴格抄録下來的。我查看了成王紀譜及成王以後的康

---

① 我的同事邵東方指出,這一計算方式並不包括"成王名誦"這幾個字(邵東方2002[1]第104-105頁)。請參見第三章。

② "夏含夷簡"是一支虛簡,並非實際存在的。請參見第三章中的解釋。

王紀譜（對此作了一處修改①）。但接下來的工作，就只能單靠猜測了。不過，我發現夏朝最後一位君王帝癸的紀譜總共有八支簡（不包括一段篇幅很長的副文）。到 1989 年，我已推算出夏朝的確切年表，並得出結論，帝癸紀譜爲後人杜撰，且在《竹書紀年》被埋藏以前已被加入《竹書紀年》內容裏去了。據載帝癸十年（前1580）曾有一天文現象。班大爲確認其發生年份，實爲公元前1576 年。而據我所知，公元前 1576 年，乃夏朝第十四位君王孔甲在位的第二年。要杜撰帝癸紀譜，就要改寫孔甲紀譜，以避免那次天文現象出現在孔甲紀譜中。或許，單從紀譜形式，也可看出端倪。

0.8.1　孔甲紀譜主文的第一支簡就有四十字。這以後，有一段很長的副文，乃 135 字的神話敘事。136 字可能是 4×34 字。大多數副文在刻寫時，會在竹簡的頂端和底部各空出三個字的位置。《竹書紀年》的前半部，有許多這樣的副文，以神話敘事爲主。我數過這些副文的字數，發現大多數情況都如我所料。後來我發現，黃帝和堯紀譜裏的副文被晉代編者打亂了。他們單靠直覺分配排列了這些副文。若重新組合，則符合字數上的規律。2004 年3 月的時候，我在早期中國研究學會（Society for the Study of Early China）的年會上發表了一篇論文，闡述了我的這一發現。這次會議屬於亞洲研究學會（Association of Asian Study）在聖地亞哥舉辦的年會裏的一次小組會議。（在我發表論文時，麥吉爾大學［McGill University］的葉山［Robin Yates］協助我展示了圖例）。根據格式對簡文進行重排後，我將重建的簡文收入本書第四章中。

---

① 《竹書紀年》中，第一任魯侯伯禽卒於康王十九年，實際上是康王十六年。但據我推斷，竹簡被埋藏前，這一錯誤即已發生。我在重建簡文中保留了這一記錄。

0.8.2 《竹書紀年》餘下的部分,包括主文和副文,需要更多探索工作。但相對來説,要比先前的探索工作簡單得多。2006年,亞洲研究學會在舊金山召開了一次春季年會。我在那次會議上發表了一次相關解説的演講,並分發了經我復原後的《竹書紀年》全部簡文。本書第三章,主要包括那次會議所發表的一些解説。之後,我保留竹簡的形式,對簡文加以整理。本書第四章即整理結果。我總共整理了三百支簡,此外還有三支簡,是對三代的概括。夏代有六十支簡,商代有六十支簡,西周有一百支簡。這三百支簡分裝成五捆,每捆六十支。除此之外,尚有兩捆,可惜我無法復原。

0.8.3 本書還有兩個較短的章節,是我對《竹書紀年》文本演化成型所作的思考。從公元前 450 年《竹書紀年》尚未遭人篡改起,直至公元前 299 年《竹書紀年》紀譜結束,我一邊思考一邊記錄下每一處細節、每一處發現,頗有啓發。書中另附一篇短文,有關"九鼎淪泗"一説。據《竹書紀年》載,此事發生在公元前 327 年。但實際上,這不過是杜撰出來的神話罷了,且有不同年份的説法。我對此事加以分析,竟又得出另一證據證明周克商年份爲公元前 1040 年。當然,在第一章裏,我還列出了另外十五條證據。

第六章是我對倪德衛-夏含夷假説的論證。倪德衛-夏含夷雙元年假説,指的是商代和西周,君王在位通常從新王守喪完畢、正式"即位"的年份算起。尤其是西周時期,君王在位後期,大部分青銅器銘文往往把君王的正式"登基"年份,標注爲元年。直到幽王,纔停止了這一做法。《竹書紀年》的紀譜和其他早期紀譜都忽略了這一點。假使我們不把這個因素考慮在内,就沒有辦法重建比公元前 841 年更早的紀年。

　　0.9　在較長(三個部分)的第七章,我嘗試將屬於商朝最後幾位君王統治年代的甲骨文和絕對日期匹配起來,這樣便可利用它們來確定祭祀儀禮的周期。

　　本章第一部分,尤其是那些大量記載了帝辛十年、十一年,在淮谷征討夷方時所作的大量甲骨卜辭。董作賓、陳夢家、常玉芝、李學勤和徐鳳先等學者多致力於此。這對我來説,亦頗爲重要,因爲我要利用《竹書紀年》,推算出從黄帝到西周的完整紀年。在第二章,我從夏禹往後推算,又從商之帝辛往前推算。這兩種方法必須統一,各自推算出的帝辛的年份也必須吻合(禹的年份,根據某次行星會聚和某次日食可以確定)。但三代斷代工程,以及李學勤和徐鳳先他們推算的帝辛的年份,和我的推算大相徑庭。在第七章第三部分我將分析這個問題。

　　在第二部分,我採用一個全新的方法。我先設計出帝辛前二十年(前 1086 -前 1067)的置閏系統,然後將它投射到武丁晚期以及祖庚初期(前 1195 -前 1185)。以這樣的方法我可以證實武丁去世的年份(前 1189):我對一片載有祖庚繼位年(前 1188)前十月的甲骨文作了正確的分析,既而集中於一片引起爭論的載有月食的甲骨上。大多數學者(包括我在内)認爲此片屬武丁晚期,即公元前 1192 年。要確定這個問題,我們必須論定商代之二十四小時日的開始點。

　　在第三部分中,我指出,李學勤和徐鳳先的問題,乃是採納了日本學者島邦男的一個錯誤觀點。另外,他們都忽視了這樣一個事實,即帝辛在位第十九年起,採用了新的年曆。帝辛採納新曆,可能是因爲當時他指定了禄父,也就是後來的武庚,作他的繼承人。

　　最後,我製作了一張祭祀周期表。帝辛在位的前十二年裏,每隔十天,就會舉行這樣一個儀式。

0.9.1 在本書第八章第一部中,我把有完整紀年的西周青銅器銘文再次作了核查,其中很大一部分是以前整理發表過的,另有一些是新發現的銘文(任何分析年代的問題必須與這樣的文獻資料保持一致)。我又在第二部介紹了一些商代晚期的資料,主要是一些青銅器銘文;在這一部分中,我借鑑了赤冢忠已出版的著作。

0.9.2 人們一直嘗試重建中國古史。我所做的,是諸多嘗試中的一種。爲何我的嘗試值得一看? 我提出,"今本"《竹書紀年》成書於戰國中期。它基於當時仍爲人知的確切紀年,卻爲滿足某些政治需求而稍加改動。我已辨明這些需求。據此,再加上"今本"《竹書紀年》中的記錄,可推算出原始的確切年份。

班大爲認爲,夏帝禹因公元前 1953 年 2 月的一次五星會聚而獲得權力。"今本"《竹書紀年》以公元前 2029 年爲夏朝起始年,比班大爲的結論早了七十六年。七十六恰好爲戰國時期計算置閏周期的基本單位。一個完整的置閏周期爲 1520 年,即 20×76 年(每 1520 年,冬至、夏至和春分、秋分的日期,都是固定的)。"今本"《竹書紀年》夏紀譜中,記有一次日食,發生在第四位君王仲康五年九月朔日庚戌(47)。

按《竹書紀年》的系統來看,該年爲公元前 1948 年。夏朝確有日食發生,與史料記載相符。但日食發生時間,卻不在"庚戌"及"公元前 1948 年"。此錯誤可能在公元前 428 年或稍晚之後產生。原因是採用了置閏周期,並把置閏周期應用於原先正確的夏朝起始年份和日食年份。也就是說,犯下這個錯誤的人,其實在當時,擁有大約十五個世紀以前的確切紀年。這以後一個世紀,人們研究《竹書紀年》上的年份,皆參照此人做法,並在此基礎上,按各自所需畧加改動。

第一章

武王克商之日期①

　　1995 年及 1997 年，我寫作並修改英文版《〈竹書紀年〉解謎》時，曾將有關武王克商日期的章節，列爲第八章。但該章最終未能收入書中，亦未以英文形式在他處發表。後來，這篇文章被譯成中文（《武王克商之日期》），收録於北京師範大學國學研究所編《武王克商之年研究》一書中（第 513 - 525 頁）。這篇文章後，還附有兩種從黃帝到幽王的年曆，一種是《竹書紀年》所揭示的年曆，另一種是經我修正後的年曆。此外，還有我對五十六篇西周青銅銘文的日期分析及文獻目録。本章即在上述論文的基礎上修訂而成，原文附録之年曆及青銅銘文分析，因已散見於本書其他各章，故署去。我不打算將早先的草稿以書籍形式出版，因爲之後我的研究不止於此。但本章保留了我對武王克商年份與日期這一著名問題的主要看法。

　　1.0　在第二章，我嘗試確定從武丁之死（我認爲在公元前

---

　　①　原載北京師範大學國學研究所編《武王克商之年研究》（北京師範大學出版社，1997 年，第 513 - 532 頁），此文由周平譯。原文中的參考書目除已注明之處外，已根據本書的具體情況進行删除或修改。

1189 年)至商末一百五十年間各君王的確切紀年。由於君王們越來越擔心兄弟篡位，兄弟繼位也就不再有了。但君王們想在去世之前就確立他們的繼承人，紀年便出現了糾纏不清的情況。儘管文武丁的年曆從公元前 1118 年開始，但武乙實際上是公元前 1109 年卒於河渭的一次王室狩獵。這種狩獵，習慣上是爲戰役獲勝而舉辦的慶典（針對"盂方伯"），同時也是對正在興起的周的一種警告。好戰的周國首領季歷（前 1127－前 1102）一直在打勝仗。最後，當他入朝覲見時（約前 1102），商王（可能即本爲文武丁的帝乙）將其下獄。不久季歷便去世了。從此，同樣强大的雙方之間的和平名存實亡。《逸周書·度邑解》載武王（發）克商（我證明其爲公元前 1040 年）後對周公（旦）說："嗚乎，旦，維天不享於殷，發之未生，至於今六十年……"這説明自從季歷死後，周就認爲商的統治失去了天命。

公元前 1086 年，帝辛成爲商王。從《竹書紀年》中，我們可以看到，在公元前 1059 年發生五星會聚的前十一年，即公元前 1070 年，文王召開了一次諸侯會議。顯然，這是一種具有威脅性的舉動。據《竹書紀年》載，次年商王在渭谷狩獵，對此威脅作出了回應——因爲渭谷是周的領土。又過一年，即公元前 1068 年，帝辛開始採用新曆。[①] 當時，在商都必定有一次諸侯會盟，文王不敢不來。不管事實究竟如何，反正《竹書紀年》（該書對新曆與諸侯會盟隻字不提）有記載：這一年，即在周的諸侯聚會兩年後，文王被囚於羑里，一困七年（我們可以肯定他被囚禁在這裏，《逸周書·小開解》載，公元前 1065 年 3 月，發生月食。當時，文王要兒子[傳信?]"汝開後嗣謀"）。公元前 1062 年，文王獲釋。他發現支持他的諸侯越來越多。據説，帝辛在公元前 1058 年承認了文王有自行出兵

---

① 參見 7.6.1 年表之公元前 1068 年。

征討的權力："王賜命西伯,得專征伐。"①在周看來即爲獲"天命",其實無論怎樣文王都會使用這一權力。公元前 1056 年,文王稱王,開始了新的年號。公元前 1055 年,文王又一次召集地方諸侯。這一次,帝辛似乎並不以此爲威脅,反而決定東征宿敵東夷(早些時候,即公元前 1077 年至公元前 1076 年間,曾有一場討伐東夷的大戰)。② 武王在公元前 1049 年繼位,而我們則在爭論他爲發動最後的決戰,究竟花了多少時間。

1.0.1　历史論點提要

關於武王克商之年,我在 1983 年、1984 年和 1985 年發表了三篇文章。每篇文章中都有正確與錯誤的地方。在本章中,我首先解釋了這些問題,並闡明了我目前的觀點。接着說明如何從對《竹書紀年》的分析中得出的公元前 1040 年這一年份,並採用十二種方法對公元前 1040 年這一年份加以論證。隨後又在紀事表中羅列了從公元前 1128 年文王(昌)出生到公元前 1030 年周公還政於成王期間的各項大事及日期。最後(新寫的)則分析了本章克商戰役圖所用月相詞作何解釋之最重要的論點。

1.1　在《武王克商之年研究》一文中,我對自己之前發表的論文進行了批評。

1983(《哈佛亞洲研究學報》43):我曾以公元前 1045 年爲周克商的年份,而正確的年份應爲公元前 1040 年。

1985(《古文字研究》12):我曾辯駁《國語·周語》所記天象是

---

① 第四章,第 175 簡;或參見第 522 頁。
② 我認爲,根據著名的小臣艅犀尊(十五年肜日)關於商王討伐夷方回來的記錄,可知該事件應發生於公元前 1054 年 4 月 25 日。《左傳·昭公十一年》載,"紂(辛)克東夷而損其身"。我們可從沿途記錄的七十多片甲骨銘文中推斷出比較早的戰役,其日期爲公元前 1077 年至公元前 1076 年(對於日期的爭議,請參見 7.8)。

西漢時杜撰插入的,但現在認爲是約公元前 500 年–公元前 450 年間杜撰的。

　　這裏我必須指出另一錯誤:英文版《〈竹書紀年〉解謎》及以前的著作中,我曾論斷,爲了解釋《紀年》有誤的厲王元年公元前 853 年,我們必須假設有三王的兩年守喪期被刪去,即厲王、宣王和幽王。結果我將夷、厲、宣、幽四王作了錯誤的劃分。其實,幽王未被刪去兩年守喪期;已而夷王在位年數應是十年,不是八年;厲王的繼位年是公元前 857 年,不是公元前 859 年。公元前 853 年有誤的原因僅僅是由於厲王和宣王各自的兩年守喪期被刪去了。

1.2　基本前提

　　(1) 重建紀年必須使用或能解釋"今本"《竹書紀年》中的年份。夏含夷在 1986 年發現,成王紀譜中一支竹簡移到了武王紀譜之末,這説明此書是真本。但是竹簡的移位大約發生在戰國時代,早於竹書入土時間(約前 300)。《左傳》中認爲竹簡上的事件發生在武王在位期間,《尚書·金縢》則認爲武王活得更久些。見第三章、第五章。[①]

　　(2)《竹書紀年》載"(帝辛)三十二年,五星聚于房"。帝辛三十二年,即公元前 1071 年,而"聚于房"實際上應按李約瑟(Joseph Needham)提出(1959,第 408 頁,注 c)、班大爲所證實的那樣(《早期中國》第 7 卷,第 4 頁),爲公元前 1059 年"聚于井"(錯誤的日期與位置必須加以解釋並允許適當的誤差,而不能因爲有錯誤就簡

[①]　1997 年,我認爲移動了一支實實在在的竹簡,且此舉早在公元前 425 年完成。我現在認爲,早在公元前 425 年可能就已對紀年進行修改,但並沒有移動簡文。我將在第三章和第五章中就這一問題進行闡述。

單地拋棄）。克商不可能早於 9＋5 年之後（實際上是 9＋10 年之後），因爲文王九年之後去世了。

（3）《尚書・武成》中劉歆所引用過的日期是可靠的（但劉歆的解釋有錯誤）。在可能的時間範圍內能符合這些材料的年份只有公元前 1045 年與公元前 1040 年。

1.3　1040 的基本論點

在穆王元年從公元前 962 年改爲公元前 956 年之後（根據青銅器銘文），再加上兩年守喪期，《竹書紀年》中從成王到穆王的紀年顯示出成王繼位的日期必在公元前 1037 年（同時文王的周曆元年必在公元前 1056 年，比穆王元年早 100 年）。知道成王元年但不考慮守喪期的編者會把康王的日期提早兩年到公元前 1007 年（這恰好是《竹書紀年》中的日期），而不會定在公元前 1005 年（繼位）和公元前 1003 年（登基）。小盂鼎銘文二十五年説明公元前 1003 年是正確的登基日期。因此該編者在相信公元前 1037 年是成王元年這點上沒錯。然而這一編者將攝政期定在公元前 1044 年至公元前 1038 年，使武王在公元前 1045 年死去，這是不可能的。所以把攝政期放在成王紀年開始之前是錯誤的。攝政期必從公元前 1037 年開始，那一年正是成王繼位之年。如果武王在克商兩年後崩逝（參見第四章，第 204－206 簡及其評注，以及《史記・封禪書》），克商的時間必在公元前 1040 年。

1.3.1　反對意見

《呂氏春秋》與《竹書紀年》都認爲克商在武王十二年（《史記》似乎也誤用了一個持同樣看法的資料），這説明克商在公元前 1045 年。

1.4　對反對意見的答覆

（1）這是我在《哈佛亞洲研究學報》中的觀點："十二年"有誤。如上所述，在公元前475年至公元前450年之間進行的計算，會得出克商之役應在當木星處於"鶉火"的公元前1041年下半年的結論。假若計算者知道"受命之年"（五星會聚後一年），木星也在"鶉火"，而且文王崩逝是在從"受天命"算起的第九年，他一定會認爲"受命之年"是公元前1041年以前的2×12年，即公元前1065年，也就會認爲公元前1056年用的是武王的紀年。他得到的（真實）材料肯定是説武王卒於十二年（根據武王自己的年曆），而克商在十七年（根據王室的年曆）。如果不知道涉及兩種不同的年曆，他會覺得兩個日期發生了混亂而想加以更正。這可以分兩步進行：① 可以認爲周公的七年攝政是在成王守制已成之前的七年（前1042－前1036），而不是在成王繼位後的七年（前1037－前1031，正確的日期）。假如武王在兩年後去世，克商之期就在"十二年"，即公元前1045年。② 武王的去世時間也可從其十四年挪至十七年。[①]

（2）一個更晚一點的錯誤也導致了"十二年"的説法（見第三章、第五章）。公元前335年魏惠成王稱王，故有必要把唐叔虞（受封於晉的人）受封之日定爲公元前1035年，稱該年木星落於大火（可見《國語·晉語四》）。這必然要求把公元前1050年作爲克商之年，把五星會聚之日前推十二年，從而得出公元前1050年爲武王十二年。

[①] 此舉曾把其之後的日期前推了三年，後來得以修正（1997年的文中，我認爲"夏含夷簡"曾在此時移動，導致了三年的改變。我現已證明該簡並不存在，參見第三章、第五章：5.4表）。

1.4.1　1040 的論證理由之一

甲骨文記載的帝辛戰人方（或夷方）之役在帝辛十年與十一年，與公元前 1077 年至公元前 1076 年相符，也僅只與此兩年相符（參見第七章）。把銘文放在一起分析時，則“十年”須以甲午（31）、乙未（32）、丙申（33）結束，同時這一年的“九月”之後是一個缺“中氣”的月份，須設閏。那麼公元前 1077 年是唯一的可能性。因此帝辛元年即爲公元前 1086 年。但《竹書紀年》中的帝辛元年爲公元前 1102 年，要早十六年。最好的解釋是在戰國早期某一個時候，有人把公元前 1040 年這一事實上的周朝元年（武王元年）與形式上的周朝元年（前 1056）混淆了，因爲後來這一年也被當作武王元年。這會使人覺得帝辛四十六年似乎是公元前 1057 年而不是公元前 1041 年。這十六年的位移在《竹書紀年》所載早期商王在位時期上可以看出來。如武乙在位本是公元前 1145/1143 年至公元前 1109 年，改成了公元前 1159 年至公元前 1125 年；祖庚在位實際上是公元前 1188 年至公元前 1178 年，改早了 11＋16 年（他們相信他在位的十一年應當在祖甲在位的三十三年以前，而不是包含在祖甲三十三年中的前十一年。見第二章）。

1.4.2　論證理由之二

甲骨文顯示帝乙元年爲公元前 1105 年（見第二章、第七章。包括《庫方》1661 以及其他殘片的一組“八年”銘文須一閏三月，而且只適合公元前 1098 年這一年。這一日期亦可由其他一些銘文佐證）。有一句出處不明的話（據説是出自《大戴禮記》）經常被人引用和講解：“文王十五年生武王。”其所指可能是帝乙十五年，即公元前 1091 年。《竹書紀年》中説“王陟年五十四”就只能發生在公元前 1038 年。如果這是在武王克商兩年之後，那麼克商必在公元前 1040 年。

1.4.3　論證理由之三

《竹書紀年》中"十年王命唐叔虞（成王的弟弟）爲侯"的時間是公元前 1035 年。編《竹書紀年》的人們一定相信那一年（即五星相聚的 3×12 年以後）木星在大火的位置上，據説是十星次（大火）中房（大火中間的星宿）的位置，這一年是公元前 1071 年。《國語·晉語四》清楚地説晉建立時木星在大火，但木星在大火的實際時間是公元前 1043 年與公元前 1031 年。如果公元前 1043 年武王仍在世（就算武王克商是在公元前 1045 年，據説他是卒於年底），《史記》中記載的事件所表現的是成王的行動，其時他因尚未成年而周公攝政，則時間必在公元前 1031 年。《左傳·僖公十五年》秦穆公之言也證實了這一觀點。分封在朝鮮的避世的商王之子箕子出現在慶典上。箕子幾乎從不朝拜，但是卻參加了《竹書紀年》中所載的（周公）攝政最後一年夏天舉辦的大典，這一場合很可能是唐叔的分封儀式。由此可得出周公攝政是在公元前 1037 年至公元前 1031 年之中。克商就在公元前 1040 年。

1.4.4　論證理由之四

據《史記·魯世家》記載，武王在克商之後馬上把魯賜給了周公，成王繼位後周公把魯給了他兒子伯禽。只是在這個時候《史記》繞提到禄父與皇叔伯們的反叛。在《漢書》中，劉歆説伯禽治魯四十六年，開始的那年正好是成王在位三十年的第一年（我認爲這裏指的是成王守制後的年曆）。《史記·魯世家》中的編年暗示伯禽卒於公元前 999 年，那麼他治魯的第一年應在公元前 1044 年，即《竹書紀年》中成王三十七年的第一年，但這是不可能的。在仔細分析《竹書紀年》後（《竹書紀年》顯示出伯禽去世的實際日期必在公元前 990 年），這一難題得到了解決（《竹書紀年》中所給的日期公元前 989 年，源於文本的衍誤。導致錯誤産生的原因有：

① 守喪期;② 有三年竹簡發生了移位。由於第一個原因,伯禽元年從公元前 1035 年移到了公元前 1037 年;由於第二個原因,他的整個日期都推移了三年,使他去世的日期變成公元前 990 年＋2/3年,即公元前 989 年。後來三年位移的日期都得以糾正,但伯禽的卒年沒有被改回來)。這一問題可追溯到魯獻公,他去世的時間是公元前 856 年。《史記》記載他治魯三十二年,而在《竹書紀年》中只能推算出二十三年。因此成王在位是公元前 1037/1035 年至公元前 1006 年,2＋30 年,克商在公元前 1040 年。

1.4.5 論證理由之五

《逸周書·寶典解》中記録了王的建議——很顯然是武王對其繼任者所言。且有確切的日期"王三祀,二月丙辰日(53)",爲該月第一天。如果武王崩逝於公元前 1038 年(如上文"論證理由之二"所述),克商之年發生於公元前 1040 年,則公元前 1038 年爲其即位第三年。《中國先秦史曆表》中記載,公元前 1038 年第三個月(寅)——而不是第二個月——從丙辰日(53)開始,第二個月從丙戌日(23)開始。但是此時(商和周)的中國人實際上把冬至日推後了兩天(見第七章)。他們可能從觀察到的夏至日開始算起,在秋分日再度確認這一計算,並把九十一天作爲這種演算法中兩季中一季的天數。但是從秋分到冬至實際上只有八十九天——因爲地球的軌道是橢圓形的而非圓形的。當然,當時的中國人並不知道這一點(冬至祭祀的重要性要求,必須有一套被認可的計算方法來找出"冬至日"的那一天,即使是陰天也不例外)。《中國先秦史曆表》中公元前 1038 年始於"冬至日",即乙酉日(22),是子月的最後一天。因此官方"冬至日"是丁亥日(24),丑月(2)則必然被視作首月。所以,我們應把"三月"當作"二月",也就證實了《寶典解》中的日期。

此外,《逸周書·武儆解》也提供了佐證。書中記載:"惟十有二祀四月,……丙辰……"當時王説了自己的凶兆之夢(我認爲,此夢預言是"王"的死期迫近),在丙辰日對此夢進行占卜。如果第二個月始於丙辰日,則第四個月,即 30+29 天之後,月初的某天必然爲丙辰日;"十有二祀"是從公元前 1049 年武王繼位後開始計算的公元前 1038 年。武王立刻詔令周公正式立小子誦爲繼承人,給他一份《寶典解》。武王爲其繼承人寫下該書,他首先關心的是小子誦有這本書(小子誦尚未成年,只有十二歲)。

1.4.6 論證理由之六

《尚書·洛誥》一章以敍述成王祭祀結束,稱之爲"烝祭歲",那天是戊辰(5),《僞孔傳》説是這個月的最後一天,而《洛誥》將此日期定在攝政第七年的第十二個月。這裏必須考慮兩個日期:公元前 1036 年與公元前 1031 年。公元前 1036 年要求十二月爲冬至前的第二個月(或許其後是閏十二月),日期爲 11 月 27 日;公元前 1031 年則要求日期爲 12 月 31 日,而下一個月又比張培瑜的曆表早一天(朔在 03:20,所以有可能)。冬至在丁卯(4),是 12 月 30 日,如同以前一樣,從秋分數過來九十一天就可確定己巳(6)爲 1 月 1 日。因而如果公元前 1031 年是正確年份,成王會認爲他是在冬至前夜祭祀,爲"祭歲"作出了一個合理的解釋,"祭祀一年之末",給"烝"(據説是"皇祖冬祭")也賦予了一種更令人滿意的意義。在公元前 1036 年,此日期不可能在歲末,除非下一年以冬至月前的一個月爲歲初,並將這天作爲秋季的最後一天而不是冬季裏的一天。因此,公元前 1031 年似乎是正確的,使周公攝政的時間確定在公元前 1037 年至公元前 1031 年間,由此也可知克商在公元前 1040 年。

1.4.7 論證理由之七

《國語·周語》中有關天象部分記載克商時,"歲在鶉火"。

對於這條記錄作出最好解釋的,是公元前 5 世紀的伶州鳩,他認爲木星(歲星)的運行周期是 12 年,並計算出克商是在公元前 1040 年。這一事實本身就是對公元前 1040 年爲克商年的證明(見第二章)。

1.4.8　論證理由之八

班大爲(博士論文 1983,第 241 頁)發現另有一文談到了發動克商戰役時木星的位置。《荀子·儒效》篇的注釋中指出當時木星在"北"("鶉火"在天象圖上處於南。前面已說明"鶉火"實爲計算者的錯誤)。現在必須把"北"作爲另一個可能來加以考慮。如果克商之役在公元前 1040 年的 1 月展開(根據夏曆來解釋有關《史記·周本紀》的材料),人們會發現那時木星在"虛",即木星次"玄枵"的中宿,這在天象圖上處於"北"。

1.4.9　論證理由之九

鄭玄(見《毛詩·國風·豳風》孔穎達疏)說成王出生在武王繼位之年,可以預期周公會在幼主二十歲成年之際交還全部統治權。那麼成王生於公元前 1049 年,公元前 1037 年繼位時十三歲,公元前 1030 年二十歲。因此,攝政期是公元前 1037 年至公元前 1031 年,克商應在公元前 1040 年(鄭玄不是從成王獲得全部王權的日期[鄭玄定在成王二十二年]去推算成王出生的那一年的,他提出的絕對日期都與衆不同,因此這可以算是獨立的證據(另可參見第六章)。

1.4.10　論證理由之十

在近來發現的清華竹簡中,有一支記載了在武王八年周克黎以後慶祝的場景。據《尚書·西伯戡黎》可知,這個事變是周克商以前不久發現的。公元前 1050 年文王去世,所以武王八年是公元前 1042 年。在第五章,我將說明戰國時代的學者有兩次帶有政治目的的年期更改,第一次(在魯)是把周克商年推遲至公元前 1040

年至公元前 1045 年,所以克黎年必推遲至公元前 1047 年而成爲武王三年之事;第二次(在魏)是使克商年移到公元前 1050 年,可是公元前 1050 年原來是文王去世年,因此必須將公元前 1059 年的五星會聚往後推一個木星周期(12 年)至公元前 1071 年。那樣文王去世年改爲公元前 1062 年,武王繼位年成爲公元前 1061 年,而武王三年,即克黎之年,變爲公元前 1059 年,同《竹書紀年》。這是又一旁證。

1.4.11 論證理由之十一

我們不妨認爲當時重大的儀式與典禮一般喜歡選在天象不平常的一天進行,如在新年第一天任命主要官員,在滿月的那天進行燎祭,在一個月或者一個季度的第一天發動戰役,等等。同樣,二十四節氣的第一天也爲人所偏愛。如果從真實的冬至算起,並把那天作爲推算二十四節氣的第一天。同時假設克商之役發生在公元前 1045 年,那麼該戰役的重大事件就都發生在這樣一些不平常的日子裏。但是如果把真實的秋分作爲推算二十四節氣的起點(這使實際觀察到的冬至比推算的早兩天),那麼真正符合這一規律的將是公元前 1040 年(見下表):

二十四節氣的起點

秋分	10 月 2 日　公元前 1041 年	134 1473 ＋16 儒畧日
寒露	10 月 18 日	134 1489　15
霜降	11 月 2 日	134 1504　15
立冬	11 月 17 日	134 1519　15
小雪	12 月 2 日	134 1534　15
大雪	12 月 17 日	134 1549　15

續　表

冬至	1 月 1 日　公元前 1040 年	134 1564　16
小寒	1 月 17 日	134 1580　15　癸巳（30）
大寒	2 月 1 日	134 1595　15
立春	2 月 16 日	134 1610　15
雨水	3 月 3 日	134 1625　15
驚蟄	3 月 18 日	134 1640　15
春分	4 月 2 日	134 1655　16
清明	4 月 18 日	134 1671　15　甲子（01）
穀雨	5 月 3 日	134 1686　15
立夏	5 月 18 日	134 1701　16
小滿	6 月 3 日	134 1717　15　庚戌（47）
芒種	6 月 18 日	134 1732　15
夏至	7 月 3 日	134 1747　16
小暑	7 月 19 日	134 1763　15
大暑	8 月 3 日	134 1778　15
立秋	8 月 18 日	134 1793　15
處暑	9 月 2 日	134 1808　15
白露	9 月 17 日	134 1823　15
秋分	10 月 2 日	134 1838　16

重大事件：

　　周曆 1 月／夏曆 11 月癸巳（30），即西曆 1 月 17 日，此日爲小寒第一天：

戰役開始。

周曆 4 月/夏曆 2 月甲子(01)，即西曆 4 月 18 日，此日爲清明第一天：

牧野大捷。

周曆 6 月/夏曆 4 月庚戌(47)，即西曆 6 月 3 日，此日爲小滿第一天：

周在滿月之日祭祀慶賀。

這裏節氣的順序是按《淮南子·天文訓》第十二段排列的。理論上說每一個節氣爲十五天，但實際上在普通的一年中仍會有五天沒有安排(24×15＝360)。因此《天文訓》中說從冬至到大寒，從春分到穀雨，從立夏到芒種，從夏至到大暑，從秋分到霜降，各有四十六天，我認爲實際上可以把冬至、春分、立夏、夏至和秋分看成是額外的一天，把其中之一加到一個節氣裏時，那一個節氣就成了十六天。

1.4.11.1 張培瑜爲公元前 1040 年定的陰曆月份由下面的干支開始。爲了避免一連兩個小月(29 天)，我提出有三個月應晚一天開始(這三個月中，如果按 24 小時一天計算，張培瑜列出的朔日都遲了)。下表中首行是張培瑜提供的資料，第二排是我作的調整：

(A)

1040	05	34	03	33	02	32	01	31	01	30	60	30
			04			03		02				
夏曆月份	11	12	1	2	3	4	5	6	7	8	9	10
周曆月份	1	2	3	4	5	6	7	8	9	10	11	12

重大事件都發生在夏曆第十一月、二月與四月。《漢書·律曆志下》中劉歆引用的《武成》說大捷之日甲子(夏曆二月)在"既死霸"[①]的

---

① 關於月相中的"霸"，請參見本章附注。

五天之後。因此我認爲在緊接大月（三十天）的一個月中，"既死霸"（一月中第四個四分之一的開始）是二十四日；在緊接小月（二十九天）的一個月中（如夏曆二月）是二十五日。那麼大捷之日在二十九日，即該月（三十天）的倒數第二天。

在下表"克商役圖"中，"朏"是新月之日，前一大月（三十天）則在二日，前一小月（二十九天）在三日。如把《召誥》與《康誥》的首段放在一起分析（見上文），"在生霸"在"朏"的四天之後，接着就是"既生霸"，而"既望"（滿月之日）總是在"既生霸"的九天之後（見下文）。如《漢書・律曆志下》（劉歆所引《尚書・武成》）所示，四月中間是"旁生霸"，其後是"既旁生霸"，計算日子可知其最後一天爲庚戌(47)。

（B）　克　商　役　圖

	十一月	十二月	一月	二月	三月	四月
1	(05) 23 十二月	(34) 21 一月	(04) 20 二月	(33) 21 三月	(03) 20 四月	(32) 19 五月
2	(06)　朏	(35)	(05) 朏	(34)	(04) 朏	(33)
3	(07)	(36) 朏	(06)	(35) 朏	(05)	(34) 朏
4	(08)	(37)	(07)	(36)	(06)	(35)
5	(09)	(38)	(08)	(37)	(07)	(36)
6	(10) 在生霸	(39)	(09) 在生霸	(38)	(08) 在生霸	(37)
7	(11) 既生霸	(40) 在生霸	(10) 既生霸	(39) 在生霸	(09) 既生霸	(38)　在生霸
8	(12)	(41) 既生霸	(11)	(40) 既生霸	(10)	(39)　既生霸
9	(13) 旁生霸	(42)	(12) 旁生霸	(41)	(11) 旁生霸	(40)

續　表

	十一月	十二月	一月	二月	三月	四月
10	(14) 冬至	(43) 旁生霸	(13)	(42) 旁生霸	(12)	(41) 旁生霸
11	(15)	(44) 既旁生霸	(14)	(43) 既旁生霸	(13)	(42) 既旁生霸 1
12	(16)	(45)	(15)	(44)	(14)	(43) 2
13	(17)	(46)	(16)	(45) 春分	(15)	(44) 3
14	(18)	(47)	(17)	(46)	(16)	(45) 4
15	(19)	(48)	(18)	(47)	(17)	(46) 5
16	(20) 既望	(49)	(19) 既望	(48)	(18) 既望	(47) 祭祀 6
17	(21)	(50) 既望	(20)	(49) 既望	(19)	(48) 既望
18	(22)	(51)	(21)	(50)	(20)	(49)
19	(23)	(52)	(22)	(51)	(21)	(50)
20	(24)	(53)	(23)	(52)	(22)	(51)
21	(25)	(54)	(24)	(53)	(23)	(52)
22	(26)	(55) 渡河	(25)	(54)	(24)	(53)
23	(27) 在死霸	(56)	(26) 在死霸	(55)	(25) 在死霸	(54)
24	(28) 既死霸	(57) 在死霸	(27) 既死霸	(56) 在死霸	(26) 既死霸	(55) 在死霸
25	(29) 旁死霸	(58) 既死霸	(28) 旁死霸	(57) 既死霸 1	(27) 旁死霸	(56) 既死霸
26	(30) 始征	(59)	(29)	(58) 2	(28)	(57)

續　表

	十一月	十二月	一月	二月	三月	四月
27	(31)	(60) 立春	(30)	(59)　3	(29)	(58)
28	(32)	(01)	(31)	(60)　4	(30)	(59)
29	(33)	(02)	(32)	(01) 牧野 5	(31) 立夏	(60)
30		(03)		(02)		(01)

夏曆十一月至四月：公元前 1041 年 12 月 23 日至公元前 1040 年 6 月 17 日

　　克商之役始於夏曆十一月，小寒的第一天；牧野大捷在夏曆二月甲子，清明的第一天；勝利後的祭祀發生於滿月前夜，也是夏曆四月小滿的第一天。

　　1.4.11.1.1　這裏必須協調好幾種説法，其中有些日期在經過不懂曆法的人之手以後就被曲解了。劉歆所引用的《武成》説武王在癸巳日(30)，即在一月"旁死霸"後的第一天已從他的國都出發。根據《周本紀》我們可改正爲十一月。《逸周書·世俘解》把這一次行動記爲"丁未"(44)，即一月"旁生霸"後的一天。這裏的一月，以及説武王開始出征重復了《武成》的錯誤，但除此以外這一日期仍是有意義的，因爲劉歆（未給出處）説丙午日(43)武王與他的大軍會合（或趕上了他的軍隊），説明士兵已先行出發。我的分析表明，我説的十二月（夏曆）中的"旁生霸"實際在丙午日。從劉歆引用的《武成》可以得出這一點，"惟四月既旁生霸粵六日庚戌武王燎於周廟"，這説明大捷後又回到了國都，而且這裏的"四月"也暗示既望之第一日必是辛亥(48)。"既旁生霸"（月已大於半圓）應是"旁生霸"後的一天（我認爲在一個月的第二分［九天］中，"旁"在"既"後面兩天，而在一個月的第四分［六天］中時，即爲次日［若月大時］，這正好符合牧野之捷的日期，即二月末既死霸的五天之後）。《世俘解》證實四月以乙未（32）開始，"維四月乙未日，武王成辟，四方通殷命，有國。"乙未只可能是四月的第一天，這天舉行了慶功活動。

1.4.11.2　勝利發生於清明日。這可用《詩經·大雅·大明》末兩句加以論證。《大明》敘述從王季、文王、武王直至武王勝利期間上天給周的恩寵。最後兩句是"肆伐大商，會朝清明"。據我所知幾乎沒有譯者或注者把握住了這兩句的本意，即"他（武王）攻擊了強大的商朝，這發生在清明（日）的早晨"。因此，《大明》實爲清明日之頌歌（誠然在如此之早的文獻中其他節氣的名字尚未出現。但"清明"，每年祭祖的日子很可能是一古老的名詞。同時節氣這一概念出現得比這些文獻更早，這可以通過分析已知的最早的二十八宿系統來説明。見拙文 1989）。

1.4.12　論證理由之十二

吉德煒教授在他的《商史資料》一書中嘗試用有趣的概率論的方法來推定武王克商的日期，他得出的日期與我論證的完全一致。他將每一君王在位的時間估計爲平均二十年，從公元前 841 年（共和攝政的第一年）往前數得出公元前 1041 年。然後從公元前 1180 年（這是他給武丁定的最後一年，我認爲應是公元前 1189 年）往後數，中間不算馮辛（我也會不算），得到公元前 1040 年。我現在的觀點是克商之役在公元前 1041 年下半年（陰曆在公元前 1040 年 1 月 17 日）開始，於公元前 1040 年 4 月 18 日結束。①

1.4.13　在本書第五章中，我提出了一種證明公元前 1040 年

---

① 《史記》記載，周師於第十二月戊午日（55），也就是 2 月 11 日在孟津渡過黃河。武王會戰前等待了 66 天。渡河是整場戰役中最危險的部分，要在晚冬水位最低時進行。會戰之日既是甲子日又是清明日，這可能是早就選好的，甚至可能是數年前就選好的日子（此注釋補於 2007 年 8 月 22 日）。

是克商之年的新方法。具體請閱讀我對於"九鼎淪泗"這一神話的分析。

1.5　很明顯甲子大捷並不是決定性的勝利。戰鬥進行得非常殘酷,有大量割了耳朵的"馘俘"。商王辛被俘後被處死。可是武王仍感到有必要讓帝辛的兒子禄父作商的新王,稱爲武庚,實際上是與他分權。同時還任命他自己的三個弟兄"監督"商餘下的領地。商的附庸國都成爲了周的封臣。此後不久,在公元前1038下半年武王突然去世。他的弟弟旦(周公)攝政。旦説服了另一個弟弟奭(召公)支持他,但其他在外的兄弟懷疑周公篡位便與武庚聯合起來造反。旦在兩年之中平定了反叛,打敗並處死了武庚,這纔真正征服了商。在經過更多的軍事行動鞏固政權之後,公元前1031年夏召集了大量的諸侯開會。同年末,旦把統治權交還給已成年的年輕的成王。

1.5.1　這裏附上一份大事年表,從文王出生至成王公元前1030年完全獲得統治權。《竹書紀年》的日期在左,我推定的日期在右:

從文王出生到成王取得統治權

昌(文王)生		前1129?
季歷(王季)即位	前1138	前1126
周戰捷	前1135	前1123
周戰捷	前1129	前1117
季歷覲見,受賜	前1125	前1113
周戰敗	前1123	前1111
周戰捷	前1121	前1109

續　表

文武丁元年	前 1124	前 1118，前 1108①
周戰捷	前 1118	前 1106
帝乙繼位(元年)	前 1111	前 1105
周戰捷	前 1114	前 1102
帝乙即位慶典(可能)		前 1102
季歷在朝，囚禁，死亡	前 1114	前 1102
文王繼位	前 1113	前 1101
文武丁去世	前 1112	?
文王即位		前 1099
周都地震	前 1109(三年)	前 1093(十三年)
武王發出生		前 1091(十五年)②
帝辛元年	前 1102	前 1086
夷方戰役		前 1077 至前 1076③
諸侯在周聚會	前 1082	前 1070
帝辛狩獵於渭谷	前 1081	前 1069
新商曆		前 1068
文王覲見，被囚禁	前 1080	前 1068
月食，文王傳書予子		前 1065
文王獲釋	前 1074	前 1062
"受天命"，周打敗密	前 1070	前 1058
周戰捷	前 1069	前 1057

---

①　請見 7.5.2。
②　1.4.2。
③　9.2，9.2.1。

續　表

周遷都至豐	前 1068	前 1056
周制定皇曆		前 1056
諸侯聚集於周都	前 1067	前 1055
商伐東夷		前 1055 至前 1054?
周擬定新都鎬	前 1067	前 1055
文王去世	前 1062	前 1050
武王繼位	前 1061	前 1049
王世子誦(成王)出生		前 1049
西伯發伐黎	前 1059	前 1042
周孟津顯示武力	前 1052	前 1042?
箕子囚於商,帝辛殺比干	前 1052	前 1042?
微子逃離商	前 1052	前 1042?
周克商之役開始	前 1051	前 1041
周牧野之捷	前 1050(十二年)	前 1040(十七年)
武王立禄父爲商王	前 1050	前 1040
武王"命監殷"	前 1050	前 1040
諸侯受封	前 1049	前 1039
武王病	前 1048	前 1038
武王去世,年 54	前 1045(十七年)	前 1038(十二年)①
成王繼位,攝政期開始	前 1044	前 1037
禄父(武庚),武王兄弟監殷伯反叛	前 1044	前 1037

---

① 1.4.2。

成王即位		前 1035
平定叛亂	前 1042	前 1035
諸侯聚於周都	前 1038	前 1031
唐叔虞受封	前 1035	前 1031
周公交還皇權	前 1038	前 1031
成王執政	前 1037	前 1030

1.6　關於"霸(bo)"的説明

　　許多讀者不承認我在"克商役圖"內所用月相詞之系統，尤其是包括"霸"字的月相詞(我認爲"霸"字有凸形月亮的意思，即半個或者半個以上的月亮)。在第六章，我表明學者們必須以"今本"《竹書紀年》作爲年代學之基本，且認同雙元假説，還須用王國維那樣的分析月相詞系統；而若此的話他們必須承認我的"霸"字的意思。不同意我的學者們不可不被迫承認《史記·周本紀》給予厲王的公元前 841 年之前的 37 年在位期。但這樣的説法是完全不可能的，事實上 37 年是厲王的成長期(即前 864 -前 828)。夏商周斷代工程有了這種不可能的説法，所以工程的結論都是錯的。

　　"霸"字在西周青銅器銘文裏表示月相，如"既生霸"、"既死霸"等。在我看來，"霸"意味着"占滿月盤的月光"。政治上所謂"伯"，其實是衍生而來的，最初意指雞蛋形狀的凸月，是象形字，最後半邊演變爲"白"。所以，"霸"在西周月相術語裏，指的是"凸月"(這是我一己假設，並未確切證明，但求讀者理解我的思路)。

　　此處，要特別指出"西周"這一範疇。戰國時期，"霸"的這一用法業已消亡。漢代，人們誤讀古代典籍時，重新發現了這種用法。

當時，人們意識到，月光來自日光反射，而非月球本身發光。於是，"魄"（動物的精魂）被當作與"霸"同義，即真正的"月光"，也即月盤上不發亮的部分（有時署有微光，是地球對日光的折射，至月球又折返，也即日光的雙重折射）。這樣看來，"魄"與西周月相術語中的"霸"含義並不一致。

1.6.1　於上文克商役圖有在指半個月亮附近七詞內之"霸"字，可知正確指出半個月亮點並不易，畢竟每詞必須有數日的系統以得之。在生霸和在死霸是第一弦和第三弦底日，即大月後的第六和第二十三日，小月後的第七和第二十四日；亦是既生霸和既死霸的上日（其餘請見 1.4.11.1"克商役圖"）。可知，初吉和既望開始第一和第三弦，亦沒有任何初吉及既生霸或者既望及既死霸的重疊。初吉是個真的月相辭（周原甲骨卜辭有"既吉"月相辭，見李學勤《札記》，第 93－96 頁；此"吉"的意思是"朔"，不是"吉利"之吉）。

1.6.2　旁生霸必在既生霸以後，同樣地旁死霸也必在既死霸以後（我想若一個天是被以點數而定的，那個點數必於最後以前的月相開始，所以在大月沒有任何"旁死霸"：見克商役圖"既死霸粵五日甲子"的例子）。王國維曾認爲"既旁生霸"的"既"字是錯誤，但這是不可能的：《逸周書·世俘解》顯然有乙未日爲四月朔（見克商役圖），而劉歆在《漢書·律曆志》中引真的《尚書·武成》篇以既旁生霸的第六天爲"庚戌"。對於"旁生霸"，《世俘解》敘述克商之役錯置於第一個月，然而用真的干支"丙午"（請參看我的克商役圖晉侯穌編鐘部分）。

附錄一：克商戰役的前役之謎團

1.7　《史記》與《尚書大傳》均載，文王崩於受命七年。《逸周書·文傳解》及《竹書紀年》則認爲,文王崩於在位九年。我們知道,文王卒於公元前 1050 年,五星會聚發生後九年。所以,"九年"一説不誤。但"七年"一説也對,因爲帝辛三十三年,即公元前 1070 年,亦即公元前 1058 年(簡文第 12 頁,第 175 簡),文王獲得自行出兵的權力(周人認爲,此乃天命轉移之徵兆)。而兩年後,帝辛三十五年,即公元前 1068 年,減 12 即得公元前 1056 年(第 176 簡),文王自程(公元前 1108 年以來爲周都)遷都至豐(次年在豐舉行諸侯會盟)。

遷都事實上算是第二個"受命"年,是某一紀年的起首年(没有揭示在《竹書紀年》中)。商朝成湯的情况也類似(簡文第 8 頁,第 113 支簡):帝癸十五年,即公元前 1575 年,成湯遷都至亳(這一年份很可能是正確的,但這是另一個問題)。《竹書紀年》把遷都視作成湯紀年的開始。在《竹書紀年》裏(簡文第 9 頁,第 131 支簡),成湯在位期起始年爲公元前 1558 年,爲"十八年"。同樣地,《竹書紀年》裏,周朝起始年,即克商年份爲"十二年"。這一年份是按照武王繼位年曆來算的。武王繼位年份,按《竹書紀年》,在帝辛四十二年,也即公元前 1061 年(事實上,武王繼位年份爲公元前 1049 年,但這也是另一個問題)。

有兩種方法可以把克商年份定在"十二年"(我將在第五章中詳細解釋)。其中一種,是從假定之武王繼位年份算起(出於魏國在紀年上所要達到的宣傳效果,約公元前 335 年至公元前 300 年)。另一種,則是從第二個受命年算起,即文王七年崩直至武王五年(相對較早,爲魯國人對古代紀年的看法)。一旦"十二年"的説法得以固定,就會有人從第一個受命年算起,往後數十二年。這樣一來,就使得文王崩逝的年份在文王九年,也就造成武王克商有兩個不同的年份。一個是武王五年,即公元前 1045 年;另一個是武王三年,即公元前 1047 年。對於後一個年份,我們可以從《史記》列傳中有關伯夷、叔齊指責武王守喪期出兵的記載中,窺見端倪。

1.7.1 有關武王克商的兩個年份之間,恰好相差兩年。但我們可以解釋這兩年的間隔。不能説第一個年份就是一次錯誤估計。第一個年份,可能僅是一次"觀兵"之舉,以檢視戰鬥力和忠誠度。班大爲提出一種不同的解釋。他認爲克商那年,木星恰好位於鶉火(事實上,公元前1046年,木星在鶉火),所以,"十二年"爲訛誤,正確的年份應爲"十三年",且從公元前1058年算起。班大爲還認爲,第一個年份的"觀兵"之舉,其實就是出征伐殷,但那次出征最終失敗了。因爲當時,正緩慢移向鶉火的木星出現了逆行之兆,這令周朝軍隊相當惶恐,所以,武王宣布(和《史記》裏説的一樣),尚未獲天意攻打商朝。班大爲的這一説法,忽畧了一項重要事實,即若有關木星的天象爲重要徵兆,那麼當時必有人對此加以關注、預測,並早已獲悉當年木星不在鶉火,且會出現逆行現象。實際上,木星逆行每年都會發生,且是發生在木星和太陽相對的時候,即是夜空非常顯著的天象。

1.7.1.1 不過,真正的問題在於,是否有"觀兵"一説。從兩個受天命之年(相差兩年)往後數十二年,得到兩個克商年份,這兩個年份也差兩年。但《史記·周本紀》似乎認爲這兩個年份的差別爲三年。據《史記·周本紀》載,"觀兵"之舉在九年,克商戰役中之渡河則在十一年第十二個月,而戰役大獲全勝則在第二個月(未指明年份)。這第二個月在《史記》裏,其實指的是十一年第二個月,因爲"十二月"指冬季最後一個月,而司馬遷假設的官曆裏,戰役發生那一年開始得比較早(漢曆就是以這種方式制定高祖至武帝各年月份的。在《史記》裏,大部分官曆年份都從冬季第一個月開始,稱作"十月","正月"其實是第四個月)。但司馬遷犯了一個錯誤。他沒有意識到,不能把漢代當時的紀年法套用到古代紀年上去。《竹書紀年》認爲克商在武王十二年,即公元前1050年;而克商的第一次戰役("十一月戊子周師渡孟津而還"即"觀兵")則在帝辛五十一年,即公元前 1052 年。帝辛五十一年,在《竹書紀年》是武王十年。此外,司馬遷還認定"觀兵"之舉在武王九年,因爲他認爲克商的最後一次戰役在武王十一年,而非十二年。

顯然,針對兩個年份(並非同一個年份而有兩個不同稱呼),需要有兩次事件相應對。所以,第一次事件爲杜撰。如果我們仔細看看有關杜撰的描述是如何與真實事件相吻合的,我們就會更加確信這一結論。《竹書紀年》記載,帝辛五十一年,冬十一月戊子(25),周朝軍隊在孟津渡過黃河,但又折返,即"渡孟津而還"。這表明,周王軍隊僅炫耀兵力,而無進一步行動。但劉歆《漢書‧律曆志下》(引自佚篇《尚書‧武成》)裏說,最後一次戰役,周王軍隊先於周王,於商十一月戊子出發。劉歆還說,"丙午(43)還師",即武王加入軍隊行列。"還"義爲回歸、退回,但也有重新加入的意思。可以假設,應該有一段敘述表示在這次較早的戰役中,武王於丙午撤退。清人江聲集注的《尚書‧泰誓》就有這樣一段敘述,說"丙午逮師"(理雅各《書經》,第 298 頁)。另外,在《史記‧周本紀》裏也有類似"還師"的說法。兩處均明確指出當時爲"十一月戊子"。

1.7.2 有關"清明"一詞,揣測更多。《詩經‧大雅‧大明》末行有"會朝清明"(發生於清明日清晨)一句,以"清明"指稱牧野之戰獲勝當日。但對該句真正的解釋,可能早已佚失(要掌握史前文獻知識,需要知道確切的克商年份,以及周曆冬至日通常在秋分日後九十一天這一計算方法)。高本漢(Bernhard Karlgren)採納戰國時期的說法,認爲"清明"實際上指的是交戰當日,天氣晴朗。

"會朝清明"一句,令人費解,以致人們需要杜撰一些故事來解釋。《呂氏春秋》卷十五《慎大覽》記錄了這樣一個故事,商王派遣信使膠鬲去見武王,質詢武王意圖。武王回答到,周軍向商都近郊進發,甲子即開戰。膠鬲聽後趕快離去,以向商王報告。這時候,天氣變壞,軍隊陷入泥沼。武王的大臣勸誡武王暫緩行軍,原地休息。但武王拒絕了,因爲武王已向膠鬲誇下海口,倘若周軍未按原定計劃於甲子抵達商都,商王恐怕會殺了膠鬲。《國語·周語三》記錄了一則類似的故事,説的是抵達牧野前夜,周軍雨中行軍,第二天天氣放晴,意味着天意伐殷。

1.7.3　但《詩經·大雅·大明》的幾種解讀與最後一次戰役不符。"會朝清明"可以釋作"清晨初會時,天氣晴朗"。這種釋法需要證明"清晨初會"指的是孟津集結,而非最後的雨中行軍至戰場。但《楚辭·天問》裏,有一句"會晁爭盟,何踐吾期",還有"請盟"一説。"清明"可能是"爭盟"或"請盟"的筆誤,但若如此,意義將大不相同,不再是天氣晴朗的意思,而是爭相立下誓言,也就是發誓效忠。霍克斯(David Hawkes)就將其譯作"第一天清晨,我們立下誓言。我們是如何及時趕到的"。"第一天"的説法,可能是受到了《尚書·泰誓》的影響。《尚書》裏記錄有連續三天的宣言。但此爲何事件? 是最後一次克商戰役,還是較早時候的一次"觀兵"之舉?《史記》(《齊世家》引《泰誓》)認爲,克商戰役和較早的"觀兵"之舉,均有發表宣言。當然,這又是一個把較晚的真實事件搬到較早的杜撰之事裏去的例子。

還有一個問題,有關如何及時趕到會面地點。《史記·周本紀》有載"觀兵"之時,八百地方諸侯聚會,事先卻並無約定。這些諸侯是怎麼知道在什麼時候來的? 這正是《天問》所提及的問題。但最後一次克商戰役時,人們是有約定時間的。二月渡過黃河,四月甲子,也即清明,計劃開戰。這樣一來,軍隊就不可能在牧野駐紮兩個月。相反,他們在渡過黃河以後,在附近駐紮,然後在計劃開戰前幾天,行軍至戰場。他們必須準時抵達,擺好陣勢,以充分利用天命。

　　有關"觀兵"之舉的真相,可謂迷霧重重。八百諸侯帶兵同時同地出現,而渡過黃河時,一條白魚躍入周王渡船。周王將它用作祭品。但當周王祭祀時,一團紅色火焰落到他的住處,並呈現出火鳥的形態(這是《史記》裏的故事。但在《竹書紀年》裏,這些神奇的故事發生在最後一次克商戰役之時。見第四章第 200 至 202 簡)。

　　1.7.4　關於克商戰役的前役之説,有別的理由令我們懷疑。克商之役之前兩年亦有大兵役,即是克黎之役。請見上文。

附錄二: 十二辰、十二木星位次、陰曆月及陽曆月:公元前 1040 年 4 月 18 日牧野之戰的星相學

　　1.8　詳見下表及解釋:

星　相　學　表

		7 午 7		
	8 巳 6		6 未 8	
	9 辰 5	南	5 申 9	
10 卯 4	東		西	10 酉 4

續　表

	3 寅 11		北		11 戌 3
		2 丑 12		12 亥 2	
左			1 子 1		右

　　"十二辰"指子、丑、寅、卯、辰、巳、午、未、申、酉、戌、亥,應用於一天二十四小時的劃分,陰曆月、陽曆月的命名,以及以木星周期爲依據的年份命名等三種不同體系(推廣而用於六十干支歲名)。以下是我對三種體系的理解:這三種體系究竟是怎樣相互聯繫,並如何反映在星圖與星表上的? 如上圖,請設想其爲同心圓,最外圈以數字標明,數字1表示正北,從數字1到數字12爲逆時針方向,分別表示不同的星宿位置、木星位次,以及陰曆月。由外往裏的第二層同心圓以"十二辰"按順時針方向標明,表示陽曆月及一天十二時辰(每個時辰兩個小時)的劃分。最裏面的同心圓標示了四個方向。

　　除此,還需比照十二木星位次,將二十八星宿劃分爲十二格,並以木星第九位次爲起始。最後,將整張圖投射於地平綫。木星第一、第四、第七及第十位次均有三個星宿,其他位次有兩個星宿。舉個例子,第十一星宿虛宿位於木星第一位次"玄枵"的中央。"玄枵"爲正北,在整張圖表的底部,就好像中國的皇帝,面朝南方凝望着整個宇宙。第四星宿房宿位於正東,即木星第十位次"大火"的中央。以此類推。

由此看來,星宿和木星位次按逆時針排列。這恰好是太陽、月亮和其他行星沿着黃道帶運行的方向。"十二辰"則是按照順時針的方向排列。原因何在? 這是由於人們通常把北斗七星的斗柄看作指針,依次指向"十二辰"。

1.8.1 首先是時刻。太陽從東方升起,並逐漸西移,至正午接近南天頂(我們這半球)。將此現象呈現於圖表,則太陽運行方向爲順時針。這是由地球自轉造成的。所以,不論是否可見,天穹其他各行星一天二十四小時内都按順時針方向運行。這也包括北斗星。相應地,北斗星的斗柄,作爲天穹錶盤指針,也是按順時針方向運行的。在一天二十四小時内,哪個時刻斗柄會指向什麼方向,則依年份而定,因爲斗柄總是指向大火。例如,在太陽位處大火的年份,當太陽在正北方向(不可見)時,午夜時分,斗柄指向正北(太陽在星圖星表上的位置,可由黎明前、黃昏後子午綫上的星宿位置來確定。黎明前,太陽在東面;黃昏後,太陽在西面)。

1.8.2 其次是月份。按傳統體系推算,四千五百年前,太陽位置在虛宿,處正北,爲冬至日。冬至日當月爲子月。所以,當時太陽於午夜時分移至正北,而北斗星斗柄(位處大火)必指向正東,按順時針方向,與太陽相距三格。這幾天稱爲中氣日,爲陽曆月中間幾日(一般來説,陰曆月都有中氣,若無則爲閏月)。[①] 若斗柄在午夜時分指向正東,那麼接下來以前的下午六點,斗柄就會指向正北。這樣一來,子月首日,當太陽和月亮同位於"子",且黃昏時刻

---

① 一年有十二個陽曆月,每個陽曆月有三十或三十一天。朔望的長度(新月到新月)約爲 29.5 日(在中國,普遍的做法是以三十天和二十九天交替計算月份。如果有需要,另增一個三十天的月份)。恒星月長度(月亮沿着黃道經過二十八星宿的時間)約爲 $27\frac{1}{3}$ 日。

指向正東時，斗柄於黃昏時刻指向“子”。在接下來一個陰曆月首日，太陽和月亮會聚點將按逆時針方向，離開正北十二分之一。所以斗柄（實際上一直指向大火）指向距離太陽順時針方向、四格位次的地方，即“辰”；而午後六點左右，當太陽和月亮在正西時，斗柄指向“丑”。[①]　所以，陰曆月以十二辰順時針方向排列命名，而“朔”（每個陰曆月之初，太陽與月亮交會的那一日）則在逆時針方向排列的位置。

1.8.3　最後是木星。古時人們認爲木星在黃道帶上每年運行一格，沿黃道帶運行一圈的時間約十二年（實際爲 11.86 年），故又稱木星爲“歲星”。[②]　經分析，子月爲冬至日所在月。《史記·天官書》給出了木星曆法的基本規則。司馬遷稱，木星，即“歲星”右移（也即逆時針移動，他和我們投射星宿圖的方式一樣，從底部往上看），而歲陰左移（順時針）。“陰”的概念可能是從陰曆月來的，以與木星曆法相對。北斗星斗柄指向與木星運行方向相反的一顆假想出來的行星。司馬遷認爲“歲星”和“歲陰”在丑、寅交錯，“歲星”自寅往丑移動，歲陰自丑往寅移動。當木星（“歲星”或“歲”）抵達正北時，與之相對的杜撰出來的行星“歲陰”（又作“反歲星”、“太歲”）必在正東。

應該如何觀測北斗星斗柄位移的方向？考慮到木星與太陽會聚時的位置，大約有三十天人們無法看見木星。而在此之後，木星

---

① 朔望的長度比太陽經過“十二辰”其中一格的時間要少一天左右。因此，每月月初，北斗星指向的位置，並非恰好正對某一辰格。每隔三十三個月，斗柄指向就會發生偏差，落在兩“辰”中間。而當月則爲置閏月。

② 木星位次的名稱按逆時針順序排列（外圈數字從底部正北開始），爲理論上木星十二年運行一周的秩序：1. 玄枵；2. 娵訾；3. 降婁；4. 大樑；5. 實沈；6. 鶉首；7. 鶉火；8. 鶉尾；9. 壽星；10. 大火；11. 析木；12. 星紀。參考李約瑟《中國科學技術史》卷三第243 頁圖 91，第 403 頁表 34。

就會立刻與太陽一起上升。在黎明時分,自太陽的位置順時針移動。太陽則按逆時針移動,其移動速度是木星移動速度的十二倍。

若北斗星斗柄指向東面,木星與太陽會聚和交錯升起的位置在大火,同時,前夜半斗柄指向正北。而第二年,同樣有會聚和交錯升起的現象。這時木星和太陽會聚的位置移到了下一個位次,即"析木",相應於"寅"。黎明時分,斗柄(總是向着大火)並不指向正東,而是正東往南一格的位置,即"辰"。而前半夜,斗柄並不指向正北"子"格,而是指向正北偏東的"丑"格。

在下一年,出於相同的原因,木星與太陽會聚及交錯上升的位置在"星紀"、"丑"格,而斗柄在前半夜指向"寅"格。

1.8.3.1 又過一年,木星與太陽會聚及交錯上升的位置到了"玄枵"、"子"格。斗柄在前半夜指向正東,歲陰或太歲的位置也在正東。《荀子·儒效》就提到了這一現象,"武王之誅紂也,行之日以兵忌,東面而迎太歲"。依據楊倞的評注,武王的占卜師魚辛曾勸誡武王勿輕率北上征伐,因爲歲星,也即木星在北面。當時,周王軍隊已往東行至孟津,並渡過黃河,正往北向商都行進。但武王並未聽從魚辛的勸諫,堅持攻伐大計。

武王對占卜建議的重視,遠不及他在甲子—清明[①]這一雙吉日征戰的欲望強烈。利簋銘文記錄了這件事,並在開篇提到:

武王征商,唯甲子朝。歲鼎,克聞夙有商。

(及武王征商,唯甲子朝。當此歲之"鼎"禮,我們可以告訴先王,迅速地戰勝了商軍。)

此處,我參考了夏含夷的解讀(1991年,第87-105頁),但主

---

① 清明與甲子很難得會重疊。這表明,清明與甲子重疊的這個年份,是事先精心選擇的。詳見第7.8.5的論述。

要還是採納于省吾的解釋(第 94 頁),並根據我的發現將其解釋爲
"清明日",即每年祭祖的日子。換言之,鼎上銘文其實是向祖先所
作的一種演説,每年舉行一次,以匯報爲主,而非祈求。這篇銘文
不但確定了"甲子"這個日子,還與"清明"這個日子一致。我們可
以把它當作克商年在公元前 1040 年 4 月 18 日的一條證據。

第二章

三代年代學之關鍵：
"今本"《竹書紀年》[①]

2.0 現在有充分的理由確定（即便不爲人接受），"今本"《竹書紀年》幾乎沒有經過實質上的改動，其大部分内容，屬於約公元前 299 年至公元前 296 年間入墓並於約公元 280 年出土的墓本。本章將此書視爲公元前 4 世紀的一部真書，對其紀年系統加以分析，並嘗試重建古代中國的準確年表。這個年表並非《竹書紀年》所涵攝的全部兩千年，而是上迄所謂三代開端之前，下逮夏、商、西周諸朝所有具有争議的年代。我研究所採納的方法，是利用五星會聚、日月食等現象來確定關鍵的絶對年份。《竹書紀年》與這些絶對年代幾乎總是不一致。因此，必須解釋《竹書紀年》年代訛誤的由來，而這些解釋將表明，《竹書紀年》的年表乃是後世對原本連續而系統的年表修訂之結果。一部真正的年表是可以通過訂正年代的系統差得到復原的，從而體現其正確性。

2.0.1 以上概述了本章擬討論的問題。如果我不按此討論

---

① 此文原載於《經學研究論叢》第十輯（臺灣學生書局，2002 年，第 223 - 310 頁），由邵東方先生翻譯。現稍作修改，收入本書。

的話,某些不必要的誤解將難以避免。即使我的結論經受得起批評和檢驗,並包含着許多關係到歷史學家關注的問題,這些結論也不足以構成一部三代的歷史。本章也不可能替代考古發掘的調查,考古工作應當繼續獨立而生機勃勃地進行。此外,我不認爲我對早期的古文字學史或政治史具有發言權。重建公元前兩千年以來"王位"的準確年表,並將之與天文現象(從日月食到太陰月的朔日)相印證,從事這樣一項工作只需要通過某種社會的實體,以某種方式將年代記存下來而已。這種方式可以僅是無須書寫工具輔助的記憶,而這些社會實體也僅爲著名的家族世系(充其量爲鄉野村落的首領而已),只是因爲他們不斷積累的記憶恰好保存了下來。當然,我們應該假定還有更多的東西,但至於還應當假定多少東西,這就有待於更多同道的工作了。

2.0.2　本章的研究是建立在其他學者的學術成就之上的,特別是吉德煒、夏含夷、班大爲和彭聆鈞的研究成果。同時,我也極大地受益於島邦男和常玉芝的著作。我個人的貢獻在於,將以上各家的成果加以彙集綜合,並認真思考其間的內涵,再加上我自己的一項發現:君王在位期之始,年表出現兩年或三年的間斷,這樣的間斷期直接影響到如何確定夏、商以及西周的年代。我相信,對於出現這些間斷的最好解釋就是,即位之王在正式即位行使職能之前必須爲先王守喪。在夏朝,這種間隔期表現爲正式的無王期。到了西周晚期,這種間斷期仍是決定何爲"元年"的關鍵,即使假定還在實行守喪制度。

一、基本的假設,吉德煒之原則,與夏含夷之發現

2.1　"著史的基本原則就是,當面對彼此互異的不同材料時,

除非有足够的反證，否則較早的文本理當更爲可據。"此語引自吉
德煒在 1974 年以《商朝歷史時期的年代》爲題發表的一篇演講稿。
對吉氏此説，想必不會有人持有異議。但是，假若果真存在諸多的
反證，又應當如何？ 若不採用最早的史料，就必須判斷其之所以
"誤"的原因。而要對這樣的判斷具有信心，就應當能夠解釋其訛
誤究竟是如何産生的，以説明何謂真實的史料。

　　2.1.1　古文獻中關於公元前 841 年以前的三代之確切年代，
彼此記述多有異歧。最早的記載見於"今本"《竹書紀年》，[①]此書
通常被斷爲晚出（宋代或明代）之僞作。但是夏含夷的研究表明，
此書中有關周武王、成王紀譜的記載是可靠的，它與公元前 299 年
葬入魏國王室墓中的本子一脈相承。不過對此書至少需作一處修
正，即其中一條簡文（四十字）誤置於武王末年紀譜内，實際應將此
簡歸入成王十五年至十七年的紀譜中。[②] 夏含夷所發現的那支錯
簡正好表明了《竹書紀年》這一部分是真實可信的，而由這一考證
進而可以提出《竹書紀年》全書可信的假説，除非有理由駁倒對《竹
書紀年》這一部分或其他部分可信性已作的論證。而且，現存"今
本"《竹書紀年》的干支紀年乃是晉朝整理者加上去的，他們同時還
改晉魏紀年爲周王室紀年。當然這些改動僅爲年代符號方面的
變更。

　　2.1.2　然而夏含夷以爲，《竹書紀年》約於 280 年由墓中出土

---

　　① 　關於《竹書紀年》通行本和英譯文，可見理雅各（James Legge）譯《竹書紀年》
（1865 年）。

　　② 　見《哈佛亞洲研究學報》，1986 年。古代竹簡的長短規格不一。夏含夷依據晉
朝欽命整理汲冢所出古書的學者荀勖所作《穆天子傳序》，以爲《穆天子傳》的書寫均爲
"一簡四十字"。他進而推定這一書寫格式同樣適用於《竹書紀年》，而且在各王紀譜的
每年之間留有空格。夏氏發現，此假説可以解釋他在《竹書紀年》中所碰到的所有問題。
在這章中，我將不斷地使用這種"假説＋求證"的方法。

後，當時的整理者對此書的內在年表作了改動。這樣就導致不太適合用此書推求準確紀年，對於推算西周各王在位年代亦是如此（儘管夏含夷推算出的西周紀年大多正確），更不必説以此推求周諸先王的年代了。比如，他認爲配給穆王在位五十五年可能出自對未知的原有内容之改動（《西周史資料》，以下簡稱《史料》，第254頁）。同時他也確信，他發現的那支錯簡乃是出土竹簡整理學者之有意“改動”（夏含夷1986年文；《史料》，第241頁）。可是《竹書紀年》武王十四年載“王有疾”，夏含夷推測武王此疾實屬致命，《尚書·金縢》亦提及此事。然而，《金縢》則記武王病體終得康復。《竹書紀年》也因一條錯簡，而使武王在世時間拉長。因此，除非認爲晉朝整理《竹書紀年》的學者依據《金縢》而改寫了《竹書紀年》本文，否則就必然會得出這樣的結論，即在《竹書紀年》入墓前，此簡便已誤置於此。支持這一結論的其他理由是：《左傳》（據王國維所輯，見《今本竹書紀年疏證》武王十五年、十六年條下）内容説明，被移動的簡文所載三年事，實則發生於武王在位時期，所以此簡早已移動，而且在《左傳》成書前，這一改動的年代已爲人們普遍接受。

2.1.3　所以在我看來，考慮到簡文的移置發生在公元前299年或更早的時候，《竹書紀年》幾乎可以肯定是現存最早的編年紀。此外，夏含夷的發現是如此關鍵，更需要加以驗證。在以下的討論中，我將視“今本”《竹書紀年》全書（除了年代符號上無關緊要的改動外）爲戰國時期的文本，其中所載年代一如原書入墓前的舊貌。我將實證性地加以分析，盡力通過推定來重建一個假設的真實上古年代，並盡可能向遠古推求。

2.1.3.1　正如夏含夷所發現的錯簡事件所表明的，《竹書紀年》的年代至少部分有誤。因此，在使用時必須時時保持懷疑精神

（“可信”一詞並不意味着“真實”），如果發現某一年代有誤，必須就此致誤的原因找出可能的解釋。一般説來，這樣的解釋需要對所謂“正確”的記載進行相應的推求。對我本人來説，我以此種方式所作的發微索隱通常是有明顯涵義的。然而，更爲顯而易見的東西莫過於那些不存在任何内涵的客觀事物。因此（無論我是如何自信），作爲一系列的論證，我只希望以下的討論能對他人有所裨益。

2.1.4　僅先提出初步的看法：人們有時假定，戰國編者推算古代紀年的唯一方法，是將歷代王公的在位年數依次相加。然而此説不確。至少從公元前 5 世紀中葉起，以十九年爲一“章”、七十六年爲一“蔀”的紀年法便已在使用（見倪德衛 1992 年文），並不時爲編撰《竹書紀年》年表者所襲用（下文將對此加以説明）。這種章蔀法也許只是用來計算上古年代的。《竹書紀年》在各朝年譜後皆有總積年數；而且至少就西周部分而言，編者亦了解各王公的在位年數，故可以藉之修正周天子的在位年數。值得指出的是，《竹書紀年》完整的魯公世系年表。儘管其中存有訛誤，但經過認真分析，是可以得到糾正的。這一年表較之《史記·魯世家》中的年表更爲可信（見 6.7.3.1）。在計算西周各王的確切年數時，《竹書紀年》的編者不但掌握了西周滅亡的準確時間（前 771），而且也確信已知周朝的起始之年。他們因而也面臨着如何理順西周各王年數之和與西周總積年不合的問題。

二、克商前之周年代；守喪期問題

2.2　我將先從《竹書紀年》商帝辛三十二年條所記“五星聚于房”考之。按照《竹書紀年》的年代系統，此年爲公元前 1071 年。

五星會聚的天象十分罕見，大約五百年纔能發生一次，這樣的天象自然極受重視，因此將此條視爲對五星會聚之實録，是合乎情理的。此外，還曾有過一次接近此年份的五星會聚，但是發生於公元前 1059 年 5 月，即距此十二年之後，而且會聚亦不在房（其處在木星第 10 位次，大火，近於天蠍 a），而是在東井（第 6 位次，鶉首，居巨蟹星座）。李約瑟最先將此次會聚與《竹書紀年》所記相聯繫起來（見其 1959 年書，第 408 頁，注 c），後來又得到班大爲的肯定（見《早期中國》第 7 卷，第 4 頁）。

2.2.1　何以出現上述偏差？這可能是因爲《竹書紀年》將公元前 1050 年記作克商之年（詳見 2.4.1 和 3.3.4），並接受了克商時木星居於鶉火次（第 7 次）的説法（2.10.1.1，2.10.2.1）。但對此次會聚的描述，很可能是魏國占星家利用古老的記載，以兆示其所宗之晉國之振興。木星乃爲此次會聚的必要組成部分。木星在房，應當在公元前 771 年晉救周於其將亡之時，其位於大火中部。此年距公元前 1071 年恰爲整三百年（25×12 年），而在當時人們卻（錯誤地）認爲木星圍繞黃道每十二年運行一周，由於具有預兆周之興起與昭示晉日後霸業的雙重意義，故此次會聚便必須得會聚於房，而且必須得發生在公元前 1071 年。此外，傳統説法以爲（或許確有其事），晉的始封君受封之日，木星適在大火。《竹書紀年》也信此爲真，並將其始封時間定在公元前 1035 年（即公元前 1071 年後的 3×12 年。我認爲絕非偶然，因爲這恰爲公元前 335 年魏國國君稱王的七百年前，參見 3.3.4，5.3）。

2.2.2　但我們可以利用這些誤差。《竹書紀年》將此次會聚推前了十二年。假如用它來作爲天命從商轉移到周的徵兆，那麼在商代晚期，也許《竹書紀年》中其他一些對周而言的重要事件發生的年份，也同樣存在十二年的周期。《竹書紀年》記滅商前，文王在位期爲公元前 1113 至公元前 1062 年，那麼就讓我們試將這五十二年的在位期後移十二年，使之爲公元前 1101 年至公元前 1050 年。

2.2.3 文王在位五十二年一説，在《吕氏春秋·季夏紀·制樂》中就有間接的證明，其文謂"文王立國五十一年而終"。但是五十一年而非五十二年的説法，實則出於作者對文中"歲六月"的誤解。作者理解其爲"在此年的六月"，而非（正確的）"一年後的第六個月"。[①] 然而文王在位五十二年一説，與《史記·周本紀》和《尚書·無逸》所載不合，後兩者均記文王在位五十年。兩説其實均不誤。在周朝（也許不只是周朝）禮制中，天子之正式紀年通常不始自其繼位之年，而要從對其父王的守喪期滿之年起計算。我早在三十年前便注意到這一現象（見倪德衛 1983 年文，第 524 - 535 頁），幾年後又找到了更多的證據（見夏含夷，《史料》，第 148 - 155 頁）。自君王崩逝之時起，規定守喪二十五（或二十七）個月，直至"即位之次年"的某時告結。守喪期後的第一年即夏含夷稱之爲新王年曆的"即位之年"。夏氏同時還注意到，在銘文中新王年曆並非立即啓用，而是在其統治了一段時間後，纔付諸實施。如周宣王雖早已在公元前 827 年/公元前 825 年即位，但其年曆卻直到公元前 809 年方纔啓用，這一年（前 809）正是他爲共和守喪期滿之年，

---

① 文王患病（及地震）之事當發生於文王九年，而"今本"《竹書紀年》所記此次地震則見於帝乙三年，文王寢（六月），即公元前 1093 年（見 5.8；7.8.4.1）。《吕氏春秋》記："周文王立國八年，歲六月，文王寢疾……"作者此處必是由諸如"文王立國八年"連同某些相關事件的敘述，以及"歲六月，文王寢疾"等材料抄湊而成（除非如此，否則這裏重復"文王"一詞實不易解）。此段所云八年與文王在位的其餘四十三年相加，故得出在位五十一年的總數。但此"歲"實謂文王九年，而 9＋43＝52 年。而且如果文王九年爲公元前 1093 年的話，那麼文王即位之年必爲公元前 1101 年。

共和在放逐宣王之父厲王期間曾居攝政之位。①

2.2.3.1　進而言之，有時在無王室葬儀舉行的情況下，則需要一個表面上的年曆（見倪德衛 1983 年文，第 530-531 頁）：如果某王爲行使新權力之需要而改正朔，即便其父王過世已久，他仍會下令推遲兩年使用這一年曆，俾其新臣民在正式稱服於新王之前，完成守喪義務。

2.2.3.2　對於周文王的在位年數，上述兩項原則均有可證之例。假如文王在位年數爲 2+50 年並終於公元前 1050 年的話，那麼他的繼位與即位之年則分別應爲公元前 1101 年和公元前 1099 年。設若公元前 1059 年的五星會聚果真是天命轉移的標誌，則所謂受命元祀當在公元前 1058 年，而文王一直到受命後九年去世。按《竹書紀年》推算，當爲“九年”，《逸周書·文傳解》亦如是説。然而，《史記》、《尚書大傳》均記文王受命稱王後七年而崩，這暗示文王元年在公元前 1056 年（倪德衛 1983 年文，第 523-524 頁）。我們可以接受這兩個元年，並假定文王只可能在公元前 1056 年正式“改正朔”。他或許同時也正式授予其子發（武王）以太子的身份，因爲這種作法（如 2.7.5.1 所揭示的）蓋爲晚商常見之習俗。所以公元前 1056 年這一年份有時則被視爲周朝建國之年，有時則稱武王元年。②

---

　　①　《史記·衛世家》云：衛釐侯卒，太子共伯餘立爲君，共伯餘後爲其弟和襲攻而自殺，和代立，是爲武侯。司馬貞《史記索隱》懷疑此説：很難設想在厲王至宣王時期有同名共和的兩個人並世存在。更有可能的情形是，共和爲太子，但他於衛釐侯死後不久即去世，共和應爲衛釐侯之弟而非共餘之弟。總之，《史記》將共餘和共和搞混了：共和當卒於公元前 813 年或公元前 812 年，共餘繼承君位，是爲衛武公（前 812 至前 758）。
　　②　將公元前 1056 年定爲武王元年的另一個可能原因在於：在公元前 5 世紀前葉，某些編者猶知克商之年爲公元前 1040 年，並確信木星嚴格地依十二年一周期運行，他們或許推求出公元前 1041 年木星位在鶉火（這可能是《國語·周語三》(3.7) 所記武王征伐開始時的天象資料之依據）。這樣一來，公元前 1065 年則爲受命之年，而文王由此應崩於公元前 1057 年（見倪德衛 1992 年文的討論）。

2.2.4 迄今爲止,上述年份尚屬推測。但《逸周書·小開解》提及一次發生在三十五年一月丙子日(13)的月食,而其時當是文王在位期。我設想,當時施行的應該是"夏曆",即一年始於春分之前的月份,並以黎明拂曉時分爲日界。在公元前 1065 年(閏年)三月十三日半夜後幾小時發生的一次月食,而符合三十五年者正應以公元前 1099 年爲紀年之始;而半夜與黎明之間,仍屬三月十二日,(夏曆)丙子日,即(夏曆)朔望月十五日(是月始於公曆 2 月 27日,壬戌[59])。另一個可支持我所作"推測"的證據,見於 3 世紀中葉皇甫謐(215-282)《帝王世紀》的佚文:"文王即位四十二年,歲在鶉火,文王更爲受命之元年,始稱王矣。"① 倘若公元前 1065年爲文王三十五年,則其四十二年必爲公元前 1058 年,即五星會聚後一年。此說予人印象尤深,蓋因皇甫謐並不知五星會聚發生於此前一年。同書另一條佚文(引自《開元占經》卷十九注)則記"聚于房",如同《竹書紀年》所記。然而文王四十二年歲在鶉火一說是正確的,因爲假設公元前 1059 年木星(會聚時)不在房宿(大火)而位於井宿(鶉首),則只能在接下來的鶉火看到木星,時爲公元前 1058 年。

三、月相資料與穆王之年代

2.3 欲求更多舉證並推算準確的年代,則首先需要解決在古文獻與周代金文中爭議頗大的所謂月相用語的含義問題。夏含夷認爲,銘文所見"初吉"、"既生霸"、"既望"、"既死霸"四個詞指代四種月相的位置(或如古文獻所說之初日)。我以爲其所論至爲有理(《史料》,第 136-147 頁)。對此還可以補充一下我個人的論證

---

① 皇甫謐:《帝王世紀》,《史記·周本紀·正義》引。

（見《早期中國》第 20 卷，第 179 頁及第 184－188 頁）；《尚書·召誥》和《尚書·康誥》二誥序中所述同爲一事，合而觀之，"在生霸"當爲小月之第六日或大月之第七日。因而"既生霸"必爲第七日或第八日，或曰此四分月相之始在此日。① 定爲宣王世的諸器銘文對"四分月相"的解説尤具説服力。

2. 3. 1　公元前 1056 年説當可確證。除了其他資料，《竹書紀年》記穆王元年距武王即位之年爲整一百年。在《竹書紀年》中，穆王元年爲公元前 962 年，而武王元年依《竹書紀年》編年所記可推定爲公元前 1061 年，或依《竹書紀年·周紀》末之總年數（即周幽王紀譜後）定作公元前 1062 年。對此類誤説筆者自會予以適當説明（見 2. 7. 8. 2）。事實上，所謂《竹書紀年》穆王即位於公元前 962 年説不確，其元年實則可定爲公元前 958 年或公元前 956 年，亦或公元前 949 年，與之對應的一百年前之年份則分別爲公元前 1058 年、公元前 1056 年及公元前 1049 年（文王死後次年）。筆者將依據必爲穆王世的兩件銅器銘文，來驗證上舉三個年份的孰是孰非。

2. 3. 1. 1　裘衛簋爲裘衛諸器之一。裘衛其他諸器中有年記作"三年"、"五年"、"九年"者，因其與裘衛簋之年代頗難合譜，據器文和形制或應視爲共王世。裘衛簋銘文曆日作"惟廿又七年三月既生霸戊戌（35）"。若穆王元年爲公元前 958 年，則此年應爲公元前 932 年。如以含冬至之月爲一歲起首的話，此年三月應始於庚子（37），而三月並無戊戌日。但此年曆或許是以朔在冬至後一月爲歲首，如此則其三月初一便已巳巳（06），而三十當爲戊戌日，它是不可能作爲第二分月相既生霸之日的。如穆王元年爲公元前

---

①　夏含夷以爲既生霸當晚一日或在更遲的時候（參看《史料》，第 284－285 頁）。

956 年,則此年應爲公元前 930 年。依上法計算,是年三月初一爲
己丑(26),戊戌則爲初十,合乎既生霸之月相。如穆王元年爲公元
前 949 年,則此年爲公元前 923 年。同樣依上述方法推算,是年三
月初一爲戊寅(15),戊戌則爲二十一日,屬於第三而非第二分月
相,而次月亦無戊戌日。據此,穆王元年必爲公元前 956 年。

  2.3.1.2 師遽簋及一件相關銅器因形制而歸爲昭王世或穆
王世早期;但又因其爲"三年"器,故最有可能爲穆王世器。其記日
作"惟王三祀四月既生霸辛酉(58)"。倘若穆王元年爲公元前 958
年,是年則爲公元前 956 年,以含冬至之月爲歲首的曆法推算,其
四月初一日爲己未(56),辛酉爲初三,屬第一分(初吉)而非第二分
(既生霸)月相,而且次月亦不含辛酉日。若穆王元年爲公元前
956 年,是年則爲公元前 954 年,同上法,四月初一日爲丁未(44),
辛酉爲十五,屬大月中既生霸月相之最後一日,與銅器銘文相合。
若穆王元年爲公元前 949 年,則是年爲公元前 947 年,四月初一爲
丁酉(34),辛酉爲二十五日,爲第四分(既死霸)而非第二分月相,
次月亦無辛酉日。因此,這再次證明穆王元年應爲公元前 956 年。

  2.3.2 師遽簋中還有一處值得注意的銘文,它述及王在"新
宫";而《竹書紀年》於公元前 954 年條下,適有"築春宫"的記載。
師遽簋所記之準確日期,按陽曆折算爲 3 月 15 日,陰曆則爲 4 月
15 日。也就是説,此日在中國曆法中剛好處於春季第二個月的中
間。但《竹書紀年》記之爲"九年",與公元前 962 年爲穆王元年的
假説相合。這就表明,《竹書紀年》的年代曾做過相應的改動,以將
穆王元年定於公元前 962 年而非公元前 956 年,與此同時,爲了使
其在位期各事件的絕對年代能與未改動前一樣保持不變,特於穆
王紀譜開端補入足夠的年數。而事實上《竹書紀年》中穆王初期的
絕大多數年份付諸闕如,即沒有第二、第三、第四、第五和第七年的

紀譜。如將穆王七年推前六年，則爲穆王元年，而穆王八年則是穆王二年，穆王九年則成了穆王三年，並可依此類推（見 6.7.2.2 第一圖：穆王）。如此一來，穆王六年則只能作爲零年處置，也就是説，此年乃是昭王淹死及周六師爲楚所滅之年。《竹書紀年》此年的唯一記載是：“徐子誕來朝，錫命爲伯。”徐偃王爲當時東方淮河一帶非華夏族中最強大的諸侯，實爲周之心腹大患。周室採取與之交納聯盟的有效方式，目的在於換取備戰時間。人們可以料想，這一作法在形勢緊迫的情形下，不失爲周人的一種政治策署。

6.7.2.2 第一圖：穆王顯示了穆王的年壽和在位期：可見在《竹書紀年》以及後來的各種年表裏，穆王在位期擴伸了，從 2＋37 年（前 956/前 954 至前 918）到五十五年（前 962 至前 908），這是通過删除在穆王之前和之後各王的守喪期實現的。

四、自穆王上推至周克商之年代

2.4　穆王元年何以由公元前 956 年變作公元前 962 年？蓋因成王、康王、昭王即位之初的兩年守喪期抹掉，而其在位年數仍保持不變之故，所以成王在位元年便應記作（如據《竹書紀年》，則在周公攝政之後）公元前 1037 年。因之，昭王在位時間應爲公元前 977/公元前 975 年至公元前 957 年，共 2＋19 年；康王爲公元前 1005/公元前 1003 年至公元前 978 年，共 2＋26 年；成王則是公元前 1037/公元前 1035 年至公元前 1006 年，共 2＋30 年。

2.4.1　然而成王在位年數在《竹書紀年》中爲三十七年，而其元年定在周公七年攝政之始，即以公元前 1037 年爲成王三十年親政期之前。若據此推算，可否將武王之死定在 2＋37 年之前，即公元前 1045 年，距其父去世僅五年？這似乎没有可能：如果是這樣的話,則克商之年只能在公元前 1047 年,然其月相日期不合於《漢書·律曆志下》所引真本《尚書·武成》中的記載。因而只能認爲三十七年一說有誤。成王在位時間應爲公元前 1037/公元前 1035 年至公元前 1006 年,即 2＋30 年;而周公攝政期當爲公元前 1037 年至公元前 1031 年。假如武王殁於克商後兩年(如《史記·封禪書》所記;未得到夏含夷修正錯簡的《竹書紀年》原本亦如是説),然則其崩年當在公元前 1038 年,而克商必於公元前 1040 年。在此,或可對《竹書紀年》致誤原因作一簡單的解釋:公元前 1037 年作爲成王真正即位之年雖被認可,但此年卻被誤認爲是其成人之年,即其三十年親政期的元年,由此而將周公攝政期錯誤地提前到成王三十年親政期之前。又因武王增壽三年之説(即因夏含夷所發現的那支錯簡)爲人們所認可,故使克商之年成爲公元前 1050 年。

2.4.2 有關上述年代假説,又可引康王期的兩條材料作爲旁證。小盂鼎銘文稱成王爲先王,而其年代爲二十五年"八月既望,辰在甲申(21)"。二十五年爲康王晚期,因此不妨推想,若其即位之年曆由公元前 1003 年算起,則此年應爲公元前 979 年。此年最初數月中當有一閏月。如設想其年曆以寅月爲歲首,則八月(嚴格地計算,當爲十一月)始於己巳(06),甲申(21)爲十六日,適爲第三分月相(既望)的第一日,合於銘文所言。[①]

另一證據見於《漢書·律曆志下》引真本《尚書·畢命》所記曆日"惟十有二年六月庚午朏"。如自公元前 1005 年(即位之年)下推,此"十二年"當是公元前 994 年。前此一年應置閏月;如若不

[①] 如果周克商戰役的年代表(1.4.11.1)是正確的,那麼我必須假設,要移動一個即位年份,則康王在位期的第一個月就要從亥改到寅(周宣王在位期内就有這麼一次改動,是在公元前 809 年後;見第八章,第 50－60 簡)。這樣的話,仍有必要把張培瑜第 10 個月、第 11 個月、第 12 個月的首日分別從(37)、(06)、(36)改到(36)、(06)、(35)。經此改動後,第 8 個月就變成一個短的月份了。

然,則六月(從含冬至之月算起,則爲五月)始於戊辰(05),朏(大月之初三日)爲庚午。

2.4.3　種種可能的證明顯示,周公攝政七載之始年即爲成王2＋30年的開端,而伐商因此則爲公元前 1040 年。例如,在第七章,7.2,我引甲骨卜辭以說明商帝辛元年爲公元前 1086 年。但是《竹書紀年》卻將其元年提前十六年而定於公元前 1102 年。對於產生這十六年誤差的最好解釋,我以爲是由於《竹書紀年》年表的演進過程,曾把帝辛終年的"實際"年份理解爲其"正統"的終年,公元前 1057 年,即周代商建元的前一年。如若《竹書紀年》與帝辛實際崩年果真存有十六年誤差,則克商前一年必爲公元前 1041 年。

2.4.3.1　另一證據是《國語・晉語四》謂"晉之始封,歲在大火"。《竹書紀年》對此實際上也有所說明,但依此書的年紀,此事發生於公元前 1035 年,即公元前 1071 年後木星繞行三周之歲,公元前 1071 年爲其(僞托)與周之符兆發生關聯之"五星聚"的年份,並(錯誤地)以爲其時木星在房,位在大火中部。實際最接近公元前 1035 年之正確的大火之年爲公元前 1031 年,故公元前 1031 年作爲其始封之年反倒頗有可能;而假若周公攝政期確爲公元前 1037 年至公元前 1031 年,則《竹書紀年》所記周公攝政最後一年的諸侯大批朝覲,即"始封"之場合,可能確有此事。再者,據《史記・晉世家》卷三十九,成王年少時(顯然尚未親政)曾與其弟叔虞戲,"削桐葉爲珪以與叔虞,戲言:'以此封若。'史佚因請成王擇日立叔虞"。於是成王封叔虞於唐,後爲晉國(此處或採公元前 1035 年之說以表明魏國君主於公元前 335 年稱王的正統性)。

2.4.3.2　武王崩於其即位十二年,此年應爲公元前 1038 年。《逸周書・武儆解》第四十五記錄了武王即位十二年的一個夢,預示了他本人將不久於人世。然後他囑周公指定王子頌爲繼承人，並授予他《寶典》。《逸周書・寶典解》很可能就像《小開解》一樣，是後來人編寫的，但同樣地，其中有一個日期卻是無可懷疑。這一日期是"王三年二月丙辰日（53）朔"。在公元前 1049 年以後的十五年中，其年之二月朔日爲丙辰的唯一年份是公元前 1038 年（《寶典解》所記的日期，張遂［僧一行］引爲"元祀"，見《新唐書》卷二十七上；但是在這一段時期內不見有其他年份的二月首日爲丙辰，故可以斷定"元"字乃"三"字筆誤）。如果公元前 1038 年是周武王三年的話，那麼，武王元年，即克商之年應爲公元前 1040 年。

2.4.3.3　再舉另一個證據（同類例子尚多）。商末周初時，一歲被分爲二十四節氣，每一節氣定爲十五或十六天，而一年之始則是由秋分算起。這想必是通過觀測所得（這樣的測定遠比於冬至點的測定容易得多）。其時設想四季大致等分，並將秋分到冬至的間隔按常規定爲九十一天，但它實際上卻人爲地使"至日"的到臨推遲了兩天。每節氣之首顯然屬於大吉大利之日，如有重大活動需要事先確定日期的話，此日無疑當爲優先選擇的日子。依此秋分法而推求伐商日程，公元前 1040 年牧野之戰應爲（夏曆）二月末甲子日，而大功告成之日則在每年祭祖的清明之日（是年四月十八日）。此説爲《詩・大雅・大明》末行的記載所證實。這首頌揚周人先公先王成就的詩作一直寫到武王克商，其結尾云"肆伐大商，會朝清明"（有關其他的證據，見 1.4.1-12；關於此次征伐戰爭的具體日程表，參看 1.4.11）。

五、錯誤的克商之年——公元前 1045 年；殷曆所見商之始年

2.5　儘管如此，公元前 5 世紀至公元前 4 世紀初的周朝國都

的編年者,顯然假定當初的各王守喪期仍存,並因此以公元前1056年爲周朝之始年,但他們同時也相信七年攝政期先於成王的三十年在位期(爲其成年期,而成王爲武王守喪乃於周公攝政期的第一、第二年)。這就更突出了周公的形象,其重要性在公元前5世紀中晚期被人爲地誇大了。由此而將克商年定在公元前1045年。此説在《竹書紀年》中有數處綫索可尋,儘管現存《竹書紀年》把克商之年提早了五年(見於魏國編年者的紀年)。例如,在穆王十八年,即公元前945年,《竹書紀年》曰:"諸侯來朝。"此條之所以置於此年,很可能是因爲編者考慮到此年標誌着克商之百年(須知,穆王紀譜内諸事件之年份並未因穆王元年的謬記而致誤)。而在商朝武乙的紀譜(公元前1159年至公元前1125年,此年代不確,詳見下文)中,其三年即公元前1157年條云:"三年……命周公亶父,賜以岐邑"(即岐山,此處早已爲古公亶父所占據)。在《竹書紀年》中,克商以前的年代都推前了十二年,所以在《竹書紀年》原本裏,此年應爲公元前1145年,如果此本定克商年爲公元前1045年,便正好是克商之前的整一百年。另外還有迹可尋,《竹書紀年》記堯元年爲公元前2145年,適在此整一千年之前:這對周人來説很重要,因爲據説周的始祖先后稷曾任堯的農官。由此不難設想,公元前1045年和公元前2145年這兩個年份是編造的。

2.5.1　若將克商定於公元前1045年,並保留公元前1056年爲周的正式始年,即以之爲武王元年,這就意味着克商之年是在武王十二年,而其崩年則在武王十四年。此種紀年系統想必會被那些囿於舊説的人所採用:武王實際崩於公元前1038年,即是從公元前1049年算起的第十二年。而事實上他是於公元前1040年克商的,即是從公元前1056年算起的第十七年。由於人們不瞭解周王有兩個不同元年及其關聯,他們便假定"十二"和"十七"兩者已

經互換，並企圖尋求將兩者換回的方法。周人將克商定於公元前
1045 年和定武王崩年於公元前 1043 年的做法爲此提供了一個解
決辦法：這其中必有一支竹簡錯置，由此造成武王崩於其在位第十
七年的説法！正如夏含夷所揭示的，這支竹簡乃取自成王紀譜十
五年、十六年、十七年一條（詳見第五章，5.7）。所以，此簡的移置
並非漢以後人的訛誤，它應該是戰國人所爲。戰國時期，人們普遍
認爲公元前 1045 年爲克商年份。當時的編者，經計算後重寫成王
紀譜以造成錯簡。改寫後的成王紀譜十三年記魯大禘於周公廟
（應於周公死後行禘禮），同時又記周公卒於成王二十一年，並於成
王二十二年行喪禮。如果把上述誤差加以改正，則成王二十一年、
二十二年應爲成王十一年、十二年，那麽就與十三年行禘禮一説相
符，而成王十五年、十六年、十七年處的空白在原簡上也就不復存
在了。

2.5.2 肯定了許多古人還確信錯誤的克商之年，即公元前
1045 年這一點，又可能使我們推導出更多有關年代的問題。現存
《竹書紀年》的周厲王在位時間爲公元前 853 年至公元前 828 年
（包括共和行政）。爲何自公元前 853 年起？很可能是因爲在早期
的文獻中只有厲王、宣王和幽王即位後的在位時間方受承認。這
就需要把宣王元年定爲公元前 825 年。厲王即位後的在位年數實
際是二十八年，這見於《史記》的誤載："厲王即位三十年……"即
2＋28＝30 年，此句被誤解成"厲王即位三十年之後"，而不是厲王
在位年數爲三十年。基於此想法，《史記》更進一步推測厲王奔彘
前在位三十七年（見《史記·周本紀》）①。這個誤解應該久已有

---

① 《史記·周本紀》敍述厲王與《史記》之世家諸章完全不一致。亦可能《紀年》之
"公元前 853 年"（假的厲王元年）在司馬遷時代沒有人知道了，所以可知必有殷曆學者
用戰國來源把《史記》文改寫了一點（以"三"字代替"至"字，請見第六章 6.6.1.3.1 條）。

之：現存《竹書紀年》記屬王生於公元前 864 年，這使得其生壽恰爲三十七歲。可以肯定，《史記》的訛誤是因此而產生的（雷學淇在近兩個世紀前已指出此點）。這一訛誤意味着公元前 878 年而非公元前 853 年成了屬王的元年，其間相差 25 年。很明顯，在公元前 4 世紀左右，所謂殷年曆表的編者採用了上推二十五年的做法，因爲這一年表將克商年定爲公元前 1070 年，正好在公元前 1045 年之前的 25 年。[①]

2.5.2.1　這個訛誤又具有指示意義。殷曆有商朝的始年：公元前 1580 年，湯打敗夏；公元前 1579 年，商朝的始年（見陳夢家書，1956 年，第 212 頁）。真實的年份可能是在二十五年之後？而商朝的始年是公元前 1554 年？這是班大爲依據其他證據而提出的年份（見《早期中國》第 7 卷，第 17 頁以下）。他的理由之一（一個成立的理由）是，在《竹書紀年·商紀》末之總記年數和其他漢代的文獻中，皆云自湯滅夏（商朝始年）以至於紂（周朝建國），用歲 496 年。《竹書紀年》中的上述年代分別是公元前 1558 年和公元前 1062 年：必須將公元前 1062 年當作正統的武王元年（請注意，此年實非周受命之年[②]），即使也將此年作爲文王的崩年，而由此之後各周王的在位期就不再包括守喪期，目的在於將穆王元年定爲公元前 962 年。班大爲不接受存在守喪期的假說，他認爲真實的年份是公元前 1554 年和公元前 1058 年。其說爲是，但他卻不

[①]　關於雷學淇的說法，見《竹書紀年義證》孝王七年條。有關此處和以下的殷曆紀年，根據鄭玄的年表，見《叢書集成》3572 册之《尚書鄭注》，第 60 - 61 頁。鄭玄爲劉歆 13 年說的錯誤所誤導：他也許是從戊午部二十九（前 1083）計算十四年到克商年（此年包括在內）。但是不管任何一種方法，鄭玄表示殷曆中克商年都是公元前 1070 年。又見《毛詩》，孔穎達對豳詩序的注解，他引用了鄭玄對《金縢》的評論。

[②]　倪德衛 2011（第 21 - 22 頁）：据《晉書·束皙傳》"自周受命至穆王百年"。唐代作者必熟於年號，還能讀《逸周書·文傳解》開始讀謂"文王受命之九年"，在《竹書紀年》前 1070 -前 1062 年的"前 1062 年"。他必以"受命"如年號類似的說法，認爲從《紀年》載之"周受命"末年至《紀年》載之穆王元年公元前 962 年正好是一百年。

能就此認定公元前 1056 年亦可看作周朝的始年。所以,我們還需要更多的證據。

六、夏之年代:班大爲對五星會聚的解説;彭瓞鈞之日食説

2.6　更多的證據卻是間接來自班大爲頗令人稱奇的一個發現(儘管他尚未認識到如何看待此發現的内在意義)。班大爲注意到(見《早期中國》第 9－10 卷),《墨子·非攻下》中有三條關於夏、商、周三朝奠基者的受天命記載,剔除神話詞語的虛飾,其中實際涉及種種天象:公元前 1059 年的五星會聚,因周朝而現;公元前 1576 年末連續不斷出現的"五星錯行"、"夜中星隕如雨"(即在十二月有許多隕星見於雙子座),緣商朝而起;賜夏禹則以"玄圭"於"玄宮",班大爲指出此"玄宮"即二十八宿的營室,而在公元前 1953 年 2 月有一次五星會聚發生在營室。在對《竹書紀年》有關堯和舜的記載加以細緻地分析後,他將此次會聚與禹代舜掌權這一事件聯繫了起來。在《竹書紀年》中,命禹代虞事爲公元前 2029 年,即舜十四年。對於讀過班大爲著作的一些歷史學家而言,或許會感到其説太過牽强。

2.6.1　但班氏無疑是正確的。夏之紀年有別於商(殷)周之紀年。與後者不同,夏朝各王之間的在位期不能銜接,大約有三分之一在位期之間的無王期爲兩年。而最早的兩個無王期,《竹書紀年》原注説是爲已故先王守喪年。這顯而易見的實驗就是假定我們發現某種早期制度,即已先於西周各王實行的兩年守喪期。當然在某些情況下,夏朝這些無王期的年數長短不一,但就規定而言,各王在位期之間的無王期均應爲兩年。如依此復位夏代紀年,

將舜十四年設爲公元前 1953 年,並將各王的間隔期定爲兩年,進而根據《竹書紀年》所提供的各王在位年數,我們可推算出公元前 1876 年 10 月 16 日,即是夏代第四位君王仲康五年(夏曆)九月一日。《竹書紀年》謂:"帝仲康……五年秋九月庚戌朔,日有食之。"《左傳》及重加編訂的《尚書》對此亦有記録,並指出其時日集於房宿。這一推算是成立的:此次日食已爲彭瓞鈞所發現(見倪德衛、彭瓞鈞文,《早期中國》第 15 卷)。此次日食,實則爲日環食,所在經度屬於夏地域之内,時爲當天早晨(而且確實在"房")。其全食行進綫路畧偏於北部,但已足可以記録在案。

2.6.2　《竹書紀年》年表謂此日爲庚戌(47),然此説未確,此日應爲丙辰(53)。但如前所述,《竹書紀年》這裏再次出現的訛誤卻頗有啓發性。《竹書紀年》記此次日食的年代在公元前 1948 年,比公元前 1876 年早七十二年。這一年數的回推其實正是《竹書紀年》有意將堯元年逆溯至具有重要意義的公元前 2145 年的部分步驟。同樣地,公元前 1953 年,即五星會聚之年,表示在舜十四年(是年,"卿雲見,命禹代虞事"),上推了七十六年,成爲《竹書紀年》中的公元前 2029 年。這七十六年會使人進而聯想到它是"蔀"的時間單位(即四"章",每章十九年);因此《竹書紀年》此年代也顯露出修訂年表者是在使用章蔀法。那麽,爲何他們不將此次日食後推七十六年至公元前 1952 年呢? 他們無法這樣做,因爲還需滿足居於房這一條件。在章蔀法中,二十"蔀"爲一紀,共 1520 年,爲一完整周期,即當蔀之干支朔日的次序又重新輪回時(按照人們的錯誤理解;按實際計算的話,轉回一"紀",則某日在干支日上要早五天)。因此,欲求得此日正確的干支,修訂者便想選擇離其自身時代一紀之前的某日,即他們所能瞭解的干支之日。但公元前 1952年以後的一紀爲公元前 432 年,而這一年夏曆九月一日,日並不居於房。公元前 431 年、公元前 430 年或公元前 429 年亦無法達到前述條件，但唯有公元前 428 年合乎這一條件，於是便有了公元前 1948 年之説。只有公元前 428 年符合庚戌日的要求，因爲若據殷曆章蔀法排序的話，"己酉"蔀的第一年應爲公元前 427 年，也就是説，此"蔀"因其朔日（該年含冬至之月，亦即夏曆十一月）爲己酉（46）而得名（參見張培瑜《中國先秦史曆表》，第 91、252 頁）。因此，公元前 428 年九月一日必須是早於己酉日（46）29＋30 天而爲庚戌日。公元 280 年時的晉廷學者不可能作出如此的計算，蓋因其時，由於長期累積而形成的章蔀法中的干支錯誤已十分明顯。他們確實知道公元前 427 年爲己酉蔀的第一年，但要使用這一資料，他們必須懂得歲差（即確定公元前 428 年九月朔日，日確實居於房）；而且晉廷學者或許試圖研究某種錯誤的計算法，而這種計算法在公元前 5 世紀的晉國曆法天文學家之中也許早已有人爲之，故將這樣的動機歸於晉朝學者是不近情理的。

2. 6. 2. 1 所以，仲康五年九月發生日食的記載不確。但此記錄，可用來證明公元前 428 年，戰國編者將章蔀曆法用於公元前 1876 年 10 月 16 日那次日食的記載。我認爲我的假設合情合理，且不得不爲之。否則，無以解釋《竹書紀年》中有關日食時間的兩處訛誤：一爲公元前 1948 年，一爲庚戌日。日食確實發生於仲康五年 9 月 1 日，但那一年不是公元前 1948 年，那一天也不是庚戌日。

對這兩處訛誤能作的唯一解釋，就是我對戰國編者情況的設想。要重建戰國編者在處理《竹書紀年》時的思路，重建他們對公元前 1876 年日食，公元前 1953 年夏朝立朝等事件的年份定位，又勢必要假設，他們握有準確年表，這一年表可以回推至十五個世紀以前（即所謂"結繩而治"之時代，《周易·繫辭下》）。

2. 6. 2. 2 如果確實有人在公元前 432 年至公元前 428 年左

右杜撰了《竹書紀年》，那麽大致上這同一批人就必須在接下來的一個世紀，大約在公元前 300 年時，完成《竹書紀年》編年剩餘的部分。比方説，公元前 319 年宋國遇到一個政治問題（《孟子·滕文公下》），就是要不要開始使用新的王曆（公元前 318 年開始實行）。這表明公元前 319 年，人們就已經知道上甲微的繼位年份是公元前 1718 年，比七百年的兩倍還要早（《竹書紀年》中的繼位年份是帝泄 13 年＝公元前 1718 年；公元前 1718 年實際上是帝芒 36 年。見本章 2.6.3 夏朝年代表，亦見第四章第 097 簡）。

　　所以，我整本書的工作並不荒唐。我只不過檢視《竹書紀年》，從而推斷戰國編者對各君王在位年份，各事件發生時間等的記録，並加以系統更改。

2.6.2.3　只要嘗試重新思考一下從夏代紀年觀察所得有關守喪期的現象，即夏代的守喪期並非兩年，而是不規則的，那麽，我就可以證明我的上述想法。

2.6.2.3.1　班大爲有關公元前 1953 年這一年份的推斷，確定無疑。《竹書紀年》上的年份爲公元前 2029 年，比公元前 1953 年早一蔀。同時，我們也清楚，公元前 5 世紀末，編者們採用了置閏周期。

2.6.2.3.2　《竹書紀年》以公元前 1558 年爲商始年，這樣就填補了先前遺留的七十六年的空白。

　　a.《竹書紀年》載，舜、禹卒於夏建國後不久。（上古聖王）堯、舜、禹三人的守喪期，從兩年增加到三年。舜死時，禹已爲事實上的統治者，故夏朝年份增加了兩年。爲抵消這兩年，夏朝第二位君王啓的守喪期，就被暫時縮減至零。

　　b. 夏朝第四位君王仲康在位時，發生過一次日食。其年份往前移動了一蔀（七十六年，夏始年亦後推）。若日食實際發生在公元前 1876 年，夏曆 9 月 1 日，則後來有關日食的年份必然往回推至公元前 1952 年。因爲,據《左傳·昭公十七年》載,日食發生在九月朔日,日在房,故有必要往前找到一個情況相同的年份。

要檢驗這個年份是否正確,需減去一紀,即 1520 年,結果得到公元前 432 年,但不符天象。而公元前 428 年,即接下來的第四年,卻與天象相符,而實際上公元前 428 年九月朔是庚戌。所以,日食的確切日期從公元前 1952 年又加上四年,定爲公元前 1948 年 9 月第一天,即庚戌日(這表明公元前 428 年計算紀年的那個人,知道發生在公元前 20 世紀天文現象的確切日期)。

將日食年份往後移動四年,必然要求《竹書紀年·夏紀譜》年份增加四年。啓的守喪期曾被縮減至零,現在變成了四年。啓是夏朝唯一一位據載享有四年守喪期的君王(這一演算法,和彭瓞鈞推斷日食在公元前 1876 年 10 月 16 日相符)。於是,全部紀譜鏈上七十六年空缺,現在減去四年,爲七十二年。

c. 夏王相以後,寒浞在位四十年。這段史事爲杜撰。所謂寒浞在位四十年,其實僅爲兩年守喪期。這一做法,填補了三十八年的空缺,剩下三十四年。

d. 這樣一來,從禹正式即位到夏朝第八位君王芬的守喪期結束,共 202 年。其中,芬的兩年守喪期被刪去,這使得空缺變成三十六年。所以,夏朝前八位君王被分配在兩百年裏,最後八位君王亦被分配在兩百年裏。於是,公元前 1789 年,即爲第九位君王芒的元年。而公元前 1589 年,爲商始年。①

e. 夏朝第十一位君王不降以後,有兩年守喪期。但實際上,不降僅是退位,並未去世。這樣,年份差距又成爲三十四年。

f. 從公元前 1589 年往前看,即從芒到發,最後八位君王共歷

---

① 此與下表(2.9.2.2)第二欄相符。下表標明刪去因篡位等情況造成的重復年份,再加上先前數十年的變動,商代起始年份被確定在公元前 1589 年。

201年,包括守喪期在内。所以,芒的守喪期從兩年縮減至一年。於是,年份差距成爲三十五年。

　　g. 後來人們意識到,不降後不應有兩年守喪期,故刪去。但把不降以前及以後兩位王(即泄和扃)的守喪期各增加一年,從兩年增加到三年,以保持年份長短不變。同樣地,年份差距仍爲三十五年。

　　h. 但公元前1558年本身已較實際年份後推四年。故年份差距爲三十一年,即帝癸之杜撰的在位年數。

　　2.6.2.3.3　前面所講的,不是用來解釋戰國時期編輯改寫的歷史,而是爲了説明帝王在位期間出現的空檔(見第五章,5.4.2)。

　　2.6.3　整個夏朝年代的計算結果如下:

夏 朝 年 代 表

夏王次序		《竹書紀年》的年代	在位年數	無王年數	修正後的年代	在位年數	無王年數
舜十四		前 2029			前 1953		
舜五十		前 1993			前 1917		
舜	無王期	前 1992 至前 1990		3	前 1916 至前 1915		2
1. 禹		前 1989 至前 1982	8		前 1914 至前 1907	8	
	無王期	前 1981 至前 1979		3	前 1906 至前 1905		2
2. 啓		前 1978 至前 1963	16		前 1904 至前 1889	16	
	無王期	前 1962 至前 1959		4	前 1888 至前 1887		2
3. 太康		前 1958 至前 1955	4		前 1886 至前 1883	4	

夏王次序		《竹書紀年》的年代	在位年數	無王年數	修正後的年代	在位年數	無王年數
	無王期	前 1954 至前 1953		2	前 1882 至前 1881		2
4. 仲康		前 1952 至前 1946	7		前 1880 至前 1874	7	
	無王期	前 1945 至前 1944		2	前 1873 至前 1872		2
5. 相		前 1943 至前 1916	28		前 1871 至前 1844	28	
	無王期	前 1915 至前 1876		40	前 1843 至前 1842		2
6. 少康		前 1875 至前 1855	21		前 1841 至前 1821	21	
	無王期	前 1854 至前 1853		2	前 1820 至前 1819		2
7. 杼		前 1852 至前 1836	17		前 1818 至前 1802	17	
	無王期	前 1835 至前 1834		2	前 1801 至前 1800		2
8. 芬		前 1833 至前 1790	44		前 1799 至前 1756	44	
	無王期	無		0	前 1755 至前 1754		2
9. 芒		前 1789 至前 1732	58		前 1753 至前 1696	58	
	無王期	前 1731		1	前 1695 至前 1694		2

續　表

夏王次序		《竹書紀年》的年代	在位年數	無王年數	修正後的年代	在位年數	無王年數
10. 泄		前 1730 至前 1706	25		前 1693 至前 1669	25	
	無王期	前 1705 至前 1703		3	前 1668 至前 1667		2
11. 不降		前 1702 至前 1644	59		前 1666 至前 1608	59	
	無王期	無:退位		0	無:退位		
12. 扃		前 1643 至前 1626	18		前 1607 至前 1590	18	
	無王期	前 1625 至前 1623		3	前 1589 至前 1588		2
13. 厪		前 1622 至前 1615	8		前 1587 至前 1580	8	
	無王期	前 1614 至前 1613		2	前 1579 至前 1578		2
14. 孔甲		前 1612 至前 1604	9		前 1577 至前 1569	9	
	無王期	前 1603 至前 1602		2	前 1568 至前 1567		2
15. 昊		前 1601 至前 1599	3		前 1566 至前 1564	3	
	無王期	前 1598 至前 1597		2	前 1563 至前 1562		2
16. 發		前 1596 至前 1590	7		前 1561 至前 1555	7	

續　表

夏王次序	《竹書紀年》的年代		在位年數	無王年數	修正後的年代	在位年數	無王年數
	無王期	無		0			
17. 帝癸	前 1589 至前 1559		31				

2.6.3.1　公元前 1555 年這一預定年份經推算已如願達到,即爲倒數第二位夏王發的末年。看來班大爲對商朝始年的看法不誤,由此我們只能斷定,帝癸即桀之存在乃是戰國人杜撰歷史的產物。帝癸在位三十一年,即公元前 1589 年至公元前 1559 年。

2.6.3.2　雖班大爲之説可以信從,但我們必須承認,帝癸確屬一個虛構人物。就此試列舉三點加以説明:① 正如長期所留意到的,對夏桀,即帝癸的記載,就如同對最後一位商王帝辛的記載一樣,十分可疑(在《竹書紀年》中,唯一可稱爲"帝＋干名"的夏王,即帝癸)。②《竹書紀年》中其他夏王的紀譜通常簡署且長短不一,但帝癸的紀譜卻不然,不僅内容詳實,並從頭至尾可以數出八處四十字段的簡文。對此,合理的解釋是,此紀譜當係後人添寫而成的。③《竹書紀年》中記有十七位夏王,而他們的王年則反映出某種神秘性。第一位夏王禹元年(理論上説應在舜死後)是公元前 1989 年;第九位夏王芒元年爲公元前 1789 年;而最後一位夏王帝癸元年則是公元前 1589 年。若是没有帝癸,那麼神秘化數字展示出的歷史便是一個恰好存在了整四百年、經歷十六代王的朝代,其前半段整兩百年,其後半段也整兩百年。我以爲早期的文本是有這樣的結構的(我在 2.6.2.2

和 2.9.2.2 中對此均有所論述)。

2.6.4　這種對夏朝年代的重建,可以在下文中得到進一步證實。許多學者一直對商王的命名感到困惑,它們通常由兩個音節組成,而後一字總是十天干之一。原因何在? 這一現象也見於上表(2.6.3)中的兩位夏王孔甲、帝癸。結合準確的年代,它或許可用以考察人們首先想到的一個假設,即君王名字中的天干是因其即位首日的天干而來。對孔甲而言,其九年在位期的元年爲公元前 1577 年,雖說公元前 1579 年已是即位之年。假設施行"夏曆",則公元前 1577 年首日必爲當年春分之前月之初一,即二月十七日,儒畧曆 1 145 471 日,此日爲甲子,乃六十日干支周期之首日。由此我們可以理解這一夏王的名字:孔甲,意爲"大甲"。

2.6.4.1　關於帝癸,若無此人存在,則無其年代可言。但我們知道,夏末有一位稱作發的君王,也許他就是真正的帝癸? 如以發即位之年,即其七年在位期的前兩年算起,公元前 1563 年則爲元年,(夏曆)是年元旦爲二月十二日,儒畧曆 1 150 580 日,爲癸酉日(10)。又有一王名可作印證:作爲孔甲的前輩,第十三位夏王廑,又稱爲"胤甲",意指"即位的甲"或是(甲子後的)"下一個甲"。其即位之年爲公元前 1589 年,此年春分前一月可能始於三月一日,儒畧曆 1 141 101 日,爲甲戌日(11)(也許是因爲朔望交替發生在半夜後黎明前時刻,即理論上的夏曆開始)[1]。

2.6.4.2　這裏可以提出更多的驗證:《竹書紀年·夏紀》中偶或提及先商時的商人貴族先祖,值得關注的是一次祭祀商先公上

---

[1]　《竹書紀年》載,帝廑於八年去世前,"天有妖孽,十日並出"。所以會記有如此怪異之事,也許是因爲孔甲爲了將該年六十日甲子周期提前十日而通過頒布命令從甲寅提前到甲子。也就是説,最初定下的孔甲即位日期本是甲寅(51),而重新改爲甲子(01)。果真如此的話,那麼上甲即位的最初日期也應爲甲子(01)而非甲戌(11)。天干命名制度會不會出自上甲? 天干計日法本身是否也由其創建?

甲(上甲微)的活動。據《竹書紀年》,上甲之父王亥(子亥)於公元前 1719 年被殺(我認爲,可以不妨假定這部分《商紀》是根據其後裔宋國的錄存,並獨立於《夏紀》中的年代改動)。殷曆(即歲首在冬至後一月)中,公元前 1718 年元旦爲一月十八日,儒畧曆 1 093 941 日,甲戌(11)。再如商朝的創立者湯,其天干名爲太乙。《竹書紀年》謂其建元是克夏前的公元前 1575 年,此説當確,因爲這一年必當是記在公元前 1580 年而確在公元前 1576 年"五星錯行"之後的年份,但(如班大爲已指出的)這次會聚事實上發生在公元前 1576 年;他們之所以如此記録,想必是要説明已把五星會聚看作一種王朝更替的天意。太乙(湯)沒有以公元前 1575 年作爲其天干之名,因爲其元旦爲癸日,而癸適爲其父暨先王示癸的天干之名(也許正因如此,有關王名的避諱在商代一直沿襲了下來)。然而,正如周文王建元於公元前 1056 年,商湯要間隔一段時間後方肯正式宣佈建元,以使其臣民完成某種守喪的義務;而商代的守喪期通常爲三年,而非兩年(對上甲微的記述對此便有所提示:其即位於公元前 1718 年,但直至公元前 1715 年方伐有易殺其君,代父復仇)。所以需要留意公元前 1572 年:其殷曆元旦爲一月二十二日,儒畧曆 1 147 272 日,乙丑(02)(湯死後不久,便於乙丑日爲其舉行了一次祭祀)。

第五章中,商代的守喪期在編訂過程中被删去了。公元前 1576 年 11 月至 12 月的五星錯行事件,倒退到了公元前 1580 年。這表明帝癸最初被認爲在位三十五年。在對周代的編寫中,删去守喪期形成了一個新的日期,即周代名義上開始的年份是公元前 1062 年。這使得商代開始的年份(四百九十六年前)從公元前 1554 年後退到公元前 1558 年,帝癸的年份也相應往回移動,其在位期從三十五年縮短到三十一年。

七、商之年代:商王之"天干"名號系統;繼承方式

2.7　所以在夏代,任何以"天干"名王的例證皆可接受驗證,這看來是無一例外的;對於一個王而言,其名中天干取決於其即位首日的日干。若無這一發現,我們將無法研究商之年代,當然到了商朝晚期,已經有卜辭出現。

2.7.1　即使這樣,還是有相當多的困難。通過觀察和思考便可發現,商王命名是按照一定的規則:① 商王從來不以"癸"爲名。② 兩個相繼之王從不使用相同的"天干"名,但是父與子如果不是相繼在位的話,或許可以有相同的天干名。[1] ③ 在商代,亦如夏代和西周,每一個王在守喪期結束後有一"即位"年;但是商王通常是在繼位三年而非兩年之後即位(我懷疑這是因爲某王的崩年可以算作其在位的最後一年,如果他是在年底去世的話;否則其崩年將是其即位人的元年)。④ 如果繼位年是按照上一個在位期的天干名,那麼就使用即位年的"天干"號。⑤ 由於"癸"爲禁忌,倘若按照規則,趕上"癸"日的話,那就使用接下來的"甲"日爲名。

2.7.2　《漢書·律曆志下》所引劉歆之語曰:"成湯……爲天子用事十三年矣。"但《竹書紀年》載,湯在天子位凡十二年。劉歆本意是,湯第十三年亦爲其繼承人暨孫子太甲的元年。我的結論是,湯在這一年,即公元前 1542 年之初去世。不過奇怪的是,在多數商王世系,包括《竹書紀年》在內,太甲之前尚有兩位君王,在位時期甚短,即外丙的兩年和仲壬的四年。且《竹書紀年》又云:"伊尹放太甲於桐,乃自立。"

我以爲,實際的真相是:湯去世之際,伊尹掌握大權,並企圖自

---

① 見吉德煒,《商代史料》,第 185–186 頁,大甲和小甲。

立爲王,但他並未實現這一企圖。他先操縱了兩個傀儡(可能是太甲的叔父)。公元前 1542 年的元旦是"壬"日,説明仲壬在太甲守喪期間被任命爲行使職能的君王。公元前 1541 年的元旦是"丙"日,説明此時太甲不再出現,正式的守喪者已由外丙取代。公元前 1539 年元旦是"甲"日,説明太甲將此年追記爲其"天干"名。同時他處於囚禁之中,故從公元前 1539 到公元前 1536 年這四年中,仲壬只是名義上的"王"。公元前 1536 年從正統上説是太甲第七年,《竹書紀年》太甲七年條下云:"王潛出自桐,殺伊尹。"這是對道貌岸然的歷史之驚人修改,對此,《孟子·萬章上》描述道:"太甲顛覆湯之典刑,伊尹放之於桐,三年,太甲悔過,自怨自艾,於桐處仁遷義,三年,以聽伊尹之訓己也,復歸於亳。"但是我認爲,如果我關於"天干"名王理論可以成立的話,我所拼合起來的敘述就應當無誤。

2.7.3 把這一理論應用於《竹書紀年》所記下至太戊的諸王在位年數,再加以修正後,可得出準確的年代。現存所有的商王年表,包括《竹書紀年》在內,都將太戊列爲自湯以來的第五代王,並先於同代的雍己。正如吉德煒所言(見《商史資料》,以下簡稱《資料》,第 186 頁,注 d),甲骨卜辭中的證據表明,太戊在雍己之前,而且根據與《竹書紀年》大約同時的《尚書·無逸》篇所載,太戊(在《無逸》篇誤稱之爲"中宗")有極不可能的七十五年之久的在位期,《竹書紀年》亦是如此。這兩個錯誤大概是相互有關的。在這裏,我認爲正確的曆日(以下爲公元前)如下:

太甲,公元前 1542/公元前 1539 年至公元前 1528 年,3+12 年;公元前 1539 年元旦,1 月 18 日,甲寅(51)。

沃丁(太甲之兄弟),公元前 1527/公元前 1524 年至公元前 1506 年,3+19 年;公元前 1527 年元旦,2 月 4 日,甲戌(11),無效的;公元前 1524 年元旦,2 月 1 日,丁亥(24)。

小庚(太甲之子,甲骨卜辭稱"大庚"),公元前 1505/公元前 1502 年至公元前 1498 年,3+5 年;公元前 1505 年元旦,1 月 3 日,丁酉(34),無效的;公元前 1502 年元旦(冬至所在月),公元前 1503 年 12 月 31 日,庚戌(47)。

小甲(小庚之兄弟),公元前 1497/公元前 1494 年至公元前 1478 年,3+17 年;公元前 1497 年元旦,2 月 3 日,庚戌(47),無效的;公元前 1494 年元旦(冬至所在月),1 月 1 日,癸巳(30),轉至甲午(31)。

太戊(小庚之子),公元前 1477/公元前 1474 年至? 年,3+? 年;公元前 1477 年元旦(冬至所在月),公元前 1478 年 12 月 24 日,甲寅(51),無效的;公元前 1474 年元旦(冬至前之月),公元前 1475 年 11 月 22 日,戊戌(35)。

2.7.3.1　正如(我所分析的)甲骨卜辭表明(見第七章),以公元前 1474 年始於冬至前一個月作爲制定曆法的標準,一直實行到商朝結束之前的若干年份。對於商朝早期來説,這一做法或許是反常的。《竹書紀年》記太戊元年爲公元前 1475 年,我假定一百年前的這一年適爲商的奠基人湯所聲稱的元年,即公元前 1575 年。可以想象,冬至月定爲歲首爲的是使其在位期的始年能像較早的年份那樣被視作正常年份。而實現這一點,只需輕易地將公元前 1476 年中本應有的閏月去掉即可。

2.7.3.2　但是在《竹書紀年》和其他年表中,雍己在太戊之前,且在位十二年。這是爲什麼呢? 要全面地解釋這個問題,就需要對商朝的整個年代加以解釋。可是請注意以下各種條件:① 外丙兩年的在位期當作爲湯守喪的全部三年時期;② 仲壬的四年在位期置於太甲形式上的十二年在位期之前;③ 定太戊(經修正的)即位之年爲湯元年公元前 1575 年之後的整一百年(使之固定不變);④ 在完成以上工作後,有意畧去太甲之後的守喪期,當滿足了這些條件之後,便會得出以下結果(又見第二章附錄三。值得注意的是,在《竹書紀年》中,公元前 1558 年記爲商朝的始年。這一點在本章有所説明):

商朝始年:公元前 1558 年(自公元前 1554 年回推)

湯之末年:公元前 1547 年(自公元前 1543 年回推)

外丙:公元前 1546 年至公元前 1545 年(自公元前 1541 年至公元前 1540 年回推)

仲壬:公元前 1544 年至公元前 1541 年(自公元前 1539 年至公元前 1536 年回推)

太甲:公元前 1540 年至公元前 1529 年(自即位之公元前 1539 年至公元前 1528 年回推)

沃丁:公元前 1528 年至公元前 1510 年(自即位之公元前 1524 年至公元前 1506 年回推)

小庚:公元前 1509 年至公元前 1505 年(自即位之公元前 1502 年至公元前 1498 年回推)

小甲:公元前 1504 年至公元前 1488 年(自即位之公元前 1494 年至公元前 1478 年回推)

——:(公元前 1487 年至公元前 1476 年,十二年)

太戊:公元前 1475 年至公元前 1401 年(下見 2.7.4 表格)

2.7.3.3 在删除四個三年守喪期後,便出現了十二年的空白,這一空白則通過顛倒太戊和雍己這兩位第五代商王的順序來填補上。雍己確實有十二年在位時間(我將會説明此點),這就必須使上述的替換看起來是正當的"修訂"。與此同時,這一替換將使太戊的在位年延伸到雍己的年數裏去,這就使得太戊的在位年拉長了。

2.7.4 從第八位王太戊元年到第二十二位王武丁元年,我除了使用以"天干"爲名的王和《竹書紀年》所記王年之外,幾乎没有採用其他方法來斷定年代,而在我看來,其中有兩個王(太戊和盤庚)的年代是不對的。從武丁(甲骨文出現於其在位期)到商朝的終結,有關資料越來越豐富,可以確定武丁的崩年是公元前1189年。以"天干"的標準和《竹書紀年》的在位期結合,得出從太戊到帝辛的最接近真實的商王年代:

商朝諸王干支表

王　名	《竹書紀年》年份	倪德衛所定年份	月首:干名	世系次序
8. 太戊	前1475(75)	前1477(3 + 60)至前1474	1月23日甲申 11月22日'75戊午	5
9. 雍己	前1487(12)	前1414(2 + 12)至前1412	12月18日'15己卯	5
10. 仲丁	前1400(9)	前1400(3+9)至前1397	1月11日丁巳*	6
11. 外壬	前1391(10)	前1388(1 + 10)*至前1387	1月28日丁丑 12月19日'88壬寅	6
12. 河亶甲	前1381(9)	前1377(3+9)至前1374	12月29日'78甲辰	7
13. 祖乙	前1372(19)	前1365(2 + 19)至前1363	1月16日乙丑	7
14. 祖辛	前1353(14)	前1344(3 + 14)至前1341	1月21日*辛酉*	8
15. 開甲	前1339(5)	前1327(3+5)至前1324	1月15日甲申	8
16. 祖丁	前1334(9)	前1319(3+9)至前1316	1月16日丁卯	9
17. 南庚	前1325(6)	前1307(3+6)至前1304	1月3日丁巳 1月30日庚子	9

王 名	《竹書紀年》年份	倪德衛所定年份	月首:干名	世系次序
18. 陽甲	前 1319(4)	前 1298(2＋4)至前 1296	1 月 23 日甲子*	10
19. 盤庚	前 1315(28)	前 1292(24)*	1 月 17 日庚寅	10
20. 小辛	前 1287(3)	前 1268(2＋3)至前 1266	1 月 22 日辛丑	10
21. 小乙	前 1284(10)	前 1263(3＋10)至前 1260	1 月 26 日辛未 1 月 24 日乙酉	10
22. 武丁	前 1274(59)	前 1250(3＋59)至前 1247	1 月 4 日丁巳	11
23. 祖庚	前 1215(11)	前 1188(3＋8)至前 1185	1 月 8 日丁亥 12 月 7 日 1186 庚午*	12
24. 祖甲	前 1204(33)	前 1177(2＋20)至前 1175	1 月 7 日癸未	12
25. 馮辛	前 1171(4)	前 1175(4)	1 月 14 日辛丑	13
26. 康丁	前 1167(8)	前 1171(16＋)前 1155 至前 1153(2＋8)	1 月 29 日丁丑	13
27. 武乙	前 1159(35)	前 1155(10＋)前 1145 至前 1143(2＋35)	1 月 3 日乙亥	14
28. 文丁	前 1124(13)	前 1145(27＋)前 1118 至前 1109(10＋)前 1108 至前 1106(3)	1 月 13 日丁丑	15

續　表

王　名	《竹書紀年》年份	倪德衛所定年份	月首:干名	世系次序
29. 帝乙	前 1111(9)	前 1105(19)	1 月 21 日乙卯	16?
30. 帝辛	前 1102(52)	前 1106(20＋) 前 1086 至前 1069(18＋) 前 1068 至前 1041(28)	1 月 2 日辛卯	17?

　　表中 * 號表示在位時間(盤庚)的更訂,或者守喪期的調節(外壬只有一年;另見 2.12.3,"商朝"末論),或者朔日的調節(長月和短月對換的調節)。祖庚必用第一個月第二日,見 7.7.2 - 3。

　　2.7.5　最後一段中的一個問題促使我提出另一個猜想。下至武丁前的各代商王通常是每代有兄弟兩個人爲王,武丁之前的那一代則有四個兄弟爲王,我相信,第二個兄弟盤庚將其前任的在位期加入他的在位期內。武丁是最後和最年幼的兄弟之子,這似乎與慣例有違。他活得很久,在位期是 3＋59 年(《竹書紀年》記五十九年),並且是他本人那一代中唯一爲王的。

　　武丁的兩個兒子祖庚和祖甲繼承其位,而且顯然地,他們兩個人均非武丁指定的繼承人和主要守喪者。很可能是歷史上不見記載的祖己擔任了上述角色。而且,在我看來,和盤庚一樣,祖甲將其兄祖庚的在位年數算進了自己的在位年數中。進而言之,下一代是兩兄弟馮辛和康丁爲王。但他們是祖甲之子,而非祖庚或祖己之子,馮辛似卒於其父之前,故僅有形式上的地位(見吉德煒,《資料》,第 187 頁,注 h)。

　　我們在這裏看到了一個重大的制度變遷,即從施行了兩個半世紀的兄終弟及王位繼承制,變爲自康丁起施行嚴格的父死子繼的繼承制。此點須加解説。

2.7.5.1 我以爲,施行兄終弟及繼承制度的原因在於擔心篡位,這種行動在伊尹統治時幾乎成功,先王手下肆無忌憚的大臣利用繼承人居喪之際而竭力篡奪王位。爲了保護王位免遭此類危險,便形成了這樣一種做法,即王甲剛即位時就確定王乙爲繼承人,從而在王甲之子暨繼承人守喪時,王位仍屬於王室。以後在王乙去世後,王甲之子成爲王丙,依此類推下去。

這種制度長期行之有效,阻止了大臣的篡權活動。然而到了後來,篡權的威脅演變爲兄弟之間的王位爭奪。我想這就是在武丁前那一代四兄弟之間所發生的情況,而武丁後一代亦出現了類似情形。武丁必須比他所有的弟弟活得更長。他不得不依靠其繼承人的兄弟,而這兩個兄弟都在期待自己即位,最後祖甲成了勝者。武丁的繼承人祖己諡號"小王",意爲"年幼之王"或實際上的"有待繼位之王",在王室的祭祀中有他的位置,不過僅此而已(《南北》,明 631,見吉德煒書,第 229-231 頁;島邦男,《綜類》,496.4)。

祖甲解決問題的辦法很簡單,就是立即授予所選繼承人王室成員的身份。他的首選繼承人馮辛(廩辛)去世過早,所以他又選擇了第二個,乃是及時繼位的康丁,康丁又重復祖甲的辦法:他選擇其繼承人武乙,並馬上授予武乙其"天干"名。從此之後,歷代王室皆按此法運作。

2.7.6 如果以上論斷不誤的話,那麼我只需修正武丁的年代,便可以《竹書紀年》所載各王年和以"天干"命名的理論來校正其他的年代。在吉德煒(見《資料》,第 174 頁,注 19)研究的四版武丁時期的甲骨卜辭中,提到過月食現象和"干支"記日,吉德煒將其定在公元前 1198 年至公元前 1180 年。但我認爲,應爲公元前 1180 年的那一版事實上是指公元前 1201 年發生的一次月食,因此這四版中的最後一版則成爲公元前 1189 年的一次月食。

月食的出現似乎是君王崩逝的不祥徵兆（回顧一下公元前 1065 年的月食：月食發生時幾乎正值文王爲商王囚於羑里，而《逸周書》則記文王因此忠告其王室留意王位繼承問題）。武丁晚期的卜辭表明，武丁經常患病。

2.7.6.1　所以公元前 1189 年是對其崩年的第一個合理的猜測，而且這一猜測的結果證明是正確的。如果他確有五十九年的在位時間，即如《竹書紀年》所記，那麽加上在此之前的三年守喪期，其即位年應爲公元前 1250 年，是年首日爲“丁”日。而且，公元前 1188 年也始於“丁”日，因此那一年不適用於祖己或者祖庚，他們須在公元前 1185 年；而此年始於“己”日，用於祖己而次日“庚”日用於祖庚。

《竹書紀年》記祖庚在位十一年，我在此推測此年數結束於公元前 1178 年而包括公元前 1188 年至公元前 1186 年的守喪期之始年。公元前 1177 年始於“癸”日，爲了祖甲而轉至“甲”日，祖甲自己因此使用公元前 1177 年。但是守喪期後的那個年份，公元前 1175 年始於“辛”日，賦予既定的繼承王位者馮辛其天干日。《竹書紀年》記馮辛在位四年，而其他年表則記其在位六年，我推算爲公元前 1177 年至公元前 1172 年。我推測馮辛卒於公元前 1172 年，而公元前 1171 年（若使用大小月彼此交替的話）則是始於“丁”日，因爲下一個受任命的繼承者爲康丁。祖甲的所謂三十三年在位期必須是公元前 1188 年至公元前 1156 年，包括了祖庚的在位年數，所以康丁在公元前 1155 年繼位，而冬至後那個月份始於“乙”日，而且我假定他立即指定了其所選之子武乙爲“小王”。《竹書紀年》記康丁在位八年，而我加上兩年的守喪期，共在位十年。

因此武乙在公元前 1145 年繼位，其冬至後一個月始於“丁”日，在那一年他確定了其繼承人文武丁。《竹書紀年》記武乙在位共三十五年，我的計算爲公元前 1143 年至公元前 1109 年。甲骨卜辭和《竹書紀年》的記載都證實，武乙戰後在河渭一帶的狩獵中，爲雷電擊斃（"王畋於河渭，大雷震死"），其時爲公元前 1109 年末（有關的討論可見 7.5.1 - 7.6.1）。

2.7.6.2 甲骨卜辭需要某一年曆始於公元前 1118 年（見第七章），且武乙必定在是年將年曆賦予其繼承者。《竹書紀年》記"文丁"在位十三年，即爲公元前 1118 年至公元前 1106 年；其他年表則記文武丁在位三年，爲公元前 1108 年至公元前 1106 年。甲骨卜辭亦需要某一年曆始於公元前 1105 年，其年首日爲"乙"日，而且必須是"帝乙"元年。甲骨卜辭需要某一年曆始於公元前 1086 年（見第七章，7.3.1），且這一年曆當爲帝辛之年曆，而此"帝乙"在位十九年，可是《竹書紀年》卻記九年。

我相信，原因在於戰國的編者不願承認在武乙和文武丁兩個王在位期之間有十年的重合期，並將帝乙的在位時間減去十年，即從公元前 1105 年至公元前 1087 年減爲公元前 1095 年至公元前 1087 年（回推十六年到公元前 1111 年至公元前 1103 年，見 2.7.7），再把這十年加到文武丁頭上。而且有可能，文武丁和帝乙實際同爲一人，即在他自己即位的公元前 1106 年（始於"辛酉"日），指定將成爲紂辛（帝辛）的繼承人，文武丁在公元前 1105 年自稱爲"帝"。在周原的甲骨文和少數晚商的金文中，都將"文武帝乙"視爲受到崇拜的王室對象。

2.7.6.3 最後，我們發現甲骨卜辭中並無帝辛在位時間超過二十二年的記錄。其原因很可能是在帝辛長久的在位期（前 1086 -前 1041）期間，又有另外一個年曆於其在位間開始啓用。新年曆元年當爲公元前 1068 年，其根據見《逸周書·酆保解》所記"維二十三祀庚子朔"，或許是公元前 1046 年（此年份隨着"庚子朔日"而繼續，確爲公元前 1046 年的五月，然而《酆保解》沒有

"五月"兩個字)①。公元前 1068 年乃紂辛稱"帝"和指定其子王子禄父爲"小王",且將成爲"武庚"之年,因爲公元前 1068 年始於"庚"日,而且公元前 1068 年適爲公元前 1105 年後的三十七年,其他年表均記"帝乙"在位三十七年。我們所能作出的解釋是,文武丁自稱"帝乙"於公元前 1105 年,三十七年以後纏又有商王自稱爲"帝",即紂辛,自稱"帝辛"(帝乙在去世之前,可能爲其子即後來的帝辛編造了公元前 1086 年爲元年的年曆[前 1086 年初日是甲子]。但是我懷疑帝乙是否果真活到公元前 1069 年)。

《竹書紀年》所載文王爲商王囚於羑里是公元前 1180 年至公元前 1074 年,減去十二年,真實的年代則是公元前 1068 年至公元前 1062 年,我們可以看到其間所發生的事件:年曆的始年公元前 1068 年是雙重加冕典禮之時,這需要所有諸侯來朝,包括日漸成爲威脅的周人首領西伯昌,即文王,而帝辛趁此機會逮捕了文王。

2.7.7　然而,這一以公元前 1086 年爲始年的年曆與《竹書紀年》所記帝辛元年爲公元前 1102 年(比前者推早十六年)相呼應。如果文武丁的年曆確爲公元前 1118 年至公元前 1106 年,往下移動十年爲公元前 1108 年至公元前 1096 將會避免與武乙之年相重合,那麼推前十六年之法亦可應用;而在《竹書紀年》裏其在位時間爲公元前 1124 年至公元前 1112 年。武乙也是同樣的情形:實際上是公元前 1143 年至公元前 1109 年,而《竹書紀年》記爲公元前 1159 年至公元前 1125 年。但是再向遠推,年代移動做法就不同了。祖庚的十一年在位期爲祖甲所自稱,在所編年表中,這一做法又不能濫用,祖甲必得在位三十三年,並要把祖庚的十一年推早而

---

①　《逸周書·酆保解》日期沒有月名。此章敘述的是幫助周國之諸侯的"來朝",而諸侯有種種別的"正月"(雖然諸國皆用商曆以指年)。以避此禮難,《酆保解》指出朔日是庚子。

置於祖甲的三十三年之前。其結果就是武丁的年代前移16＋11年，即從公元前1247年至公元前1189年變爲《竹書紀年》中的公元前1274年至公元前1216年。這就證實了我對武丁年代的推定。當然，馮辛的四年在位期不可能保留在祖甲的在位期内，這四年只有通過取消康丁和武乙在位之初的兩個兩年守喪期而保留下來。所以馮辛並未改變所謂16＋11年的計算法。

2.7.7.1　但是爲什麼會有上述這十六年的移動？須假定這是《商紀》的最後所記造成的，而這點乃是針對帝辛而言。他的實際在位期是公元前1086年至公元前1041年，共四十六年。這四十六年如果始於公元前1102年，終於公元前1057年的話，次年公元前1056年則是周朝王室年曆的始年。所以在晚商年代中的這十六年的前移是發生在對編年紀的修改過程之中的，即在周朝的"始年"改到公元前1062年之前，也就是守喪期從周朝年表中刪除之前。從某種意義上説，它是另一個取消重合期的例子：公元前1056年以下的年份不可能既是商又是周，或既是帝辛又是周王。但是人們可以看到另一個因素：當周公攝政期前推五年時，克商年就成了公元前1045年而非公元前1040年，帝辛的第四十六年便不可能是公元前1041年；而使此年份成爲公元前1057年則是恰當的（删除重合期本身就是持公元前1045年那一派學者的觀點，這就是將堯元年回推爲公元前2145年所需要的）。另外有關這些早期年代變化的迹象是它們將公元前1876年的日食推至公元前1948年。公元前1948年之所以被選定，是因爲這一年正值距夏九月朔日太陽在房之日有一"紀"（1520年爲一紀）之遥；因此，必須趁着公元前432年至公元前428年的太陽位置記録尚存之際進行修訂（見倪德衛、彭歘鈞文，《早期中國》第15卷）。

2.7.8　對於那些深受"公元前1045年"一説影響的戰國編者

來説,關於在位期重合的觀念是不能接受的,而此觀念又是與另一個觀察聯繫在一起的,以完全確認商朝編年紀。有關夏末帝癸在位期的年紀必爲戰國時人的編造,而帝癸元年,即公元前 1589 年在較早的紀年中必爲商代始年。這個年代是不能變動的,因爲此年與偶像化的堯元年,也即公元前 2145 年相關聯:堯,一百年,守喪期三年;舜,五十年,守喪期三年;夏王從第一位到第八位,共兩百年;夏王從第九位到第十六位,共兩百年。公元前 1589 年則是提早了三十五年,正確的商代始年應爲公元前 1554 年。因此,總共被取消的重合期必有三十五年:

十六年,帝辛四十六年,從公元前 1041 年回推至公元前 1057 年

十一年,祖庚在位期(實際是 3+8 年)則是在祖甲所稱三十三年在位期之前

四年,陽甲的在位期則是在盤庚所稱二十八年在位期之前

四年,仲壬的在位期則是在太甲形式上的十二年在位期之前

其中第一段的十六年適用於祖甲之後的諸王在位期;16+11 年則適用於盤庚之後的諸王在位期;16+11+4 年則適用於仲壬之後的諸王在位期;而 16+11+4+4 年適用於早期的年代,只有一個例外:湯元年只被前推了三十一年,與太戊元年聯掛在一起,這個年份已經變爲整一百年以後,因爲在形式上的太甲年曆之始,外丙的兩年守喪期取代了三年的守喪期,這給後來太戊的在位年數加了一年,使之由六十年變爲六十一年。

2.7.8.1 以上就是商的始年定爲公元前 1589 年的原因,這種説法曾持續過一段時間。可是後來凡商王在位初的喪畢年被

删去。

結果之一(2.9.2.2表)：將雍己即位 12 年移動到太戊之前，太戊在位年數被長，成爲 75 年。

結果之二：删去喪畢年之餘還有 35 年，使商代始年定於公元前 1554 年，因爲帝堯初年必須仍爲公元前 2145 年(見第五章)。

結果之三：帝癸被假造了，始有 35 年(前 1589 至前 1555)。

但此後，周朝每王兩年喪畢被遺忘，既而使穆王元年提前成爲公元前 962 年，而周建國年(必是一百年以前)成爲公元前 1062 年。所以，商朝建國年(必是此前 496 年)提前成爲公元前 1558 年。

2.7.8.1.1　帝癸(虛構的)元年被定爲公元前 1589 年，所以他的虛構在位期末年被提前四年：乃《紀年》之"五星錯行"被從公元前 1576 年提前到公元前 1580 年(即帝癸十年)。已而成湯之王曆元年公元前 1575 年提前到公元前 1579 年，即殷曆年代系統的商建國年(陳夢家《綜述》，第 212 頁)。

可是《竹書紀年》系統要求公元前 1575 年爲成湯之克夏勝利以前的王曆元年。因爲戰國時代修正《紀年》之人已經把太戊元年定爲公元前 1475 年(正爲公元前 1575 年以後一百年)。所以殷曆學者們不可不另尋別的方法，以保持他們的公元前 1579 年之年期(這個方法可見在 6.6.1.3.1)。

這樣，帝癸在位年數從 35 年被減少爲 31 年了，而成爲公元前 1589 年至公元前 1559 年。那個守喪期删去之餘的四年(35－31)，可以用於祖甲世子馮辛(虛構的)的四年在位期。事實上祖甲去世以前馮辛本身已經去世了(《尚書·無逸》篇是在這一改動之後編著的，因爲此篇記錄由此變動而產生了太戊在位七十五年說)。關於這些論證，見下文。

2.7.8.2　最後應當注意到，周之始年必須是公元前 1062 年。一旦公元前 1059 年的五星會聚上推到公元前 1071 年，最接近的年份便是公元前 1061 年,即武王的即位之年。所以在某種意義上説,公元前 1062 年在《竹書紀年·周紀》後總記年數中成爲武王元年(其父文王卒於其崩年的三月),本應發生在武王十二年的克商年相應地在某種意義上(亦即在《周紀》後總記)就必須得是公元前 1051 年。

此種意義可以通過整理和置入一支"十一年"的竹簡(第 181 簡,正好四十字)於原本來實現,以標明伐紂始於此年,正統的周朝亦始於此年。這就是晉廷整理者所面臨的情形,於是他們便將此歲次命爲干支的"庚寅"。後來在對出土竹書進行整理時,編者便把"元年"改回到公元前 1050 年。

八、西周中晚期之年代

2.8　悖論:在較早的三代斷代研究中,我恢復了夏代紀年。大部分西方學者將夏朝視爲神話時代,故忽畧不計。全部斷代研究中,最複雜的是確定西周自穆王以後七位君王的年表。雖然現存大量青銅銘文,但恢復七位君王的具體紀年一事,仍屬艱辛。但理論上,恢復紀年應不複雜。穆王在位五十五年,從傳統上講,在位年份過長。我已指出,穆王在位年數因前三位君王,也即成王、康王和昭王的守喪期被删而被迫延長。所以,穆王在位始年實際提前了六年。

2.8.1　同時,穆王以後七位君王,即共王、懿王、孝王、夷王、厲王、宣王和幽王的守喪期亦被删,使得穆王在位年數又延長數年。但並非七位君王的守喪期均被删去。因爲,若將全部守喪期删去,《竹書紀年》所記穆王世結束年份應爲公元前 908 年。而由此往前推 2×7,應推斷出穆王世結束年份實際爲公元前 922 年。我們知道,有一件穆王世銅器——鮮簋,標示穆王於公元前

954 年登基,整個穆王世結束於公元前 921 年。除此,還有兩件共王世器銘標示公元前 917 年和公元前 915 年分別爲共王繼位及登基年。所以,正如較早以前發表之論文所指,必有兩位君王因其前任並非生父,而未行守喪。這兩位君王分別是孝王和夷王。孝王爲穆王之子,卻非正統繼承人。夷王在孝王之後,但其生父爲懿王。所以,我認爲《竹書紀年》記夷王在位八年,符合實際情況(有證據顯示,存在夷王在位期内而行之守喪期)。而記幽王在位十一年,其實應爲 2+11 年,也即從公元前 783 年/公元前 781 年至公元前 771 年。宣王在位年數必爲 2+42 年。這一點,在師詢簋銘文裏得以證實。師詢簋的年份與公元前 783 年相符,且與毛公鼎銘文一致。從毛公鼎形制來看,其年代不可能早於宣王世。

2.8.2 但上述從師酉鼎推斷而來的結論實爲訛誤。2010 年 5 月夏含夷提醒我,師酉鼎的年代和形制屬於共王世,且師詢爲師酉的父親。[①] 另外,新近出土之"四十三年"逨鼎的年份爲公元前 783 年(按宣王登基後採用的年歷算,見第八章,第 62、63 器逨鼎I、II 及其評注)。所以,現存毛公鼎必爲宣王時期複製品,且由原鼎鑄造者的後代鑄造,而非巴納(Noel Barnard)所言的 19 世紀時之贋品。

《竹書紀年》載穆王崩於公元前 908 年,比實際晚了十年。所以,共有五段守喪期被删,分別爲共王、懿王、夷王、厲王和宣王即位前的守喪期。而守喪期間各大事卻被記録並保留下來。所以删去的兩年守喪期不在記録之在位年數裏。删除守喪期的原因,在於君王去世後均會有一個從其即位年算起的在位年數記録。但這對幽王來講,卻行不通。因爲幽王卒後,朝代也隨之瓦解。幽王必定也爲其前任行喪。史載幽王在位十一年,應已包含此守喪期。

---

① 夏含夷《古史異觀》"父不父,子不子",第 201-203 頁。

《竹書紀年》記夷王在位八年,實際應爲2+8年。夷王的前任並非生父懿王。孝王取懿王而代之,懿王遭流放,直至公元前868年。所以公元前867年至公元前866年是夷王爲其生父所行之守喪期。這一點,可見於六段簡文(第26簡、第28簡至第32簡)。我曾以爲,夷王在位從公元前867年至公元前860年。但實際上,其在位應從公元前867年/公元前865年至公元前858年。且公元前859年並非夷王元年,公元前857年也非其登基年份。一些標爲"元年"的簡文顯示,元年爲公元前857年,但事實上,以公元前857年爲登基年是不可能的。這一點,我將在第六章加以證明。

2.8.3 孝王世是另一個較爲複雜的時期。孝王取代侄子懿王而自立,以免朝廷傾覆於無能的懿王之手。懿王卒後,他的繼任夷王沒有子嗣,或身體狀況堪憂,於是,孝王又在位四年,直至公元前864年公子胡(厲王)出生(晉代編者"原注"指出了該年份,引自《太平御覽》)。《竹書紀年》對這段重合期作了調整,把在位初的年份前推四年至共王。所以,《竹書紀年》裏共王在位僅十二年,而非實際的2+16年(若要質疑我對這近半世紀年份的分析,就須得解釋十二年這一問題。《文獻通考》也有十二年的共王在位期,故不能忽署)。下表給出了《竹書紀年》所記最後七位君王的在位年份,這是我在早前研究中得出的相應年份,以及現經校正後的年份。

周朝共王至幽王年表

	周王/攝政	早期文獻所載年代	《竹書紀年》的年代	倪德衛較早以前確定的年代	校正後的年代
6	共王	前907至前896	前907至前896	前917/前915至前900	前917/前915至前900
7	懿王	前895至前871	前895至前871	前899/前897至前873	前899/前897至前873

續　表

	周王/攝政	早期文獻所載年代	《竹書紀年》的年代	倪德衛較早以前確定的年代	校正後的年代
8	孝王	前 870 至前 862	前 870 至前 862	前 872 至前 868	前 872 至前 868
9	夷王	前 861 至前 854	前 861 至前 854	前 867 至前 860	前 867/前 865 至前 858
10	厲王	前 853 至前 826	前 853 至前 828	前 859/前 857 至前 828	前 857/前 855 至前 828
攝政	共和	前 839 至前 826	前 841 至前 828	前 841 至前 826	前 841 至前 826
11	宣王	前 825 至前 782	前 827 至前 782	前 827/前 825 至前 784	前 827/前 825 至前 782
12	幽王	前 781 至前 771	前 781 至前 771	前 783/前 781 至前 771	前 781 至前 771

所謂"早期文獻"，並非指最早的文獻。我認爲，起碼有一處文獻記載，宣王卒於其在位四十四年，而非四十六年。換言之，宣王登基年爲公元前 825 年，而厲王在位二十八年。但後來，人們把"四十四年"改爲"四十六年"（我遵循范欽本重建簡文，其中第 275 簡顯示，該更改發生於戰國時期。我們可以設想，墓本《竹書紀年》上記錄的可能是，"四十四年王陟。晉殤叔攝政元年篡爲侯"。這恰好能佔滿半簡）。據伯克壺銘文（第 45 器），我推斷攝政期一直到公元前 826 年爲止。共王一直擔當攝政王，直至繼承人能夠正式繼位（公元前 827 年，宣王尚年幼）。本書第六章將詳細探討此問題。

2.8.4　宣王之重要性在於其在位年份很長。因此，所有年份跨度較大或具有西周晚期年份特徵的青銅器，皆在其名下。這些青銅器銘文均以公元前 825 年爲元年。

國內否定雙元年理論，這使得大部分學者認爲，宣王在位晚期鑄造的青銅器,也許爲屬王名下器物,就像《史記·周本紀》所載,爲屬王流放前在位三十七年間的器物。但"三十七年"有誤。雷學淇注意到,屬王活了三十七歲(前 864 至前 828)[①]。這可能造成三十七年在位的謬誤。《史記》世家一些章節表明,屬王遭流放以前在位三十七年是不可能的。

> 《齊世家》載:"哀公時,紀侯譖之周,周烹哀公,而立其弟靜,是爲胡公。胡公徙都蒲姑,而當周夷王之時。哀公之同母少弟山……殺胡公而自立,是爲獻公。……九年,獻公卒,子武公壽立。武公九年,周屬王出奔。"

屬王出奔至彘的年份,爲公元前 842 年,即武公九年。所以,武公元年爲公元前 850 年,獻公元年(共九年)爲公元前 859 年。胡公被殺於公元前 860 年。當時可能仍在夷王任內(見上文)。《竹書紀年》認爲哀公遭刑在夷王三年,也即我重建年表之公元前 865 年(可能,哀公不幸被告發爲孝王篡位的同謀。孝王在公元前 864 年被廢黜,而夷王指定了自己的繼承人。我認爲,公元前 867 年至公元前 864 年間,可能同有兩位君王。分析"今本"《竹書紀年》,可知夷王在位十年,從公元前 867 年/公元前 865 年至公元前 858 年,屬王在位三十年,從公元前 857 年/公元前 855 年至公元前 828 年。有關屬王出奔時年紀尚幼的證據,詳見倪德衛 2009,附錄二)。

附錄一: 先周紀年的發展

2.9　在這裏,我有選擇地制定年表:

(a 欄)《竹書紀年》中從黃帝到商的年代,加上虛構的"帝癸"在位

[①]　雷學淇,《竹書紀年義證》孝王七年。

期(《竹書紀年》並沒有堯之前的年份,但是這些年份可以推算出來);

(b欄)在較早的年表中,從黃帝到商的年代中並無"帝癸"的三十一年在位期,而且假定堯之前的君主去世後均有兩年的間隔;

(c欄)假設最早無誤的年表,(i)舜十四年爲公元前1953年;(ii)堯的統治結束於他在位的第五十八年,其子丹朱遭流放,堯的餘年則爲舜所軟禁,而這些餘年算作舜在位期的前九年,在此之後則是兩年的守喪期。①

黃帝至商年表

		(a欄)	(b欄)	(c欄)
黃帝		前2402(100)	前2406(100)	前**2287**(100)
黃帝50	帝祭於洛水	前2353		
左徹(臣)		前2302(7)	前2306(7)	前2187②(7)
顓頊		前2295(78)	前2299(78)	前2180(78)
顓頊13	初作曆象		前**2287**	
崩逝	歲在鶉火	前2218	前2222	前2103
守喪期			前2221(2)	前2102(2)
帝嚳		前2217(63)	前2219(63)	前2100(63)
守喪期			前2156(2)	前2037(2)
摯		前2154	前2154	前2035(9)
堯1		前**2145(100)**	前**2145(100)**	前2026(58)

---

① 應該設想這樣的間隔期是包括在舜去世後的禹的全部在位期內(見理雅各譯《竹書紀年》,第118頁),因此我假定這樣的間隔期在堯去世後也出現過。堯的最後九年相當於舜的前九年,見《史記·五帝本紀》。

② 關於黃帝死後因其臣左徹出現的七年守喪期問題,參看理雅各譯《竹書紀年》,第110頁注;又見方詩銘、王修齡《古本竹書紀年輯證》,第180頁,其中提及《路史》所引"古本"《竹書紀年》。

續　表

		（a 欄）	（b 欄）	（c 欄）
堯 42		前 **2104**		
堯 58	放帝子朱於丹水			前 1969
堯，崩逝		前 2046	前 2046	
守喪期		前 2045(3)	前 2045(3)	
舜 1		前 2042(50)	前 2042(50)	前 1968(50)
堯，崩逝				前 1960＝舜 9
守喪期	年曆中斷			前 1959(2)
舜 10				前 1957
舜 14	命禹代虞事	前 2029	前 2029	前 1953
舜，崩逝		前 1993	前 1993	前 1917
守喪期		前 1992(3)	前 1992(3)	前 1916(2)
禹 1（正統説法）		前 **1989**	前 **1989**	前 1914
仲康 5	九月，日食	前 1948	前 1948	前 1876
芒（第九位夏王）		前 **1789**	前 **1789**	前 1753
帝癸		前 **1589**		
商，元年		前 1558	前 **1589**	前 1554

2.9.1　許多學者主張，堯以前的編年記事不能視爲《竹書紀年》的一部分，但是在本表所展現的堯之前與嗣後的關聯駁斥了上述説法。這也表明了現存《竹書紀年》的年表是如何計算出來的。在(c)欄最早的年表裏，我取公元前 2287 年爲黃帝元年，而這一年

恰爲顓頊十三年,是假定的新曆頒行之年,在(b)欄的較早年表裏(仍然承認在各王死後有兩年的守喪期,在帝嚳之子摯爲堯取代之後便無守喪期了)。這個公元前 2287 年的年份爲所謂顓頊曆的始年所肯定,這出於已佚的劉向《洪範傳》中的一條引文,見於《新唐書·曆志》卷二十七(我已經在《早期中國》第 15 卷所載的回應文字中分析了這條引文,見第 169–170 頁)。

這一年份看起來似乎是爲了方便曆法而杜撰的:公元前 2287 年是公元前 427 年(即殷曆系統的"己酉部"之首歲)的 1860 年前。1860 = 31 × 60,每隔三十一年,陰曆月份朔日的干支就重復一次;每隔六十年,那年的首日就往前運行十二天(明顯地,這些數字只能是近似值)。因此我必須猜想這個最早的紀年是在公元前 427 年作爲編撰《竹書紀年》的一個基本依據而制定的。

2.9.1.1 (b)欄應當是在一代之後的周或魯學者之著作:堯元年(前 2145)定在商王所謂承認古公亶父爲"周公"這一事件(前 1145)之前的 1 000 年(在目前的本子裏,公元前 1145 這一年份前移了十二年,成爲公元前 1157 年)①,反過來,這一年份又被認定爲周克商之前的一百年,在周魯紀年中的公元前 425 年至公元前 400 年,即公元前 1045 年。這一變動需要在《竹書紀年》中插進材料,將公元前 2026 年推早一百一十九年,成爲公元前 2145 年(見[b]的黑體字)。當這一工作完成後,公元前 2287 年便成了顓頊十三年,並藉此"改正朔",將這個年份作爲年曆的基點保留下來。

2.9.1.2 在(a)欄,守喪期消失了,隨之消失的是公元前 2287 年。顓頊崩年成了公元前 2218 年。《左傳·昭公八年》記,此年木星在鶉火。這裏暗示一種計算法,即假設木星的十二年周

---

① 商末以及克商時代之年期移動,參見 5.6、5.7 以及 2.9.2.2 和 3.3.6.1。

期,是根據從公元前 400 年到公元前 330 年間的觀察得出的。比如,公元前 370 年木星在鶉火,即 $(2218-370)\div 12=154$。然而,又有個年份揭示了公元前 4 世紀末魏國編者的干預:在現存的《竹書紀年》中,公元前 2353 年爲黃帝(其中置入一段戰國人的冗長注文)在位第五十年,他進行了一次精心安排的祭祀活動,此年恰爲公元前 453 年之前的一百"章"(殷曆的十九年七閏之定律),而公元前 453 年正是爆發導致魏國建立的決定性戰役之年(即趙韓魏滅智伯之年)。

2.9.2 夏朝的紀年表明,公元前 1589 年,即"帝癸"元年,想必早已成爲傳説中的商始年。(b)欄使得夏恰好是 200+200 年,始於正統的元年;真正的年份表明了此點,顯示夏的年代是 200+199 年,始於事實上的元年。《竹書紀年》中的夏帝相之後的四十年無王期乃戰國人加進去的,這是他們試圖將堯元年推至公元前 2145 年的重新編年工作的一部分。另一部分則是將堯的在位年數變成一百年而不是五十八年。

2.9.2.1 然而,另一原因來自將商的第一年從公元前 1554 年推至公元前 1589 年的編排工作。這一工作將商王在位期中的重合期取消:在武丁之後的年紀中① 取消帝辛與周王之重合的 16 年,即公元前 1056 年至公元前 1041 年;② 加上祖庚與祖甲之重合的 11 年,祖甲以祖庚之前的公元前 1188 年至公元前 1178 年爲已有,共 $16+11=27$ 年;③ 加上四年,使盤庚在位期變爲二十八年而不是二十四年;④ 使仲壬在位期之四年移至太甲之前,共 $27+4+4=35$ 年。所以商朝始年被往前移動而成爲公元前 1589 年,既而刪去喪畢年,以致抹去了這個 35 年。然而堯元年公元前 2145 年是不可易的,所以公元前 1589 年亦是不可易的;所以不得不延長夏代,插入虛構的"桀"(帝癸)35 年在位期,初爲 35 年,後減成 31 年。以下商王的表格顯示了這一編排過程的細節(又見 2.7.8)。

2.9.2.2 下表的"真實年代"是由《竹書紀年》中各王在位的時間和紀年干支所確定的(見干名表,在一些例證中,所選擇的某一月份的首日比張培瑜所算出的日期要早或晚一天,但是調節長短月計算法可以證明這一差別的合理性。關於外壬在位期的一年守喪期,詳見[m])。商朝年代的重建需要假定太戊活到八十歲以上,如果他是小庚之子的話,同時也須對雍己是否爲太戊之兄弟持懷疑態度,或許雍己是小甲之子、太戊之表兄弟。總之,他是太戊的同代人,但非主要序列(所謂"大宗")之王。

商代年代的更動,從真實的年代到《竹書紀年》的年代

1/王	真實年代	在位時間	(A)太戊即位年變爲公元前 1475 年/a	(B)重疊年被刪去/b	(C)喪畢年被刪去/c 楘被插入;《紀年》年期
2/[帝癸]/d		(31)			前 *1589*(31)
3/錯 行/e	前 1576				+4 前 1580/f
4/1. 湯	前 *1575* 至前 *1543*	(33)			前 *1575*(29)
5/湯(商 1)	前 *1554* 至前 *1543*	(12)		+35 前 *1589* 至前 *1578*	−31 前 *1558* 至前 *1547*(12)/g
6/守 喪期	前 1542 至前 1540	(3)			
7/2. 外丙	前 1541 至前 1540	(2)	3−2=1 前 1542 至前 1541/h	+35 前 1577 至前 1576	−31 前 1546 至前 1545(2)

續　表

8/3. 仲壬	前1542/前1539 至前1536	（[3＋]4）	＋1 前1540 至前1537	＋31＋4 前1575 至前1572	－31 前1544 至前1541（4）
9/4. 太甲	前1539 至前1528	（12）	＋1 前1540 至前1529	＋31 前1571 至前1560	－31 前1540 至前1529（12）
10/5. 沃丁	前1527/前1524 至前1506	（3＋19）	＋1 前1528/前1525 至前1507	＋31 前1559/前1556 至前1538	－31，＋3 前1528 至前1510（19）
11/6. 小庚	前1505/前1502 至前1498	（3＋5）	＋1 前1506/前1503 至前1499	＋31 前1537/前1534 至前1530	－28，＋3 前1509 至前1505（5）
12/7. 小甲	前1497/前1494 至前1478	（3＋17）	＋1 前1498/前1495 至前1479	＋31 前1529/前1526 至前1510	－25，＋3 前1504 至前1488（17）
13/雍己/i		（3＋3＋3，＋3，置入）			＋3/j: 前1487 至前1476（12）
14/8. 太戊	前1477/前1474 至前1415	（3＋60）	－3＋1 前1475 至前1415		前1475 至前1401（75）
15		前1415－（2＋12）＝前1401			60＋1，＋2＋12，＝75/k
16/9. 雍己	前1414/前1412 至前1401	（2＋12）			（2＋12 刪除）
17/10. 仲丁	前1400/前1397 至前1389	（3＋9）		＋31 前1431/前1428 至前1420	－31，＋3 前1400 至前1392（9）/l
18/11. 外壬	前1388/前1387 至前1378	（1＋10）/m		＋31 前1419/前1418 至前1409	－28，＋1 前1391 至前1382（10）

19/12. 河亶甲	前 1377/前 1374 至 前 1366	(3＋ 9)		＋31 前 1408/ 前 1405 至 前 1397	－ 27，＋3 前 1381 至 前 1373 (9)
20/13. 祖乙	前 1365/前 1363 至 前 1345	(2＋ 19)		＋31 前 1396/ 前 1394 至 前 1376	－ 24，＋2 前 1372 至 前 1354 (19)
21/14. 祖辛	前 1344/前 1341 至 前 1328	(3＋ 14)		＋31 前 1375/ 前 1372 至 前 1359	－ 22，＋3 前 1353 至 前 1340 (14)
22/15. 開甲	前 1327/前 1324 至 前 1320	(3＋ 5)		＋31 前 1358/ 前 1355 至 前 1351	－ 19，＋3 前 1339 至 前 1335 (5)
23/16. 祖丁	前 1319/前 1316 至 前 1308	(3＋ 9)		＋31 前 1350/ 前 1347 至 前 1339	－ 16，＋3 前 1334 至 前 1326 (9)
24/17. 南庚	前 1307/前 1304 至 前 1299	(3＋ 6)		＋31 前 1338/ 前 1335 至 前 1330	－ 13，＋3 前 1325 至 前 1320 (6)
25/18. 陽甲	前 1298/前 1296 至 前 1293	(2＋ 4)		＋31 前 1329/ 前 1327 至 前 1324	－ 10，＋2 前 1319 至 前 1316 (4)
26/19. 盤庚	前 1292 至 前 1269	(24 ＋4)/n		＋ 27＋4 前 1323 至前 1296	－8 前 1315 至 前 1288(28)
27/20. 小辛	前 1268/前 1266 至 前 1264	(2＋ 3)		＋27 前 1295/ 前 1293 至 前 1291	－ 8，＋2 前 1287 至 前 1285 (3)
28/21. 小乙	前 1263/前 1260 至 前 1251	(3＋ 10)		＋27 前 1290/ 前 1287 至 前 1278	－ 6，＋3 前 1284 至 前 1275 (10)
29/22. 武丁	前 1250/前 1247 至 前 1189 /o	(3＋ 59)		＋27 前 1277/ 前 1274 至 前 1216	－ 3，＋3 前 1274 至 前 1216 (59)［＝31］

30/23. 祖庚	前1188/前1185 至前1178	(3+8=11)		+27 前1215/前1212 至前1205	前1215 至前1205(11)
31/24. 祖甲	前1177/前1175 至前1156	(2+20+11=33)/p		+16+11 前1204/前1202 至前1172	前1204 至前1172(33)
32/25. 馮辛	前1175 至前1172	(4)			[4]/q 前1171 至前1168(4)
33/26. 康丁	前1155/前1153 至前1146	(2+8)		+16 前1171/前1169 至前1162	[−2]前1167 至前1160(8)
34/27. 武乙	前1145/前1143 至前1109	(2+35)		+16 前1161/前1159 至前1125	[−2]前1159 至前1125(35)
35/28. 文武丁	[前1118 至前1109], 前1108 至前1106	([10+]3)/r		+16 前1124 至前1112	前1124 至前1112(13)
36/29. 帝乙	前1105 至前1087	(19)		+16−10, 前1111 至前1103	前1111 至前1103(9)
37/30. 帝辛	前1086			+16 前1102/s	前1102

/a([4]1):戰國編者認爲,商代第五代帝王太戊即位年份與湯元年相距一百年(因爲周代的第五任帝王穆王繼位年份與周朝建國相距一百年)。這就使得編者必須在太戊即位年曆上加一個第六十一年。

/b([5]1):若篡位者把前任帝王的年曆占爲己有,抑或帝王在駕崩前已爲繼承人設定年曆,帝王間的在位期則可能出現重疊。

通過第 5 欄（B），可知商代始於公元前 1589 年，這與公元前 425 年左右魯國編年學家所得出的結論一致。但後來，人們把公元前 1589 年當作了夏代帝癸（桀）的即位元年。

/c（［6］1）：據公元前 400 年以前所記錄的年曆，帝王繼位後要爲先王舉行兩到三年的守喪期。起初，守喪的時間很顯然地算在在位期裏，但後來，卻逐漸被刪去或忽視了。將守喪的時間刪去，歷經幾代以後，就會引起十分重大的變化。《竹書紀年》魏國的編輯者就不得不接受這種變化。他們利用這些變化改寫歷史，使之支持惠成王在公元前 335 年自立爲王的説法。

在第 5 欄（B），刪去重疊的結果是把商初年從公元前 1554 年移動到公元前 1589 年，共 35 年。在第 6 欄（C），不承認喪畢年而置之不計，共 49 年（14＋31＋4）如下：

（1）12 年（4×3）的空，即沃丁至太戊之喪畢。顛倒雍己在任年以充之，然則把太戊之底年移動後，到以前的雍己之底年（即到前 1401 年），所以太戊在位在位期成爲 75 年。

（2）35 年，即商王第十到第二十七（仲丁到武乙）之喪畢年。結果是商初年被移動後從公元前 1589 年到（原本的）公元前 1554 年，乃不得不插入一個“帝癸”（桀）在諸夏王之後，使以前的年期（主要的是帝堯元年公元前 2145 年）被定而不易。這杜撰的“帝癸”在位期時間始爲 35 年。

（3）周朝王喪畢年被刪去，所以穆王元年從公元前 956 年前移到公元前 962 年。從周初到穆王必爲百年，所以周初年從公元前 1056 年移動到公元前 1062 年。商初必爲 496 年以前，所以商之初年從公元前 1554 年移動到公元前 1558 年，帝癸的 35 年被減而成爲 31 年。可是帝癸的元年是不可易的，所以他的末年被前推四年，而那“五星錯行”在天象變時亦被推前四年，到公元前 1580 年。但商末之事件事實上沒有更改，那麼周初公元前 1062 年只是假設的,所以商代中必有四年成空,但必有用。戰國編者把這個四年變作馮辛在位期,雖然馮辛之去世年是在他的父親祖甲去世年以前。

/d((1)2):帝癸(前 1589 至前 1559)爲杜撰,填補公元前 1590年與公元前 1558 年之間的空白。周代和魯國的編年學家認爲,公元前 1590 年爲夏朝的最後一年;而公元前 1558 年,在魏國或更早的編年學家看來,則是商朝開始的年代。

/e((1)3):班大爲令我信服,"五星錯行"的現象發生於公元前1576 年秋。我認爲,商湯將此現象當作宣布並於下一年施行皇曆的一種認可。但這一點因在周紀年內刪去每王喪畢兩年之故就被混淆了(穆王元年被向後移動六年,一百年前的周初年被向後移動四年,乃 496 年前的商代初年亦被向後移動四年)。這樣一來,錯行的發生年代就得往回倒退四年至公元前 1580 年,但這個年份不適用於湯的公元前 1575 年的皇曆(太戊即位年份被改爲公元前 1475 年而非公元前 1474 年,這表明公元前 1575 年是一個正確的年份)。

/f((6)3):此"+4"是將商初年公元前 1554 年移動到公元前1558 年,移動的原因是周紀年刪去了喪畢年。那個在((5)8)"+31+4"的"+4"是把仲壬之即位四年移動到太甲即位 12 年的結果。

/g((6)5):守喪期從商周紀年中刪去後,穆王元年變成公元前962 年,所以公元前 1062 年應爲周朝開始的年份,而 496 年以前,也即公元前 1558 年,應爲商朝開始的年份。帝癸的杜撰在位年,初爲 35 年(前 1589 -前 1554)而後來變爲 31 年(前 1589 -前1558),恰好證明了公元前 1558 年,而非公元前 1589 年,爲商朝開始年份。在守喪期被刪、帝癸尚未被杜撰之前,必定有兩個夏曆正在使用當中。按其中一個來看,一些事件表明公元前 1953 年爲夏朝的開始年份,但一些事件使得原本在公元前 2029 年的事件被提前了 31 年,歸於公元前 2060 年。班大爲注意到了這一點,我十分認同(《早期中國》第 9‑10 卷)。①

/h((4)7):爲湯舉行的守喪期共三年,從公元前 1542 年直到公元前 1540 年。我認爲太甲是守喪期第一年的主要守喪者。但後來,太甲被囚禁,外丙取而代之,完成了接下來兩年的守喪期。同時,伊尹讓仲壬代替太甲,而成爲新王。

仲壬在位從公元前 1542 年開始(元日爲壬寅)。但外丙代替未有正式王位的太甲,此代替者的名當爲什麼?那個問題被用卜決定,已而給他"外丙"爲名(外是龜甲外面,爲占卜所用;他的名年是公元前 1541 年,元日爲丙申)。第 5 欄(B)的年代改正把他的在位年提早一年(前 1542‑前 1541),所以使太戊的即位年成爲公元前 1475 年。

/i((1)13):甲骨卜辭顯示,雍己在太戊之後(吉德煒,《資料》,第 186 頁,注 b;吉德煒把雍己讀作呂己);但所有傳統的紀年都認爲太戊在雍己之後。原因在於,守喪期删去以前,已經確定了商朝開始年份與太戊開始年份。這兩個年份是不可易的,所以必須用雍己即位的 12 年填滿沃丁、小庚、小甲以及太戊各三年共 12 年的

---

① 《紀年》帝堯八十六年:"司空入觀贊用玄圭。"就是説,禹(司空)有見於帝(帝堯或者攝政帝舜)乃帝給他用玄圭之權(圭爲政權的符號)。這是虛構的神話,帝堯没有八十六年。何以解釋它?帝堯八十六年=公元前 2060 年《紀年》。在帝堯七十三年,即公元前 2073 年《紀年》,帝堯正式地讓位於舜。這樣,公元前 2060 年爲舜的第十四年。還可注意,公元前 2060 年是公元前 2029 年(即據《紀年》爲舜十四年,亦即舜給權於禹之年)以前三十一年。班大爲發現了在公元前 1953 年的五行會聚有如玉圭的形貌,以班氏的看法,古代中國人以此圭貌的星聚把"天命"於舜,他必以政之權移動於禹,命他"代虞事"。及商代每王初的兩年守喪期被删去,結果是凡商以前之年期前移三十一年,那個公元前 2029 年變爲帝堯八十六年,可是受圭觀念被包含在内。更後地,虛構帝癸的三十一年被插入夏末,而公元前 2029 年變爲舜十四年,帝堯八十六年仍爲公元前 2060 年。是不是班大爲肯許這個分析,以舜與他在《早期中國》(第 9‑10 卷)的思想一致?這個分析以帝癸杜撰説爲前提,這個杜撰説以我分析的夏商年代學系統爲前提,而這個系統又以雙元説爲前提。可是班大爲不同意雙元説。

喪畢年被刪去的空間。

　　/j((6)13):"＋3"表示四個中最後一個加給雍己的三年,實際是從太戊在位期裏刪去的守喪期,第4欄(A)第14行。

　　/k((6)15):雍己本來的2＋12年被加到了太戊的在位期,現60＋1年,使得太戊的在位延長至七十五年。

　　/l((6)17):"－31"表示刪去的重疊期達到三十一年;"＋3"是因爲第5欄(A)中的守喪期被刪去了,－31＋3＝－28。所以第5欄(A)中的公元前1428年在第6欄(B)中就是公元前1400年。

　　/m((3)18):一年的守喪期似乎有些不太正常。公元前1389年有十三個月。我們可以認爲,前一位帝王卒於公元前1389年的第一個月,而守喪期就從這個月開始。到第二十五個月,也就是公元前1388年的最後一個月。公元前1388年是外壬的繼位年份,而不可用爲名,因爲丑月從丁丑開始,外壬的前任仲丁已經採用了"丁"作爲他的干支名。公元前1387年爲即位年份,該年始於子月壬寅。外壬名字中的"外"(龜甲的外面)表明他向占卜者諮詢過。

　　/n((3)26):盤庚必定想要把帝位留給自己的繼承人,所以把陽甲的四個即位年份都占爲己有。以干支命名的理論,可以證明這一點。《尚書·盤庚》篇所載也證實了這一點。《盤庚》篇是盤庚在遷殷前後的講話,他呼籲朝臣們支持他,和他一起遷殷。

　　/o((2)29):公元前1189年是武丁的卒年。這一點可由公元前1198年,公元前1192年,及公元前1189年的幾次月食現象證實。置閏理論也可説明該年份的正確性。據置閏理論(第七章,《合集》26643),公元前1188年是某王繼位年,用補置閏以正曆,亦用第二期(就是祖庚、祖甲)的占卜者(《合集》26643干支以及公元前1188年是一致的)。

　　/p((3)31):祖甲成功篡位,將祖庚的3＋8年占爲己有(以干支命名的理論亦支持此説法)。

/q((6)32)：馮辛（又作廩辛）卒於其父祖甲之前，但《竹書紀年》記他在位過一段時期。這段時期可能是通過再分配不同的年份所得，即康丁和武乙在位期開始前的守喪期。

/r((3)35)：公元前 1118 年武乙宣布新的年曆給了他的繼承人文武丁（第七章）。武乙本人卒於公元前 1109 年。這就造成了十年的重疊，並導致戰國編者將帝乙的在位年份從十九年縮減至九年。這大概是將帝辛元年仍定於公元前 1086 年而作的改變；早期戰國編者必定願意武乙之元年停留在公元前 1145 年（即公元前 2145 年後 1000 年），所以不可以把年期往前移動。

/s((5)37)：有關夷方征伐的甲骨卜辭表明帝辛元年應爲公元前 1086 年，而非《竹書紀年》所載的公元前 1102 年。必定有一段時間，商和周同時宣稱擁有霸權。若克商在公元前 1040 年，那麼商周共存的年份應爲公元前 1056 年至公元前 1041 年，共十六年，而公元前 1086 年以前十六年是公元前 1102 年。此外，《竹書紀年》顯示，公元前 1056 年文王宣布了新曆，可能以世子發（武王）爲“小王”（見第四章，第 175 至 176 簡，及第 181 簡）。

附錄二：其他克商年份之解說

2.10 在其他年表中，必須注重周克商的年代，這一問題始終深受關注。正如我已經論證的（此章 2.4.3 - 2.4.3.2），克商的真正年代應爲公元前 1040 年。在很久以前（約在公元前 400 年以前），對周公攝政期的興趣和對明顯的年代不合之疑惑，導致人們假設七年的攝政期在成王的三十年在位期之前（乃代替了喪畢之兩年），並將克商年代前推五年至公元前 1045 年。既有《竹書紀年》的年份——公元前 1050 年和公元前 1051 年，也有殷曆的年份——公元前 1070 年，我在前面已對這些年份部分地作了解釋

(2.4.1,2.4.3.1,2.5.2,2.7.8.2)。①

2.10.1　劉歆所云克商年爲公元前 1122 年,基於三個錯誤的信念:① 在一百四十四年中,木星運行一百四十五個位次;② 克商時,木星處於鶉火;③ "魄",即"霸",爲月亮的無光部分,因此克商甲子之日爲既死霸的四天之後,此日必須在是月剛剛開始之時,而非接近月末之時。144:145 的錯誤比例只能爲這樣的人所相信,即他接受《竹書紀年》的説法,並觀察到木星在公元前 315 年的位置,因爲在那一年,十二年周期的規律會告訴他,木星應在大火(第 10 位次)——《竹書紀年》已經暗示,這是木星在公元前 1035 年的位置,其時晉國始君受封。事實上木星在公元前 315 年位於後五次(即第三次):(1035−315)+5=(5×144)+5=5×145。很可能這是劉歆的錯誤産生之根源(非直接的,因爲他未曾見過《竹書紀年》)。

2.10.1.1　《竹書紀年》本身也暗示,克商時歲在鶉火,因此這種看法的出現是早於"今本"《竹書紀年》的。《國語·周語》第三卷第七節的一段敘述開頭云,"歲在鶉火"(天象圖上處於南)。伐紂行動實際上始於公元前 1040 年的仲冬(夏曆的公元前 1041 年終),木星此時在天象圖上應處於北,即在虛(見班大爲,1983 年文,第 241 頁)。② 這就告訴我們,《國語》所載乃是約在公元前 6 世紀末和公元前 5 世紀初某觀察者的一個計算結果(他知道正確的克商年份,但是採用了十二年周期的規則,見倪德衛 1992 年文的討論。其説見倪德衛 2009,附錄 1,5.5.5 至 5.5.5.4;亦見下

----

①　假如公元前 1035 年(即像在 2.4.3.1 所提出並在附錄八所論證的那樣)——唐叔於大火年受封——是《竹書紀年》的魏國編者爲使惠成王公元前 335 年稱王有效所選擇的話,這就表示公元前 1050 年應爲鶉火年,由此亦爲克商年,這也要求公元前 1071 年出現五星聚於房,大火中宿。

②　見王先謙《荀子集解》,世界書局,1936 年,《諸子集成》本,第 85 頁。

文,2.10.3.1)。

2.10.2 班大爲在其 1983 年文曾引楊倞《荀子・儒效》注:"尸子曰:武王伐紂,魚辛諫曰:歲在北方,不北征;武王不從。"但他本人並不接受這一說法,他傾向於《國語》所載是有根據的。漢代的劉歆除了根據錯誤的天文曆法將克商年絕對地定於公元前 1122 年這一點外,他關於周武王伐紂克商的說法也不正確。劉歆以及今天的班大爲主張,周武王是在周受命的第十三年發動了克商的牧野之戰,此年歲(木)星在鶉火,而歲(木)星的位置與周朝的命運相聯繫。班大爲認爲這一年應該是公元前 1046 年。

2.10.2.1 劉歆認爲克商之役發生在周受命的第十三年,而此年歲(木)星位於鶉火。劉歆的誤說來自上述《國語・周語》中的那段記載(其所記之時爲公元前 522 年)。它記載了克商之戰武王時的日、月及歲(木)星所處的天象位置:歲星在鶉火;月在"天駟",即在房;日在"析木之津",即箕與門兩個星宿之間(根據《爾雅》所載)。十五年前,我曾在《古文字研究》(第八輯)上撰文,指出此段記載是西漢人僞造的,不足爲憑。現在我逐漸認識到,這樣的看法不確。因此,我接受關於此段記載是戰國早期文獻的觀點。

2.10.3 儘管這段天象的記載比我原來所主張的時代要早,但是它卻是出於僞造的,而非原來的真實記録。由於《國語》的這段記載與尸子之語相抵牾,兩者之一必爲誤載。唯一能夠說明何者爲誤的辦法,就是要看其中何段記載能解釋錯誤。如果其中之一的解說證明爲誤,另外一段的解釋則是正確的。而最能證明何者有誤的正是《國語》所記。而且劉歆理論的另一部分,即"十三年"的觀念,也是錯誤的。

2.10.3.1 "殷曆"及其他"古六曆"的置閏法:一章爲十九年,

一蔀有四章,共計七十六年——是在約公元前 5 世紀早、中期發明和採用的,因爲此計算法在那時(約前 500 至前 450)大概是以"合天"確定冬至點和陰曆每月朔日的。假設公元前 5 世紀前期的一位研究者試圖以此設置法來證實克商之年,即他已知此年應爲公元前 1040 年,決戰獲勝在甲子日,此時已臨近公元前 1040 年夏曆二月末。在公元前 11 世紀中葉,殷曆系統的干支在記日上要提前兩天。這點將告訴此研究者,甲子日乃公元前 1040 年三月朔日。他知道這是錯誤的,於是他得出結論,上述説法所使用的曆法肯定是"周"曆。因此他重新解釋了以前大月 30 天＋小月 29 天的日月記載系統。這就使得甲子日成爲周曆二月的最後一天,將克商之戰的開始放在接近秋季最後一個月末,而這正是《國語》所載的天文現象。[1] 所以他推測周武王提前出師,時爲公元前 1041 年末。他接着從公元前 1041 年以十二年周期向前計算(他以爲十二年爲木星的運行周期),到了公元前 477 年或公元前 465 年,歲(木)星位在鶉火,就如《國語》所記載的那樣(見 2.10.1.1)。

2.10.3.2 雖然我同意《武成》中的陰曆日期,但我不接受它關於戰役持續兩個月的説法。那麽爲什麽這段文字採用這些日期,但卻把戰役持續時間從四個月壓縮爲兩個月呢? 在我看來,《武成》並不是周朝早期的文本,而是公元前 5 世紀的某個時候採用周朝早期的材料寫成的。作者意識到了困難之處——這一困難之處導致了《國語》中的文本產生。也就是,作者發現他無法把這些日期歸結爲夏曆,因爲這會使獲勝日期變成第三個月的月初。他的解決方法,不是把所有事件前移 29＋30 天,而只是把勝利之日前移,從而讓整場戰役從四個月變成兩個月。而且,由於獲勝之

---

① 《國語》記,武王克商之役開始時,"日在析木之津","箕斗之間"(《爾雅》),則必爲冬至月或者冬至月以前之日;又云"月在天駟"(即"房"宿),則必爲月末。

月爲"二月",那麼它之前的那個月也必須改名爲"一月"。

2.10.4 劉歆理論的另一個方面是,主張克商在周受命的第十三年,因爲他已知元年乃鶉火年。這"十三年"的錯誤是通過他的一些其他想法體現出來的,他的主張或許自有其原因,而我卻找不出對這一誤解的任何解釋。這需要提出一個解釋,因爲這個錯誤繼續影響着那些主張其他克商年份的學者們,甚至包括一些現代的學者。

2.10.4.1 進而言之,劉歆的錯誤可以溯及漢代早期説法的兩個慣例,其一即盲從戰國之説,戰國末年的流行看法是以克商之年爲"十二年"。此乃錯誤之一。漢初的慣例是使用夏曆中的月名來確定任何年曆中的月份。比如,如果某曆始於立冬的正月,它即始於"十月"。這點使《史記》的作者瞭解到其資料來源"十一年十二月"(即周師渡河之年月)被誤以爲十一年初期,因爲他假設此十一年是指以冬至後一月,即第十二月,爲一年之一月或者爲一年之二月的曆法。此乃錯誤之二。

2.10.4.2 劉歆也接受了這一用法,但他與《史記》在另一點上卻有所不同:《史記·周本紀》似乎是説(不像那幾篇《世家》所載)克商戰役的年份應該從文王(已故)被承認爲王開始算起,它還明確地説文王在受命七年後崩。劉歆所能得到的證據(如《逸周書·文傳解》)表明,文王在受命後的第九年尚在世,劉歆因而假定文王崩於九年。

2.10.4.3 我已經指出,文王在公元前 1056 年,即受命之第三年,改正朔。因此第七年和第九年這兩個年份均無誤。但是很可能在漢代早期沒有人知道這一點,以及此點的古代制度基礎,於是劉歆就假定《史記》把第十三年克商誤作第十一年。所以,劉歆以爲"十三年"是史實。此乃錯誤之三。這第二和第三點錯誤的根據出自另外的一種説法，即克商年是在某一第十二年而非某一第十七年，我已在上文討論過了（見《漢書·律曆志下》，及王先謙《漢書集解》；《史記·周本紀》①）。

2.10.5 最後，有一個爲人廣泛接受的克商年份是公元前1027年。它顯然是有可信的文獻爲根據的（我現在撇開其他的年份不談，因爲它們中間的大多數都是現代人的臆測；一共加起來，人們提出或認可的克商年份約有四十個以上）。這一説法的文獻根據是六朝人裴駰所引《竹書紀年》“自武王滅殷，以至於幽王，凡二百五十七年”。裴氏顯然是據此以説明西周的年數，因此他的意思是，從武王元年（假定的克商之年）到幽王的最後一年（公元前771年包括在内）爲257年。

2.10.5.1 而未受人注意的是，裴駰在別處暗示，他自己未見過《竹書紀年》這一本書；他告訴我們（見《史記集解》魏襄王死後處，及《史記》第四十四卷）：“荀勖曰，和嶠云，《紀年》起自黃帝，終於魏之今王。”（荀氏、和氏皆爲參與約公元280年出土的《竹書紀年》整理的晉廷學者）（見倪德衛發表於《早期中國》第15卷，第171頁，注12）人們必須得出這樣的結論，裴氏所引西周年數體現了他本人對他人所引《竹書紀年》之語的解釋。

2.10.5.2 所引《竹書紀年》乃是《周紀》末尾之語。其文曰：

> 武王滅殷，歲在庚寅(27)。二十四年，歲在甲寅(51)，定鼎洛邑，至幽王二百五十七年，共二百八十一年。自武王元年己卯(16)至幽王庚午(07)，二百九十二年。

以上有干支紀年的斜體文句很可能並非原文。删掉這些文字後，此段共有四十字，恰爲竹書之一簡的長度，因此這段删除的文字看

---

① 《史記集解》引徐廣曰：“譙周云：《史記》武王十一年東觀兵，十三年克紂。”

來是真實的原文。很顯然，裴駰所見到的引文只有第一和第二句，即"武王滅殷，二十四年，定鼎洛邑，至幽王二百五十七年"，卻沒有接下來的總年數。但是若無總年數，這段文字的意思便是模棱兩可。它可以（也正好是）表示，在武王滅殷後二十四年，定鼎於洛邑；從那時直到幽王（在位期的結束）共是 257 年。但是裴氏——如果説這是他所見的全部文字——卻把此段理解爲："……（從武王）到幽王是 257 年。"正確的意思乃是能與《竹書紀年》其他部分相合的唯一可能的解釋，而任何承認《竹書紀年》爲真書的人都將會立即認識到這一點。所以公元前 1027 年克商的假説乃屬於視《竹書紀年》爲僞書的觀點。我想此種觀點已經站不住腳了，然則公元前 1027 年克商的假説亦如是。

2. 11 關於更多的周克商年代之討論，可參看北京師範大學國學研究所編輯的系統研究這一問題的集子《武王克商之年研究》。這部集子包括五十七篇文章，此書簡短的書目（第 687－690 頁）列舉了古今研究者所提出的四十四種不同的克商年份，還臚列了超過 75 位學者的上百篇研究文字，其中大多數是中國學者，但也包括了研究這一問題的最重要的美國、日本和歐洲學者。我主張克商年爲公元前 1040 年的文章亦收入此集，此文是由斯坦福大學研究生周平所翻譯的。這篇文字乃是我（那時候）尚未出版之書《〈竹書紀年〉解謎》中關於周克商的一章。

2. 11. 1 令人感到欣慰的是，我注意到：在我提出公元前 1040 年説之前幾個月，中國學者周文康也提出了同樣的説法（周氏的討論較爲簡畧，而且有些看法與我的持論亦有不同，但他的論證有些是正確的）。此外，吉德煒教授（見吉氏 1978 年文，第 175 頁）事實上已猜測到克商年不只是公元前 1041 年，而是公元前

1041 年或公元前 1040 年，他的看法是從商朝的武丁到公元前 841 年共和執政的各王在位期的平均數推算而來的。

附錄三：黃帝至西周之年表

2.12.1　夏以前的統治者，從神話到歷史

在位者名，在位年（＝傳説）	《竹書紀年》（＝暗示）	（包括守喪期）	校正年代（＝傳説）
［黃帝，100］	前 2402	前 2406	前 **2287**
［微，無王期，7］	前 2302	前 2306	前 2187
［顓頊，78］	前 2295 至前 2218	前 2299	前 2180
顓頊 13 年：改正朔		前 **2287**	
守喪期		前 2221 至前 2220，2	前 2102 至前 2101，2

　　《竹書紀年》的年表延長推前，將命理學上的重要年份堯元年定爲公元前 2145 年（見附錄三）。整個年表的第一年公元前 2287 年，則保留作爲"顓頊曆"的首年。删掉守喪期後，"公元前 2287 年"便不復出現。

　　可能爲歷史的部分：

帝嚳，63	前 2217	前 2219	前 2100
守喪期，2		前 2156 至前 2155	前 2037 至前 2036
摯，9	前 2154		前 2035 至前 2027
堯，100 或 58	前 2145 至前 2046		前 2026 至前 1969

續　表

堯被囚			前 1968 至前 1960
守喪期	前 2045 至前 2043		
守喪期			前 1959 至前 1958 年曆中止
舜，50(或 32)	前 2042 至前1993		前 1968 至前 1960，前 1957 至前 1917；或前 1968 至前 1960，前 1957 至前 1935
守喪期	前 1992 至前1990		前 1934 至前 1933

　　《竹書紀年》所記舜在位五十年很可能是正確的。這樣會將其崩年定爲公元前 1917 年，而公元前 1916 年至公元前 1915 年則爲守喪期，公元前 1914 年爲正統的禹元年。

　　2.12.1.1　關於以公元前 1935 年爲舜之崩年的理由（如果舜這個人物確實在歷史上存在過的話），見倪德衛、彭鈸鈞在《早期中國》第 15 卷第 95 頁中的有關論述：

> 　　可以説舜的確卒於公元前 1935 年，即他在位之 32 年，於此《竹書紀年》記曰：舜"陟方岳"，因爲在《竹書紀年》中"陟"總是用來表示君主的"死"。

理雅各跟其他學者都認爲是禹(不是舜)"後來訪四方之山"。可知這是現今文字之意思；可是那個"陟"字使我懷疑，可能原文被改寫，原來記舜此年去世了。在現今文字中，次年禹正式地受命爲君。所以我們必須問，原文是哪樣的？

　　可能，這個問題的關鍵是《尚書·舜典》末之文，"五十載陟方乃死"（[以後]五十年，他陟方，乃去世了）。可能"陟方"的意思是"升到他的在天之方"，也可能同於《紀年》説一位王"陟"（去世），但我們必須以"陟"爲"陟方"（即升到他的在天之方）。

在以下的夏年表中，我採用上述的觀點。如果堯之假定在位100年説是明顯的理想化的話，人們必須同樣地懷疑舜在位50年説；也許加在"陟方"之後的"岳"一詞，已而更改其意思，是爲了讓舜享有一個帝堯以後的聖人所應有的在位年數。這一問題不應影響以後夏朝各王的絶對年代。如果假定舜卒於公元前1935年，那麼就必須明確指出禹正統在位是二十六年而非八年。無論如何，第073簡使禹共有四十五年在位時間，包括"代虞事"年跟"正統"年（而不包括喪畢年）。

在以下年表中，《竹書紀年》的年表在左，我的修正年表在右。

2.12.2　夏朝

王　　名	在位期	喪/無王	在位期	喪/無王
1. 禹（事實上的）	前2029至前1993,37（舜,第14年"命禹代虞事"）	前1992至前1990,3（爲舜居喪）	前1953 五星會聚＝舜14；舜32＝1935	前1934至前1933,2
禹（正統上的）	前1989至前1982,8	前1981至前1979,3	前1932至前1907,26	前1906至前1905,2
2. 啓	前1978至前1963,16	前1962至前1959,4	前1904至前1989,16	前1888至前1887,2
3. 太康	前1958至前1955,4	前1954至前1953,2	前1886至前1883,4	前1882至前1881,2
4. 仲康	前1952至前1946,7	前1945至前1944,2	前1880至前1874,7	前1873至前1872 ,2
仲康5,日食,前1948			前1876,日食	

續　表

王　名	在位期	喪/無王	在位期	喪/無王
5. 相	前 1943 至 前 1916,28	0	前 1871 至前 1844,28	前 1843 至 前 1842,2
篡位	前 1915 至前 1876	40(傳説)		
6. 少康	前 1875 至 前 1855,21	前 1854 至前 1853,2	前 1841 至前 1821,21	前 1820 至 前 1819,2
7. 杼	前 1852 至 前 1836,17	前 1835 至前 1834,2	前 1818 至前 1802,17	前 1801 至 前 1800,2
8. 芬	前 1833 至 前 1890,44	0	前 1799 至 1756,44	前 1755 至 1754,2
9. 芒	前 1789 至 前 1732,58	前 1731,1	前 1753 至前 1796,58	前 1695 至 前 1694,2
10. 泄	前 1730 至 前 1706,25	前 1705 至前 1703,3	前 1693 至前 1669,25	前 1668 至 前 1667,2
11. 不降	前 1702 至 前 1744,59	0	前 1666 至前 1608,59	0
	(退休;卒於扃 10 年,年曆没有中止)			
12. 扃	前 1643 至 前 1626,18	前 1625 至前 1623,3	前 1607 至前 1690,18	前 1589 至 前 1588,2
13. 厪	前 1622 至 前 1615,8	前 1614 至前 1613,2	前 1587 至前 1580,8	前 1579 至 前 1578,2
14. 孔甲	前 1612 至 前 1604,9	前 1603 至前 1602,2	前 1577 至前 1569,9	前 1568 至 前 1567,2
15. 昊	前 1601 至 前 1699,3	前 1598 至前 1597,2	前 1566 至前 1564,3	前 1563 至 前 1562,2

王　名	在位期	喪/無王	在位期	喪/無王
16. 發	前 1596 至前 1590,7	0	前 1561 至前 1555,7	0
17. 帝癸	前 1589 至前 1559,31	（虛構的）		

　　見本章 2.6 至 2.6.4.2 節以確定右欄的年份:公元前 1953 年的五星會聚定爲舜十四年。假定兩年的守喪期説明,可信的公元前 1876 年 10 月 16 日爲日食日,而公元前 1577 年 2 月 17 日,甲子日,作爲孔甲之首日,以説明其甲名。商的真正始年是公元前 1554 年,帝癸則是虛構人物,説見本章 2.6.3.1－2。

2.12.3　商朝

	行星顯現	前 1580		前 1576	
	湯,元年	前 1575		前 1575	
	克夏	前 1559		前 1555	
1.	湯	前 1558 至前 1547	12	前 1554 至前 1543	12
	守喪期			前 1542 至前 1540	3
2.	外丙	前 1546 至前 1545	2	前 1541 至前 1540	2
3.	仲壬	前 1544 至前 1541	4	前 1542/前 1539 至前 1536	3+4
4.	太甲	前 1540 至前 1529	12	前 1542/前 1539 至前 1528	3+12
	伊尹篡位	前 1540 至前 1534	7	前 1542 至前 1536	7
	伊尹被殺	前 1534		前 1536	

　　《竹書紀年》曰：“伊尹自立。”我認爲他僅僅企圖這樣做，他只是將太甲囚禁，而立外丙、仲壬爲其傀儡。這或許是爲何外丙、仲壬二人不見於一些年表的原因（以下＊號標誌着主要的年代校正）。

5.	沃丁	前 1528 至前 1510	19	前 1527/前 1524 至前 1506	3＋19
6.	小庚	前 1509 至前 1505	5	前 1505/前 1502 至前 1498	3＋5
7.	小甲	前 1504 至前 1488	17	前 1497/前 1494 至前 1478	3＋17
8.	太戊	前 1475 至前 1401	75	前 1477/前 1474 至前 1415	3＋60＊
9.	雍己	前 1487 至前 1476	12	前 1414/前 1412 至前 1401	2＋12
10.	仲丁	前 1400 至前 1392	9	前 1400/前 1397 至前 1389	3＋9
11.	外壬	前 1391 至前 1382	10	前 1388/前 1387 至前 1378	1＋10
12.	河亶甲	前 1381 至前 1373	9	前 1377/前 1374 至前 1366	3＋9
13.	祖乙	前 1372 至前 1354	19	前 1365/前 1363 至前 1345	2＋19
14.	祖辛	前 1353 至前 1340	14	前 1344/前 1341 至前 1328	3＋14
15.	開甲	前 1339 至前 1335	5	前 1327/前 1324 至前 1320	3＋5

16.	祖丁	前 1334 至前 1326	9	前 1319/前 1316 至前 1308	3+9
17.	南庚	前 1325 至前 1320	6	前 1307/前 1304 至前 1299	3+6
18.	陽甲	前 1319 至前 1316	4	前 1298/前 1296 至前 1293	2+4
19.	盤庚	前 1315 至前 1288	28	前 1292 至前 1269	24*
20.	小辛	前 1287 至前 1285	3	前 1268/前 1266 至前 1264	2+3
21.	小乙	前 1284 至前 1275	10	前 1263/前 1260 至前 1251	3+10
22.	武丁	前 1274 至前 1216	59	前 1250/前 1247 至前 1189	3+59
23.	祖庚	前 1215 至前 1205	11	前 1188/前 1185 至前 1178	3+8
24.	祖甲	前 1204 至前 1172	33	前 1177/前 1175 至前 1156	2+20*
25.	馮辛	前 1171 至前 1168	4	[前 1175 至前 1172]	[4]
26.	康丁	前 1167 至前 1160	8	[前 1171 至前 1156] 前 1155/前 1153 至前 1146	2+8
27.	武乙	前 1159 至前 1125	35	前 1145/前 1143 至前 1109	2+35
28.	文武丁	前 1124 至前 1112	13	前 1118 至前 1108/前 1106	10+3

續　表

29.	帝乙	前 1111 至前 1103	9	前 1105 至前 1087 [前 1069]	19* [37]
30.	帝辛	前 1102 至前 1051	52	前 1086 至前 1069 前 1068 至前 1041	18 28*

　　* 盤庚可能把陽甲的四年算在了他的"28 年"之中；祖甲肯定是把祖庚的十一年算進了他的"33 年"中。兩個人的做法都是篡位的企圖，但祖甲成功了。武丁指定的繼承人可能是祖己，卜辭中稱其爲"小王"。我猜測，在祖庚在位期間（全部或部分），祖己是主要的守喪者。祖甲在公元前 1175 年指定馮辛爲繼承人，在公元前 1171 年（馮辛死時）又指定了康丁，這樣就保證了他的嫡系子孫能够繼承王位。武乙繼續運用這一政策，在公元前 1118 年給其子文武丁本人一個年曆。文武丁和帝乙或許是同一個人，他在公元前 1105 年獲得"文武帝乙"這一稱號。他去世的時間可能在公元前 1080 年前後。其子紂辛很可能是在公元前 1068 年獲得"帝辛"的稱號，同一年紂辛升擢其繼承人禄父爲王室成員（號爲武庚），並採用了新的年曆（説見本章 2.7.6.2，2.7.6.3）。

　　有一種辦法可以避免假定外壬（第十一位王）在位期之始出現不規則的單一守喪年：假設仲丁的在位期是 2＋9 年，應在公元前 1389 年安插的閏月適爲公元前 1390 年末。外壬在公元前 1389 年（而非公元前 1388 年）接位，實際上始於從冬至所在之月算起的第三個月。於是假設陰曆月首都已確定，因此形成二十九天的月份和三十天的月份相互交替。外壬的年份則是 2＋10 年，公元前 1389 年/公元前 1387 年至公元前 1378 年（以公元前 1389 年的首日爲壬戌[19]，二月八日，而非癸未[20]，二月九日）。

　　仲丁在位年則爲公元前 1400 年/公元前 1398 年至公元前 1390 年，2＋9 年以公元前 1400 年的元旦爲丁巳（54），正月十一日，而非戊午（55），正月十二日（商代干支紀日，見 2.7.3 - 2.7.4）。

2.12.4　西周

文王	前 1113 至前 1062,52	前 1101/前 1099 至前 1050,2＋50
五星會聚	前 1071	前 1059
受天命	前 1070	前 1058
王室年曆	前 1061 至前 1045,17	前 1056
1. 武王	前 1061 至前 1045,17	前 1049 至前 1038,12
克商	前 1050(第 12 年)	前 1040(自 1056 起的第 17 年)

（"十二"和"十七"對換：説見 2.5.1,5.2.1）

武王稱王	前 1050 至前 1045,6	前 1040 至前 1038,3
2. 成王	前 1044 至前 1008,7＋30	前 1037/前 1035 至前 1006,2＋30
周公攝政	前 1044 至前 1038,7	前 1037 至前 1031,7
3. 康王	前 1007 至前 982,26	前 1005/前 1003 至前 978,2＋26
4. 昭王	前 981 至前 963,19	前 977/前 975 至前 957,2＋19
5. 穆王	前 962 至前 908,55	前 956/前 954 至前 918,2＋37
6. 共王	前 907 至前 896,12	前 917/前 915 至前 900,2＋16
7. 懿王	前 895 至前 871,25	前 899/前 897 至前 873,2＋25
8. 孝王	前 870 至前 862,9	前 872 至前 868,5

　　厲王生於公元前 864 年,夷王在此之前一直未有繼承人,也許這就成了孝王篡位的借口。所以孝王可能到公元前 864 年一直佔據着王位,他實際上在位九年。夷王之父懿王可能被迫退位,他一直活到公元前 868 年。

9. 夷王	前 861 至前 854,8	前 867/前 865 至前 858,2＋8
10. 厲王	前 853 至前 842,12	前 857/前 855 至前 828,2＋28
共和攝政	前 841 至前 828,14	前 841 至前 828,14
11. 宣王	前 827 至前 782,46	前 827/前 825 至前 782,2＋44
12. 幽王	前 781 至前 771,11	前 781 至前 771,11

　　2.12.4.1　關於厲王、共和、宣王，很可能《紀年》的墓本，在宣王紀年中採用即位的在位期，即以公元前 825 年爲宣王元年，而以二十八年爲厲王在位年數，與《紀年》之以公元前 853 年爲厲王元年一致。後來晉朝學者們用《史記》爲本就做整理，改年份如"今本"一樣了(參見第四章第 270 - 273 簡的評注)。

第三章

《竹書紀年》原文在
竹簡裏的系統排列

3.0　在第三章中，我之所以要解釋一支難解的竹簡，是因爲用這個方法可以進而看到原文在竹簡中的排列系統。

3.1　2003 年 9 月，有關夏商周斷代工程的爭論，已漸平息。我想起我從前的學生艾文賀(P. J. Ivanhoe)，他在 1996 年時編過一本書。書中有一篇文章，我還作了回應。現在，我又回過頭去，重新思考當時探討的一個難題。艾文賀編的那本書，收錄了蒲立本(E. G. Pulleyblank)教授的一篇文章。我對此作了回應，並在結尾處，反復推敲了《紀年》中一個記載頗爲精確的日子。這個日子，和黃帝時期舉行的一項典禮有關，在"五十年七月庚申日(57)"（庚申日是七月的第一天，可能是夏至）。這種精確程度表明，它要麼是一項記錄，要麼經由推算得出，但絕不會是由誰任意杜撰的。當然，我認爲，它不太可能是一項記錄。起初，我想不通究竟用什麼方法可以得出這一日期（我想問題的速度總是很慢）。但後來，我終於想通了。

3.1.1 2003 年 10 月 10 日，美國東方學會西部分會在柏克萊召開了一次年會。在會議上，我以較短的篇幅，公布了那個推算方法（該文選自我 1999 年發表於 SPP 第 93 期上的一篇專題論文，第 35 頁，包括各種細節）。人們必須從比《紀年》所載更早的帝王在位年份開始計算。堯的元年＝公元前 2145 年。羅泌《路史》引"古本"材料所示，黃帝死後，有七年空白，爲延長後的守喪期。故黃帝元年在公元前 2402 年，而黃帝五十年，則在公元前 2353 年。推算者用了章蔀置閏周期法。以每年 365.25 天計，19 年＝235 個陰曆月（包括 7 個置閏月）＝1 章；4 章＝1 蔀，20 蔀＝1 紀＝1520 年。這個時候，陰曆月第一天的干支就會重復。一蔀除以 60，餘 39 天。所以，給定某個月的第一天，就此以"蔀"爲單位往前推算，每前數一蔀，必須把這一天算得的干支減去 39。公元前 2353 年距離公元前 453 年有 100 章。而公元前 453 年，趙、韓、魏打敗智伯（荀瑤），魏國由此成爲一個獨立的國家。所以，這一演算法，應當是戰國時期魏國所爲。按照夏曆，公元前 453 年 7 月的第一天是乙亥日（12），所以，公元前 2353 年 7 月的第一天應是庚申日（57）（100 章＝25 蔀；39×25＝975＝60n＋15。因此，要把日期往前倒推一百章，必得從干支中減去 15，乙亥[12]前十五天，即庚申[57]。周期不見得很精確，但也影響不大）。

3.1.2 黃帝五十年那篇紀譜後，有一段相當長的副文。這段副文描寫了當時的一些儀禮，以及人們參加儀禮的情況。這引起了我的興趣，使我將目光轉向這支竹簡，想要知道這支竹簡的原貌。本書第四章第一頁記錄了這支竹簡的內容。我發現，這支竹簡恰好記載了黃帝第五十年所發生的重大事件（各年之間有空白）。我把《紀年》裏所有有關黃帝的副文放到一起，得到一篇由 12 支竹簡，每簡 34 字組成的簡書（在第 014 簡上，我重數了"軒轅”這兩個字,不論語義還是字數,這都是有必要的)。這麼一來,我們就可以肯定,那些出土竹簡其實是按照一些簡單規律編排起來的。我自信已瞭解了其中大部分的規律。唯一不確定的,是統治者的名字,如何運用於各紀譜篇名,以及一些不規則的副文,即不以17字爲基數成倍增加的副文,是如何處理的。最簡單的假設是,以空格加以標注(有些統治者的名字,處理起來會更規範一些,本章將對此作出解釋)。商王太戊紀譜,以一支34字簡作結(該簡爲第142簡,見第10頁)。另有一處相似,是第11頁的第159和第160簡。這兩支簡是祖甲紀譜的最後兩支簡。在中間,第147簡上有一小段副文。另有十五位帝王的紀譜,也可以用來證明這條規律。接下來,再看第16頁上的竹簡,是周穆王紀譜。其中第235和第236簡,以及第242簡上的兩段副文,沒辦法用17字的倍數計算。另外,最後一段副文恰好填滿40字的竹簡。這顯然是有意爲之,因爲這支簡是這六十支一捆的全部竹簡的最後一支,同時,如果按照早期以西周始於公元前1045年的説法,這也是西周前一百年紀譜的最後一支。

3.1.3 後來,我下了一個結論:用上述得出的規律,對已有簡文稍作調整,便可合理解釋一些個別情況。舉一個最重要的例子,簡文第17頁,第250和第251簡。我在上面補充了一小段副文,“是年屬王生”,這段副文本是《紀年》孝王紀譜裏一段文內雙行注釋。另外,在第19頁,我把第275簡上標注的“晉殤叔元年”,以及第276和第277簡上標注的“文侯元年”視作副文(在《紀年》中,給出的是“歲”名),然後繼續紀年,直到幽王。調整後的結果,恰和杜預的説法吻合。杜預在《春秋經傳集解後序》裏提到,墓本《竹書紀年》記載的晉國紀年始於殤叔。

3.1.4 2005年夏,我整理完了至西周末年的全部簡文,共

100 支簡。另有一些到公元前 679 年,曲沃武公吞併晉國時候的簡文,計 20 支簡。我將這研究成果,發表於 2006 年 4 月在舊金山召開的亞洲研究學會(AAS)會議上。其餘的問題,則留待後人解決。

3.2 夏含夷(1986)認爲,按照荀勖的説法,簡文的編排,大體有一個規律,即每簡可寫 40 字。紀譜主文均符合每簡 40 字的要求。當然,各年份之間仍存空白。另外,傳統《紀年》版本中,副文和主文在字體上大小一樣。夏含夷並未對副文編排的規律加以解釋,但這規律確實存在,且與主文編排所循規律,署有不同。據我考察,一般來説,副文始於或止於竹簡的中間部位。這種情況,亦適用於正文。

首先來看第一條規律。《竹書紀年》裏從黃帝到成王紀譜所錄的副文,均符合我所謂的規範格式(formal mode),也即每半簡 17 字,且以 17 字爲單位的簡文,乃其所在半簡中之唯一文字形式。從半簡頂部開始,空出四格,然後書寫至從半簡底部數起四格爲止。按照荀勖的説法,這樣做,是爲了在一支 40 字的竹簡上,將主文和副文區別開來。但我發現,竹簡其實是以兩段各 20 字的文字形式出現的(2×20 字,我把 40 字的竹簡一分爲二,即分成上半簡和下半簡)。

其次是第二條規律。當帝王名號後寫有他本人的原名,且該名號又恰用作其紀譜名稱時,便要遵循某種特定形式,即,原名僅作爲副文出現。換句話説,按規範格式,半簡中作爲正文出現的,只有帝王的名號。當然也有些特殊的情況,例如,黃帝、顓頊和堯。他們只有一個名字,也就無所謂名號或原名了。

再有是第三條規律。在記錄帝王名號和原名時,還有一些非規範格式。比方説,接連幾個統治期較短的帝王,如果每次都另起爐灶,在新的半簡上記述不同帝王的事迹,那勢必浪費空間。所以,在這種情況下,每每提到一位新帝王,都會在帝王名字前後留出空格。這一處名字,並不是爲了記述有關帝王的事迹,而是爲明示新帝王紀譜的開始。

另有第四條規律。如果一段描述性文字或介紹背景的副文,沒有以 17 字爲基數並成倍增加,它就屬非規範格式。即,這段插入 20 字主文的副文,前後均留有空白。

我檢視了成王紀譜中較有問題的十支半簡副文,最後認定這些半簡確實出自古墓。關於這些半簡,有許多謎團。但基本上,我已一一解開,並闡明我用以解謎之法的各種暗含意義。

(a) 通常,記録主文的竹簡爲 40 字簡。夏含夷曾説,有一支主文簡從成王紀譜中錯置到了武王紀譜。這一錯置必定發生在戰國時期,而非西晉。且戰國時人所做之錯置,必定有其原因。

(b) 我們已消除了有關成王紀譜副文部分是否爲真的疑慮。接下來,即可數一數竹簡的數量。西周有一百支(其中包括總述其事的一支簡),商代有六十支簡(其中包括總述其事的半支簡)。總的來説,《竹書紀年》是一次創作,而非史實的堆積。關於這一點,我們還可以從其他地方找到證據證明。

其他證據包括:商代紀譜可一分爲二,後三十支竹簡從武丁開始,武丁是湯以後最重要的一位帝王;西周紀譜也可一分爲二,前六十支竹簡完結於穆王西巡之史事,後四十支竹簡從公元前 945 年一次宮廷慶典開始,戰國時人可能認爲這次慶典,是爲了紀念周克商一百周年;夏代紀譜也有六十支竹簡,可一分爲二,各三十支簡,後三十支竹簡從少康中興開始。所以,我整理的每捆 60 支,共五捆竹簡,實際上是每捆 30 支,共十捆。據唐宋文獻載,最初應有十四捆。

3.2.1　從第一條規律,我們可以得出這樣一個結論,即每支記載副文的竹簡,就是以兩支半簡、每半簡各 17 字的形式出現的。

(a) 班大爲指出,五星會聚的年份爲公元前 1953 年。這一天文現象暗示了舜在位第十四年將政權移交給禹的政治事件。

(b)《竹書紀年》載仲康五年九月一日,發生日食。

(c)《左傳·昭公十七年》載,日食發生時,位置在房宿。《古文尚書·胤征》載,日食並非發生於夏朝境内,但因其距夏較近,故能報告給夏朝宫廷。

(d) 據《竹書紀年》所載帝王在位時長,並加上因守喪造成的兩年無王期,可知日食發生在公元前 1876 年 10 月 16 日。

(e) 那一天,日食發生在夏的北部,處於房宿位置,且報告給了夏朝宫廷。

(f) 以相同方法計算,可知夏的第十四位帝王孔甲即位當天,乃公元前 1577 年 2 月 17 日。

(g) 這一天是甲子日(六十天周期的第一天)。也正是因爲這個原因,他被稱作孔甲。

(h) 班大爲認爲,夏朝的最後一年是公元前 1555 年,距公元前 1059 年發生五星會聚這一天文現象,正好 496 年。

(i) 以相同方法計算(即參照《竹書紀年》所載帝王在位時間,外加兩年未被記入的守喪期),可知公元前 1555 年乃夏代倒數第二位帝王發在位最後一年。

(j) 所以,帝癸(桀)必定是早些時候人們杜撰的。另有許多證據佐證。①

---

①　例如,傳統史料顯示,夏有十七位君王。《紀年》載帝癸元年爲公元前 1589 年。前八位帝王從禹元年,即公元前 1989 年,開始算起。接下來八位帝王從芒元年,即公元前 1789 年,開始算起。這表明,在此書較早的版本裏,商始於公元前 1589 年(具體論述參見倪德衛 1999 和 2002,第 7 節。另見本書第二章)。

（k）如果帝癸紀譜係杜撰，這意味着，據此及其他一些因素，《紀年》將往前推回三十五年。①

（l）據載，帝癸十年，即公元前 1580 年，發生了一次天文現象（班大爲確認了這次天文現象，並認爲其實際年份爲帝癸十四年，即公元前 1576 年）。按上述推論，這次天文現象應在孔甲二年。

（m）所以，孔甲紀譜必定在當時被篡改了。

（n）該紀譜包括一篇四十字的主文，以及一篇 135 字的副文。這篇副文比起一般 8 行、每行 17 字的規格來，少了一個字。

（o）外加其他資料可知，副本的一般規格是 17 字的整數倍。

（p）祖甲和文丁紀譜末尾的副文，均爲 34 字。②

所以，如果我們均認可簡文長度的解釋，那麼副文的規格便如其所示，爲每半簡 17 字。

3.2.2 第二條規律，即某一帝王之紀譜以該帝王名字命名，且該帝王名字在簡文中按一定規律得以體現。周朝第二位帝王成王，即爲一例。夏含夷錯簡一説，認爲成王十四年至成王十八年間紀事被錯置於武王紀譜。據此，我們可將成王紀譜上的空白填補起來。不論成王紀譜，抑或武王紀譜，竹簡之起止均清晰可見。武王紀譜中，緊接錯簡，有一段半簡長的簡文；而成王紀譜中，錯簡所在位置之前，恰是 40 字的主文。成王紀譜以成王姓名起始。而武

---

① 其他一些因素包括：追溯商代紀年並除去重疊部分，可將商代起始年份往前推 35 年。另外，若把最早一個守喪期去除，差距會變成 31 年。人們通過杜撰帝癸紀譜，恰好填補了這 31 年的空白（帝癸主文有八支竹簡）。後來帝癸在位年數改爲 31 年（見第五章）。結果，商代的起始年份就成了公元前 1558 年，而非公元前 1554 年了。

② 文丁紀譜中的副文出在文丁紀譜第十三年的末尾，但晉代《紀年》編撰者將其錯置到了文丁第十一年。文丁第十一年，也是周公季歷崩逝之年（見第四章，簡文第 12 頁）。

王紀譜,唯有最後一支簡的上半簡纔記有帝王姓名,且此上半簡除姓名外,没有其他文字。所以,一般來説,人們將帝王姓名書於一支空白半簡上。

3.2.3 第三條規律,即在處理帝王名字上,另有幾處例外。如殷(商)紀譜中,有一段處於兩篇 34 字副文間的主文。一篇副文以祖甲作結,另一篇副文以文丁作結(我考察了文丁副文的位置,認爲它應在文丁紀譜結尾處。晉代編撰者正將此副文放在了文丁紀譜結尾處。這樣做,不會造成竹簡的斷裂)。這段主文記於 20 字長短的半簡上。要使這支半簡在字數上符合先前的規律,就要在帝王姓名前後各留出一個字的空間(若要讓假設成立,我們還要假設在商代,帝王的姓名也被記入竹簡。當然,在西周以後,人們就不這樣做了)。

3.2.4 最後,第四條規律,若副文長短不符規律,則常以空白應之。驗證該規律,參看周朝康王、昭王、穆王紀譜,至全部紀譜之 60 簡(第 242 簡;見第四章,簡文第 16 頁)。康王紀譜合乎規範。昭王紀譜則不合,究其原因,是康王紀譜並未以半簡作結。[①] 穆王紀譜亦不合規範,因爲昭王紀譜結尾處無空白。從穆王紀譜第 235、第 236 簡到第 242 簡,有兩段副文。第一段爲"自武王至穆王享國百年穆王以下都于西鄭",共 18 字,字數上算接近,但它從半簡中段開始,所以符合第四條規律。第 242 簡很有意思,它有 39 字,起頭處空一格,恰好爲填滿 40 字簡的空間。這應是有意爲之,

---

① 康王紀譜曾以半簡作結。據第 231 簡所示,"魯侯禽父"卒於康王十九年。但實際上,禽父卒於康王十六年,也即公元前 990 年,距公元前 1035 年成王登基,約四十六年。公元前 1035 年,乃禽父任魯侯第一年。見第六章,附録"853 問題"。康王紀譜十六年,有載此事。康王紀譜十九年則無。因此,若禽父卒年確實有所記載,則應留有四字空白。據此,康王紀譜可以半簡作結。

以此 60 支一捆的簡文就告一段落(這仍符合第四條規律。若要用
第一條規律,則須有兩行各 17 字的簡文)。我認爲,這篇寫在第
242 簡上的副文,確證了我所作第四條規律的假設。

  3.3 再回頭看看成王紀譜。"今本"《竹書紀年》中,成王紀譜
裏有一處很規範的副文。但此副文必不屬成王紀譜,因其從半簡
中段開始。那麼,爲什麼該副文出現於成王紀譜中? 另外,值得一
提的是,該副文言語中有秦、漢字樣。若説此副文爲戰國時期文
字,則顯然不可能。有些人説,僅憑這兩點,可證明此副文乃偽造,
應將其刪除(1995 年,我寫了一篇文章,談及此問題時,我就把這
篇副文刪掉了。見本章末尾注解)。

  對於這篇副文,除非有充分理由證明爲什麼有人把它放在成
王紀譜裏,否則的話,就不能對此熟視無睹。可惜,到現在爲止,我
還没能解開錯置之謎。所以,還不能貿貿然就將它刪除。況且,這
篇副文字數恰好符合規律,形式上相當規範。

  晉代編撰者將該副文放在了現今我們所見的"今本"《竹書紀
年》的位置。所以,剛出土時,它可能在一個相當不合適的位置,也
即它在墓本《竹書紀年》之位置有誤。據我考量,副文長短均以 17
字爲基數,成倍增加。這篇副文即符合此規律,且必定記在一支半
簡上。[①] 換句話説,它必定緊接在 20 字長短的半簡之後,或者緊
接在 40 字長短的竹簡之後,且不論 20 字或 40 字,簡文必定以一
句告終,或以一主題作結。該副文應在較前的地方,但也未必緊接
前文,在上一支竹簡末。因此,造成位置錯誤之感。副文與周公有
關,重在敘其於周朝歷史之地位。

————————————

  ① 這篇副文以成王歌作結,共四行,每行七字。我加入空格,以空格代停頓,據
此,共得 34 字。

3.3.1 周簡第 36（《竹書紀年》第 218 簡）上倒數第二句，充分證明了主文材料。

> 王錫韓侯命。十三年王師會齊侯魯侯伐戎。*夏六月魯大禘于周公廟*。十四年齊師圍曲城克之。

此處敘第十三年事，關鍵處爲"夏六月魯大禘于周公廟"，以斜體標明。禘禮乃帝王崩逝時所用儀禮。據此敘述，周公死時，受到了和帝王一樣的待遇，規格甚高。

但主文部分，必曾經人修改，以免第 36 簡以此句作結。這裏的問題很明顯：按現在仍可查閱的主文内容，第十三年時，周公仍然活着。周公卒於第二十一年，其葬禮在第二十二年。也就是説，要麽第十三年爲第二十三年之誤，要麽第二十一年和第二十二年爲第十一年和第十二年之誤。我驗證了這兩種可能，發現第二種情況是正確的。

3.3.2 以下是按本來面貌、畧加修正後的簡文。左邊是成王紀譜的主文，以及被有意錯置於武王紀譜的部分。該部分用斜體標明。右邊是相同的簡文，但重新編排了有關周公的材料，補入該補入的内容，仍用斜體。

據此，我們可以觀察到，簡文經重整後，所述事件之次序就明瞭清晰起來。在武王紀譜中，九鼎先遷至洛，然後纔有遷都之計劃。至於遷都"成周"的計劃，也即遷都至後來九鼎所在位置，乃在成王五年。所以，事件的基本次序是：成王五年，醖釀遷都中。成王十五年，將九鼎遷往洛。成王十七年，正式對外宣稱新都城已建成。成王十八年，舉行定鼎儀式，將九鼎正式移至新都城。

成王十一年至二十二年簡文如下，不包括五支副文簡文：

年春正月王如豐唐叔獻嘉禾王命唐叔歸禾于周文公*周文公薨於豐*王命周平公治東都。十二年	年春正月王如豐唐叔獻嘉禾王命唐叔歸禾于周文公王命周平公治東都。十二年王師燕師城韓
王師燕師城韓王錫韓侯命*葬周文公於畢*。十三年王師會齊侯魯侯伐戎*夏六月魯大禘于周公廟*。	王錫韓侯命。十三年王師會齊侯魯侯伐戎*夏六月魯大禘于周公廟*。十四年齊師圍曲城克之。

此處爲副文部分,乃“大禘于周公廟”後對周公所作之頌詞。並未提及九鼎。	此處出土時即有副文。但晉代編撰者整理出“今本”時,將其移至成王十八年,緊接定鼎禮一條之後。

十四年齊師圍曲城克之。*十五年肅慎氏來賓初狩方岳誥於沬邑冬遷九鼎於洛。十六年箕子*	*十五年肅慎氏來賓初狩方岳誥於沬邑冬遷九鼎於洛。十六年箕子來朝秋王師滅蒲姑。十七年*
*來朝秋王師滅蒲姑。十七年*冬洛邑告成。十八年春正月王如洛邑定鼎鳳凰見遂有事於河。十	冬洛邑告成。十八年春正月王如洛邑定鼎鳳凰見遂有事於河。十九年王巡狩侯甸方岳召康公
九年王巡狩侯甸方岳召康公從歸于宗周遂正百官黜豐侯。二十一年除治象。① 二十	從歸于宗周遂正百官黜豐侯。二十一年除治象*周文公薨於豐*。*二十二年葬周文公於畢*。二十

魏國修補者對竹簡作了抄録,但抄録過程中,將左邊的原稿加工成了右邊今天我們所見之模樣。重要的句子均以斜體標明:差不多有一支簡的容量被改動過,但並非就一支實在的簡作改動。

① 葬禮另需一年。“二十二年”前有一處空格,連同這四個字,就是五個字位。所以,原來記在“第二十一年”下的事件,有些地方在後來被寫上了其他内容。本來的内容就無法復原了。爲什麽魏國學者不保留原來的簡文,把它們稍稍往下挪動一點,以便有更多的空間?當然,他們未必想讓人知道他們所做的改動。他們想盡可能避免重復抄寫。但在朝代結束的地方,我們可知,任何改動竹簡數量的作法都是被禁止的。

他們改動時，非常仔細，所以並非偶然。

副文和九鼎全無關係，主要講如何慶祝周公的豐功偉績。這段副文緊接在以"夏六月魯大禘于周公廟"作結的竹簡之後。

3.3.3　據此，我們可以得出結論，即成王紀譜之主文曾經後人大肆改動，其目的在於拼湊出一支可被挪動的竹簡，將此竹簡移至武王紀譜，以使武王在位時間增加三年。實際上，並不存在這樣一支竹簡，亦未有一支竹簡真的被移動過。人們只需改動一下簡文長度和部分用語，即可。魏國那些修補者所做的，則是對成王紀譜稍加修改，在簡文中製造一段空白。據此他們宣稱（且報告給他們的國君），該空白原應有一支竹簡。現在他們已經將這支竹簡放回到它"原有"的位置去了，即武王紀譜中的某一處。這一做法在戰國時期魏國尚行得通。

但漢以後，在晉代，在儒家一統天下並對早先喪葬之禮研究日深以後，則行不通了。假使有人對《紀年》在最終編定、被埋入土以前就遭人篡改這一事實，尚心存疑慮的話，可以看看《金縢》。《金縢》乃漢以前文本，其中提到武王之疾，亦提到武王病後痊癒。這與篡改後的《紀年》，不謀而合。

但據我們所知，實際上武王並沒有從病中恢復過來。篡改後的《紀年》認爲，武王在這場重病中倖存下來。《金縢》沒有指明參考了《紀年》，但卻沿用了這一説法。除非有證據支援，否則的話，我們只能説《金縢》和《紀年》裏有關武王的這段故事，是後來杜撰的。且《紀年》本身，也提供了此次杜撰的原因。①

3.3.4　此舉之緣由：在我看來，問題出在戰國時期魏國宮

---

　　①　篡改後的《紀年》明白地表示武王又痊癒了，亦有三年多之生活。但百年前有同樣的改寫（見第二章和第五章），使武王又餘三年之壽，可是目的不同。可能，《金縢》是那百年間作的：較早使能改，以公元前 1045 年爲克商年；較晚使必改，以公元前 1050 年爲克商年。

廷編撰者所做的編輯工作上。晉魏之起源是成王之將唐地賜予
其弟唐叔虞作封地。戰國時期魏國學者想要把分封這一事件，
定在公元前 1035 年（這個年份顯然不對）。因爲公元前 1035 年
這個年份和侯罃公元前 335 年稱王，恰好相距七百年。侯罃死
後，被追封爲惠成王，他實際在公元前 334 年即位。該即位年恰
好和魏文侯在公元前 434 年即位，距離一百年。魏國學者們自信
知道兩件事：①分封之年，木星在大火，位次爲十。周克商時，木星
在鶉火，位次爲七（這顯然是不對的）。木星繞黃道運行的周期爲
十二年，每一年途經一個位次。假如，公元前 1035 年，木星位次爲
十；公元前 1047 年，木星位次亦在十；而公元前 1050 年，木星位次
則在七。

　　所以，據此兩條，再加上想把公元前 1035 年定爲晉之開國元
年，這些魏國編撰者就必把周克商的年份定在公元前 1050 年（該
年份有誤），且把成王即位年定在公元前 1037 年。公元前 1037 年
這個年份有誤。據載，成王在位三十年，此說不確。成王實際在位
年份應爲 2＋30 年。所以公元前 1037 實爲成王繼位之初的年份，
而非即位年份。魏國編撰者意識到，若想解決問題，就必得假設周
公七年攝政在成王執政三十年之前，也即從公元前 1044 年到公元
前 1038 年（這一假設有些問題）。他們還考慮到，一般來説，人們
普遍認可武王在周克商兩年後死去。戰國早期的原本《竹書紀年》
也是這麼寫的。

　　同時，他們承認那時候普通的看法（假的），即是周克商發生在
武王十二年。於是，他們造出這樣一個觀點，即武王在周克商以
後，又多活了三年，即公元前 1047 年、公元前 1046 年和公元前

---

　　① 《國語·晉語四》和《周語三》；倪德衛對後者的批駁，見《三代紀年之關鍵："今
本"〈竹書紀年〉》，臺灣學生書局，《經學研究論叢》第十輯，2002 年，第 282－283 頁。

1045 年，也即武王十五年、武王十六年和武王十七年。

　　3.3.5　有些人認爲，武王在周克商以後活了不止兩年的這個説法，不可能在漢代早期或中期以前的文獻中找到依據。所以，《竹書紀年》裏的相似説法，必定是西晉編撰者因錯置竹簡而造成的。

　　此説不確。《管子·小問》裏有一條記録，恰好駁斥了這一説法。齊桓公在賢臣輔佐下，成爲春秋時代第一位霸主。但他想進一步稱王。於是，他的智囊團進言，試圖引他自省，以打消此念。他們告訴桓公，周朝聖賢之士頗多。比方説，亶父、季歷、文王和武王。"武王伐殷克之七年而崩"，但仍大業未竟。直到周公輔佐成王，方能建永久之國本。

　　關於"七年"，常有些爭論。有些人認爲，"七年"即"第七年"，文王死後的第七年。假若認同周克商在公元前 1045 年，即武王五年。那麼，七年即文王死後計起的演算法，恰好使武王薨年落在周克商兩年後。但真若把"七年"讀作一個確切的日子，即第七年，則忽畧了"而"字的作用。除非材料明確表明，周克商在武王五年，否則的話，這"第七年"之説就顯得古怪、極不可信。事實上，材料也未證明，周克商就發生在武王五年這一説法。其他材料裏，沒有這一提法。另外，"第七年"這一説法，忽畧了這段文字原本想傳達的重要信息。即，像武王這樣比齊桓公賢能百倍的君主，要完成克商大業，尚需花費如此之長的時間和精力。"七年"，實際上是武王十一年（周克商之戰剛剛打響）、十二年、十三年、十四年、十五年、十六年和十七年。唐代一行所用之"今本"《紀年》，就是這樣敘述的。《管子》的史料來源，多半也是《竹書紀年》。

　　3.3.6　我的觀點必然會有人反對。但仍有些間接材料，可證明這個觀點。首先,在《吕氏春秋》第十四卷第三篇第一(王安國,第311-312頁,第三章胥時篇)裏,我們讀到,武王雖事殷商,卻不忘從前文王爲殷商拘於羑里之辱。其次,同樣在《吕氏春秋》胥時篇裏,寫到"立十二年,而成甲子之事"。《史記·齊太公世家》和《史記·魯周公世家》都提到,周克商在武王十一年。不過,這個年份有難以解釋之處。司馬遷認爲,武王軍隊渡過黄河的時間,在"十一年十二月"(《周本紀》)。但他用漢代早期那種錯誤的方法,對待這一時間,把它當作冬至日後的一個月(夏曆確實是這樣計算的)。[①] 於是他假設,周曆中"十二月"其實是十一年的第二個月。

在《吕氏春秋》和《史記》中,周克商發生在武王十二年(按武王在位的曆法計算,而非周"受命"紀年。有人以爲《周本紀》裏沿用周"受命"紀年。)後來,武王被延長三年壽數,也因此而來。出於政治因素,要把唐分封定在公元前1035年,從而使周克商的年代爲公元前1050年。但這種説法若要成立,還要另一個"修正",即文王當卒於公元前1050年。人們把公元前1059年發生的五星會聚向前推一個木星周期,即至公元前1071年。文王在五星會聚發生九年後崩逝。所以,文王崩逝的日期,以及之前各君主的統治年份,均被往前挪動十二年。於是,武王在位年從公元前1061年開始,及至武王十二年,而非七年,周克商。所以,我們得出結論,夏含夷之竹簡早在戰國時期,已被挪動了。

3.3.7 要確認成王紀譜中那段副文爲真,且把副文的五支簡算入西周紀譜竹簡總數之内,必要先解決一個問題,即"迄于秦漢"一句該如何解。我們要找到一組可以替代"迄于秦漢"的

---

① 若對此有疑問,請參看《史記》從高祖到武帝的本紀。按漢代官方曆法,新的一年往往從"冬天"開始。所以,我們説的"一月"其實是當時的"十月"。

四字句。周代紀譜開頭處有一段很長的副文,内容爲《詩經》第
245 首所歌詠的后稷誕生之神話。副文原作者基本照搬了《詩
經》的内容,而第 245 首結尾就寫到"以迄於今"。所以,"以迄於
今"其實就是副文原本記録下的文字。"今"字可能會對晉代編
撰者造成些困擾。他們也許因此用另外一個無異議的字來代替
這個"今"字。基本上,我認爲,副文上那一句原本應是"以迄於
今",而非"迄于秦漢"。

若把成王紀譜中的五支副文簡算在内,西周整個紀譜的竹簡
數則有一百支。據我推測,一般没有人會把這當作是巧合,這五支
簡本來就是要被算在内的。戰國時代那些《紀年》的作者們也是這
樣想的,即要把這五支簡算在内。

除此,其他一些材料也表明,《紀年》是一部經由創作而成的完
整史書。例如,商代紀譜所在的竹簡,其竹簡總數亦是一個吉數,
爲六十,恰好是一個干支周期。這六十支簡又分成兩部分。後半
部分,第三十一支簡到第六十支簡,從武丁紀譜開始。武丁據説是
商代最仁慈的君主,因此也是成湯以後最重要的一位君主。西周
紀譜一百支竹簡,也可一分爲二。前六十支爲一捆,始於周克商,
止於總第 242 支簡。這第六十支簡,是記有 39 字的副文,概述了
穆王在西行途中的善行和功績。後四十支簡記西周事。其中一支
竹簡記載了公元前 945 年諸侯集會周都之事。公元前 945 年,恰
好距離公元前 1045 年一百年。而公元前 4 世紀時,人們可能普遍
相信公元前 1045 年就是周克商的年份。這和把堯的登基年定在
公元前 2145 年是一個道理,可能是早期紀年的做法,也可能是戰
國時期魏國學者做了修改。這種紀年法,必定把武乙即位年份定
在公元前 1145 年。公元前 1145 年,武乙首次稱周的統治者亶父
爲"周公"("今本"《竹書紀年》載爲公元前 1157 年。這是因爲,人
們往回倒退十二年,把公元前 1059 年發生的五星會聚定在公元前

1071 年①)。

    3.4   重新整理出夏代紀譜的簡文,需要一些編輯工作。我已加以標注。夏代紀譜和商代紀譜頗相似,也有六十支簡(從舜十四年舜讓位於禹算起),且在中間一分爲二。一個虛構人物寒浞殺死帝相後,開始了近四十年的無王期。夏代紀譜一分爲二的地方,就是四十年無王期結束的時候。之後,從第三十一支簡開始,夏朝王室第六位君主少康復位。另外,《紀年》從最早的黃帝紀譜開始,到舜第十四年,也有六十支簡(當然,重新整理時,亦需編輯)。

    但這種演算法,要求舜紀譜最後四支簡,也必須作爲夏紀譜的開頭四支簡。從禹名義之元年(即"今本"載公元前 1989 年),到夏朝結束(即"今本"載公元前 1559 年),共四百三十一年。但夏代紀譜在夏末所作之概述稱,夏朝共歷四百七十一年。換句話説,得從禹實際掌權開始算起(即舜第十四年,"今本"載公元前 2029 年)。

    這項有關重建《竹書紀年》的假設性工作,仍繼續着。從《紀年》開始之黃帝,直到西周末年之幽王,以及幽王以後的另外二十支簡。②

---

    ①   克商以前的日子,被回推十六年。所以,《紀年》載武乙元年爲公元前 1159 年。公元前 1159 年,實際爲公元前 1143 年,即武乙在守喪期後,正式即位爲帝王的第一年。造成這一錯漏,乃是因爲《紀年》之商代紀譜,沒有對帝王繼位和其正式即位作出明確區別。不過《紀年》之(克商以前)周代紀譜,則對此加以區別(例如,文王在位共五十二年,即兩年守喪期,外加五十年即位後在位期)。

    ②   第五捆(每捆 60 支)竹簡的最後二十支簡所記大事直至公元前 679 年。其中,有九十二年已非西周之事。關於這部分竹簡,我尚不太有把握。"今本"以周代帝王在位年份紀年,但出土《紀年》則並未用此方法。要重建出土《紀年》,需要大膽推測。這一點我會解釋。另外一個難處是,要知道停頓的位置和原因。一個假設是,朝代紀事之末亦要在所書竹簡之末。但沒有一個朝代的紀事,能在寫至每捆簡的最後一支時,恰好結束。據我觀察,第六十支簡(總第 303 簡)記載了兩件大事:一件是齊桓公成爲春秋五霸之一;另一件,是周朝天子封曲沃武公爲晉侯,以此結束晉國連年內戰、消滅文侯仇以後之世代。"今本"在晉文公(前 636)以後,有多處被改動的痕跡。我猜測,可以據此重建另外六十支簡。但我將此難題留待他人解決(我認爲,共有七捆竹簡)。

"今本"所保存的商和西周的簡文,基本和原貌相符。我按照自己得出的一些規律,把它們逐一從"今本"中抄錄下來。往後再有新進展,我均會加以詳細説明。

3.5 有關周公去世、舉喪和行禘禮的簡文,一直飽受爭議。邵東方曾撰文(2002年第2期)探討此問題,不僅回顧了歷來學者對此問題的討論,更將此問題和夏含夷有關錯簡的説法聯繫起來。夏含夷認爲成王紀譜中的一支竹簡,被錯置於武王紀譜中。邵東方對夏含夷錯簡説法,持否定態度。他認爲,如果把有關周公的這段材料放在一個較合適的地方,夏含夷所謂錯簡就不復爲一支錯簡了。我曾就此問題,在1995年的《早期中國》第二十期上,發表過一篇名爲《召誥釋義》的文章(第193頁),但並不完善。和大多數年代較早的學者一樣,我認爲記有禘禮儀式之成王十三年簡文,實爲成王二十三年。但後來,我不再贊同這種説法,要對此加以修改。

造成此類錯誤觀點,大抵有兩條原因。第一,我擔心戰國時期人們改寫成王紀譜,將成王十一年至十二年間發生的死喪之事編入成王二十一年、二十二年,可能會造成竹簡凌亂不堪。我試圖用《竹書紀年》重建周及周以前的紀年。假使竹簡果真因前人之改動而變得凌亂不堪,那重建工程就幾乎不可能了。但我非常確信,重建是行得通的。其次,夏含夷推測,有關禘禮的記載從成王二十三年,被移動了目前所見之處。夏含夷這一推測,過於簡單。他的邏輯是,移動一支簡要比移動兩支來得方便,且成王二十三年處之簡文爲空。在我看來,這兩點原因不算充分。因爲,不論從成王十二年到二十二年,抑或從成王十三年到二十三年,總共都會有六支竹簡被改寫,即十一支竹簡再除掉五支副文竹簡。所以,若説周公之死及其葬禮日期亦被改寫,則顯得過於簡單。不論哪種情況,都無須擔心竹簡因改寫變得凌亂而使我的重建工程無法繼續。

除此之外，不論何種情況，都可得到以下結論：戰國時期，簡文在埋藏入土以前，曾遭人改寫。動機在於，使該支竹簡在改寫後，得以移入武王紀譜當中。我在 1995 年撰寫的那篇文章中，尚未整理出魏國編輯者此舉之緣由。但我告訴讀者，該緣由將成爲我日後研究之主題。“日後研究”之成果，即，今天讀者見到的這本書。在整整十二年後，我終於解開了其中奧秘，並以本書第五章的形式，呈現在讀者面前。後來我又發現了從西周到晉的全部竹簡，包括各種副文，如記錄在成王紀譜中的那篇。這一發現，使得我對我所作之解謎工作，愈加有信心了。直到 2003 年秋，我纔着手研究成王紀譜中的那篇副文。該副文以五支竹簡爲一個單位，內容與定鼎毫無關係。據觀察，緊接在那篇副文之前的主文，必定以禘禮之記載作結。所以，周公卒於成王十一年，即公元前 1027 年。當時他大約六十一二歲。

3.6　總之，此章內包括了夏含夷和我不同意見的最重要的問題。他找到了在武王記録末的一支十五年、十六年、十七年的 40 字竹簡，其内容不合於武王前後。可是在成王記録内，於前十支竹簡，從第一年到第十四年每年均有事件記載，而緊接着則是第十八年。他認爲（而我同意）那支在武王記録中的十五年、十六年、十七年竹簡原本應在成王記録之十四年至十八年之間，而被誤置入武王的記録中了。然而移動於何時？移動者是誰？移動者的目的是什麼？

以夏含夷所見，那支錯置的竹簡被置入武王記録内是在汲郡竹簡發現後，而移動者必是晉朝做整理的學者們。假使若此的話，則汲郡所發現的竹簡，包括《竹書紀年》在内，必是紛亂的；那從成王記録來的“十五年……十七年”的竹簡則是獨自的，而現在有序的部分必是整理的結果。

我們必須認爲,晉時代的史學者們欲重建古代之年代日期,都相信從周初至穆王有百年(如皇甫謐[215－282年]),也相信武王克商至武王去世不是兩年(如《史記》所謂)而是五年或者六年(如劉歆[公元27年去世])。晉朝學者所整理的《竹書紀年》原文(他想)有武王記錄末這樣兩支簡:"……十四年……"次之是"命王世子……"。整理者推算武王初至昭王末的在位年,而無法得到周初至穆王之百年;乃把那從成王記錄來的獨自竹簡插入武王末簡之前,以得百年。

3.7 我以爲夏氏的假説是不可能的。於上文,我已經指出黄帝五十年典禮的意義:黄帝五十年夏至(在《紀年》系統)是公元前2353年七月庚申,從公元前2353年到公元前453年,即三晉敗智伯的勝利之年,是一百章,即1900年。所以公元前2353年的日期必是戰國魏人所計算的。可是那個1900年顯然包含武王之十五年、十六年、十七年。夏含夷教授必須承認,他的三年被錯置的竹簡不是晉朝整理者所插入的;相反地,那插入的工作是戰國魏人所爲。

由此可知,夏教授的《竹書紀年》觀念不對,他没有《紀年》紛亂的證據;相反地,錯置簡前後文的《紀年》部分有次序的狀態太好(請見第四章重建原文的第183簡至第283簡,即西周部分)。值得注意的是,成王記錄開始部分有十支竹簡(即第四章第209－218簡),而次之是被移動竹簡的原處。夏含夷認爲這個十簡爲一組(夏含夷1986第171頁;又見夏含夷2005第371頁)。

3.8 這個十簡組之末簡有言,"十三年……夏六月魯大禘于周公廟"。可是據《紀年》周公於成王十三年還没去世,周公去世之

年爲二十一年(第225簡)。但人君未去世不應有禘禮,也不應有
廟宮。其實,喪畢纔應有禘,例如康王三年"吉禘于先王"("先王"
即成王)(第229簡)。似乎,周公的"薨"與"葬"被移後十年,而本
來爲"十一年"與"十二年";若我們把"薨"、"葬"移前,使之處於"十
一年"、"十二年"的話,"大禘于周公廟"則被移至簡底,即其所應處
之地。可是如此"十五年⋯⋯十七年"則文不成簡,而沒有人能把
其簡置入武王記錄內了。可知,這樣的文字移動是有目的的,是魏
國所爲的,而不是晉朝所爲的。然而魏國人目的是什麽? 我於上
文3.3.3至3.3.4條已解答了這個問題。

可是,爲什麽夏含夷未解開這個問題? 這是因爲他原來不瞭
解受禘禮之人必是已死的。在他之前發表的關於《竹書紀年》的論
文中(夏含夷1986,第168、170頁),除錯置竹簡的問題,他沒有談
到別的關於受禘禮的問題。

若他複審"禘"這個問題的話,或許他將同意我的看法:

(1)忽視了"禘"規則,戰國魏人已把周公之死和葬年期從十
一年和十二年移動到二十一年和二十二年;

(2)此樣年期移動必須是戰國魏所作的,而不可能發生在
晉朝;

(3)亦不是偶然的,而魏是有目的的,即把那"十五年⋯⋯十
七年"之文從成王記錄之位,置於武王記錄之位;

(4)所以竹簡錯置必是魏國所作的,而不是晉朝整理者所
作的;

(5)所以,即使我們找到此竹簡爲錯置的,也不能以此認爲在
晉發現的《紀年》是紛亂的;相反地,"錯置"不必有"紛亂"的意思。
若魏國錯置者有意而"錯",而晉朝整理者不過寫其所讀,則結果可
能爲有序的。

3.9 此外,夏教授相信"百年"傳説和武王十七年去世的結論大概是第 3 世紀史學者之説法,可能對了;可是似乎他亦相信漢以前没有此説法,而這個"相信"不對。

3.9.1 其一:周初到穆王事實上爲百年。

(1)青銅器銘文,例如三年師遽簋,暗指穆王元年爲公元前 956 年(見 2.3.1.2 條);

(2)公元前 1056 年必爲周朝始曆之元年(見 2.3.1 條)。

(3)顯然,戰國時代整理商諸王日期的人把太戊即位年公元前 1474 年移前一年,成爲公元前 1475 年,即成湯之始稱王後百年,大概是模仿周(2.9.2.2)。

3.9.2 其二:漢代以前已有武王卒於十七年的説法。

(1)魏國王欲以周克商年成爲一個鶉火年,即公元前 1050 年,乃不可不插入三年而使武王卒於他的十七年(5.4;5.4.0.2)。

(2)以前的戰國整理者欲以克商年爲公元前 1045 年,乃又以武王卒年成爲他的十七年(2.5.1;5.2.1)。

3.10 所以,《竹書紀年》原文可以用同樣的説法。但我們不能推論出"今本"《紀年》用這樣的説法,暗示晉朝整理者使其如此。[1]

3.11 夏氏此後(在《早期中國》第 18 輯[1993],第 69 - 70

---

[1] 某天晚上我隨意翻讀夏含夷教授 2005 年出版的《古史異觀》。在《自序》第三頁有言,言及他 1985 年所發現的錯簡"因爲錯簡只能是出於原文竹書整理者的誤讀或疏漏纏繞可能發生"(等等)。可見,他不在 1985 年,也不在 2005 年,可能亦及至今没有覺得又有别的可能性:那"錯簡"不是整理者所錯的,而是戰國魏宣布者有意而錯的,欲以杜撰古代周之歷史。

頁)以爲周公去世於成王十一年。他的理論和我上文所述一樣:成王於十一年命周平公治東都,必以爲周公(即時周文公)已經去世了;同樣,十三年"魯大禘于周公廟"(禘禮是定神主於廟之禮),又認爲周公已經去世了。兩年後,在《早期中國》第 20 輯我答覆了夏氏的論文:我假定了周公於十一年不過是隱退了,而後於二十一年(如《竹書紀年》云)乃去世了。我那時候以爲《紀年》的禘禮記録從二十三年被移動到了十三年,欲把將改換之文移動到一個簡位,就可能被改換了。

3.11.1 我現在以爲夏氏所引《尚書序》關於周公卒年是正確的:他卒於成王十一年。可是或把十一年、十二年移動到二十一年、二十二年,或把二十三年移動到十三年,必是欲把那將改換之文移動到成簡之位。所以那"被改換之簡"是在戰國時期魏國構成的,欲以其"文"變爲一個可以改換到武王記録的"文"。魏人作之,則魏人必用之,置之於武王記録内,正如現存"今本"《竹書紀年》一樣。結果是① 克商年成爲公元前 1050 年;② 文王卒年不能爲克商年。所以魏人必將五星會聚年前移一個木星周期,從公元前 1059 年到公元前 1071 年(等等)。

3.11.2 若(如夏氏所願)我們以爲那個改換之文在武王記録位置不過是晉朝學者猜度的結果,則我們必以爲《竹書紀年》全書是紛亂的,不能作爲分析年代之本。夏氏的新學説,即周公卒於成王十一年,與他的 1986 年的學説不能兩立。他的新學説暗示那改換簡文是魏人所作的,然而亦必是魏人將其置入武王記録了,欲使武王活到十七年,纔能定克商年爲一個歲在鶉火之年。

3.12 這並非夏氏的想法。但他直到今日仍然堅持他在 1986 年和 1987 年的想法,就是《紀年》紛亂,有一支簡可插入。晉朝學者從皇甫謐開始，欲使武王有三年多的生年。若皇甫謐和《竹書紀年》有什麼關係，（以夏氏之意見）《紀年》學者必然從皇甫謐：他的卒年是公元 282 年，而《紀年》發現年是公元 279 年，早不過三年，是不是？

3. 12. 1　不是。公元 279 年並沒有指出《紀年》發現年之價值。公元 279 年是《春秋》初年公元前 722 年（即前 721）後的 1000 年，可知以公元 279 年爲發現年必是虛構的。據《晉書斠注》第三卷記錄，汲郡諸簡之發現（十月）前，我們可以讀到（九月）"麟見于河南"，直接的（十一月）"大舉伐吳"：凡此只是戰爭宣傳。

3. 12. 2　必然，汲郡發現是比較早的。早多少？我們不知道。可是克吳之役有七軍從別路而伐，軍備必要數年，而關於《紀年》有意思的第 1000 年爲"大舉伐吳"之年大概是初定的。可能以有名的《春秋》學者杜預任命爲大將軍是晉朝的戰略之一部分。

皇甫謐與《紀年》整理者或許看到過彼此的整理工作，可是我們不以這個假使來解釋他們的工作。然而一見周公卒年是十一年，我們欲解釋二十一年之謬誤的話，必以爲是魏人有意而作的，纔能構成一支虛構的竹簡，並把它移動到武王記錄內，而使克商年成爲公元前 1050 年。

3. 12. 3　以夏氏 1986 - 1987 年的意見，那竹簡是錯置的，整理者們應該置之於其所。事實上，於汲冢文中此簡已在現在的位置。夏氏 1993 年的論文是說明其故，而改變他 1986 - 1987 年的想法；而我 1995 年的論文已經清楚地指正了他。可是在我 1995 年的論文中，我注意到了《召誥》談話者是周公或者是召公之問題，所以那時候我沒指正他關於改換竹簡的想法。可能我們兩個人對竹簡過長的連續部分不同意見是我的過失。

第四章

《竹書紀年》簡文:從黄帝至晉武公

目前,經我整理的竹簡共五卷,每卷六十支。具體如下:

(1) 原史,從黄帝至舜十四年	第 1 至第 4 頁
(2) 夏,自舜十五年起	第 5 至第 8 頁
(3) 商	第 9 至第 12 頁
(4) 周,至穆王十七年	第 13 至第 16 頁
(5) 周穆王十八年至晉武公二十七年	第 17 至第 20 頁

西周紀譜結束於竹簡第五卷第四十支,即,與西周相關之竹簡共一百支。

有人指出,每卷竹簡可再分爲上下兩卷,每卷三十支。照此説法,則有十四卷竹簡,而我則復原了開頭十卷。據某些文獻記載,《竹書紀年》最初應有十二卷、十三卷或十四卷。這表明,最後四卷(按每卷三十支計)可能已被損毀,排序錯誤且不完整。今天,我們檢視"今本"《竹書紀年》,頗有同感。但我則盡我所能,做此修復工作,且避免無謂猜測。

基本上,每支竹簡有四十字或字位。但在我看來,簡文在中間部位因繩索穿繫而一分爲二。這一劃分,在通篇文字裏,很難被發現,但確有其功能。據此,我插入空白行以表示分隔。主文(按《紀年》格式)分上下兩欄,每欄有二十字或字位(以句號"。"表示;不同年份之間,則留以空格)。副文(非《紀年》格式)上下兩欄各有十七字。上欄從頂部往下留有三個空白字位,下欄從底部往上也留有三個空白字位。上欄十七字、下欄二十字,或上欄二十字、下欄十七字的組合,在主、副文銜接轉化時,較常見。當然,有時紀譜以統治者的名字命名。此時,竹簡上欄或下欄僅刻有統治者的名字,除此別無其他内容(詳見第三章所述之形式規律)。

在墓本《竹書紀年》中,篇幅較短的副文可能以開頭、結尾各空一格的形式,直接插入主文(在印刷本中,主、副文之差異得以保留:雖然副文字體與主文字體大小相同,但不論上下欄,副文長度相同,且在開頭處不頂格寫,而與頂部保持一定距離。范欽本《紀年》中,副文每欄十七字,與頂部有一字空格)。此處重建之簡文,將以斜體標注那些被插入主文的副文。但若副文按常規方式,即以每欄十七字的方式,書寫在竹簡上欄或下欄中,則不以斜體標注(在翻譯中,所有副文皆以斜體標注)。原文中,當統治者的名字用作紀譜名字時,統治者的名字不以斜體出現,而用紅色標明。

竹簡之重建揭示出佈局上的特徵。夏、商兩代各有六十支竹簡,這表明竹書可能以六十爲單位編排(涉及"古本"處,均以斜體標明)。編撰者對書中某些部分的字數有嚴格控制,並借此結構來反映歷史上某些被認爲十分重要的時刻。例如,最顯著的,即朝代交替之際(結構上之刻意安排,確認了夏朝始於舜十四年這一說法。夏朝紀譜共六十支竹簡,從舜十五年開始)。

"六十"爲重要數字。"六十"的一半,即按每卷三十支竹簡論,"三十"也至關重要。第二卷的三十支竹簡,始於記載有關堯去世的主文。第三卷的三十支竹簡，終於少康復國。少康以前爲相，相以後四十年無王，四十年後少康復國。但這所謂四十年無王，實乃杜撰。第六卷的三十支竹簡始於武丁即位。在副文中，武丁被稱頌爲商代最賢明的君王。第八卷的三十支竹簡始於周公還政於成王。第九卷的三十支竹簡終於晉國興起、派兵協助周宣王。第十卷的三十支竹簡始於晉國霸業的確立。

西周紀譜有一百支竹簡，而非六十支。但頭六十支竹簡之結尾，有些出人意料。一般來説，傳統儒家道德主義者們對穆王西巡一事，總面露難色、頗有微詞，但此處，卻全然没有這種態度。有一段副文對穆王西巡一事加以補充，將穆王西巡一事視作無比榮耀的記載（這段副文直接插入正文，不按十七字規格，而按每簡四十字規格編寫）。緊隨其後的（從第五卷的六十支竹簡起），乃周天子對諸侯朝拜所舉行的隆重歡迎儀式。我認爲，可將此視爲公元前 945 年對周克商一事的百年慶典。堯元年被認爲是在此 1200 年前，即公元前 2145 年。這表明，以周代記事爲主的文獻，其實將周克商年份定在公元前 1045 年。魏國即以此類文獻作爲《竹書紀年》之基礎。在仔細分析後，可得出一組以百年爲間隔的重要年份，即，公元前 2145 年、公元前 1145 年、公元前 1045 年、公元前 945 年。

在這組有關"45"的年份裏，或可確信公元前 1145 年爲真，其餘各年份皆爲計算所得。在倪德衛編年中，公元前 1145 年爲商王武乙即位年份。武乙即位之初，得到"古公"亶父之助。亶父爲西部邊境最有勢力的部落首領，武乙賜亶父爵位、尊其爲"周公"（通常，人們稱其爲"古公"以與周公旦相區別。周公旦爲武王之弟，佐成王攝政。周平定天下後，追封亶父爲"太王"）。

以下，我試恢復《竹書紀年》二十頁，從黃帝到曲沃武公（前679）（見下表《竹書紀年》簡文：從黃帝至晉武公）。

1

	15	14	13	12	11	10	09	08	07	06	05	04	03	02	01	
01	五													元	黃	01
02	十													年	帝	02
03	九													帝	軒	03
04	年	七	再		之	容	大	生	時	雲	定	顏	母	即	轅	04
05	貫	夜	拜	犯	今	成	螻	草	見	之	聖	有	曰	位	氏	05
06	胸	魚	曰	也	鳳	曰	如	或	於	瑞	德	聖	附	居		06
07	氏	流	龜	召	凰	於	羊	止	攝	赤	光	德	寶	有		07
08	來	於	不	史	翔	公	大	帝	提	方	被	劾	見	熊		08
09	賓	海	違	卜	於	何	螾	之	名	氣	群	百	大	初		09
10	長	得	聖	之	東	如	如	東	日	與	瑞	神	電	制		10
11	股	圖	故	龜	郊	天	虹	園	景	青	畢	朝	繞	冕		11
12	氏	書	燋	燋	而	老	帝	或	星	方	臻	而	北	服		12
13	來	焉	霧	史	樂	曰	以	巢	帝	氣	有	使	斗	。		13
14	賓	龍	既	曰	之	臣	土	于	黃	相	屈	之	樞	二		14
15	。	圖	降	臣	其	聞	氣	阿	服	連	軼	應	星	十		15
16	七	出	游	不	鳴	之	勝	閣	齋	赤	之	龍	光	年		16
17	十	河	于	能	音	國	遂	或	於	方	草	蚩	照	景		17
18	七	龜	洛	占	中	安	以	鳴	中	中	生	尤	**郊**	雲		18
19	年	書	水	也	夷	其	土	於	宮	有	於	戰	野	見		19
20	昌	出		其	則	主	德	庭	坐	兩	庭		感	以		20
21	意	洛	之	之	與	好	王	其	于	星	佞	虎	而	雲		21
22	降	赤	上	聖	天	文	庚	雄	玄	青*	人	豹	孕	紀		22
23	居	文	見	人	相	則	申	自	扈	方	入	熊	二	官		23
24	若	篆	大	帝	副	鳳	大	歌	洛	中	朝	羆	十	。		24
25	水	字	魚	曰	以	凰	霧	其	水	有	則	四	五	五		25
26	產	以	殺	已	是	居	三	雌	之	一	草	獸	月	十		26
27	帝	授	五	問	觀	之	日	自	上	星	指	之	而	年		27
28	乾	軒	牲	天	之	國	三	舞	有	凡	之	力	生	秋		28
29	荒	轅	以	老	天	亂	夜	麒	鳳	三	是	以	帝	七		29
30	。	*軒*	醮	力	有	其	晝	麟	凰	星	以	女	於	月		30
31	一	*轅*	之	牧	嚴	主	昏	在	集	皆	佞	魃	壽	庚		31
32	百	接	天	容	教	好	帝	囿	不	黃	人	止	丘	申		32
33	年	萬	乃	成	以	武	問	神	食	色	不	淫	弱	鳳		33
34	地	神	甚	矣	賜	則	天	烏	生	以	敢	雨	而	鳥		34
35	裂	於	雨	帝	帝	鳳	老	來	蟲	天	進	天	能	至		35
36	帝	明	七	北	帝	凰	力	儀	不	清	有	下	言	帝		36
37	陟	庭	日	面	勿	去	牧	有	履	明	景	既	龍	祭		37
38	。													于		38
39	*既*													洛		39
40	葬													水		40
	015	014	013	012	011	010	009	008	007	006	005	004	003	002	001	

2

	30	29	28	27	26	25	24	23	22	21	20	19	18	17	16	
01–20	年司空伐曹魏之戎克之。八十六年司空入觀贊	。七十三年春正月舜受終于文祖。七十四年虞	伯鯀治河。六十九年黜崇伯鯀。七十年春正月	於首山乘素車玄駒。五十三年帝祭于洛。五十	賓。十九年共工治河。二十九年春僬僥氏來朝	**帝堯陶唐氏** 元年帝即位居冀命羲和曆象。五年初巡狩四岳		亳。十六年帝使重帥師滅有鄶。四十五年帝錫	生而駢齒有聖德初封辛侯代高陽氏王天下使重	作承雲之樂。三十年帝產伯鯀居天穆之陽。七	昊登帝位有鳳皇之瑞。**帝摯少昊氏** 母曰女	十年而佐少昊之瑞。	母曰女樞見瑤光之星貫月如虹感己於幽	**帝顓頊高陽氏**	群臣有左徹者感思帝德取衣冠几杖而廟	01–20
21–40	用玄圭。八十七年初建十有二州。八十九年舜	舜初巡狩四岳。七十五年司空禹治河。七十六	帝使四岳錫虞舜命。七十一年帝命二女嬪于舜	八年帝使后稷放帝子朱于丹水。六十一年命崇	貢沒羽。四十二年景星見于翼。五十年帝游	。七年有麟。十二年景星見于翼。十六年渠搜氏來		唐侯命。六十三年帝陟。帝子摯立九年而廢。**帝嚳高辛氏** 元年帝即位居	人拊鞞鼓擊鐘磬鳳皇鼓翼而舞。**帝嚳高辛氏**	十八年帝陟術器作亂辛侯滅之。元年帝即位居	元年帝即位居濮。十三年初作曆象。二十一年	節見星如虹下流華渚既而夢接意感生少	房之宮顓頊於若水首戴干戈有聖德生		饗之諸侯大夫歲時朝焉死七年乃立**顓頊**	21–40
	030	029	028	027	026	025	024	023	022	021	020	019	018	017	016	

3

	45	44	43	42	41	40	39	38	37	36	35	34	33	32	31	
01															*囚*	01
02															*帝*	02
03															*于*	03
04	*德*	退	帝	而	於	河	潔	而	曰	醴	天	四	至	母	*平*	04
05	*衰*	俟	舜	去	日	圖	齋	盡	箑	泉	而	合	其	曰	*陽*	05
06	*舜*	至	言	甲	昃	將	修	月	脯	出	上	赤	文	慶	作	06
07	*囚*	于	虞	似	榮	來	壇	小	又	日	高	龍	要	都	游	07
08	*之*	下	夏	龜	光	告	場	則	有	月	辛	感	曰	生	宮	08
09	*於*	昃	當	背	出	帝	於	一	草	如	氏	之	赤	於	于	09
10	*平*	赤	受	廣	河	以	河	莢	莢	合	衰	孕	受	斗	陶	10
11	*陽*	光	天	九	休	期	洛	焦	階	璧	天	十	天	維	。	11
12	*取*	起	命	尺	氣	知	擇	而	而	五	下	四	祐	之	九	12
13	*帝*	玄	帝	其	四	我	良	不	生	星	歸	月	眉	野	十	13
14	*位*	龜	乃	圖	塞	者	日	落	月	如	之	而	八	常	年	14
15	*復*	負	寫	以	白	重	率	名	朔	連	帝	生	彩	有	帝	15
16	*偃*	書	其	白	雲	瞳	舜	曰	始	珠	在	堯	鬚	黃	游	16
17	*塞*	而	言	玉	起	黃	等	蓂	生	廚	位	於	髮	雲	居	17
18	*堯*	出	藏	爲	回	姚	升	莢	一	中	七	丹	尺	覆	于	18
19	*子*	背	於	檢	風	五	首	一	莢	自	十	陵	餘	其	陶	19
20	*丹*	甲	東	赤	搖	老	山	曰	月	生	年	其	長	上	。	20
21	*朱*	赤	序	玉	乃	因	遵	曆	半	肉	景	狀	七	及	九	21
22	*使*	文	後	爲	有	飛	河	莢	而	其	星	如	尺	長	十	22
23	*不*	成	二	柙	龍	爲	渚	洪	生	薄	出	圖	二	觀	七	23
24	*與*	字	年	泥	馬	流	有	水	十	如	翼	及	寸	于	年	24
25	*父*	止	二	以	銜	星	五	既	五	箑	鳳	長	面	三	司	25
26	*相*	壇	月	黃	甲	上	老	平	莢	搖	皇	身	鋭	河	空	26
27	*見*	其	仲	金	赤	入	游	歸	十	動	在	長	上	常	巡	27
28	丹	書	辛	約	文	昴	焉	功	六	則	庭	十	豐	有	十	28
29	朱	言	率	以	綠	二	蓋	於	日	風	朱	尺	下	龍	有	29
30	避	當	群	青	色	月	五	舜	以	生	草	有	足	隨	二	30
31	舜	禪	臣	繩	緣	辛	星	將	後	食	生	聖	履	之	州	31
32	于	舜	沈	檢	壇	丑	之	以	日	物	嘉	德	翼	一	。	32
33	房	遂	璧	文	而	昧	精	天	落	寒	禾	封	宿	旦	一	33
34	陵	讓	于	曰	上	明	也	下	一	而	秀	于	既	龍	百	34
35	舜	舜	洛	闓	吐	禮	相	禪	莢	不	甘	唐	而	負	年	35
36	讓	*既*	禮	色	甲	備	謂	之	及	臭	露	夢	陰	圖	帝	36
37	不	*堯*	畢	授	圖	至	曰	乃	晦	名	潤	攀	風	而	陟	37
38															于	38
39															陶	39
40															。	40
	045	044	043	042	041	040	039	038	037	036	035	034	033	032	031	

4

	60	59	58	57	56	55	54	53	52	51	50	49	48	47	46	
01〜20	於下炅榮光休氣至黃龍負圖長三十二尺	奮迅於其藏蛟魚踴躍於其淵龜鱉咸出其	聖賢莫不咸饕乎鼓之軒乎舞之精華已	於一人帝乃再歌曰日月有常星辰有行四	爛兮禮縵縵兮日光華旦復旦兮群臣咸	雲興焉若煙非煙若雲非雲郁郁紛紛蕭索	非一人之天下也亦乃見於鐘石笙簧乎乃	風登屋拔木枋鼓播地鐘磬亂行舞人頓伏	乘黃之馬西王母之來朝獻白環玉玦在位	登庸即帝位蓂莢生於階鳳皇巢于庭擊石	工衣服飛去又使浚井出上填之以石舜服	瞳子故名重華龍顏大口黑色身長六尺一	。九年西王母來朝。十四年卿雲見命禹代虞事	帝舜有虞氏	克朱遂封于房爲虞賓三年舜即天子之位	01〜20
21〜40	廣九尺出於壇畔赤文綠錯其文言當禪禹	穴遷虞而事夏舜乃設壇於河依堯故事至	竭襄裳去之於是八風循通慶雲叢集蟠龍	時從經萬姓允誠於予論樂配天之靈遷於	進頓首曰明明上天爛然星陳日月光華弘	輪囷百工相和而歌卿雲帝乃倡之曰慶雲	薦禹於天使行天子事也於是和氣普應慶	樂正狂走舜乃擁堵持衡而笑曰明哉天下	十有四年奏鐘石笙管未罷而天大雷雨疾	龍工衣自傍而出於歷夢眉長與髮等	拊石以歌九韶百獸率舞景星出於房地出	寸舜父母憎舜使其塗廩自下焚之舜服鳥	母曰握登見大虹意感而生舜于姚墟目重	元年帝即位居冀作大韶之樂。三年命咎陶作刑		21〜40
	060	059	058	057	056	055	054	053	052	051	050	049	048	047	046	

5

	15	14	13	12	11	10	09	08	07	06	05	04	03	02	01	
01–20	益出就國王帥師伐有扈大戰于甘。六年伯益薨	。**帝啓**。元年帝即位于夏邑大饗諸侯於鈞臺諸	奚憂龍哉龍於是曳尾而逝禹立四十五年	南巡狩濟江中流有二黃龍負舟人皆懼	五年巡狩會諸侯於塗山。八年春會諸侯於會稽	洛出龜書是爲洪範三年喪畢都於陽城。	以告成功夏道將興草木暢茂青龍止於郊	精也呼禹曰文命治水言訖授禹河圖而治	取水飲之又有白狐九尾之瑞當堯之時舜	兩耳參鏤首戴鉤鈴胸有玉斗足文履己故	母曰修己出行見流星貫昴夢接意感既而	貢寶玉。四十七年冬隕霜不殺草木。四十九年帝命	正月夏后受命于神宗遂復九州。三十五年帝命	九年帝命子義鈞封於商。三十年葬后育於	十五年帝命夏后有事於太室。十七年春二月入	01–20
21–40	祠之。八年帝使孟涂如巴蒞訟。十年帝巡狩舞	侯從帝歸於冀都大饗諸侯於璿臺。二年費侯伯	禹薦益於天七年禹崩三年喪畢天下歸啓	禹曰吾受命于天屈力以養人生死命也	殺防風氏夏六月雨金于夏邑秋八月帝陟於會稽	元年帝即位居冀頒夏時於邦國。二年咎陶薨。	祝融之神降於崇山乃受舜禪即天子之位	水之事乃退入于淵禹治水既畢天錫玄珪	舉之禹觀於河有長人白面魚身出曰吾河	名曰文命長有聖德長九尺九寸夢自洗於河	吞神珠修己背剖而生禹于石紐虎鼻大口	帝居於鳴條。五十年帝陟*居*三年。**帝禹夏後氏**	夏后征有苗有苗氏來朝。四十二年玄都氏來朝	三十二年帝命夏后總師遂陟方岳。三十三年春	學初用萬。二十五年息慎氏來朝貢弓矢。二十	21–40
	075	074	073	072	071	070	069	068	067	066	065	064	063	062	061	

6

	30	29	28	27	26	25	24	23	22	21	20	19	18	17	16	
01–20	歸于少康於是夏衆滅澆奉少康歸於夏邑	使人襲斷其首乃女歧也澆既多力又善走	子早死其婦曰女歧寡居澆强圍往至其戶	收二斟以伐澆澆恃澆康娛日忘其惡而	有田一成有衆一旅能布其德而兆其謀以	使椒求之將至仍少康逃奔有虞爲之庖正	伯子杼帥師滅戈伯靡殺寒浞少康自綸歸于夏邑	明年夏世子少康生自有仍自竄歸于有鬲	澆伐斟鄩大戰於濰覆其舟滅之。二十八年寒浞	侯相土作乘馬遂遷於商丘。二十年寒浞滅戈。	二年征風及黃夷。七年于夷來賓。八年寒浞殺	作伯。七年世子相出居商丘依同姓諸	帝仲康。元年帝即位居斟鄩。五年秋九月庚戌	來歸。十六年陟*居四年*。帝太康。元年帝即位	九韶於大穆之野。十一年放王季子武觀于西河	01–20
21–40	諸侯始聞之立爲天子祀夏配天不失舊物	艾乃畋獵放犬逐獸因嗾獳隕乃斬澆以	陽有所求女歧爲之縫裳共舍而宿汝艾夜	不爲備少康使汝艾謀澆初澆娶純狐氏有	收夏衆撫其官職夏之遺臣伯靡自有鬲氏	以除其害虞思於是妻之以二姚而邑諸綸	后緍生少康既長爲仍牧正少康使汝艾伐過殺澆	斟鄩斟灌之師以伐浞滅浞子澆于過殺澆	使其子澆弑帝后緍方娠歸于有仍伯靡出奔鬲	二十六年寒浞使其子澆居過。二十七年	羿使其子澆帥師滅斟灌。十五年商	侯斟鄩斟灌。帝相。元年帝即位居商丘征淮夷。	朔日有食之命胤侯帥師征羲和。六年錫昆吾命	居斟鄩畋于洛表羿入居斟鄩。四年陟*居二年*。	。十五年武觀以西河叛彭伯壽帥師征西河武觀	21–40
	090	089	088	087	086	085	084	083	082	081	080	079	078	077	076	

7

編號	名號	上欄（01–20）	下欄（21–40）
45		田於東陽賁山天大風晦盲孔甲迷惑入於	民室主人方乳或曰后來見良日也之子必
44		畋於賁山。五年作東音。七年劉累遷於魯陽。	王好事鬼神肆行淫亂諸侯化之夏政始衰。三年王
43	**帝孔甲**		元年即位居西河廢豕韋氏使劉累豢龍。三年王
42	**帝廬**	元年帝即位居西河。四年作西音昆吾氏	遷於許。八年天有祅孽十日並出其年陟居二年。
41		扃。五年陟居三年。帝扃。元年帝即位。三代	之世內禪惟不降實有聖德。十八年陟居二年。
40	**帝不降**	五年陟居三年。帝不降。元年帝即位。六年伐	九苑。三十五年殷滅皮氏。五十九年遷位於弟二十
39		殺其君綿臣中葉衰而上甲微復興故商人報焉。	而世內禪惟不降實有聖德。十八年遷位於弟
38		臣。殷侯子亥賓于有易而淫焉有易之君綿臣殺	而放之。十六年殷侯微假師于河伯以伐有易滅之遂
37		年帝即位。十二年殷侯子亥賓于有易而淫焉有	易之君綿臣殺而放之。十六年殷侯微假師于河伯以伐有易殺其君綿
36	**帝泄**	玄珪賓於河。十三年東狩於海獲大魚。三十三	年商侯遷於殷。五十八年陟居一年。帝泄。元
35	**帝芒**	馮夷鬭。三十三年封昆吾氏子於有蘇。三十六	年作圉土。四十四年陟。帝芒。元年帝即位以
34	**帝芬**	商侯冥死於河。十七年陟居二年。帝芬。元年	帝即位。三年九夷來御。十六年洛伯用與河伯
33		后氏報焉。元年帝即位居原。五年自原遷於老	丘。八年征於東海及三壽得一狐九尾。十三年
32	**帝杼**	是而復。十一年使商侯冥治河。十八年遷于原	二十一年陟居二年。帝杼。能帥禹者也故夏
31	**帝少康**	。帝少康。元年帝即位諸侯來朝賓虞公。二年	方夷來賓。三年復田稷。后稷之後不窋失官至

45	44	43	42	41	40	39	38	37	36	35	34	33	32	31
105	104	103	102	101	100	099	098	097	096	095	094	093	092	091

8

行		60	59	58	57	56	55	54	53	52	51	50	49	48	47	46
01–20	*自禹至桀十七世有王與無王用歲四百七十一年*	夏邑克昆吾大雷雨戰于鳴條夏師敗績桀出奔三	鑿山穿陵以通於河。三十年瞿山崩殺其大夫關	遂征韋商師取韋遂征顧太史令終古出奔商。二	。二十三年釋商侯履諸侯遂賓于商。二十	鳩汝方會於北門。	尹交遂以閒夏。十五年商侯履遷於亳。	於苕華之玉苕是琬華是琰而棄其元妃於	十四年扁師伐岷山。癸命扁伐山民山民女於	中星隕如雨地震伊洛竭。十一年會諸侯於仍有	元年帝即位居斟鄩。三年築傾宮毀容臺獸夷入	王門再保墉會于上池諸夷入舞。七年陟泰山震	帝即位使豕韋氏復國。*夏桀尼吾豕韋相繼為伯*	既而使求之懼而後為范氏。	既長為斧所戕乃作破斧之歌是為東音劉	大吉或又曰不勝也之子必有殄孔甲聞之
21–40		朡商師征三朡戰於郕獲桀於焦門放之於南巢。	龍逢商師征昆吾冬聆隧災。三十一年商自陑征	十九年商師取顧三日並出費伯昌出奔商冬十月	六年商滅溫。二十八年昆吾氏伐商商會諸侯于景亳	征荊荊降。二十二年商侯履來朝命囚履于夏台	十七年商使伊尹來朝。二十年伊尹歸于商及汝	洛曰妺喜于傾宮飾瑤台居之末喜氏與伊	桀二人曰琬曰琰后愛二女無子焉斲其名	緡氏逃歸有緡。十三年遷于河南初作輦。	於岐以叛。六年歧踵戎來賓。十年五星錯行夜	**帝癸**	。三年陟*居*二年。**帝發**。元年帝即位諸侯賓于	九年陟*居*二年。殷侯復歸于商丘。**帝昊**。元年	累所畜龍一雌死潛醢以食夏后夏后饗之	曰以為余一人夫誰歿之乃取其子以歸
		121	120	119	118	117	116	115	114	113	112	111	110	109	108	107

9

	15	14	13	12	11	10	09	08	07	06	05	04	03	02	01	
01–20	王潛出自桐殺伊尹天大霧三日乃立其子伊陟伊	居亳命卿士伊尹。四年陟。**太甲名至**。元年王	邑。二十九年陟。**外丙名勝**。元年王即位居亳	大旱。二十四年大旱王禱于桑林雨。二十五年二	來賓。二十年大旱夏桀卒于亭山禁弦歌舞。二	舐之遂有天下商人後改天下之號曰殷。	見于邳山有神牽白狼銜鉤而入商朝金德	鳥隨之止于壇化爲黑玉又有黑龜並赤文	伊摯將應湯命夢乘船過日月之傍湯乃東	號天乙豐下銳上晢而有髯句身而揚聲長	成功于民受封于商後十三世生主癸	而墜之五色甚好二人競取玉筐簡狄	氏之世妃曰簡狄以春分玄鳥至之日從帝	譯而朝者千八百國奇肱氏以車至乃同尊	**殷商成湯名履**	01–20
21–40	奮命復其父之田宅而中分之。十年大饗于太廟	即位居亳命卿士伊尹放太甲于桐乃自立。七年	命卿士伊尹。二年陟。**仲壬名庸**。元年王即位	作大濩樂初巡狩定獻令。二十七年遷九鼎于商	十一年大旱王即位居亳始屋夏社。二十二年大旱。二十三年	十八年王即位居亳將奉天命放桀夢及天而	將盛銀自山溢湯	成字言夏桀無道成湯遂當代之橋杌之神	至于洛觀帝堯之壇沈璧退立黃魚雙踴黑	九尺臂有四肘是爲成湯在亳能修其德	之妃曰扶都見白氣貫月意感以乙日生湯	先得而吞之遂孕胸剖而生契長爲堯司徒	祓郊禖與其妹浴于玄丘之水有玄鳥銜卵	天乙履爲天子三讓遂即天子之位初高辛	湯有七名而九征放桀于南巢而還諸侯八	21–40
	136	135	134	133	132	131	130	129	128	127	126	125	124	123	122	

10

	30	29	28	27	26	25	24	23	22	21	20	19	18	17	16	
01	命	名	居	。	十	耿	夷	居	仲		三	。	年	庚	初	01
02	邠	旬	庇	元	九	命	。	囂	丁		十	十	王	名	祀	02
03	侯	。	。	年	年	彭	五	邠	名		五	一	即	辨	方	03
04	亞	元	三	王	陟	伯	年	人	莊	大	年	年	位	。	明	04
05	圉	年	年	即	。	韋	侁	姣	。	戊	作	命	居	元	。	05
06	。	王	遷	位	祖	伯	人	人	元	遇	寅	巫	亳	年	十	06
07	二	即	于	居	乙	。	入	叛	年	祥	車	咸	。	王	二	07
08	十	位	奄	庇	之	二	于	。	王	桑	。	禱	十	即	年	08
09	八	居	。	。	世	年	班	十	即	側	四	於	二	位	陟	09
10	年	奄	五	五	商	杞	方	年	位	身	十	山	年	居	。	10
11	陟	。	年	年	道	于	彭	陟	自	修	六	川	陟	亳	沃	11
12	。	七	陟	陟	復	耿	伯	。	亳	行	年	。	。	。	丁	12
13	小	年	。	。	興	自	韋	河	遷	三	大	二	太	五	名	13
14	辛	應	陽	祖	廟	耿	伯	亶	于	年	有	十	戊	年	絢	14
15	名	侯	甲	丁	爲	遷	伐	甲	囂	後	年	六	名	陟	。	15
16	頌	來	名	名	中	于	班	名	。	遠	。	年	密	。	元	16
17	。	朝	和	新	宗	庇	方	整	于	方	五	西	。	小	年	17
18	元	。	。	。	。	。	侁	。	河	慕	十	戎	元	甲	王	18
19	年	十	元	元	祖	三	人	元	上	明	八	來	年	名	即	19
20	王	四	年	年	辛	年	來	年	。	德	年	賓	王	高	位	20
21	即	年	王	王	名	命	賓	王	六	重	城	王	即	。	居	21
22	位	自	即	即	旦	卿	。	即	年	譯	蒲	使	位	元	亳	22
23	居	奄	位	位	。	士	九	位	征	而	姑	王	居	年	命	23
24	殷	遷	居	居	元	巫	年	自	藍	至	。	孟	亳	王	卿	24
25	。	于	奄	庇	年	賢	陟	囂	夷	者	六	聘	命	即	土	25
26	三	北	。	。	王	。	。	遷	。	七	十	西	卿	位	咎	26
27	年	蒙	三	九	即	八	祖	于	九	十	一	戎	士	居	單	27
28	陟	曰	年	年	位	年	乙	相	年	六	年	。	伊	亳	。	28
29	。	殷	西	陟	居	城	名	。	陟	國	東	三	陟	。	八	29
30	小	。	征	。	庇	庇	滕	三	。	商	九	十	臣	十	年	30
31	乙	十	丹	南	。	。	。	年	外	道	夷	一	扈	七	祠	31
32	名	五	山	庚	十	十	元	彭	壬	復	來	年	。	年	保	32
33	斂	年	戎	名	四	五	年	伯	名	興	賓	命	七	陟	衡	33
34	。	西	。	更	年	年	王	克	發	廟	。	費	年	。	。	34
35	元	征	四	。	陟	命	即	邳	。	爲	七	侯	有	雍	十	35
36	年	丹	年	元	。	邠	位	。	元	太	十	中	桑	己	九	36
37	王	山	陟	年	開	侯	自	四	年	宗	五	衍	穀	名	年	37
38	即	戎	。	王	甲	高	相	年	王		年	爲	生	伷	陟	38
39	位	。	盤	即	名	圉	遷	征	即		陟	車	於	。	。	39
40	居	十九年	庚	位	瑜	。	于	藍	位		。	正	朝	元	太	40
	151	150	149	148	147	146	145	144	143	142	141	140	139	138	137	

11

01–20	45	44	43	42	41	40	39	38	37	36	35	34	33	32	31	01–20
01 02 03 04 05 06 07 08 09 10 11 12 13 14 15 16 17 18 19 20	五年周作程邑。七年周季歷伐始呼之戎克之	年周公季歷伐燕京之戎大敗績。三年洀水一日三	十四。三十五年周公季歷伐西落鬼戎王畋于河	于畢克之。三十年周師伐義渠乃獲其君以歸。	北命周公亶父賜以岐邑。十五年自河北遷于沬。	**名囂**。元年王即位居殷。八年陟。**武乙名瞿**。	不侮鰥寡追其末也繁刑以攜遠殷道復衰	刑。二十七年命王子囂王子良。三十三年陟。	居殷。十二年征西戎得一丹山冬王返自西戎。	復起廟號高宗。**祖庚名曜**。元年王即位居殷作	邦至于小大無時或怨是時輿地東不過江黃西不	三年王師滅大彭。五十年征豕韋克之。五十九	。二十九年肜祭太廟有雊雉來。三十二年伐鬼方	年夢求傅說得之。六年命卿士傅說視學養老。	殷。六年命世子武丁居于河學于甘盤。十年陟。	01 02 03 04 05 06 07 08 09 10 11 12 13 14 15 16 17 18 19 20
21 22 23 24 25 26 27 28 29 30 31 32 33 34 35 36 37 38 39 40	。十一年周公季歷伐翳徒之戎獲其三大夫來獻	絕。四年周公季歷伐余無之戎克之命爲牧師。	渭大雷震死。**文丁名托**。元年王即位居殷。二	三十四年周公季歷來朝王賜地三十里玉十穀馬	。二十一年周公亶父薨。二十四年周師伐程戰	元年王即位居殷邠遷于岐周。三年自殷遷于河	。**馮辛名先**。元年王即位居殷。四年陟。**庚丁**	王舊在野及即位知小人之依能保惠庶民	十三年西戎來賓命組紺。二十四年重作湯	高宗之訓。十一年陟。**祖甲名載**。元年王即位	過氐羌南不過荊蠻北不過朔方而頌聲作禮廢而	年陟。王殷之大仁也力行王道不敢荒寧嘉靖殷	次于荊。三十四年王師克鬼方氐羌來賓。四十	十二年報祀上甲微。二十五年王子孝己卒于野	。**武丁名昭**。元年王即位居殷命卿士甘盤。三	21 22 23 24 25 26 27 28 29 30 31 32 33 34 35 36 37 38 39 40
	166	165	164	163	162	161	160	159	158	157	156	155	154	153	152	

12

		60	59	58	57	56	55	54	53	52	51	50	49	48	47	46	
01–20	。湯滅夏以至於受二十九王用歲四百九十六年	。十一年周始伐殷。秋周師次於鮮原冬十有二月	八年夷羊見二日並出。五十一年冬十有一月戊子	化爲丈夫。四十三年春大閱嶰山崩。四十四年西	作靈臺王使膠鬲求玉于周。四十一年春三月	于周遂伐昆夷西伯使世子發營鎬。三十七年周	遂伐崇人降冬十二月昆夷侵周。三十五年周	伯帥師伐密。三十三年密人降于周師遂遷于程	貢。三十一年西伯治兵于畢得呂尚以爲師。三	。二十三年囚西伯于羑里。二十九年釋西伯諸	伯伐翟冬王遊于淇。二十一年春正月諸侯朝周	伯初禴于畢。九年王師伐有蘇獲妲己以歸作炮	周侯邘侯。三年有雀生鸇。四年大蒐于黎作	三年王命南仲西拒昆夷城朔方夏六月周地震	而執諸塞庫季歷困而死因謂文丁殺季歷	捷于殺季歷。十二年有鳳集于歧山。十三年陟	01–20
21–40		周師有事於上帝庸蜀羌微盧彭濮從周師伐殷	周師渡孟津而還王四箕子殺王子比干微子出奔	西伯發伐黎。四十七年內史向摯出奔周。四十	伯昌薨。四十二年西伯發受丹書于呂尚有女子	作辟雍。三十九年大夫辛甲出奔周。四十年周	大饑西伯自程遷于豐。三十六年春正月諸侯朝	王錫命西伯得專征伐。三十四年周師取耆及邘	十二年五星聚于房有赤鳥集于周社密人侵阮西	侯逆西伯歸于程。三十年西伯率諸侯入	伯夷叔齊自孤竹歸于周。三十二年冬大搜於渭	室立玉門。十年夏六月王畋于西郊。十七年西	烙之刑。九年陟。**帝辛名受**。元年王即位居殷命九	。五年夏築南單之臺雨土於亳。六年西	。**帝乙名羨**。元年居殷。二年周人伐殷	王嘉季歷之功錫之圭瓚秬鬯九命爲伯既	21–40
	182	181	180	179	178	177	176	175	174	173	172	171	170	169	168	167	

13

	15	14	13	12	11	10	09	08	07	06	05	04	03	02	01	
01〜03															**周武王名發**	01〜03
04〜20（上欄）	王夢日月著其身又鸞鳥鳴于岐山孟春六	曰姬受命昌來撰爾洛鈴報在齊尚出游	尚釣于涯王下趨拜曰望公七年乃今見光	非熊非羆天遺大師以佐昌臣太祖史疇爲	豐置於昌戶昌拜稽首受其文要曰姬昌蒼	闕間化爲松柏械柞以告文王文王幣率群	季歷爲嗣以及昌昌爲西伯作邑于豐文王	吾世當有興者其在昌乎季歷之兄曰太伯	太任夢長人感己溲於家牢而生昌是爲周	而生季歷之十年飛龍盈於殷之牧野	之初黃帝之世讖言曰西北為王期在甲子	曰棄枝頤有異相長爲堯官有功於民后	山林之中會伐林者又取而置寒冰上大鳥		履之當時歆如有人道感已遂有身而生男	04〜20
21〜40（下欄）	旬五緯聚房後有鳳凰銜書游文王之都書	見赤人自洛出授尚書命曰召佐昌者子文	景于斯尚立變名答曰望釣得玉璜其文要	禹卜畋得皋陶其兆類此至於蹯溪之水呂	帝子亡殷者紂王將畋敗史編卜之曰將大獲	臣與發並拜吉夢季秋之甲子赤爵銜書及	之妃曰太姒夢商庭生棘太子發植梓樹於	知天命在昌適越終身不反弟仲雍從之故	文王龍顏虎眉身長十尺胸有四乳太王曰	此蓋聖人在下位將起之符也季歷之妃曰	昌制命發行誅旦行道及公劉之後十三世	稷之孫曰公劉有德諸侯皆以天子之禮待	以一翼籍覆之姜嫄以爲異乃收養焉名之	以為不祥棄之陋巷羊牛避而不踐又送之	高辛氏之世妃曰姜嫄助祭郊禖見大人跡	21〜40
	197	196	195	194	193	192	191	190	189	188	187	186	185	184	183	

14

欄	30	29	28	27	26	25	24	23	22	21	20	19	18	17	16
上（01–20）	嘗麥王師伐淮夷遂入奄。五年春正月王在奄遷	遂伐殷。三年王師滅殷殺武庚祿父遷殷民于衛	武庚以殷叛周文公出居于東。二年奄人徐人及	元年春正月王即位命冢宰周文公總百官庚午周	命王世子誦于東宮冬十有二月王陟年五十四。	十五年肅慎氏來賓初狩方岳誥于沬邑冬遷九鼎	樂。十三年巢伯來賓薦殷於太廟遂大封諸侯秋	于南單之臺遂分天之明立受子祿父是爲武庚夏	萬堪爲宮室因名宮室曰萬室既有天下遂都於鎬	以吉也遂東伐紂勝兵于牧野兵不血刃而天	火自天止于王屋流爲赤烏烏銜穀焉穀者	王舟既渡取魚長三尺目下有赤文成字言	咸曰紂可伐武王不從及紂殺比干囚箕	文王既没太子發代立是爲武王武王騈齒	又曰殷帝無道虐亂天下星命已移不得復
下（21–40）	其君于蒲姑夏五月王至自奄遷殷民于洛邑遂營	遂伐奄滅蒲姑。四年春正月初朝于廟夏四月初	淮夷入于邘以叛秋大雷電以風王逆周文公于郊	公誥諸侯于皇門夏六月葬武王于畢秋王加元服	**成王名誦**	於洛。十六年箕子來朝秋王師滅蒲姑。十七年	大有年。十四年王有疾周文公禱於壇墠作金縢	四月王歸於豐饗於太廟命殷遂狩于管作大武	十二年王率西夷諸侯伐殷敗之于坶野王親禽受	下歸之乃封呂尚于齊周德既隆草木茂盛	紀后稷之德火者燔魚以告天天火流下應	紂可伐王寫以世字魚文消燔魚以告天有	子微子去之乃伐紂渡孟津中流白魚躍入	望羊將伐紂至於孟津八百諸侯不期而會	久靈祇遠離百神吹去五星聚房昭理四海
行末	212	211	210	209	208	207	206	205	204	203	202	201	200	199	198

左右側行號：01 02 03 04 05 06 07 08 09 10 11 12 13 14 15 16 17 18 19 20 21 22 23 24 25 26 27 28 29 30 31 32 33 34 35 36 37 38 39 40

15

#	45	44	43	42	41	40	39	38	37	36	35	34	33	32	31
01	戎	四	從	冬							年	勺	魯	多	成
02	來	年	歸	洛						王	春	肅	侯	士	周
03	賓	於	于	邑						錫	正	慎	禽	于	。
04	。	越	宗	告	。	消	于		武	韓	月	氏	父	成	六
05	三	來	周	成	鳳	龜	洛	璧	王	侯	王	來	齊	周	年
06	十	賓	遂	。	皇	隨	亦	禮	没	命	如	朝	侯	遂	大
07	三	。	正	十	翔	甲	如	畢	成	。	豐	王	伋	城	蒐
08	年	二	百	八	兮	而	之	王	王	十	唐	使	遷	東	于
09	王	十	官	年	於	去	玄	退	少	三	叔	榮	庶	都	岐
10	游	五	黜	春	紫	其	龜	俟	周	年	獻	伯	殷	王	陽
11	于	年	豐	正	庭	言	青	至	公	王	嘉	錫	于	如	。
12	卷	王	侯	月	。	自	龍	於	旦	會	禾	肅	魯	東	七
13	阿	大	。	王	余	周	蒼	日	攝	齊	王	慎	作	都	年
14	召	會	二	如	何	公	光	旲	政	侯	命	氏	象	諸	周
15	康	諸	十	洛	德	以	止	榮	七	魯	唐	命	舞	侯	公
16	公	侯	一	邑	兮	迄	于	兕	年	侯	叔	。	冬	來	復
17	從	于	年	定	以	于	壇	出	制	伐	歸	十	十	朝	政
18	歸	東	除	鼎	感	今	背	幕	禮	戎	禾	年	月	冬	于
19	于	都	治	鳳	靈	盛	甲	河	作	夏	于	王	王	王	王
20	宗	四	四	凰	。	衰	刻	青	樂	六	周	命	師	歸	春
21	周	夷	周	見	。	之	書	雲	神	月	文	唐	滅	自	二
22	命	來	文	遂	賴	符	赤	浮	鳥	魯	公	叔	唐	東	月
23	王	賓	公	有	先	麒	文	至	鳳	大	王	虞	遷	都	王
24	世	冬	薨	事	王	麟	成	青	凰	禘	命	爲	其	立	如
25	子	十	于	于	兮	游	字	龍	見	于	平	侯	民	高	豐
26	釗	月	豐	河	恩	苑	周	臨	蓂	周	公	越	于	圉	三
27	如	歸	。	。	澤	鳳	公	壇	莢	公	治	裳	杜	廟	月
28	房	自	葬	十	臻	凰	援	銜	生	廟	東	氏	。	。	召
29	逆	東	周	九	。	翔	筆	玄	乃	。	都	來	九	八	康
30	女	有	文	年	于	庭	以	甲	與	十	。	朝	年	年	公
31	房	事	公	王	胥	成	世	之	成	四	十	周	春	春	如
32	伯	于	于	巡	樂	王	文	圖	王	年	二	文	正	正	洛
33	祈	太	畢	狩	兮	援	寫	坐	觀	齊	年	公	月	月	度
34	歸	廟	。	侯	民	琴	之	之	于	師	王	出	有	王	邑
35	於	。	二	甸	以	而	書	而	河	圍	師	居	事	初	甲
36	宗	三	十	于	寧	歌	成	去	洛	曲	燕	于	于	蒞	子
37	周	十		岳	。	曰	文	禮	沈	城	師	豐	太	阼	周
38	。	年		召						克	城	。	廟	親	文
39	三	離		康						之	韓	十	初	政	公
40	十			公						。		一	用	命	誥
	227	226	225	224	223	222	221	220	219	218	217	216	215	214	213

16

	60	59	58	57	56	55	54	53	52	51	50	49	48	47	46	
01–20	。王北征行流沙千里積羽千里征犬戎取其五王	王命造父封于趙。十七年王西征昆侖丘見西王	侵畢冬御王于萍澤作虎牢。十五年春正月留昆氏	月造父御王入于宗周。十四年王帥楚子伐徐戎	十月王北巡狩遂征犬戎。十三年春祭公帥師從	耳。九年春築春宮。十一年王命卿士祭公謀父從	百年穆王以下都于西鄭。六年春徐子誕來朝錫	。穆王名滿。元年春正月王即位作昭宮祭伯	伐楚涉漢遇大兕。十九年春有星孛于紫微祭公	魏。六年王錫郇伯命冬十二月桃李華	闕門。二十四年召康公薨。二十六年秋九月己	秋毛懿公薨。十六年錫齊侯伋命王南巡狩至九	廟。六年齊太公薨。九年唐遷于晉而美王	元年春正月王即位命冢宰召康公總百官諸侯朝	四年雨金于咸陽。三十七年夏四月乙丑王陟。	
21–40	以東西征于青鳥所解西征還履天下億有九萬里	母其年西王母來朝賓于昭宮秋八月遷戎于太原	來實作重璧臺冬王觀于鹽澤。十六年霍侯舊薨	克之夏四月王畋于軍丘五月作范宮秋九月翟人	王西征次于陽紆秋七月西戎來賓徐戎侵洛冬十	十二年毛公班井公利逢公固帥師從王伐犬戎冬	命爲伯。八年春唐之君來賓獻一驪馬是生騄	餘麋從王伐楚祇宮于南鄭。自武王至穆亨國	辛伯從王伐楚天大曀雉兔皆震喪六師于漢王陟	夏四月恒星不見秋七月魯人弑其君宰。十六年	未王陟。昭王名瑕。元年春正月王即位復設象	江廬山。十九年魯侯禽父薨。二十一年魯築茅	使人讓之。十二年夏六月壬申王如豐錫畢公命	于豐宮。三年定樂歌吉禘于先王申戒農官告于		康王名釗
計	242	241	240	239	238	237	236	235	234	233	232	231	230	229	228	

17

行	15	14	13	12	11	10	09	08	07	06	05	04	03	02	01
01–20	天子事。十四年玁狁侵宗周西鄙召穆公帥師追	年西戎入于犬丘。十二年王亡奔彘國人圍王宮	王命號公長父伐之不克齊獻公山薨。六年楚子	川王陟。**厲王名胡**。元年春正月王即位作夷宮	師伐太原之戎至于俞泉獲馬千匹冬雨雹大如礪	玉賓於河用介珪。三年王致諸侯烹齊哀公於鼎	**厲王生**。八年初牧於汧渭。九年王陟。**夷王名**	**孝王名辟方**。元年春正月王即位命申侯伐西戎	伐犬戎敗逋。二十五年王陟。*懿王之世興居無*	鎬。十三年翟人侵岐。十五年王自宗周遷于槐	使內史良錫毛伯遷命。十二年王陟。**懿王名堅**	。五十五年王陟於祇宮。**共王名繄**。元年春正	于紓荊人來貢。三十九年王會諸侯於塗山。四	五年荊人入徐毛伯遷帥師敗荊人於沛。三十七	。十八年春正月王居祇宮諸侯來朝。二十一年
21–40	荊蠻至於洛。十六年蔡武侯薨楚子勇卒。十	執召穆公之子殺之。十三年王在彘共伯和攝行	延卒。八年初監謗芮伯良夫戒百官于朝。十一	命卿士榮夷公落楚人來獻龜貝。三年淮夷侵洛	楚子熊渠伐庸至于鄂。八年王有疾諸侯祈於山	。六年王獵于社林獲犀牛一以歸。七年號公帥	**變**。元年春正月王即位。二年蜀人呂人獻瓊	。五年西戎來獻馬。七年冬大雨電江漢水*是年*	*節號令不時挈壺氏不能共其職諸侯於是攜德。*	里。十七年魯厲公擢薨。二十一年虢公帥師北	。元年春正月王即位天再旦于鄭。七年西戎侵	月王即位。四年王師滅密。九年春正月丁亥王	十五年魯侯潰薨。五十一年作呂刑命甫侯於豐	年大起九師東至於九江架黿鼉以爲梁遂伐越至	祭文公薨。二十四年王命左史戎夫作記。三十
	257	256	255	254	253	252	251	250	249	248	247	246	245	244	243

18

欄號	上段（01–20）	下段（21–40）	編號
30	三十七年有馬化爲狐燕僖侯卒楚子鄂卒。三十	八年王師及晉穆侯伐條戎奔戎王師敗逋。三十	272
29	魯殺伯御命孝公稱于夷宮陳僖侯薨孝薨有馬化爲	人。三十三年齊成公薨王師伐太原之戎不克。	271
28	公覵薨。二十八年楚子狗卒。二十九年初不藉	千畝。三十年有兔舞於鎬京。三十二年王師伐	270
27	王錫王子多父命居洛。二十四年齊文公赤薨。	二十五年大旱王禱於郊廟遂雨。二十七年宋惠	269
26	文公命。十六年晉遷于絳。十八年蔡夷侯薨。	二十一年魯公子伯御弑其君懿公戲。二十二年	268
25	侯于東都遂狩于甫。十二年魯武公薨齊人弑其	君屬公無忌立公子赤。十五年衛釐侯薨王錫號。	267
24	。七年王錫申伯命王命樊侯仲山甫城齊。八年	初考室魯公來朝錫魯世子戲命。九年	266
23	夷王帥師伐徐戎。皇父休父從王伐徐戎次于淮	。王歸自伐徐錫召穆公命西戎殺秦仲楚子霜卒	265
22	來朝。五年夏六月尹吉甫帥師伐玁狁至于太原	秋八月方叔帥師伐荊蠻。六年召穆公帥師伐淮	264
21	慎公薨曹公子蘇弑其君幽伯疆。三年王命大夫	仲伐西戎武公壽薨。四年王命虢公帥師伐淮	263
20	元年春正月王即位周定公召穆公輔政復田賦作	戎車燕燕齊武公薨。二年錫大師皇父司馬休父命魯	262
19	至德尊之不喜慶之不怒逍遙得志於共山之首。	宣王名靖	261
18	雨。大旱既久盧舍俱焚會汾王崩卜於太陽兆曰	厲王爲崇周公召公乃立太子靖共和遂歸國和有	260
17	十五年大旱楚子嚴卒。二十六年大旱王陟于彘	周定公召穆公立太子靖爲王共伯和歸其國遂大	259
16	年曹夷伯薨。二十二年大旱陳幽公薨。二十三	年大旱宋僖公薨。二十四年大旱杞武公薨。二	258

（各欄行次：上段01–20，下段21–40）

19

45	44	43	42	41		40	39	38	37	36	35	34	33	32	31
魏武公薨。二十四年晉人滅韓。二十八年秦文	卒鄭遷於溱洧。十七年楚子儀卒。十八年鄭殺	鄭伯命。十四年燕頃侯卒鄭人滅虢。十五年秦	以師從王入於成周。十二年秦作西畤魯孝公薨。	自東遷以後始紀晉事王即位皆不書。晉文侯十	武王滅殷二十四年定鼎洛邑幽王二百五十七	及鄭桓公犬戎殺王子伯服褒姒以歸申侯魯侯	春王及諸侯盟於太室秋九月桃杏實王師伐申。	人滅焦。八年王錫司徒鄭伯多父命王立褒姒之	作都于向。六年王命伯士師伐六濟之戎王師	三年王娶褒姒冬大震電。四年秦人伐西戎夏六	文侯元年。涇渭洛竭岐山崩初增賦晉文侯同惠	元年春正月王即位晉世子仇於晉殺殤叔晉人	奔。四十四年。晉殤叔元年。四十六年王陟。	一年王師敗于申。四十三年王殺大夫杜伯其子	九年王師伐姜戎戰于千畝王師敗逋。四十年料
公大敗戎師于岐來歸岐東之田。三十一年文侯	其大夫關其思。二十年秦遷于洴渭。二十三年	襄公帥師伐戎卒于師宋戴公薨。十六年燕哀侯	賜秦晉以邠岐之田。十三年齊人滅祝王錫司徒	一年王東徙洛邑錫文侯命晉侯會衛侯鄭伯秦伯	年共二百八十一年自武王至幽王二百九十二年	許男鄭子立宜臼于申虢公翰立王子余臣於攜	十一年春正月日暈申人鄘人犬戎入宗周弒王	子曰伯服爲太子。九年申侯聘西戎及鄫。十	敗逋西戎滅蓋冬十月辛卯朔旦有食之。七年號	月隕霜陳夷公薨。五年王世子宜臼出奔申皇父	王子多父伐鄶克之乃居鄭父之丘是爲鄭桓公。	立仇是爲文侯王錫太師尹氏皇父命。二年。晉	幽王名湦	隰叔出奔晉晉穆侯費生薨弟殤叔自立世子仇出	民于太原戎人滅姜邑晉人敗北戎于汾隰。四十
288	287	286	285	284	283	282	281	280	279	278	277	276	275	274	273

20

欄號	上段（01–20）	下段（21–40）	編號
60	桓公會諸侯于北杏以平宋亂。二十七年曲沃武	公滅晉侯緡以寶獻王王命武公以一軍爲晉侯。	303
59	乙未桓王陟。十年曲沃尚一軍異於晉。十五年	五月葬桓王。二十四年莊王陟。二十五年春齊	302
58	命虢仲伐曲沃立晉哀侯弟緡于翼爲晉侯。**侯緡**	元年。二年春滅翼。五年莊王卒。九年三月	301
57	獲晉哀侯誘晉小子侯殺之曲沃滅荀以其地賜大	夫原氏黯是爲荀叔。二年王師秦師圍魏芮伯萬于郊逆芮伯萬而東之。三年冬曲沃	300
56	稱立爲武公尚一軍。三年。**曲沃武公元年**	芮人乘京人董伯皆叛曲沃。**小子侯元年**曲沃	299
55	伐晉之曲沃鄂侯卒曲沃莊伯復攻晉立鄂侯	子光是爲哀侯。**哀侯元年**。二年曲沃莊伯卒子	298
54	輒追之至于家翼侯焚曲沃之禾而還翼侯伐曲	沃大捷武公請成於翼至相而還。六年王使虢公	297
53	于姑熟。四年春二月日有食之三月庚戌平王陟	十月莊伯以曲沃叛伐翼公子萬救翼荀叔	296
52	是爲鄂侯。**鄂侯郤元年**無雲而雷魯惠公卒	年。**隱公元年**春秋始此。隱公及邾莊公盟	295
51	使宰讓請郊廟之禮王使史角如魯諭止之。十五	年晉曲沃莊伯入翼弒孝侯晉人逐之立孝侯子卻	294
50	。*自是晉稱翼侯*。九年。春大	雨雪。十年狄人伐晉至于晉郊宋宣公薨魯惠公	293
49	**孝侯元年**楚人侵申。四年衛莊公卒王人戍申。	八年曲沃莊伯伐翼弒孝侯翼人立孝侯之子是爲	292
48	**昭侯元年**封其弟成師于曲沃。七年潘父弒其君	昭侯納成師不克立昭侯之子是爲孝侯人殺潘父	291
47		八年齊莊公卒曲沃桓叔成師卒子鱓立是爲莊伯	290
46	殺王子余臣於攜。三十三年宋武公卒。三十四	年秦作陳寶祠。三十五年文侯薨秦初用族刑。	289

竹簡 289－303 說明表

竹簡	日期 （公元前）	周　王	晉　侯	曲沃伯
289	748	周平王 23	文侯 33	
	747	24	34	
	746	25	35 薨	
290	745	26	昭侯 1	成師 1
	739	32	7 遭暗殺	7
291	738	33	孝侯 1	8
	735	36	4	11
	731	40	8	15 薨
292	730	41	9	莊伯 1
	729	42	10	2
293	724	47	15 被莊伯所殺	7
294	723	48	鄂侯 1	8
	722	49	2(春秋 1)	9
295	720	51 崩	4	11
	719	桓王 1	5	12
296	718	2	6 薨	13
297	717	3	(哀侯 1)①	14
	716	4	哀侯　2	15 薨
298	715	5	3(被擒)	武公 1

① 加括弧的兩個晉元年，公元前 717 年和公元前 705 年，由《竹書》敘事推斷而來。我據此重建簡文，但並不十分肯定該推斷之正確性。

續　表

竹簡	日期 （公元前）	周　王	晉　侯	曲沃伯
	709	11	9 ＝ 小子侯 1	7
299	708	12	2	8
	707	13	3 于曲沃被殺	9
300	706	14	（無王期）①	10
	705	15	（侯緡 1）	11
301	704	16	侯緡 2	12
	701	19	5	15
	697	23 崩	9	19
302	696	莊王 1	10	20
	691	5	15	25
	682	14 崩	24	34
	681	僖王 1	25	35
303	679	3	27 被武公所殺	37（＝ 27）②

據《史記》載，文侯至小子侯之間，共歷六代君王（包括文侯、小子侯），但從成師至武公（包括成師、武公），僅歷三代，這看似奇怪。《史記》和《竹書紀年》皆認同侯緡乃哀侯之弟。哀侯在一次討伐武公之戰中被擒，次年（小子侯元年）因武公下令被殺。

---

①　我把這一年叫作“無王期”。因爲，此時小子侯已死，而期繼任者之紀年將從下一年開始。因此，我將該年稱作“明年”。

②　（晉）曲沃武公取代侯緡，名義上作了晉國的統治者。他不僅繼承了侯緡的封號，還沿用了他的紀年。這一年稱作“武公三十七年”，但下一年卻是“武公二十八年”。這一做法似是慣例。

附錄：修復後簡文評注

1. "今本"《竹書紀年》在記述公元前 453 年三晉滅智伯後，近一個半世紀的史事時，相當混亂。有一段材料明顯取自其他西晉汲冢書，以便令《竹書紀年》看起來内容充實。自公元前 368 年起，各年年份均有羅列。即便當年並無大事，照樣保留年份條目（人們可以想象，晉代國都書房裏必得有一張足够長度的書桌，上面堆滿竹簡，然後按照年代次序分門别類放入不同的盒子。人們也可假設，或因政治，工程停頓，有人把編排整理完畢之竹簡，加以複製。若盒内並無竹簡，仍加記録。如此一來，便有了今天我們所説之"今本"《竹書紀年》）。

2. 另有一些方法可對竹書文本加以整理。人們可將其當作一部與荀勖勾勒之《穆天子傳》不同的著作。每支竹簡或有相同字數，但簡身可能更寬、更短，且每支簡均分爲上下兩欄。一些考古發現（儘管不多）可證明此形式之安排。

3. 目前已有確鑿證據一些青銅器，其上的銘文格式反映了竹簡的書寫格式（實物原件收藏於臺北故宮博物院，圖片引自光華出版社所出《臺灣中華傳統文化》系列中，名爲《中國古代裝訂術》的一篇文章。該文亦載於《自由中國》，1996 年 1 月 6 日，第 5 頁）。就這些銘文看來，每欄字數均有規範長度。除半欄形式以外，這些青銅銘文反映的竹簡内容與形式，恰好支援了我的觀點，而與那些就我之觀點提出反對意見、提出竹簡長度不規範、字體大小不一的論調相左。我認爲，就此來説，汲縣《竹書紀年》與以往所發掘的竹簡大不相同。

4. 我用斜體標示：（a）用作紀譜名稱的君王名字；（b）引自或改自"古本"的材料；（c）據我推斷，理應存於墓本的内容；（d）某些需要注意的地方；（e）並置於正文中之副文部分。

5. 當紀譜以統治者的名字命名時，我將用粗體及底綫標示統治者的名字。

6. 竹簡編號後分別標示該支竹簡之上半欄（上）和下半欄（下）。

例如，第 001、第 017、第 024 簡，整支簡上只刻有統治者的名字，並以此作爲所在紀譜的名稱。全部竹簡中，僅此三支，如此做法。

第 002 簡（下）：五十年，秋，七月。見第三章，3.1-3.1.1。

第 003 簡（上）到第 014 簡（下）：我認爲，此篇簡文文意連貫。《宋書》亦作此判斷。"今本"中，該篇簡文分屬三個部分：元年前、第二十年後及第五十年後（僅當此三部分彼此相連，方纔構成一篇每半欄 17 字，共 24 半欄的副文。晉代編撰者常常隨意將副文打亂。和這篇副文一樣，其他一些篇幅較長的副文亦被打亂、重新編排至各處。除此，就現今所見"今本"副文散落情況而言，副文通常將主文分成上下兩欄）。沈約引用《竹書紀年》卷一副文中有關神話的材料，作成《宋書‧符瑞志》（第 185 簡及注釋中，我詳述了《宋書‧符瑞志》引用《竹書紀年》，而非《竹書紀年》引用《宋書‧符瑞志》的原因）。

第 014 簡（下）：兩處"軒轅"，後一處爲斜體。此處，重復似有必要，是簡文字數符合規律（大概原本"軒轅軒轅"變爲"軒轅"跟重復號。我删去了最後七個字"今寒門谷口是也"）。這幾字出現於一處晉代補注中，但也出現在《宋書‧符瑞志》裏。

第 015 簡（下）至第 016 簡（上）：副文始自第 015 簡第 39 和第 40 字。我删去了"帝王之崩皆曰陟書稱新陟王謂新崩也帝以土德王應地裂而陟"。這幾字顯然乃晉人杜撰。另外，我增一"既"字。范欽本中以小字雙行形式出現的"大夫歲時朝焉"，當爲副文。

　　相應地，下述情況我以斜體標示：第 150 頁最後兩個字"既葬"（副文中）；第 150 頁，第 015 簡第 39 字之"既"（非第 015 簡第 40 字之"葬"）；第 151 頁，第 016 簡第一至第三行（副文）；第 151 頁，第 16 欄，第 25 至第 37 字（第 25 至第 30 字"大夫歲時朝焉"出自范欽，第 31 至第 37 字"死七年乃立顓頊"引自羅泌《路史》，下文將詳述）。

　　第 016 簡（下）第 31 至第 37 字：此處"古本"材料引自《路史》（後記第六卷）。由"七年"推斷，黃帝第五十年應爲公元前 2353 年。第 002 主文簡（下）及第 009 副文簡（下）中提及之"庚申"日表明，總結性簡文，即第 121、第 182、第 283 簡中，提及年份爲真，應爲墓本所記年份。也即，公元前 2353 年與公元前 453 年相距 100 章。公元前 453 年，趙魏韓大敗智伯，且幾乎同時魏國建國。"庚申"（57）爲公元前 2353 年七月第一天。這是按章蔀曆法，從公元前 453 年推算來的。若該日期爲杜撰，"七年"應出現在"今本"（或無從考證）。上述事實表明，竹簡之相關部分，包括造成武王在位年份有變的第 207 錯簡，在竹書被埋以前，已遭魏人篡改。

　　第 019 簡至第 020 簡：據"今本"所示，"帝摯少昊氏"條目下並無內容，也即"今本"並未記載其事。標題後有副文一篇，前則有"約按"兩個字。我認爲，"約按"後所接三十四字，爲後來插入的介紹顓頊的副文之副文。沈約將這副文之副文删去，畧加修改，用作副文放在他另作之"帝摯少昊氏"正文一篇後。我視其爲副文之副文（第 019 簡），但删去了重復處（沈約在《宋書》末篇自傳中指出，少昊乃其祖先）。我引用沈約注釋中較爲可信的部分，將這篇副文之副文放在顓頊副文較合適的地方。

　　第 023 簡（下）：《文獻通考·帝系考》載摯乃帝嚳長子，堯乃摯之弟。

　　第 027 簡（下）第 30 字：范欽本"朱"字前無"丹"。方詩銘、王修齡編《古本竹書紀年輯證》第 68 頁（7）引《括地志》之《汲冢紀年》，内容與此處相同。也可以删去"丹"字，在第 031 簡（下）第 40字處留一字空白。

第 030 簡：第八十六年，堯接受了禹的朝覲。堯在第七十三年時，即已讓位。故此朝覲僅爲一項儀式。班大爲（《早期中國》第9－10卷）指出，堯八十六年爲堯讓位後第十四年。而舜十四年，舜讓位於禹。兩者可相類比（我認爲，堯在位年份終於堯第五十八年。堯五十八年，堯之子遭流放。故有關禹朝覲之事，乃神話傳説）。

第 032 簡至第 046 簡："今本"中有關堯的副文出現三次，一次在標題後，一次在第七十年後，另一次在堯崩逝後。三處歸攏，方構成一篇副文。此處，我將其歸攏。從第 032 簡至第 044 簡間的副文（除去後補之"既"），可能應在正文之前。

第 035 簡至第 040 簡："帝（元年爲公元前 2145 年）在位七十年"（第 035 簡），即公元前 2076 年，記載了許多異象，如"洪水既平，歸功於舜，將以天下禪之"。堯於"二月辛丑（38）"（第 040 簡）行動。該日爲次年，即公元前 2075 年第二個月的第一天。公元前2075 年第一個月爲子月，即"今本"《竹書紀年》載公元前 2076 年最後一個月。公元前 2076 年第一個月爲寅月。公元前 2145 年和公元前 2075 年過後一"紀"（約一千五百二十年），爲公元前 625 年和公元前 555 年。公元前 625 年子月始於戊子日，公元前 555 年五月（即第二個月）始於辛丑日。張培瑜（《中國先秦史曆表》，第252 頁）指出，魯曆以章蔀曆法計算，其中公元前 625 年爲蔀首，戊子日爲該年起始。據此推斷，這些年份和日子必然由魯國歷史記録編撰者計算得來，他們也撰寫了副文。顯然，這些魯國歷史記録編撰者尊崇周朝，而非晉、魏。此外，《竹書紀年》的魏國編撰者們，必然採用並修改了周朝紀譜（公元前 625 年和公元前 555 年之探討,見張培瑜《中國先秦史曆表》,第 74、80 頁)。

第 042 簡:范欽所刊《竹書紀年》(第一卷,第六頁 B 面)有誤"其圖以白玉爲檢赤土爲 O 泥似黄金"。我參考了方詩銘、王修齡編《古本竹書紀年輯證》所引王國維之觀點,第 208 頁及注釋。

第 044 簡第 26 字:范欽無"壇"前之"于"字。

第 044 簡至第 045 簡:《宋書》中有關堯的記載終於"遂讓舜"。斜體所示"古本"材料引自方詩銘、王修齡編《古代竹書紀年輯證》,第 66‑68 頁,第五和第六條。

第 045 簡(下)第 29 字:我删去范欽本之"帝子丹"。斜體標明之古本材料顯示,此三字多餘。

第 048 簡至第 052 簡:有關舜的副文共三處,開頭一處,元年後一處,及舜十四年後一處。我將此三處歸攏、合成一篇(《宋書》即如此),以竹簡形式呈現,恰好符合每半欄十七字規律。舜十四年以後一處副文,較前兩處總和更長。該副文以舜讓位於禹作結。

舜十四年,舜將政權交於禹。該年亦作爲夏朝元年。《紀年》中,舜十四年爲公元前 2029 年。第 121 簡對歷時四百七十一年之夏,加以總結,指出舜十四年爲這四百七十一年之始。

王國維和較早的注釋者均未注意到這一點。他們認爲夏朝從公元前 1989 年算起,即禹名義上在位最後八年的第一年(第 070 簡下),由此得出夏代歷時四百三十一年。也有些人推算君王在位年份,卻没有把無王期計算在内。王國維認爲(方詩銘、王修齡編,第 224 頁),與四百三十一年之數不合者,乃"因爲僞者復假設喪畢即位之説"。王國維的説法不錯,但這並非僞者之言論。

該言論僅證明,"倪德衛‑夏含夷假説"古已有之,並非新事,許多編年法視其爲理所當然並加以應用。歷史編撰者對此嗤之以鼻,原因在於,他們認爲"今本"《竹書紀年》絶非真本。而《紀年》中有關夏朝的論述,則建立在此"理論"之上(見導言之注釋)。

第 055 簡至第 058 簡：陳逢衡（第五卷，第 85－86 頁）引《通鑑前編》，指出《竹書紀年》將舜唱歌誤作爲伊尹唱歌。鄭玄及《宋書·符瑞志》則指舜唱歌。《尚書大傳》引此歌，指其爲舜所唱（《叢書集成初編》第一章，第 24、28 頁）。此處須計算字數。"遷"（遷於聖賢）用作動詞，用法參照《詩經·大雅·文王之什·皇矣》"帝遷明德"。

第 060 簡（上）第 10 字：范欽本中"氣"字脫落，此處參考方詩銘、王修齡編《古本竹書紀年輯證》，第 210 頁。

第 064 竹簡（下）："居三年"，"今本"以干支歲表示了夏朝末年一段短暫的無王期。我曾指出（見《早期中國》1990 年），這實際上屬於兩年守喪期的一部分。墓本沒有歲名，但必然記錄了無王期的確切長度。最有可能的説法，應爲"陟"後接"居 X 年"（居 X 年，意爲 X 年中，不興土木，並無大事。可指居喪）。有了這些字後，竹簡字數就符合規律。我將我所增補之字，用斜體表示。

第 072 簡至第 073 簡："生性也死命也"（方詩銘、王修齡編《古本竹書紀年輯證》，第 212 頁）應爲"生死命也"（第 072 簡下，晉代抄録者顯然對《孟子·告子》篇爛熟於心）。照字數判斷，"五年巡狩會諸侯於塗山"（第 071 簡上）後的副文，及禹紀譜後的副文原本應爲一處。"禹立四十五年"（第 073 簡上）爲副文而非正文。所謂四十五年，是從舜十四年到舜五十年，再加上禹元年到禹八年，未計爲舜守喪的守喪期（王國維認爲"四十五年"一説與"第八年"相矛盾，故爲僞）。

第 074 簡至第 075 簡：《晉書·束晳傳》載"益干啓位，啓殺之"（第 073 簡"禹薦益於天"）。據我估計，第一批晉代編輯者（280－282）以"今本"説法代之，第二批編輯者（公元 290 年及其後）則將它改了回來。但也存在另一種可能，即"古本"材料取自汲縣其他出土文獻。就第一種可能性來説，難處在於，人們必得假定，首批晉代編輯者嚴格記錄了所刪文字,後又製作一篇相同字數的簡文代替。但事實上,這些晉代編輯者對簡文字數並不關心。

第 078 簡:仲康日食,見第二章。日全食發生在夏朝首都北面,距都城較近,本應上報朝廷。但此次日食並未得以上報,因而"命胤侯帥師征羲和"。

第 078 簡(下)至第 079 簡(上):見第 109 簡(上)。夏朝諸侯昆吾、豕韋輪流做護國侯。

第 079 簡:范欽本中,"依同姓諸侯斟灌斟鄩"爲雙行小字注釋,主文爲"依邳侯"。

第 082 簡至第 083 簡:我認爲"明年"屬於這篇主文,而非下篇副文開首(大部分版本將其歸於副文。但若歸屬副文,"明年"一詞語義不通)。字數上的規定,也要求作此調整。

第 083 簡(上)第 3 字:范欽本中,主文"夏世子少康生"前,有一段 26 字副文:"斟灌之墟是爲帝丘。后緡方娠逃出自竇歸於有仍伯靡奔有鬲氏。"第一句"斟灌之墟是爲帝丘",在我看來,乃晉代編輯者之旁注。其餘出自《左傳‧哀公元年》(這個故事的另一傳說,在《左傳‧襄公四年》)。第 082 簡(下)中,我用了"方娠"兩個字,其他則採用晉代編輯者引自《左傳》的説法。

第 087 簡(上)第 6、7 字:范欽本中,"收二斟"後爲"之燼"。王國維將其刪去。

第 089 簡(上)第 20 字:范欽本中,"走"字爲"害"。

第 093 簡至第 094 簡:帝杼十三年,即《竹書紀年》載公元前 1840 年,商侯冥薨。《竹書紀年》載公元前 1718 年殷上甲微繼位,此説不錯。公元前 1840 年應爲少康二年。

第 097 簡至第 098 簡:夏帝泄十二年(=前 1719),殷侯子亥賓於有易,有易殺子亥。十六年(=前 1715)殷侯微(喪畢後)以河伯之師伐有易。可推,上甲微繼位於公元前 1718 年。戰國宋國君偃自立爲康王,元年是公元前 318 年,即後 2×700 年,可知公元前 1718 年必是正確的。然則夏代年份必是帝芒三十六年。

第 099 簡(下)第 31 至第 39 字:范欽本中無"赤夷"兩個字,但"黃夷"前有兩個字的空白。

第 102 簡和第 110 簡:據理性推算,有關夏紀譜的竹簡,和殷商紀譜一樣,共六十支,除此另有半欄竹簡對全篇歷史加以總結。夏紀譜中,僅帝孔甲和帝癸兩位君王之名,單列於半欄竹簡中,用作在位紀譜名(這一現象印證了我之假說,即帝癸紀譜爲杜撰,帝孔甲紀譜遭重寫,以此來解決公元前 1576 年發生之天象。"今本"載,該天象發生於帝癸十年,即公元前 1580 年。但實際上,該天象發生於帝孔甲二年,也即公元前 1576 年)。不可否認,爲使夏紀譜更有序,我兩次用到"今本"文內注釋(雙行小字)。一般說來,我並未將此類文內注釋算在復原之基本《紀年》裏。但若此,不將文內注釋考慮在內,帝癸紀譜前將有十二字空白,而帝孔甲紀譜前將有十一字空白。

對文內注釋的限制,或過於嚴苛(注意,商太戊紀譜末所附副文後,有一文內注釋,乃後人所爲,但仍能清楚傳達墓本信息。從文內注釋看,該文內注釋之作者正對原稿加以編輯。另注意,從晉殤叔[宣王四十四年]起,每一代晉侯之元年皆在文內注釋中表示,但實際上,它們應屬副文)。若"能帥禹者也故夏后氏報焉"一句緊接紀譜標題"帝杼"(第 092 簡至第 093 簡),帝孔甲前之十二字空白將得以填補。同時,若"夏衰昆吾豕韋相繼爲伯"一句緊接帝昊元年下之條目(第 109 簡上),帝癸前之十一字空白將得以填補。

第 103 簡(下)第 22 至第 23 字:我不經意將"帝"字省去。若修改,須移動竹簡文,於第 104 簡(上)第 20 字處留空白。

第 107 簡(上)第 7 至第 8 字:范欽本爲"爲斧所戕"。若此,將佔據副文結尾處的空白部分。故事的另一版本,見《呂氏春秋·音初》(6.3.1 見 Knoblock 與 Riegel 英譯本第 160 - 161 頁)。

第 114 簡(上)第 6 至第 7 字:范欽本中,"女"字前有"人"字,但方詩銘、王修齡編《古本竹書紀年輯證》(第 17 - 18 頁),六分之五之"古本"材料没有"人"字。

第 121 簡、第 182 簡和第 283 簡:第 121 簡和第 182 簡屬總結性簡,其所在簡之下半欄爲空。這表明,三支總結性簡均獨立成支,且在全部竹簡刻畢後插入今所見之位置。但這並不意味着,此項工作要到晉國學者發現竹簡後,方纔開始(迄今爲止並無證據顯示,第一批晉代編輯者在編輯竹簡時,對竹簡長度有所關心。但卻有證據顯示,他們確實對此毫無所謂。例如,他們將黄帝、堯、舜紀譜中較長的副文分成幾部分,然後錯誤地將其放置在成王紀譜中,如第 219 簡和第 223 簡。這些副文本不該出現於此)。第 182 簡須另作説明(見下文)。

夏代從舜十四年,即公元前 2029 年開始,共歷時四百七十一年。舜十四年,舜將朝政交予禹。舜死後,又過兩年守喪期,禹成爲名正言順的君王。此"公元前 2029 年夏代開始"之年非公元前 1989 年即"禹成爲君王"之年(舜十四年爲公元前 1953 年。照班大爲的説法,這一年有五星會聚之天象)。

第 129 簡:部分版本(包括范欽本)没有第 28 字"成"和第 30 字"遂"。王國維本包括這兩個字。《漢魏叢書》有"成"字而無"遂"字。

第 134 簡(上)第 16 字:范欽本缺"王"字。"王"字不可少。

第 135 簡:據我所見,所有版本中,第 135 簡第 28、29 字"伊尹"均有重復。前一處"伊尹"旁邊,可能有表示重復的標記。

第 137 簡(上):"初祀方明","方明"爲方形禮器,用於祭祀,代表宇宙四方。

第 138 簡:"雍己名伷"中之"伷",意爲嫡子。商王表的位置可以表明雍己身份。"伷"不太可能是本名，更像是標明王位繼承序列上之座次。據甲骨卜辭所示，太戊爲第五代嫡系（吉德煒《史料》，第186頁，注d）。兩王次序顛倒（第二章），編輯者只需加上"伷也"兩個字，便可讓這一顛倒顯得合情合理。後來，可能改成"名伷"。

第142簡：按標準版本，有關太戊的副文共三十五字。我删去"三年之後"的"之"字，如此一來，字數爲17＋17字。我又將最後一句"廟爲中宗"，改爲"廟爲太宗"。這一改法參照副文末雙行小字注釋，"竹書作太宗"（第147簡[上]副文將祖乙稱爲"中宗"）。

第158簡（上）第10至第13字：據范欽文內注釋，此處插入"得一丹山"。

第159簡（上）："二十七年命王子囂王子良"一句，在我看來，"二"爲錯誤附帶進來的。原因可能是，未注意到祖甲紀譜從公元前1188年計起（實爲祖庚繼位年），即武丁死後一年，武丁卒於公元前1189年。另一原因，在於未弄清馮辛實際上不是祖甲的繼承人。祖甲喪滿登基後（前1175），封馮辛爲小王。但馮辛較其父更早去世，約在公元前1172年。該年爲祖甲所用年曆之第十七年。因此，爲了確保其子嗣繼位，祖甲封其他兩個兒子爲小王，即囂爲第一繼承人，若囂亦較其父更早去世，則良爲繼承人。下一位王爲庚丁（或據我猜測，爲康丁）。《竹書紀年》中，庚丁名爲囂，即前此提及之王子囂。

第166簡（下）至第167簡（上）：爲何文丁在同一年內對季歷先賞後殺？在此，人們可能將"第十一年"的兩種不同解釋，混淆起來。兩處"第十一年"屬兩處相連卻不同的紀譜（另有一處混淆，與此類似，見下文第182簡注釋）。據《竹書紀年》載，文丁元年即公元前1124年。所以，第十一年爲公元前1114年。減去十二年，則確切的日子應爲公元前1102年——之所以正確，乃是因爲西伯昌

(文王)繼位年在公元前 1101 年一説，獨立可證。公元前 1102 年實爲下一位王帝乙四年。但我已論證（第七章），公元前 1118 年，商王武乙將一個紀年系統留給繼承人文武丁。武乙卒於公元前 1109 年。因此，文武丁的實際繼位年份在公元前 1108 年。若放在他自己的紀譜中，則是第十一年。下述副文所描繪之文丁賜禮於季歷，應在這一年。

鑒於商王在位年份重排方式，與季歷之死一事有關的，應是文丁，而非帝乙。但劉知幾將文丁之咎作爲新事標注，原文倒不在這裏。傳統史家認爲（例如《呂氏春秋》，見方氏、王氏，第 38 頁），季歷勤勉政事，鞠躬盡瘁而死。

第 168 簡（上）：副文包括"文丁殺季歷"。有人（也許是唐人）曾對文義不加理解便貿然引用這幾字，以致誤作"文王殺季歷"。之後，又有些人把這個錯誤加到劉知幾《史通》的兩章中，《史通》較晚版本亦保留此一錯誤。更甚者，當今一些《竹書紀年》批評者仍然很嚴肅地認爲，《竹書紀年》反映了文王殺父情節。18 世紀，浦起龍在《史通通釋》中對《史通》加以細考後，指出《史通》有篡改之痕，"文王殺季歷"一說爲謬（《史通通釋》卷十三《疑古》，卷十六《雜説上》）。只有那些確信"今本"爲僞，内容皆杜撰之人，纔會被《史通》蒙蔽（方詩銘、王修齡編《古本竹書紀年輯證》，第 37、38 頁，第 35 條，視"今本"爲僞。但其輯録《竹書紀年》、編得古本《竹書紀年》時，亦並未將此句列入其中）。相反，方詩銘、王修齡引《史通》指文丁殺季歷，兩人亦引較早材料《晉書》、《北堂書鈔》。

第 168 簡（下）：據《太平御覽》，帝乙二年，周伐商。《太平御覽》有關帝乙二年周伐商一事，可能引自一較完整之"今本"《竹書紀年》（《太平御覽》大部分引言與"今本"《竹書紀年》相同）。《竹書紀年》遭埋藏以前，帝乙在位年份即已從十九年縮短到九年。若此，帝乙二年應爲帝乙十二年（若視周伐商爲替季歷復仇之象徵性行爲，則"帝乙二年"無誤。但若此，我們須得假設被删去的十年爲帝乙三年到帝乙十二年）。

第 169 簡："三年"，夏含夷（2003）研究表明，"三年王命南仲西拒昆夷城朔方"爲宣王十三年發生的一件事（即公元前 815 年。夏含夷將此研究歸功於馬承源）。

若帝乙竹簡的年份爲三年而非十三年，這個關於十三年事件的文字就沒有被錯置於帝乙記録的可能性；所以這個錯置必是帝乙的元年仍然爲公元前 1105 年而做的，他的在位期爲十九年而非九年。我們不可以説晉代學者必錯置了一個竹簡而解釋它。這個半簡之别的（餘）部分有"夏六月周地震"的文字，這個在周國的地震是公元前 1093 年發生的，也以公元前 1105 年爲元年的帝乙十三年發生的（《吕氏春秋》中有"夏六月周地震"同樣一個語録，若我們正確地解釋它，謂此地震在文王九年，若這個"九年"在文王繼位紀年的話，乃是公元前 1093 年。見此書第二章）。

第 172 簡至第 173 簡：若從公元前 1102 年算起，帝辛二十一年、二十二年和二十三年，分别爲公元前 1082 年、公元前 1081 年和公元前 1080 年。但減去十二年（見第三章），可知公元前 1070 年，各諸侯、部落首領"朝周"，參加大會（是年，文王六十歲）。公元前 1069 年，商王對此威脅加以回應，在周領地渭谷狩獵。公元前 1068 年，西伯昌被擒，囚於羑里。可以推斷，公元前 1068 年必然發生了一件大事，當時各地諸侯、部落首領，包括西伯昌，均聚集商都。在"封建"制度下，諸侯若不參加重要活動、不出席重要場合，君王即視其有叛變之心。所以，公元前 1068 年究竟發生了什麽大事？

《逸周書·酆保解》，確定日期爲公元前 1046 年（見第七章）。此年（如公元前 1070 年一樣），周曾召集諸侯，因時值克商以前，故沿用商曆。據《酆保解》載，此年爲帝辛二十三年。换言之，公元前

1068 年,爲帝辛第二個紀年之元年。通常,新曆代表新王統治的開始。我推測,公元前 1068 年,商王可能採用了"帝"的稱號(公元前 1105 年後三十七年,爲帝乙元年。這解釋了爲什麼《文獻通考》認爲帝乙在位三十七年);亦可能封繼承人禄父爲"小王",禄父即後來的武庚。公元前 1068 年首日爲一月庚戌日(47)(若公元前 1068 年爲另一位君王紀年之元年,則可解釋爲什麼公元前 1086 年開始之紀年曆至少使用了十多年)。至少有六段卜辭和銘文證明公元前 1068 年紀年曆之存在(參見第八章)。

第 175 簡至第 176 簡及第 181 簡:評注家對"遂遷於程"一句,尚存異議。一些人認爲,這句説的是周將都城遷於程(帝辛三十三年爲公元前 1070 年,減去十二年,即公元前 1058 年),後又遷都豐(帝辛三十五年爲公元前 1068 年,減去十二年爲公元前 1056 年)。兩次遷都意味着兩次宣告王權,亦意味着自公元前 1058 年和公元前 1056 年,分别啓用兩種新曆。這使得文王崩逝的年份有兩個,一是第九年(《逸周書・文傳解》),另一是第七年(《史記・周本紀》),亦使得公元前 1050 年出現兩種不同的稱法。和商湯相比,帝癸十五年(第 113 簡),帝癸遷都至亳,並改用新曆。帝癸最後一年,即帝癸三十一年,亦即商湯十七年。商湯元年即稱十八年。這在第 131 簡中,已表述清楚。但《竹書紀年》周紀譜,則從文王死後開始以新曆紀年(帝辛四十一年,即第 178 簡,爲公元前 1062 年,減去十二年,爲公元前 1050 年。這是文王死的實際年份)。第 181 簡對此有清楚記載,即第十一年(帝辛五十二年)。周克商在第十二年這一説法係僞説,因將五星會聚發生之公元前 1059 年向前推十二年而造成的。實際的年份爲武王十年,見《逸周書・武儆解》及《逸周書・寶典解》。

《竹書紀年集證》(卷二十一,第 32b-34a 頁上的長段討論)及畢甌、理雅各則認爲,是挫敗之密人遷於程。程邑爲季歷所建,且自季歷起,一直爲周代都城。公元前 1058 年爲五星會聚後一年。
從這一事實出發,可解釋爲何有時人們把文王崩逝年份算在這一
年。有充分論據證明(倪德衞 1953 年,第 530 - 531 頁),自公元前
1058 年起,並未實施新曆。

第 176 簡:以《竹書紀年》所記録,周文王去世於商帝辛四十一
年,即據《竹書紀年》的系統爲公元前 1062 年,事實上是公元前
1050 年(以木星在鶉火年作爲克商之年,即公元前 1050 年,作《紀
年》者不可讓此年仍然爲文王去世年;所以公元前 1059 年之五星
會聚被回推了一個木星周期之十二年,即成爲公元前 1071 年,然
則文王卒年成爲公元前 1062 年)。所以,公元前 1056 年爲帝辛四
十一年減十二年,加六年(即 1056 減 1050),即是帝辛三十五年。
《紀年》説,此年西伯昌(文王)自程遷都於豐。大概同時他告稱王,
又告新曆,以此年爲元年,如商之成湯在公元前 1525 年遷都於亳
而告新曆了。這個遷於豐的事件是一件重要的事。那舊都程是文
王的父親季歷建立的,據《紀年》爲商王文丁五年的事,顯然程從公
元前 1102 年的季歷去世以前已爲周國之都邑了。在《紀年》,文丁
五年是公元前 1120 年,以十二年減則爲公元前 1108 年。

第 179 簡:四十四年,西伯發伐黎。"今本"之帝辛四十四年爲
公元前 1059 年。據《清華簡》周武王八年克服黎國,若於公元前
1050 年文王去世的話,克黎之年必爲公元前 1042 年。第二階段
年期更改(見第五章)必以克黎年退後五年,改成爲公元前 1047
年;已而於第三階段中,武王元年又退後十二年到公元前 1061 年,
所以克黎的年期同樣必退後了十二年,到公元前 1059 年,即四十
四年,正如在"今本"《竹書紀年》一樣。

第 181 簡:據我所見全部版本和引文,該年(前 1051:帝辛五
十二年或武王十一年)爲庚寅(27)年。這表明,晉代學者最先將該
年作爲周代起始年,所以他們加以歲名"庚寅"。可是後來年代學

者們更改了周的起始年，移後一年成爲"辛卯"，既而前年（前 1051）歲名"庚寅"被刪去（亦見周代紀譜末之總結）。

第 182 簡："二十九王"有誤。《竹書紀年》記載商王共三十位。或許，所謂二十九王，未包括湯。《紀年》中，湯崩逝的年份爲公元前 1545 年。據《漢書·律曆志下》引劉歆，湯崩逝的年份亦是其後繼者太甲登基之年。從公元前 1545 年到公元前 1050 年，即從商克夏之年到受（亦即帝辛）崩逝，共 496 年（包括公元前 1545 年和公元前 1050 年）。但若此，與夏及西周的年份長度不相統一。夏代歷時 471 年，從公元前 2029 年到公元前 1559 年。周代始於武王，即按"今本"《竹書紀年》，從文王崩逝年的第三個月算起，亦即公元前 1062 年的第三個月。據此，從周代紀年算來，商代共歷時 496 年，應從公元前 1558 年到公元前 1063 年，包括湯在內。

解決問題的辦法在於，確認商代紀年實際從公元前 1554 年開始，即公元前 1555 年攻克夏朝以後。除此，帝辛實際的元年在公元前 1086 年。公元前 1555 年前的 496 年爲公元前 1059 年，這一年商朝結束，周朝開始。次年，即公元前 1058 年，爲周受命年，亦是受，即帝辛二十九年。因此，墓本的朝代總結中，"二十九王"應爲"二十九年"，整句應爲"湯滅夏以至於受二十九年用歲四百九十六年"。這同時也說明，朝代紀譜末尾的總結性文字並非晉代學者發現墓本後加以補充的，而是竹簡入土前本身自有的一種特色（較有諷意的是，王國維《古本竹書紀年輯校》錄朱右曾編"古本"，其中"王"字誤印爲"年"字。見第 11a 頁）。

（關於"二十九王"之問題，可能提出另一個解釋。在第五章內我將表明戰國時代中國年代思想有三個階段的演變，就只到第三階段第二十五位商朝君王馮辛有［假釋的］在位四年。其實，他的父親祖甲去世年是公元前 1156 年，而王子先［即"小王馮辛"］本身卒於公元前 1172 年。所以，"二十九王"可能只是《紀年》本文之比較早階段的剩餘。）

　　另有一個問題，即《史記·周本紀》載，商王囚禁文王七年後，將其釋放，同時賜其無須商王許可即可用兵的權力。這有點難以置信。司馬遷之所以出此紕漏，必定與當時《竹書紀年》年表（至少一部分）仍爲人所知有關。《竹書紀年》載文王獲釋在帝辛二十九年（公元前 1074 年，減去十二年，即公元前 1062 年，獲釋之年），但帝辛二十九年實爲公元前 1058 年，即受命年。這一點，在當時也許亦是人所知的。

　　第 183 簡（上）第 4 至第 5 字及第 21 字：范欽及其他版本將“名發”當作副文的起頭兩字。“名發”後跟“初”，引出背景介紹，以對後一段敘事加以説明。我按照《竹書紀年》的標準形式，將“名發”看作在位王紀譜名稱的一部分。據此，我刪去“初”（《宋書》中“初”字不存）。

　　第 183 簡至第 204 簡：這段最長的副文表明，副文非沈約所加，乃沈約將副文加以複製再抄入《宋書》。《宋書》載，后稷的母親因“會伐林者”，而没法將后稷弃於森林。沈約將“會伐林者”讀作“恰好伐林者……”，顯然他認爲此句不完整，句末數字在較早時已佚失。因之，他加了“薦覆之”三字。趙紹祖（1796）和稍後的王國維都接受這種解讀。但《詩經》第 245 篇卻没有相應記載，《詩經》第 245 篇乃作者寫作這篇副文的資料來源。並且，沈約的這種解讀似乎説不通。倘若伐林者僅拿草墊給嬰孩蓋上，而没有救起這個嬰孩（或者，因伐林者的出現，而讓母親放棄了抛棄孩子的打算），那麼他們就要對嬰孩的死亡負責，而不能説他們讓嬰孩倖存下來。但讓嬰孩倖存下來，卻是《詩經》第 245 篇的要點。

　　第 192 簡（下）第 26 字及第 203 簡（上）第 5 字：范欽本中，兩處“吉”字均爲“告”字。

　　第 197 簡：“孟春六旬五緯聚房”，公元前 1059 年 5 月底發生的五星會聚，位置在井鬼（巨蟹座）附近，並不在房（天蠍座）。五星會聚發生之位置，由戰國時期魏國占星家從井鬼改到房，原因見第七章第 7.3.1 節。此處所標五星會聚的時間大致正確，即，魏國學者因政治需要，對《竹書紀年》原文加以修改，但改動不算大。

　　第 204 簡至第 206 簡：將五星會聚的年份往前推十二年，造成周克商在第十二年這一說法。此舉亦造成"十二年"相關之紀事年曆。但《竹書紀年》中，事件與事件發生之年代間隔又似是無誤（在對第 175 簡和第 176 簡所作評注中，我將《竹書紀年》系統之 12 - 13 - 14 年，調整爲 10 - 11 - 12 年）：克商當年第四個月，武王回朝後，在周舉行慶典儀式。然後，任命宗族兄弟作殷地監管。管叔在東，封於管地（商人先祖之地），蔡叔和霍叔在殷之都城（見《逸周書·作雒解》）。再後，在管地東面舉行皇家狩獵，彰顯勝利之姿。克商年年末，武王回周地，舉行典禮儀式，以迎接來年（十三年實爲十一年）。其後，周王室接納從前商之封臣爲周朝封臣。這需要武王再次東行，尤其是去東面的管地（《逸周書》卷三十八，"十三年"）。在管地，"管叔自作殷之監"（即作他的"監殷"之官能）。再以後，武王回朝，"乃歲十二月崩鎬"（《作雒解》及第 208 簡，"十四年"實爲"十二年"，見《逸周書·武儆解》）。

　　第 207 簡：該簡以斜體標明，乃夏含夷所論從成王紀譜錯置於武王紀譜之一支竹簡，該錯簡使得武王壽命延長了三年。若在成王紀譜，該簡可能處在第 224 簡和第 223 簡之間。這支簡與武王紀譜並不相符。因爲"作金縢"和"十五年"之間，應有一字空格（十五年蕭慎氏來朝：蕭慎氏爲金女真和清滿洲人的先祖）。

　　第 213 簡："七年"後第一句講的是"七年"所發生之事，即周公還政於成王。該年所載其他各事，均爲此事作鋪墊。成王八年，成王方纔正式履行君王之職（《尚書·洛誥》載，攝政期最後一年，成王爲正式繼承王位作準備並祈禱）。

第 218 簡和第 225 簡：我標爲斜體的部分，意在强調與周公之死相關聯的語句。

第 219 簡至第 223 簡：這段副文頌揚周公，應緊接"夏六月魯大禘於周公廟"後。"夏"句記載了爲周公舉行的最後一次祭儀，應在此行末尾。爲使該句在行末，需將周公去世年份和下葬年份往前推至十一和十二年（據此，可以斷定，周公卒於成王十一年。但據我論證，周公卒於公元前 1027 年）。這就使得夏含夷錯簡説，毫無必要了（見第三章，3.3.1－6 分析）。

第 222 簡：我將"迄於秦漢"改爲"以迄於今"。論證見第三章，3.3.7（其他人因"秦漢"兩個字而視整篇副文爲僞文。如果能找到合理解釋，修改自然越少越好。我們不能認爲，文中每一行都毋庸置疑，抑或不可不删之。至少，夏含夷發現錯簡，已減輕了我們這方面的壓力）。

第 231 簡至第 232 簡：康王十九年至康王紀譜結束。在較早的、相對正確的文本中，康王紀譜恰好止於竹簡中段，因爲伯禽之死在康王十六年。要恢復正確《紀年》，只需删去"禽父"前的"十九年"。昭王紀譜從竹簡中段初開始，符合規範形式。

第 234 簡（上）第 1 至第 2 字：王國維引《初學記》之紀年（方詩銘、王修齡編《古本竹書紀年輯證》，第 249 頁），作"楚荆"。范欽和其他版本僅"楚"字。

第 236 簡（下）第 28 至第 33 字："北唐之君來見"，范欽本作"北唐來賓"。此處我採納王國維引《穆天子傳》之版本（方詩銘、王修齡編《古本竹書紀年輯證》，第 250 頁）。

第 237 簡（下）第 27 至第 29 字："井公"，范欽本作"共公"。此處我採納王國維引《穆天子傳》之版本。

第 242 簡：這篇單行副文和主文長度一樣，似經刻意安排而與所在位置相符。這證明了我先前提出的簡文編寫規律。我從康王紀譜末開始運用此規律。而此規律,乃是我在檢視從第 160 簡下半欄至第 167 簡上半欄所記商末事件時得出的(兩篇副文的位置表示其間必爲主文,乃使我相當肯定地得出此間隔主文之字數。另請注意,我將有關文丁的一篇副文移到文丁紀譜末尾,因爲若按現存"今本"所示,其所處位置將打斷一支完整竹簡的内容)。

第 250 簡至第 251 簡:"是年屬王生",此處我採用部分雙行小字文内注。試比較我對第 102 簡和第 110 簡所作之評注(按雷學淇的説法,此處年份爲公元前 864 年。據此,屬王三十七歲崩逝,即公元前 828 年)。

《太平御覽》引所謂《史記》:"孝王七年屬王生"(王國維,《紀年》注)。請見 6.7.2.2 條,諸王年代第二圖。

第 261 簡(下)及其後:范曄《後漢書·西羌傳》有一段詳注,記載有關宣王和幽王之事,並給出了一些此處未提及的内容。人們也許質疑,宣王和幽王紀譜爲後人重寫。他的注釋寫得較爲鬆散,可能使用了《竹書紀年》以外的材料。此處,突然未按規範稱呼兩位周王,可能爲後人所改寫,然而出於戰國時人之手筆(畢竟字數吻合,而且複製抄録荀勗等人編輯成果的那些人,對竹簡編寫形式並不在意,這一點是可證明的)。試比較夏紀譜中,突然對孔甲和帝癸名稱開始規範使用(第 103 簡和第 110 簡)。我已論證,這兩段簡文乃戰國時人杜撰或改寫的。

第 265 簡(上)第 3 至第 20 字:我將"皇父休父從王伐徐戎次於淮"視作插入之副文。該副文解釋了前此兩種論述,表明兩次攻伐實爲同一次。

第 270 簡至第 273 簡:

(1) 三十二年"王師伐魯"(前 794)和三十九年"王師伐羌戎"(前 787)均以公元前 825 年作元年。見倪德衛、夏含夷,《中國史研究》第 1 卷(2001),第 10 頁,及《早期中國》第 25 卷("2000"＝

2002）；另見《〈竹書紀年〉解謎》（英文版，2009），第 215 頁。《國語・周語》亦提到"三十二年"和"三十九年"這兩個年份。但宣王紀譜中，其他年份，尤其是宣王三十八年（周宣王和晉侯共伐條、奔）以公元前 827 年爲元年。所以，可能墓本之宣王紀譜大致以公元前 827 年爲元年。晉代編輯者們，因熟諳《國語》，便擅自改了年份。這兩個年份原本應是"三十四年"和"四十一年"，即公元前 794 年和公元前 787 年。條戎、奔戎之戰必定發生在公元前 790 年（見《〈竹書紀年〉解謎》[英文版]，第 215 頁，及《早期中國》第 25 卷，第 43 頁）。

（2）可是有的時候，《紀年》必定包括宣王紀譜，以公元前 825 年作元年，爲了記錄宣王之死（隨後成了以公元前 827 年作元年之"今本"《竹書紀年》）。這個假設十分必要，它可以用來解釋爲什麼"今本"《竹書紀年》把公元前 853 年當作屬王統治，及其他公元前 9 世紀各年份的開端（請見第六章，6.6.2.2）。

（3）有可能《紀年》出土原文是這樣的，而晉朝學者們用《史記》841 年以後的年期，以改正此原文，其中每年分加兩年——除去宣王三十二年與三十九年兩事件之外：這兩個年期以即位年（前 825）爲元年，並見於《國語》，所以是不可易的。

（4）在范曄《後漢書・西羌傳》有一段詳注如下：

> 及宣王立四年，使秦仲伐戎，爲戎所殺。王乃召秦仲子莊公與兵七千人伐戎，破之。由是少卻。後二十七年，王遣兵伐太原戎，不克。後五年，王伐條戎奔戎，王師敗績。後二年，晉人敗北戎於汾隰，戎人滅姜侯之邑。明年，王征申戎，破之。後十年，幽王命伯士伐六濟之戎，軍敗，伯士死焉（並見《竹書紀年》）。

可能上文"四年"是原文的，改正成爲"六年"，然則"後二十七年"必成爲（宣王）"三十三年"，可是原文不過是三十一年。然而，爲什麼范曄不用"(宣王)幾年"的説法而必用"後幾年"的説法呢？可能他有原文，或者有人改正文，而他未知孰是。用"後幾年"的説法則不必用精確的年期且不冒犯錯的危險。此外，若他將原文與改正文比較的話，他必找到"三十九年師伐姜戎戰於千畝王師敗逋"，彼此一樣是"三十九年"（因爲彼此以公元前 825 年爲計算的基本年）。他不懂，恐怕選錯了説法，所以他必想不可不署去這一件事。而其實，《西羌傳》不包括千畝之戰的記録。此外没有別的應包括而不在其中的。

我推斷：《竹書紀年》出土的原文大概以宣王元年爲公元前825 年，亦以四十四年爲他的去世年，以至於以公元前 853 年爲厲王元年（請見第六章論雙元年學説）。

第 275 簡和第 277 簡：斜體標注之"晉殤叔元年"、"晉文侯元年"爲插入副文。該副文值得注意，因爲范欽和其他現代版本將這兩個元年，用歲名及雙行小字文内注的形式加以表達。一般來説，我不認爲這種表達方式爲墓本所有，故不予採納。但此處必屬墓本，因爲杜預認爲，晉國紀年始於殤叔。而《太平御覽》載，"八年"，褒姒之子伯服立爲太子；"十年"第九月，桃杏結滿果實。這兩條記録和主文一樣，均用周幽王年曆（方詩銘、王修齡編《古本竹書紀年輯證》，第 62 - 63 頁）。有人認爲，杜預的説法不確。但亦存在一種可能性，即杜預所欲表明的是，晉國正式紀年始於晉殤叔元年，但同時，整個幽王時期，亦採納周朝年曆。

如果這種假設是可能的，就不應斷言此文有誤（及批評前人之言，不可不用公平的定論）。

第 277 竹簡：請注意"王子多父"前的"惠"字，該字常被誤認爲君王的名字。實際上，此處"惠"字用作動詞，而非君王的名字。用作動詞時，"惠"意爲"幫助"。這一用法很少出現（見倪德衛 1996 - 1997，第 318 - 324 頁）。大部分"今本"版本無"惠"字，但《永樂大典》所收《水經注》(引用"今本")有"惠"字。其他版本《水經注》所引用之"今本"，亦有"惠"字(參見方詩銘、王修齡編《古本竹書紀年輯證》，第 70-71 頁)。若按簡文字數規律，亦需"惠"字。"王子"前並不一定要有王的名字。

第 279 簡（下）：幽王六年（前 776）發生日食，具體時間在"冬十月辛卯"。這一日期看似正確：《詩經》第 193 篇開頭提到十月辛卯發生的一次日食。而該年九月六日早上，確實發生了一次日食。但這次日食，當時在中國並不可見。所以，存在三個問題：

（1）《詩經》第 193 篇開頭提到的是哪一次日食？

（2）《詩經》第 193 篇裏的文字怎麼會出現在《竹書紀年》裏？

（3）另外，我重建竹簡顯示，這些文字理應在幽王紀譜。但若它們並不在幽王紀譜，我當如何應對？

解決第一個問題的可能辦法是：李約瑟《中國科學技術史》第三卷第 409 頁引研究成果稱，《詩經》提及的日食，發生在公元前 734 年，建寅曆十月辛卯。實際上，公元前 734 年，建寅曆子月，即十一月的首日爲辛卯。要把公元前 734 年子月當作第十個月，須把冬至日，即己未日（56），當作兩天後的辛酉日（58）（見 1.4.5，1.4.11）。辛酉日其實是公元前 734 年丑月的首日。這樣一來，就把丑月當作了子月。而丑月前的（真的）子月，就少了中氣日，而成了置閏（亥）十月（見《中國先秦史曆表》，第 65 頁）。

第二個問題：幽王六年記載的一次日食，不可能本來就在原文。那麼，它是什麼時候，又是如何被加進簡文的呢？方詩銘、王修齡編《古本竹書紀年輯證》第 262 頁指王國維提到《唐書·曆志》有關《詩·小雅》第 193 篇日食的記錄：梁代天文學家虞𠠦以曆推之，認爲日食在幽王六年。顯然，虞𠠦所用方法，可得日食時間，卻無法推斷日食地點。推斷地點更爲艱難。我們得假設他的推斷結果被採納了。在唐代，人們對《竹書紀年》產生興趣，並對虞𠠦的成就相當熟悉。於是，唐人據虞酈的結果，對《竹書紀年》作了相應修改。

最後一個問題：如何理清我所重建之簡文？夏含夷(《孔子之前》第232－233頁)提到方善柱(Pang Sunjoo)的文章《西周年代學上的幾個問題》(《大陸雜誌》第51卷第1期，1975年，第17－23頁)。方認爲《詩經》第193篇日食，發生在公元前781年6月4日，當時在西安地區可見。所以，原本《竹書紀年》中，必有一條記錄，載幽王元年"夏五月辛卯朔日有食之"。這和我刪去幽王六年那一條記錄的字數相同。

第283簡：即西周的總結，此處採用"今本"，並刪去含歲名之用語。戰國時魏人編寫竹簡時，尚不可能採用歲名。此處意義未變，除非僅部分引用"武王滅殷二十四年定鼎洛邑至幽王二百五十七年"，且刪去相關的年份總數，"共二百八十一年"。一種可能的句讀法爲："武王滅殷，二十四年定鼎洛邑。至幽王二百五十七年。"這裏語義有些模糊。若將"二十四年定鼎洛邑"放在一處理解(二十四年包括在"二百五十七年"內)，則符合裴駰《史記集解》中的説法。據此推算，克商年在公元前1027年。這是一種普遍採納的説法，同時也在被認爲是真本的"古本"《竹書紀年》中得到應證。但仔細分析"今本"和"古本"後可知，"公元前1027年"乃裴駰之誤解。這同時也説明，裴駰從未見過任何完整版本的《竹書紀年》，甚至"今本"。因此，他談及《竹書紀年》，可能僅引用或轉述他人的説法(通常是引用西晉史學家徐廣的説法，如"徐廣曰")。

注意：《竹書紀年》可能並不以60支成篇，而以30支作一篇。若此，我已完成《晉書·束晳傳》提及之十三篇中的前十篇的重建工作。剩下三篇(每篇30支竹簡)是否涵蓋了至公元前299年爲止的全部內容？第五篇(每篇60支竹簡)始於公元前945年，終於公元前679年，共267年。若把它視作兩篇，每篇30支竹簡，則一篇涵蓋 133.5 年的内容。133.5×3＝400.5 年，從公元前 679 年算起，經過 400.5 年，爲公元前 278.5 年。這與公元前 299 年這個年份相當接近。公元前 299 年是《竹書紀年》所記内容的最後一年。這證明了竹簡以 30 支成篇的猜想。但我也猜測，原本《竹書紀年》的最後一部分敘述更詳細，因之一篇 30 支竹簡所涵蓋的年份較少。兩部《唐書》文獻皆稱《竹書紀年》有十四卷。所以，《竹書紀年》最早可能有十四篇。

　　假使我的重建工作是對的，那麼“今本”和“古本”的最大區別在於後者保留了公元前 290 年後，包括束晳在内的第二撥晉代編輯者對《紀年》最後三篇或四篇的修訂、改寫。

　　第 284 簡和第 303 簡：此處及往後開始運用新規律，而現有“今本”將相應改寫。第 284 簡上半欄副文，記道“自東遷以後始紀晉事王即位皆不書”。這表明，自平王始，停用周曆，而採納晉曆。與此相應，我假設晉人在記録史事時，對待周王就像晉侯以外其他諸侯一樣，等到死後纔稱呼其名（據此，在我的版本中，第 295 簡爲“平王陟”而非“王陟”）。若此説不謬，則可意外解開一個有關《竹書紀年》中最後一位周王隱王的問題。歷史上，隱王叫作赧王。晉代編輯者以雙行小字文内注的形式在“隱王”後標注“赧王”，以示“隱”和“赧”在發音上頗爲相近。但實際上，没有必要從音韻角度解釋。“隱王”並非名字，而是一種描述，即“隱”之王，亦即不提及姓名的王（“隱”作隱名或隱諱解）。換言之，隱王即現任周王。魏國編撰者可能根本不知道隱王的姓名，即使知道也不指望用他的姓名稱呼他。因爲規矩就是，一直要到東周王死了，纔能用他的名字稱呼他。顯然他們不能打破規矩。

　　這部分“今本”《竹書紀年》相當難解，因爲要兼顧晉國權力鬥爭雙方的統治繼承綫。我以文侯仇（定都翼）及後代爲主綫，從文侯仇開始直至公元前 679 年周王正式承認曲沃武公止。第 303 簡後接下來一個年份起,武公採納爲其所敗之晉侯緡之年曆。該年應是武公三十八年,晉侯緡二十八年。故一律稱二十八年(在《十二諸侯年表》中,武公卒於"二十九年"。這是一位君主接替另一位君主的標準做法)。

第 294 簡至第 295 簡:這是有關西周以後材料的另一個難點,"二年"(即晉鄂侯二年,前 722)後,我們讀到"魯隱公元年春秋始此。魯隱公及邾莊公盟於姑蔑"。第一句必爲副文。公元前 300 年左右,魏國對《魯春秋》會如此關注嗎?第二句爲正文,顯然是對《春秋》中有關隱公元年文字的轉述。《春秋》載:"三月,公及邾儀父盟於蔑。"邾婁(或邾)莊公出現在公元前 531 年(昭公十一年)和公元前 507 年(定公三年,下葬)。

編寫這一條目的作者,對《春秋》並不熟悉,因此我們懷疑,他可能是晉廷學者。而前面和《春秋》元年紀事相符的副文,則無庸置疑(我們可以把對《春秋·隱公元年》內容的轉述,看作魏國編輯者想要把魯紀譜和魏紀譜關聯起來的拙劣嘗試)。我從雙行小字文內注中找到了"春秋"副文。這令我不安。但現存"今本"中,該文內注前一條爲"晉鄂侯郤,元年"。我重建竹簡,以晉年曆代替周年曆。這必定爲真事。

第 296 簡:此處"武公"尚未成爲曲沃統治者。

第 297 簡:"哀侯元年"單獨成句。我認爲,即便沒有重大事件發生,元年也應單列(對君王而言,採納新曆的儀式,本身就是一個事件。例如,"春正月王即位")。

我對竹簡加以重建,其中最後一篇以 60 支成篇的簡文,以晉國史上一個重大事件作結尾,這很重要。回顧我先前所做的工作,我確信我所作的基本正確,因爲以 60 支成篇的竹簡簡文均以重要事件作結尾。雖然對最後二十支簡的重建工作相當具有創造性,但此處的證據,使我再次確信所作非謬。

　　我所作簡文的翻譯，大體是借鑑理雅各之釋讀。而評注，則着眼於結構，而非釋讀。儘管如此，在一個重要問題上，我仍與理雅各背道而馳，採納畢甌的説法。這一問題與釋讀密切相關。第152–153頁，第205簡有"遂分天之明"一句。我認爲該句句意爲，他分擔天明（命）。（畢甌［Edouard Biot］："*Immediatement on partagea le mandate du ciel［la souveraineté］entre le vainqueur et le vaincu.*"）理雅各此處的釋讀晦澀含混，他説，"參與到天命的分配中去（entered into the participation of the bright appointment of Heaven）"，亦即，"接受"天命（有人認爲，該文有誤，"分"應爲"受"，這種説法參照了《史記》"受天明命"。另有人認爲"分"爲"頒"）。總的來説，我認爲武王並沒有"克"商，但和倖存下來的商朝王子達成了一項協定。

　　我的觀點是：武王不得不在仲冬伐商，以確保在水位最低時渡過黃河。但他選擇四月十八日作爲發動戰爭的吉日（甲子，清明日，等等）。雖然從黃河到牧野的距離不算遠，但較長時段的等待，符合軍事邏輯，有其軍事意義：引誘商王將全部力量集結起來。如此一來，就可以對商造成致命一擊。但該策署失敗了：禄父（武庚）可能在東面指揮商軍。倘若他當時在牧野，也許不會倖存下來。所以，武王"大度地"宣告，讓禄父繼續作名義上的商王，以延商祀。實際上，武王迫不得已出此下策，以掩蓋不可避免的事實，即他得和商朝後繼者共用天命。

　　若此説爲真，就可理解，爲什麼兩年後武王突然崩逝，周境內出現大恐慌。同時，也可理解爲什麼周朝宗室會和禄父聯合，釀成"三監之亂"了。

第五章

戰國時代《竹書紀年》原文的演變

5.0 人們普遍認爲,《竹書紀年》在公元 280 年前後出土後,遭晉代學者纂改,從而與原貌大不相同。理雅各亦持此意見。20 世紀,人們貶斥之聲愈烈,認爲《竹書紀年》或不可靠。其原文已佚,目前僅存明代贋本,即"今本"《竹書紀年》。對此,我已作出回應,不再贅言。此外,有一種較温和的觀點,認爲《竹書紀年》出土後,經過人們按一定路數修改。但不論怎樣,皆以《竹書紀年》不足參考、無法據此推斷周克商以前各年代等持論。夏含夷與我看法相近,但近來漸信"今本"所載克商日期爲晉代學者杜撰,《紀年》原貌亦不可測。因此,其研究止步於周代以前卜辭銘文所及之處。

我自然不贊同。我所做的,恰是利用"今本"《竹書紀年》推斷遠古紀年。這比最早的卜辭銘文所指年代,還要早上千年。《竹書紀年》出土後,確實曾遭後人改動。但這些改動大部分實屬瑣碎,易發現、易更改,且大部分改動屬西周以後部分。西周以後部分,不在我研究範圍內。至於公元前 841 年以前的部分,《竹書紀年》所載年份,大部分確實有誤。但經縝密考辨,《竹書紀年》仍可以用來推斷遠古紀年。

5.0.1　當然,我亦參考天象資料。但對運用天象資料,也有人反對。比方説,有一位朋友告訴我,"人人"都知道,中國人有時候會藉口政治杜撰天象記録。學者對此應有鑒別,要知道哪些材料已遭篡改,當廢棄不用。但我想,我們仍能從天象記録推斷出確切年份,並看出純粹杜撰和對某一確實存在的天象記録作修改,這兩者間的差別。天象記録雖遭修改,但仍能據此得出大量信息,並推知修改之緣由。比方説,"今本"《竹書紀年》載五星會聚在公元前 1071 年,位置在大火。此條記録不確。另一例,如夏仲康時一次日食,據記載推斷,爲公元前 1948 年庚戌日。此條記録亦不確。但這些錯誤均能得以解釋。如果事實上有一個可能的解釋,而我們通過推測找到這個解釋,可以學會更多。

我們試將此法推及整部《竹書紀年》,可知對各處重大修改,在公元前 300 年《紀年》最終完書前已成型。要找出修改之處及其改寫目的,勢必詳盡分析。此爲本章首要任務。我已從《竹書紀年》中找到證據,表明戰國時代《紀年》原文之演變,存有三個不同階段。

5.1　第一階段爲原貌階段,我稱其爲"原本"。原因在於,據我所見,除此以外,没有再早的版本,且"原本"所載,可證明爲真實的記録。比方説,"原本"載商王武乙元年爲公元前 1145 年。而拆解分析第三階段《紀年》所載,亦可得此年份。此年爲確,可從下述事實推知:其一,公元前 1145 年,商王封亶父爲周公。其二,第二階段《紀年》載,堯元年爲公元前 2145 年。當時周始祖后稷爲農業大臣。兩個年份中,必有一處爲僞,且依另一處篡改。從第一階段"原本"所載,可推算堯元年的時間。故公元前 2145 年爲僞。班大爲表示,舜十四年即公元前 1953 年,當年二月有一次五星會聚。堯年老體弱、德自衰退時,舜代堯位。堯死後,又經兩年守喪期。故舜元年爲公元前 1968 年。堯在位最後一年爲公元前 1969 年。是年,即堯五十八年,堯之子早被貶黜。故第一階段"原本"載,堯元年爲公元前 2026 年(此處,我已合理推測,認爲該年份無誤)。

5.1.1 從第一階段"原本"所載,亦可推斷周克商在公元前 1040 年。同時,若要解釋《國語》第三卷第七(3.7)中一項僞造的天象記錄,必須假設約公元前 475 年,作此僞造之人以公元前 1040 年爲克商年份(證據可見第二章之 2.10.3.1 條)。

5.2 目前,有關第二階段《紀年》所載,較可信的,乃以公元前 2145 年爲堯元年。此說因"尊周"而來,目的是爲提高周王地位。這或由魯國杜撰,魯國與周王室關係緊密。除此,第二階段《紀年》所載,亦包括副文(堯紀譜,第 040 簡)。該副文有以公元前 2145 年爲依據、照章蔀曆法推算的各年份。按章蔀曆法系統,古代魯曆中,公元前 2145 年爲一蔀的第一年(張培瑜《中國先秦史曆表》,第 252 頁,第一欄,從公元前 625 年再加一紀,即 1520 年。公元前 625 年首日爲戊子)。

5.2.1 第二階段《紀年》所載,以公元前 1045 年爲克商年份,與公元前 1145 年相距恰一百年。爲使公元前 1045 年爲克商年份,《紀年》編排當作何改動? 按上所述(見第一章和第二章),有必要解決武王十七年(周王曆公元前 1040 年)征伐和武王十二年(周王曆公元前 1038 年)崩,這兩種年份間明顯的矛盾。現可嘗試,以武王十二年爲克商年份,減去成王之兩年守喪期,爲周公七年攝政所代替。然後,規定武王卒於十七年。

如此,要求其始第 206 簡還沒有"作金縢"三個字(《金縢》篇謂武王"有瘳",暗示他十四年後還未去世)。第 206 簡下半謂"十四年王有疾周公禱於壇墠。十七年",繼而第 208 簡謂"命王世子誦于東宫冬十有二月王陟年五十四"(見 5.4.0.2＊＊＊)。

這看似不難,但代價是,無法從所得之克商年份,即公元前 1045 年,再往前推算。於是,新"十七年"後記事年份不得不後推三年,至公元前 956 年方止。公元前 956 年爲穆王元年,該年距周代起始年恰一百年。按周王曆,周代始於公元前 1056 年。故昭王最後一年,即昭王十九年實爲昭王十六年。第三階段《紀年》所載,取消了這一做法,但蹤迹尚存。下文將加以説明。

5.2.2　除此,第二階段《紀年》所載,公元前 1948 年庚戌日,夏仲康時發生過一次日食。第二階段《紀年》將堯元年往前推了 119 年。故此,第二階段《紀年》一大特色,乃將年份往前推進。據此,可還原推算過程。"今本"載,舜十四年爲公元前 2029 年,距公元前 1953 年五星會聚恰好一蔀(七十六年)。日食發生在公元前 1876 年。欲得日食相關信息,需往前推一蔀至公元前 1952 年,再往後推一紀至公元前 432 年,這樣就必須找出太陽的位置恰在房的那一天(《左傳·昭公十七年》),即夏九月的第一天(倪德衛、彭祕鈞《早期中國》第 15 卷)。在公元前 432 年、公元前 431 年、公元前 430 年、公元前 429 年,都找不到。最後得出公元前 428 年,建寅曆九月的第一天,恰好太陽位置在房,日期也是庚戌。所以,一紀(1520)以前,即公元前 1948 年夏九月朔,必被計算爲庚戌,也被當作日食年份。這一演算法不可能作於公元前 428 年以前,但可能在公元前 428 年後不久完成。

5.2.3　第二階段把克商之年定爲公元前 1045 年,而將堯元年移至公元前 2145 年。這意味着穆王元年是公元前 956 年,同

時又是周始年公元前 1056 年的 100 年後,因此周朝紀年中必然
還存在着守喪制度。可能此時第五世的商王太戊的統治年限也
被更改了:將其即位之年公元前 1474 年改爲繼位之年公元前
1475 年,剛好是商朝創立者湯所用年曆的始年(前 1575)後的整
一百年。

5.2.3.1 而在第二階段的後半段,編纂者又對商朝紀年進
行了其他改動,他們刪去了商朝紀年中的守喪期(後人還刪除了
周朝紀年中的守喪期)。公元前 1475 年這個日期不得改動,相
應的公元前 2145 年——第二階段的一個標誌性年份,也未作
修改。

因此,當守喪期被刪去之後,在太戊即位之前有 12 年的空白,
而唯一填補這個空白的辦法是調換第八任商王太戊和第九任商王
雍己的順序。雍己在守喪完畢之後統治了商朝十二年。

刪去了太戊之後的守喪期又造成了一個問題:從仲丁到武
乙的紀年也受到影響。之後對於兄弟篡位的擔憂大於對臣子犯
上作亂的擔憂,每位君主薨逝後都立刻由其繼承人即位,即位者
當即得以行使全部權力。此後商朝取消了即位制度(周朝又開
始採用)。

5.2.3.2 從仲丁到武乙之間所有的守喪期共計 35 年,這恰
好是商元年被前推的年數——它從公元前 1554 年移至公元前
1589 年。編纂者通過消除統治者在位期重疊的年份實現這一目
的。因此公元前 1554 年仍是商元年。但是(在第二階段)公元前
2145 年無法移動,所以公元前 1589 年也不能改變。於是編纂者
杜撰了帝癸(桀)這個人 35 年的在位期——如果傳奇史上確有其
人存在的話,來填補這期間 35 年的空白。

5.3 在第三章,我已表明(此處將進一步論述),《紀年》被埋

藏以前，已形成第三階段的樣貌。此乃魏國人所爲，目的在證明魏國於公元前 335 年"行王政"，同時其君爲王。基本上，每一階段《紀年》所載内容之發展，都不是綫性的，而是積聚性的。換言之，第三階段擁有部分第二階段的特色。同時，也有不存於第二階段、直接從第一階段得來的特色（可以假設，第二階段《紀年》所載並沒有徹底排除第一階段《紀年》所載，第二階段保留了部分第一階段《紀年》所載）。但最明顯的，是周克商的年份問題。

問題核心在於删除了商、周兩代紀年中的守喪期，在我看來，公元前 4 世紀的編年學家均未意識到這個問題。第二階段開始仍將守喪期包括在内。按第二階段《紀年》所載，克商年份爲公元前 1045 年，恰距宣父受封一百年。此亦表明，公元前 1045 年，爲自公元前 1056 年始"第十二年"。公元前 1056 年，爲周曆文王元年（或武王小王元年），距公元前 956 年穆王繼位一百年。這些年份均將守喪期算在内，以守喪之初爲君王繼位之始。如此定論，原因在於，大部分戰國以後所編紀譜表明，穆王在位期爲五十五年。這比穆王實際在位年份要長十六年。穆王後共五位君王，及穆王前共三位君王，他們守喪兩年，卻沒有把這兩年算在統治期内。於是，穆王在位年份就被拉長了十六年。這是最好的解釋。穆王前三位君王，分別是成王、康王及昭王（穆王以後君王世有別的日期改寫於其上，身份未明，但可確認）。

5.4　在第三階段，魏惠成王決定改其王曆始於公元前 434 年後的整一百年。公元前 434 年是他祖父魏文侯魏斯年曆的始年。所以公元前 335 年須是惠成王稱王之年。編纂者改寫了《竹書紀年》，把其先祖晉國（成王把唐叔虞分封於唐）的始年定在 700 年前，也就是公元前 1035 年。《國語·晉語四》記載，晉國立國時，木星在大火（位次 10）；而《周語三》第七節記載到，當武王克商時，木

星在鶉火(位次 7)。因此周克商立國(如《竹書紀年》所載)之年須
爲公元前 1050 年。

    5.4.0.1   這一點足以導致第三階段的編纂者刪去周朝的守
喪制度:如果從文王去世算起,公元前 1050 年不可能是武王十二
年。文王卒於五星會聚的公元前 1059 年之後的第九年,也就是公
元前 1050 年。魏國的編纂者們遇到了一個難題。於是他們把會
聚之年前推了一個木星運行周期,至公元前 1071 年,這樣文王薨
逝之年向前推了 12 年,到公元前 1062 年;公元前 1050 年則成爲
武王十二年(從其繼位算起)。

    爲了使這一切順理成章,必須刪除守喪制度。於是穆王元年
前移了六年,從公元前 956 年移至公元前 962 年,公元前 1062 年
成爲周朝始年——文王"受命"九年的最後一年(《逸周書・文傳
解》),也是武王行使王權的第一年。

    商始年則在 496 年之前,也就是公元前 1558 年,而非公元前
1554 年。所以帝癸(桀)的 35 年在位期必須縮減到 31 年,終結之
日也要前推四年:五星錯行這一怪異天象出現的時間從公元前
1576 年前推到公元前 1580 年(帝癸十年:他的元年必須是公元前
1589 年,這個時間不得更改);湯自稱王的始年從公元前 1575 年
前移至公元前 1579 年(殷曆以此爲商朝元年:陳夢家《綜述》,第
212 頁),《竹書紀年》把這一時間恢復爲公元前 1575 年,以保證其
爲公元前 1475 年前的一百年。公元前 1475 年已經被定爲太戊
元年。

    這也就意味着,商朝的最後兩任帝王康丁和武乙的守喪期,必
須挪作他用。他們杜撰了馮辛四年的在位期,而實際上馮辛很早
就去世了,根本沒有登基(很明顯商朝總結簡中"二十九王"的記
載,對於第二階段的修訂來說還是正確的,但在第三階段修訂之後
就是錯誤的了。此時商朝共有三十位君王)。

5.4.0.2　請看下表(第一、二、三階段表)：

君王記事	第一階段 確切日期	第二階段 公元前 1045 年曆表	第三階段 公元前 1050 年曆表
周元年	前 1056	前 1056	前 1062
周克商	前 1040(十七年)	前 1045(十二年)	前 1050(十二年)①
武王崩	前 1038(十二年)	前 1040(十七年)	前 1045(十七年)
成王	前 1037/前 1035 – 前 1006(2＋30)	前 1039/前 1033 – 前 1003(7＋30)	前 1044 – 前 1008 (三十七年)
周公七年攝政	前 1037 –前 1031	前 1039 –前 1033	前 1044 –前 1038
成王在位三十年	前 1035 –前 1006	前 1032 –前 1003	前 1037 –前 1008
康王	前 1005/前 1003 – 前 978(2＋26)	前 1002/前 1000 – 前 975(2＋26)	前 1007 – 前 982 (二十六年)
伯禽薨	前 990＝十六年 前 992＝十四年	前 989＝十四年*	前 989＝十九年*
昭王	前 977/前 975 –前 957(2＋19)	前 974/前 972 –前 957(2＋16)	前 981 – 前 963(十 九年)
伐楚涉漢遇大兕**			前 966＝十六年**

---

①　此處"十二年"爲武王本身之十二年。將五星會聚的年份重定在公元前 1071 年，必須將文王逝年放在公元前 1062 年。這樣，武王元年就在公元前 1061 年。紀譜末對周代的總結，認爲名義上，商代共歷四百九十六年。因此，以公元前 1062 年爲周代起始年的話，必以公元前 1558 年爲商代起始年(墓本並沒有稱這是武王元年。我推測，"元年己卯"爲晉人所加)。這與删去守喪期一致，把穆王元年從公元前 956 年，移到公元前 962 年，也即公元前 1062 年後整整一個世紀。

續　表

君王記事	第一階段 確切日期	第二階段 公元前 1045 年曆表	第三階段 公元前 1050 年曆表
伐楚涉漢遇大兇**	前 957 ＝ 十九年**	前 957 ＝ 十六年**	前 963＝十九年
穆王元年	前 956	前 956	前 962

　　* 若以成王繼位(前 1037)而非即位年(前 1035)爲伯禽在位四十六年之首年,魯公到厲公的年份都增加了兩年。伯禽薨年爲公元前 992 年,即康王十四年。周代紀年後推三年之法,用於伯禽,則伯禽薨年從公元前 992 年,變爲公元前 989 年,且其繼任考公在位四年,變成了在位一年(見本書 6.7.3.1 或者英文版《〈竹書紀年〉解謎》第 54 頁)。在公元前 1050 年紀年表中,魯公其他各確切年份保持不變。故伯禽薨年必定要增加五年,從康王十四年改爲康王十九年。

　　** 昭王在位最後一年紀譜載首句,可能爲"伐楚涉漢遇大兇"。該年發生的重大事件爲,昭王亡,其軍隊伐楚未果,自楚歸,涉漢水時又遭潰敗。① 公元前 1050 年曆表中,自武王崩逝後,周代紀年往後推三年的做法被顛倒,守喪期也被删去。這樣一來,原先公元前 1040 年曆表中的成王繼位年份公元前 1037 年得以保留,亦即成了所謂"成人年",攝政七年(如公元前 1045 年曆表一樣)仍在其前。克商年份往前推五年,武王壽命究竟有多長,仍是同樣的問題。但《金縢》篇之存在,要求以新方法解決此問題,即製作並插入一支合適的竹簡。

　　*** 如此,第 206 簡下半"十四年王有疾周公禱於壇墠。十七年"被改寫爲"十四年王有疾周文公禱於壇墠作金縢"(即"十七年"被删去)。我想,《金縢》篇被向來不久而作了;它開始説,"既克商二年,王有疾",即是十四年。所以不可不把"十七年"三個字再插入文中,但目前竹簡内没有空隙可用。故必插入一支整個的新竹簡,並且那個竹簡文可以包括所要求的"十七年"三個字。於是,魏國整理者把成王的記録文字扭曲起來,使其成爲一個新竹簡文,插入武王記録文字中,爲第 207 簡(見 5.2.1)。

　　於是,昭王最後一年又再變成了"十九年"(在位 2＋19－2 年)。但昭王紀譜十六年第一句,即公元前 1045 年曆表中昭王的最後一年的第一句,仍爲新十六年第一句。後來,也許在晉代,"兇"字(災難)似不合理,便改成"兕"字(神獸)。這也説不通(仍要求有兩場伐楚戰役,而非一場),但看起來不至於錯得離譜。

_____

　　① 如"伐楚涉漢遇大兇"一樣,《竹書紀年》成王七年第一句"周公復政於王"之"復政"完成在年末。

5.4.0.3　據倪德衛、夏含夷推斷之曆表,可知第一階段及第二階段之"周元年"。《竹書紀年》對周元年究竟爲何時,並未明説。帝辛三十五年爲公元前 1068 年,即第三階段減去十二年之公元前 1056 年,文王遷都至豐。類似地,公元前 1575 年,商湯遷都至亳,此爲商湯克夏前所用年曆之元年。在這個公元前 1056 年之年曆内,文王的薨年是第七年(前 1050),如《史記·周本紀》亦如《尚書大傳》一樣。

5.4.0.4　第三階段中,周始於文王崩、武王繼位。第 283 簡記周代大事總結,標明文王去世那年三月,武王繼位。周代自此至幽王共經歷 292 年(前 1062 至前 771)。相應地,第三階段中穆王元年爲公元前 956 年以前的 2×3 年。要得此年份,必得删去成王的兩年守喪期。

因此,第三階段雖照第二階段簡文,在成王元年前附加一段攝政期(後兩個階段恰好與第一階段形成對比),但第三階段所指成王元年與第二階段所指成王元年,實屬不同年份。第二階段中,攝政期結束後一年爲公元前 1035 年,即成王實際統治三十年的第一年。但第三階段中,攝政期結束後一年,實爲成王繼位年。因此時守喪期已删去,故視爲成王統治三十年的第一年。

由此可見,雙元年理論與第二階段曆表相抵牾,故不以公元前 1045 年爲周克商年份。雙元年理論和第二階段曆表編法,兩者只得擇其一。

5.4.1　必須承認,欲勾勒第二階段竹簡所載之全貌,須作必要之假設與推測。一般認爲,第二階段以公元前 1145 年爲武乙元年,以公元前 2145 年爲堯元年,兩者恰好相距一千年。由此須證,堯元年爲何從公元前 2026 年,往前推一百一十九年,變成了公元前 2145 年。撇開公元前 1145 年説法不論,則欲證不難。我在英文版《〈竹書紀年〉解謎》第九章（第 179 頁）、中文版第二章 2.9.2.
2（表）中，已加解釋。我指出，現存《竹書紀年》經歷了去除在位重
復年份、將年份往前移動、去除守喪期、將年份往後移動等一系列
改造。

5.4.1.1 就較早的第二階段來説，要保持公元前 1145 年這
一年份不變，或須作系列改動。首先，武乙最後十年和文丁最初十
年有重復，故删去。將帝乙在位十九年，縮短至在位九年。將重復
年份删去，並不影響公元前 1145 年這一年份。但帝辛在位年，必
不包括公元前 1045 年至公元前 1041 年這段時間。帝辛在公元前
1059 年，或公元前 1057 年，名義上退位。這以後，不當以王相待。
唯此，公元前 1045 年至公元前 1041 年這段時間，纔不致算在帝辛
在位期内。守喪期仍保留，故武乙元年仍爲公元前 1145 年。

5.4.1.2 爲了將堯元年合理地定在公元前 2145 年，一系列
的日期必須相應地作出更改，從而使帝辛元年前移 16 年，從公元
前 1086 年移至公元前 1102 年（如《竹書紀年》所載）；而這也就把
武乙元年前移了 16 年：即位之年從公元前 1143 年移至公元前
1159 年。這都是第二階段所作的工作。那麽在第二階段的後半
段，編纂者們將商朝守喪期全部删去，但保留了周朝的守喪期（我
在 5.4.2(h) 中將解釋他們必須這麽做的原因）。公元前 1145 年
仍是武乙賜爵於亶父之年，但不再是武乙元年。

5.4.1.3 現在，我將自堯往下，考查堯元年究竟如何被往前
移動了一百一十九年。這一移動，使堯在位時長從五十八年延至
一百年，整整多了四十二年。所以，一百一十九年減去四十二年，
爲七十七年。舜十四年從公元前 1953 年（五星會聚年）往前移動
到公元前 2029 年（《竹書紀年》所載年），恰好移動一蔀共七十六
年。此外，尚有一年，所以堯後守喪期增加了一年，兩年成爲三年。

但其後年份如何調整以填補這七十六年空檔，則須追問。據

説，在夏帝相及其子少康之間，寒浞曾篡位，使夏代經歷長達四十年之久的無王期。寒浞事應爲杜撰，其篡位四十年，減去兩年，即三十八年。這樣，就可以從七十六年中減去三十八年。

5.4.2 將桀從中國歷史上删去，必不令人信服。但事實卻是如此，不由得你不信。請見第二章，2.6.2.3。

首先，班大爲發現，公元前 1953 年 2 月有一次五星會聚，並以此爲夏代起始年。《竹書紀年》載夏代起始年在公元前 2029 年，比班大爲所指年份早一蔀。若《竹書紀年》夏代紀譜的年份，爲戰國時人按置閏周期改定，則班大爲此説不謬。

其次，彭瓞鈞發現一次日食，與夏紀譜所載仲康五年九月的一次日食，情況相符，即在公元前 1876 年。若《竹書紀年》夏紀譜載夏代王世長度爲確，且守喪期均以兩年計，則可推斷得此年份。

第三，孔甲繼位首日，爲公元前 1577 年 2 月 17 日，甲子日。此日恰解釋了孔甲名字之由來。

但問題是，《竹書紀年》載仲康五年九月朔日食在庚戌日（47），且按《紀年》自身體系推算，應爲公元前 1948 年，而不是公元前 1952 年。而且，"庚戌"日應爲丙辰（53）。

要解釋這一狀況，只能説，編寫者當初採納了置閏周期。首先，他們自公元前 1876 年往前移動一蔀，得到公元前 1952 年這一年份。其次，因《左傳·昭公十七年》載，當時太陽位置在房，他們又自公元前 1952 年往後移動一紀（1520），至公元前 432 年。他們發現，公元前 432 年以後，太陽第一次九月朔抵達房的年份爲公元前 428 年，夏曆九月朔日，即 10 月 28 日，亦庚戌日。於是，便往前移動一紀至公元前 1948 年，並標記庚戌日。

班大爲在《早期中國》第 7 卷一篇文章上稱，夏代最後一年應爲公元前 1555 年（距公元前 1059 年五星會聚共四百九十六年）。

而據我分析的夏紀譜，至公元前 1555 年，爲夏代倒數第二位君王發，並無帝癸桀。

　　5.4.2.1　爲證實此説，我又"重新思考"了無王期的長度（請見 2.6.2.3.2），從夏代起始年往前移動一蔀七十六年説起。最早，我認爲每位先王死後應有兩年喪畢期。其實，夏紀年兩王間隔的無王期大多是兩年。

　　（a）堯、舜、禹逝後，各自有兩年守喪期，而成爲三年。舜和禹逝年應晚於公元前 2029 年。爲彌補守喪期造成的（共）兩年，啓死後兩年守喪的無王期，被暫時忽畧。

　　（b）爲解決仲康日食問題，將"仲康五年"（及夏紀譜年份）往後移動四年。這樣一來，啓後的無王守喪期有四年。而原先七十六年的變動，則縮減成了七十二年。

　　（c）第五位君王帝相去世以後，有一段長達四十年的無王期，替代了兩年守喪期。此爲後人杜撰，將先前七十二年空缺，減去三十八年，則縮減至三十四年。

　　（d）據《竹書紀年》今人可見版本，禹在爲舜守喪後，名義上在公元前 1989 年即位。而夏代第九位王芒元年，在公元前 1789 年，桀元年在公元前 1589 年。其中，意圖明顯。即要使夏代前八位君王共歷兩百年，後八位君王亦共歷兩百年。但自禹至芬，總共爲202 年。也就是説，其實芬的兩年（無王）守喪期被删去了。這使得僅剩三十四年的空缺又多出兩年，成爲三十六年。

　　（e）夏王不降遜位後，無守喪期。但此被忽畧，所以有兩年無王期加入，使空缺縮至三十四年。

　　（f）從發上溯至芒，共 201 年，所以芒逝後僅有一年無王期。這使得空缺增至三十五年。

　　（g）夏王不降退位時還活着，故没有守喪期。但爲保留兩年守喪期的長度，不降之前夏王泄的守喪期和不降以後夏王扃的守喪期，均由兩年增至三年。

（h）桀的在位期最初被定爲35年，這也是仲丁到武乙所有守喪期年數的總和，這些守喪期在修訂中被删除了。原定的35年，也在删去西周守喪期後變成了31年：穆王元年被移至公元前962年，則周始年須爲公元前1062年；而（496年之前的）公元前1558年爲商始年。因而杜撰了馮辛四年的在位期。馮辛實際上死於其父祖甲之前，從未登基。

5.5　許多人躍躍欲試要批駁我的觀點。但他們得找到比公元前428年更早的有關桀的記録，纔有可能推翻我的論斷。當然，也未必就一定是公元前428年。但要將公元前1876年的那次日食，往前移動到公元前1948年，就必須提到公元前428年；要把堯元年從公元前2026年，往前移動到公元前2145年，也必須提到公元前428年。第二階段簡文，不需要將此變動全部做完。

是否有比公元前428年更早的有關桀的記録？搜查材料後，我發現兩處可能的記録。但經仔細考辨，我認爲這兩條記録不可引以爲證（後一條記録所載年份仍有爭議）。

第一條記録爲："韋顧既伐，昆吾夏桀。"（《詩經·商頌·長髮》最後一句）

這句通常解釋爲："伐韋（國）、顧（國）後，（湯）繼起征伐昆吾及夏桀。"（如理雅各譯文，第642頁）

但亦可解釋爲："昆吾擁護夏室，故（湯）伐之。"《竹書紀年》載，昆吾在夏朝政治軍事上，皆爲諸侯之領導。所以，我認爲此處"桀"不指人名，而用其本義，即"英勇"或"英雄"，通"傑"。

第二條記録爲："桀德惟乃弗作，往任是惟暴德，罔後。"（《尚書·立政》）

理雅各（3.512）將其譯作："然桀不循其祖道，任用殘暴之人，故無後。"該章上下文似能解釋此説,因其對開國明君、亡國暴君均有評價。但此處,若將該句看作句前引用夏禹良臣勸誡語的一部分,則更説得通。即,若不小心謹慎,則可能任用不當、提拔無用之人,且"品德高尚(桀德)之人,會敬而遠之,避免出現(弗作)。那些在你跟前、受任命之人(往任),通常都是一些殘酷無德(暴德)之人。這樣一來,你就不會有後繼了"。

讀這條記錄,較自然地是將"桀德"與"暴德"作對比。"桀"、"暴"是泛指,而非專指人名。所以,該條記錄要點在於,壞人當道、身居要職,則國家將覆。

我認爲,早期對於《竹書紀年》及類似文本的解讀存在誤讀或誤解的現象,這導致了有關桀的傳説,並爲這位夏朝第十七任君主添加了許多故事。而戰國時期的年代學者恰好找到了他們所需要的證據。

5.6 我仍需重述理由,以解釋爲何大梁編年史家對《紀年》加以修改,致其呈現出第三階段之樣貌。他們改寫的範圍,從所預期的公元前 335 年稱王開始,直至公元前 300 年。在第三章,我已對此加以解釋:《紀年》文本最終成稿於戰國魏惠成王及魏襄王時期。魏惠成王侯罃在公元前 335 年稱王,從公元前 334 年採用新曆。他們精心挑選了公元前 334 年這個年份,因爲這個年份恰好和公元前 434 年相隔一百年。公元前 434 年,魏斯從"子"晉升到"侯",並自該年起採用新曆。大梁編年史家的任務,就是要對魏國和晉國歷史畧加修改,以便强化稱王的説法。在命理學上,"七百年"是一個很重要的時間長度(詳見後)。《紀年》周成王紀譜中,將晉國建立的年份定在公元前 1035 年。公元前 1035 年,也即紀譜所載成王十年,王弟唐叔虞受封於唐,即後來的晉國。

5.7　這一小小改動,使得全書許多地方都相應地加以修改。這些修改,保留在"今本"中。

(a)《國語》載,晉國建立時,木星在大火(12 位次中的位次 10)。

(b)《國語》亦載,武王伐商,木星在鶉火(位次 7)。

(c) 普遍認爲,木星周期爲十二年。若晉國始於公元前 1035 年,即木星位置在位次 10 這一年份,則克商年份須在公元前 1050 年。因爲只有在公元前 1050 年,木星位置纔在位次 7。

(d) 但從現有史料看來,克商年份必在公元前 1040 年。武王卒於公元前 1038 年,之後是七年攝政,即公元前 1037 年至公元前 1031 年。公元前 1037 年時,成王僅十三歲。二十歲前,需人輔政。於是,攝政從成王繼位(前 1037)開始,到成王即位(前 1035),再到成王守喪後統治的第一個五年(前 1035 至前 1031),總共歷時七年。這就需要插入一些事件,使得公元前 1050 年爲克商年份。於是,編年史家們從第二階段《紀年》文本中吸取靈感,把攝政期放在成王統治期開始以前。

(e) 但這不足以成事。於是,編年史家們把繼位年份(而非即位年份)當作成王三十年統治期的起始年,並把守喪期删去。

(f) 這樣,編年史家們把成王繼位年份和攝政起始年份定在公元前 1044 年。但仍相差三年。是哪三年呢? 第二階段《紀年》文本中,武王克商在武王十二年,武王卒於十四年。但在較晚的第二階段《紀年》文本中,有"十七年"三個字被插入第 206 簡末,使武王薨年變成了十七年。大概此後不久有人作《金縢》篇,它説克商後兩年武王有疾乃廖,而不言他何年死了。所以,魏國整理者們把"十七年"删去了,以"作金縢"代替。但不可不把"十七年"那個年期插入,然而在第 206 簡或者其次(就是武王最後的)竹簡沒有空白可用。所以必須構成一個包括"十七年"字樣的整支竹簡插入第

206 簡和次者之間。魏國人所做的是我在第三章所敘述的那樣。第二階段年代學者欽敬周代歷史，也敬念周公，永不肯做此改動。

（g）據夏含夷考察，載有所需內容的竹簡可從成王紀譜中獲得（《哈佛亞洲研究學報》1986）。但夏含夷忽畧了一些問題：要移動此段內容並使移動看起來合情合理，就需要移動一支完整竹簡。所以，成王紀譜的部分內容被改寫了（改寫一事只可能發生在戰國時期，因爲戰國時期，杜撰歷史的風氣較盛行），使得周公卒年和葬年晚於爲他舉辦禘禮的時間。這樣，就可以把武王紀譜所需要的內容編排到一支完整的竹簡上。

（h）但把公元前 1050 年看作克商年份，顯然行不通。文王在五星會聚後九年去世，即公元前 1050 年。若堅持把克商年份定在公元前 1050 年，勢必要先解決文王的問題。所以，五星會聚的年份，相應地往前移動十二年，即一個木星週期，因爲木星恰好也運行到會聚點。這樣一來，克商年份在“十二年”，即成爲“武王十二年”。

（i）刪去全部守喪期後，穆王元年從公元前 956 年變成到公元前 962 年。而距公元前 962 年的前一百年，即公元前 1062 年，成了文王卒年。公元前 1062 年也就成了周代起始年——按《竹書紀年》周紀譜末尾小節所示。

（j）若晉國建國年，爲大火年（即木星在位次 10），則與之相隔十二及十二倍數的年份，如公元前 1047 年、公元前 1059 年及公元前 1071 年，均爲大火年。公元前 1071 年，爲新的五星會聚年。但實際上，五星會聚在公元前 1059 年。該年木星在鶉首（位次 6）。所以，帝辛元年應往前移動十二年（五星會聚年份移動的十二年）、加四年（鶉首到大火的四年），總共十六年。即，從公元前 1086 年（實際元年）移動到公元前 1102 年（《竹書紀年》所載年份）。此是與第二階段之以帝辛底年爲周正統元年，即公元前 1056 年一致的）。

（k）另外，删去重復的在位年份亦會造成往前推移現象。再加上往前移動的十六年（逆到商初纔止）。關於這一點，詳見第二章 2.9.2.2 表。

（l）删去守喪期，以及其他一些年份上的移動，使編年史家得以杜撰出在位長達三十一年的夏代最後一位帝王桀。另外，商代太戊和雍己在位秩序顛倒，且太戊在位年份延長至七十五年。

（m）5.2.1 中，我表明，第二階段簡文在某一時刻將年份往後移動了三年，以致武王壽命增加三年。至第三階段，（e）和（f）大部分取消了這一做法。周公攝政一段放在成王繼位前，即公元前 1037 年前。從蛛絲馬迹仍可察知，曾有此舉。

（m.1）穆王元年不能動，因爲它必須在距周代起始年恰一百年的位置。如此一來，昭王在位年份就受到擠壓，本應終於昭王十九年，現在在昭王十六年就被記作結束統治。因（e）、（f）影響而改訂的紀譜中，昭王紀譜最後一年的第一句標“十六年”，“伐楚荊涉漢遇大兕”。即在渡漢水、伐楚荊時，周王軍隊路遇猛獸。但誰又會在乎一頭猛獸呢？“十九年”原句爲“伐楚荊涉漢遇大兕”，即途中遇到大災，這句話概括了整個事件（就像成王紀譜第七年開頭的那個句子）。

（m.2）另一個綫索，爲康王紀譜載，伯禽卒於十九年。正確的年份應爲十六年。

在 5.4 表顯示，“十六年”變成“十四年”，即以伯禽四十六年始於公元前 1037 年（成王的繼位年），而非公元前 1035 年（成王的即位年）。所以，伯禽卒年成爲公元前 992 年。

當武王薨逝及其後事件的日期下推三年之後，伯禽四十六年的在位期亦結束於公元前 989 年，其繼任者考公的統治年限從四年壓縮到一年，而死亡日期仍然留在公元前 989 年。《竹書紀年》中考公只在位一年。

此後爲了保持伯禽死亡日期不變,第三階段的文本(把克商之年前推五年,從公元前1045年移至公元前1050年,而接下來的日期也相應地前推五年),然後在伯禽死亡的年份上(時爲康王紀譜)再加上五年,使"十四年"變成"十九年"。

故而伯禽卒於十九年,《竹書紀年》保留了這一記載。這些記錄表明了戰國時期魏國學者做的一系列改動。

5.7.1 以上大致爲第三階段《紀年》文本的全貌。魏國大梁那些專家們,是不是覺得他們排定的日期,要比早先編年史家所做的更準確? 答案是否定的。他們可能對準確性並不感興趣。他們竭力要做的,乃是把材料放在看似可靠的位置,以免被世人嘲笑。他們做歷史編年,純粹爲了政治宣傳,搜羅史料以支持魏國建國的言論。在第一階段和第二階段中,那些與他們需求不相抵觸的材料,被完好保存下來。一個典型的例子,就是以公元前2145年作堯元年。

除此,還有一些情況。比方説,有一篇稱頌周代的長篇副文,雖與魏國利益並不直接相關,但亦未直接損害其利益。因此,該篇附文就被留在原位。另外,在那篇稱頌周代的副文裏,有一支簡,即第197簡中間部分,有一處細節顯示了魏國編輯者心有餘而力不足。該簡記有"孟春六旬五緯聚房"。我在前邊已解釋,第三階段簡文需要"房"這個位置。五星會聚實際發生在公元前1059年五月下旬。此次會聚的位置若在房(大火中"宿")的話,五月不可見。但"孟春六旬"也是對的,它必是第一階段和第二階段遺留下來且未經"更正"的記錄。

5.7.2 第三階段中的一些錯誤,對現今普遍接受的《紀年》亦有所影響。比方説,穆王在位五十五年。魏國專家要爲此記載負責嗎?《尚書·無逸》中,亦可找到一些《竹書紀年》的錯誤(如,商代太戊在位七十五年,祖甲在位三十三年)。這也許並非偶然。是誰承襲了誰的錯誤?《竹書紀年》中有關武丁和祖甲的副文,引自《無逸》。但兩處記載均指太戊在位七十五年,似是第二階段加以計算的結果。這表明,文本所載爲人們按其自身利益探討得來的,並不總是爲了政治宣傳。

5.7.3　另有一處細節,可證實我對公元前 4 世紀知識世界的構想,即,公元前 4 世紀,各國學者信息共享。我們知道,魏侯罃自立爲王,並以公元前 334 年爲新曆元年,而公元前 334 年與其祖父在位元年恰好相隔一百年。照此,魏侯罃必得想盡辦法,使公元前 335 年作爲稱王年具有合理性。據我推斷,公元前 335 年以前,魏國專家即已提出唐叔虞受封於公元前 1035 年(即公元前 335 年以前 700 年)。《國語》中,有“晉之始封也,歲在大火”。當時,人們可能普遍接受這一說法。因爲,沒人能夠真正精確地計算出過去幾個世紀裏木星真正的位置。所以,魏國專家宣稱,木星在大火那一年爲公元前 1035 年。沒有人質疑他們的說法,並且,這一說法很快爲人接受。

但早晚有人要根據木星周期爲十二年的結論去檢驗這一說法。檢驗這一說法的最佳時機在公元前 315 年,即距離公元前 1035 年的 12×60 年後。檢驗者在夜晚仰望天空,以期在天蠍座附近的大火位置,即位次 10 上觀察到木星。但出人意料的是,他並沒有在相應的位置發現木星。相反,他發現,公元前 315 年木星在降婁(位次 3),距離位次 10 往東五個位次。假設他住在魏國,也不打算對公元前 1035 年這個年份提出質疑。他很有可能做這樣一個計算,即 720＝12×60＝144×5 年。但木星移動了 5＋(144×5)個位次。所以,木星不是一年移動一個位次,抑或一百四十四年內移動一百四十四個位次,而是一百四十四年內移動一百四十五個位次。那位檢驗者會把他的發現告訴他的同伴,他的同伴可能在魏國,也可能來自其他國家。這一發現也可能傳到占星家那裏,被當作一種經驗法則,用以修正當時普遍認爲木星周期爲十二年的看法。再後來,劉歆也必然知道這一發現。劉歆是西漢後期非常有名的占星家,以使占星系統化著稱。據劉歆計算,木星在一百四十四年内移動一百四十五個位次。我們不能説劉歆犯了一個錯誤(實際上,木星在八十四年内移動八十五個位次)。他所做的一切,都是要證明他和其他人所確信的東西,乃具合理性。

5.8 下表所示,爲對公元前1118年至公元前1086年加以三次改動後,所造成的影響:① 帝乙在位年份減去十年,删去武乙和文武丁在位的重復年份;② 將商紀譜年份往前移動十六年,删去帝辛和武王在位的重復年份;③ 將克商前的周紀譜年份往前移動十二年。

在人們仍認爲帝辛元年在公元前1086年(武乙元年仍在公元前1145年)以前,帝乙在位年份已從十九年減至九年。

下表亦解釋了"今本"《竹書紀年》有關公元前1118年至公元前1086年,文丁第一個年曆元年(＝武乙二十六年,以即位年爲元年)至帝乙真正年曆十九年(次年爲帝辛元年),這些年份上的變動。

公元前1118年—公元前1086年的變動

時　　間	A	B	C	D	E	F
前1118	武乙 26	文丁(1) 1	季歷 9	武乙 26	文丁 7	季歷 21
前1117	27	2	10	27	8	22
前1116	28	3	11	28	9	23
前1115	29	4	12	29	10	24

續　表

時　間	A	B	C	D	E	F
前 1114	30	5	13	30	11	25
前 1113	31	6	14	31	12	昌 1
前 1112	32	7	15	32	13	2
前 1111	33	8	16	33	帝乙 1	3
前 1110	34	9	17	34	2	4
前 1109	35	10	18	35	3(地震)	5
前 1108		文丁(2) 1	19	文丁 1	4	6
前 1107		2	20	2	5	7
前 1106		3	21	3	6	8
前 1105		帝乙 1	22	4	7	9
前 1104		2	23	5	8	10
前 1103		3	24	6	9	11
前 1102		4	25	7	帝辛 1	12
前 1101		5	昌 1	8	2	13
前 1100		6	2	9	3	14
前 1099		7	3	10	4	15
前 1098		8	4	11	5	16
前 1097		9	5	12	6	17
前 1096		10	6	13	7	18
前 1095		11	7	帝乙 1	8	19
前 1094		12	8	2	9	20
前 1093		13(地震)	9(地震)	3(地震)	10	21
前 1092		14	10	4	11	22

續　表

時　間	A	B	C	D	E	F
前 1091		15	11	5	12	23
前 1090		16	12	6	13	24
前 1089		17	13	7	14	25
前 1088		18	14	8	15	26
前 1087		19	15	9	16	27
前 1086		帝辛 1	16	帝辛 1	17	28

　　A、B、C 三欄爲正確日期。另,將文武丁在位十三年接在武乙紀譜之後,保持帝乙元年,即公元前 1086 年不變,並將帝乙十一年改作帝乙元年。如此一來,所得結果即如 D 欄所示。E 欄,爲將商代紀譜往前移動十六年的結果。F 欄,爲將周代紀譜往前移動十二年的結果。"今本"《竹書紀年》所載年份,爲 D、E、F 三欄綜合後的結果(所以,季歷卒於帝乙而非文武丁之手)。

　　5.8.1　除此,請注意,公元前 1093 年(周文王昌九年)發生在周地的一次地震,被算在帝乙三年。但實際上,應爲帝乙十三年。帝乙三年,記載了一次自宣王十三年開始的軍事行動(見於不嬰篹,及其他與宣王相關史料中)。這可以佐證"十三"這一年份的存在。第 169 簡(帝乙紀譜第二支半欄簡)有如下記載:

　　　　三年:王命南仲西拒昆夷,城朔方。夏六月:周地震。

　　公元前 1093 年,(周)昌九年,在周地發生一次地震。[①] 但南仲爲宣王大臣,且"城朔方"爲宣王時發生的一件事。據不嬰篹可

---

　　① 　見《吕氏春秋·季夏紀·制樂》,倪德衛 1999 和 2002 第 2.3 節和注釋 3。另見本書第四章對第 168 簡和第 169 簡簡文的評注及注釋 1;第二章第 2.2.3 簡及注釋。

確定此事發生在宣王十三年。當然，不嬰簋並未標明年份，但簋上所載事件，其發生年份恰在虢季子伯盤所載事件年份之後。虢季子伯盤記載了宣王十二年事（見第八章）①，如果帝乙紀譜所載不是"十三年：王命南仲西拒昆夷，城朔方。夏六月：周地震"，那麼，就很難讓人相信竟會有如此的編輯錯誤發生。所以，應是"十三年"，而不是"三年"。將"十三年"改成"三年"，這一改動發生時，武乙元年仍爲公元前 1145 年。

　　如表所示，帝乙元年爲公元前 1105 年。而文武丁在其父武乙活着的最後十年裏，採用了新曆。這兩者，可通過分析商晚期甲骨卜辭和青銅銘文所得（見第七章［特別是 7.5.2］，包括倪德衛 1999 和 2002 附録二的大部分）。

　　5.8.2　上述分析，還可澄清一項重要史料。劉知幾對《竹書紀年》載季歷卒於文武丁之手，頗感驚訝。其原因，可能在於劉知幾接受了《呂氏春秋》有關季歷之死的論述。按《呂氏春秋》，季歷鞠躬盡瘁而死。據我分析，文武丁與季歷之死毫無干係，只不過，"今本"《竹書紀年》把季歷卒年從帝乙紀譜移到了文武丁在位年份（據"今本"《竹書紀年》載，季歷和文武丁間關係一直很好）。有關這一問題，可參考《逸周書・度邑解》中，武王（發）與周公（旦）在克商勝利以後的一段話："嗚呼，旦，惟天不享於殷，發之未生，至於今六十年。"武王和周公的對話，發生在公元前 1040 年。公元前 1102 年，季歷卒於商王朝一處名爲塞庫的囚牢。此後，周商之間，再無寧日（武王發可能生於帝乙十五年，即公元前 1091 年，卒於公元前 1038 年，死時五十四歲）。此外，倘若我們有這次對話的詳細記載，我們會看到，武王從未將其繼位視作周王朝受天命、合法統

---

　　①　夏含夷教授提醒我注意不嬰簋，及馬承源有關日期的分析。在此，表示感謝（另見第八章，青銅銘文 49 及注釋，《詩經》第 168 篇）。

治之始。早在文王時代，已是"天不享於殷"。且文王名義上之統治，始於公元前 1099 年（他的即位年），即六十年前。

5.9 "九鼎淪泗"傳説札記

"今本"《竹書紀年》載，周顯王四十二年，即公元前 327 年，"九鼎淪泗没於淵"。換言之，周代九鼎沉入泗水，遺失不見了。而七百年前，按"今本"《竹書紀年》，周成王十八年，即公元前 1027 年，成王舉辦了一次儀式，將九鼎永久存放於洛邑（洛陽，即成周，爲周王在所征服之地新建的東都）。九鼎象徵着主權，周王從商王手中奪取九鼎，而商王則從夏王手中奪取九鼎。九鼎乃夏代開國者大禹用九州進獻之金打造而成。自此，神話開始流傳。

5.9.1 《左傳》成書於公元 310 年左右，包括一些較早的、年代不明的史料。如宣公三年，記載了一件與九鼎有關、但純屬杜撰的事：楚莊王討伐陸渾之戎，周定王派王孫滿去慰勞，楚莊王乘機問周鼎的大小輕重。王孫滿回答説，"周德雖衰，天命未改，鼎之輕重，未可問也"。周成王定鼎於洛陽時，曾有占卜，預示周王朝將延續三十世代，共歷七百年。一般來説，人們認爲《左傳》記九鼎事時，受到"九鼎淪泗"一説影響。但也有可能，九鼎淪泗傳説爲《左傳》杜撰。

5.9.1.1 許多人認爲，《左傳》中有關占卜的記錄，其實是在占卜內容所記事件發生後纔寫的。但我認爲，這不可能發生在公元前 327 年。有關《左傳》的故事，有兩種解釋。

（1）按占卜所預測，周顯王爲三十位君王中最後一位，並終結了周王朝統治。那麼，顯王死後一年，即公元前 320 年，爲九鼎淪泗事件發生的原始年份。若克商年份在公元前 1040 年一説（而非"今本"《竹書紀年》所謂公元前 1050 年）無誤，成王自公元前 1037

年繼位,在位 2+30 年,且"今本"《竹書紀年》載"十八年"定鼎於洛(魏國專家錯誤地把成王元年定在公元前 1044 年,並確認成王在位 7+30 年。據此,從公元前 1044 年往後十八年,即公元前 1027)。若公元前 1040 年一説無誤,則定鼎於洛的年份應爲公元前 1020 年,即從公元前 1037 年往後十八年。當然,公元前 1020 年再往後七百年,爲公元前 320 年。《左傳》中有關九鼎的故事,爲宋人杜撰。宋國爲最後一個自立爲王的諸侯國,建國於公元前 319 年。公元前 318 年起,採用新曆。

　　證據如下:據"今本"《竹書紀年》,公元前 1020 年爲周成王二十五年。成王二十五年,諸侯會盟於周都。這可能是爲定鼎於洛而舉辦的一次重要儀式。可是,原來此事變的日期不是"二十五年"(若用成王真正的元年公元前 1037 年的話),而是十八年(前 1020)。拿成王二十五年定在公元前 1020 年,可能是魏國專家有意爲之。宋國專家的紀年文大概如下:

　　　　十八年春正月王如洛邑定鼎。鳳凰見。遂有事於河。王大會諸侯於東都。四夷來賓。冬十月歸自東都有事於太廟。

　　(2)《史記‧封禪書》開頭的地方,另有一則故事。司馬遷本人對此故事深表懷疑,但我們不妨考察一下。這則故事講的是九鼎沉入泗水。但沉鼎年份在秦統一中國前一百十五年,即公元前 221 年前一百十五年,也即公元前 336 年(若不計頭尾兩年,即周顯王三十三年,見陳逢衡卷 47.21a)。這一年,照我的看法,恰在魏國行王政、自詡稱王前一年。

　　公元前 320 年以後,魏國政治宣傳者們很快採納了公元前 320 年有關九鼎沉入泗水的那個故事版本,宣稱九鼎沉入泗水的年份就在公元前 336 年,由此,爲魏惠成王稱王提供了合理性。

　　(前已論證,魏惠成王在公元前 335 年稱王,公元前 334 年起採用新曆）。

那樣，"327"的故事和"336"的故事都存在了。

5.9.1.2 魏襄王（前318-前296）爲魏國第二任君王。這時的專家所要做的，是把這些有關定鼎和公元前1020年聯繫在一起的記載刪去。他們的年代系統以公元前1044年爲成王元年。所以，上文"王大會諸侯於東都"之前插入"二十五年"這個日期。那樣，"王大會諸侯"等留在公元前1020年，而十八年"定鼎"則成爲公元前1027年的事變。這樣就可以整理《紀年》文，杜撰那"九鼎淪泗"的記載而插入惠成王八年（前327），所以使宋國人不能用以預言宋君將稱王。若宋國年代專家有這樣的觀點，顯然在他們的思想中，我所謂第一階段年代系統是存在的：他們仍知道，成王繼位年必是公元前1037年，也就是仍知道周克商年必爲公元前1040年。

5.9.2 《史記·秦本紀》完整記載了秦君稱王的過程。

該過程的第一年，有異象，預示着王道將興。故公元前326年，秦國統治者行臘祭之禮。臘祭之禮，乃唯王可以行之禮。

第二年，即秦惠文君十三年，也即公元前325年，[1]秦惠文君自稱爲王。這預示着下一年將採納新曆。

第三年，即惠文君十四年，也即公元前324年，改稱元年，爲新曆的開端。

我已提到，魏國朝廷的專家們宣稱，九鼎淪泗發生於公元前336年。這樣一來，秦王稱霸天下的過程就完整了。從我總結的

---

[1] 据《史記·秦本紀》（及《六國年表》），秦惠文君十三年四月戊午日（55），魏國統治者自稱爲王。這是較晚近的改動。《史記·周本紀》顯王四十四年，（唐）《史記正義》注釋，（北宋）《資治通鑑》周顯王四十四年，（南宋）《通志》秦惠文君十三年，皆載秦國統治者於公元前325年自稱爲王。其中，《史記正義》以《史記·秦本紀》作參照。《資治通鑑》和《通志》都給出了確切的日期（可能原文爲"號君爲王"，而非"魏君爲王"，即"魏"字是印刷用活字之錯誤）。

年表及現在的持論，可知魏國統治者必在公元前 335 年自稱爲王。《史記》載公元前 334 年爲魏元年，而惠成王卒於公元前 335 年。但《史記》對此解釋有誤。

5.9.3　九鼎淪泗的故事什麼時候出現的？是誰杜撰了這個故事？《史記》中一些證據表明，該故事產生於宋國，宋康王偃時期。宋康王於公元前 328 年繼位，但直到公元前 318 年纔自稱爲王。據《孟子》載，公元前 319 年，"梁惠王"死。孟子在"梁惠王"死後前往齊國。他途經宋國，而宋國當時正就是否要"行王政"與"行王政"後鄰邦齊國和楚國是否會攻打宋國等事展開討論（《孟子·滕文公下》）。由此可見，公元前 319 年，必是宋國自立爲王的年份。當時，流行一個有關七百年的觀點。即，公元前 318 年與上甲微繼位年份恰好相隔 700＋700 年（據"今本"《竹書紀年》載，上甲微繼位年份在公元前 1718 年）。上甲微爲商朝和宋國的始祖。[①] 簡單來講，九鼎淪泗必爲宋國元年公元前 318 年之兩年前，即公元前 320 年發生之事，因爲當時，宋國統治者自立爲王，而自稱王之年必爲公元前 319 年。宋國建國，故有必要作此杜撰。而該年份爲公元前 320 年。

　　爲什麼沉鼎於泗水？泗水距洛邑千里之遙，並非樞紐之地，九鼎也不太可能運抵此地。但泗水地處宋國境內，靠近南鄰宋、楚兩國的邊境。按《封禪書》載，九鼎淪没於"彭城下"。彭城乃宋國城

---

　　① 戰國時期，商代紀年爲人所知。尤其是宋國，因其爲商王後裔。"今本"《竹書紀年》載，公元前 1580 年有五星錯行及流星雨等天象。但按班大爲的説法，這些天象實際發生在公元前 1576 年。這表明，"今本"《竹書紀年》將公元前 1575 年視作成湯元年，可能是對的。湯可能把一些天象當作有利於自己的徵兆，所以，在這些天象發生過後的一年，他自稱爲王，記爲新曆元年。"今本"《竹書紀年》有關上甲微在公元前 1718 年繼位的説法，也可能是對的。因爲宋國自公元前 318 年採納新曆。公元前 318 年與公元前 1718 年恰好相距 2×700 年。

市,在泗水邊上,即今天的徐州附近。且與此同時,太丘社亡(書中並未記載如何亡)。除非太丘社爲宋國祭拜周王之地,否則毫無意義。如果此地真爲祭拜周王之地,那麽太丘社亡和九鼎淪泗,就是來自地和水的雙重打擊,摧毀了象徵着周王權威的神聖器物。

至於九鼎如何運抵泗水,有一種説法,即"飛入"水中。重達千斤的金屬飛入水中,哪怕幾寸都是不可思議的,更何況飛躍幾英里。當然,鼎乃神器。《史記》説,公元前 403 年,周王同意趙、韓、魏三家分晉。此舉破壞了周王朝的等級秩序,故"九鼎震"。

當然,九鼎的故事完全是神話。據我所知,當時並無可信的資料,證明有人見過九鼎。"泗水説"倒很安全,沒有人質疑它。只不過常常被人忽視。司馬遷就沒有注意到"泗水説"。他認爲,公元前 256 年,周赧王投降後,九鼎被運往秦地。還有一些記載(《戰國策》和《史記》)稱,周赧王在位時,九鼎一直在洛陽。有一種説法試圖調和各種故事版本,這種説法認爲,"泗水説"只涉及九鼎中其中一鼎,其他八鼎均被秦王掠奪。公元前 219 年,這尊丟失的鼎神秘再現。據《封禪書》講,秦始皇聞此,派一千名泳者潛入泗水,試圖打撈,但空手而歸。

5.9.4 "九鼎淪泗"故事中,最讓我感興趣的,是"今本"《竹書紀年》把"十八年"(前 1027)視作定鼎日期。我們可以將"十八年"和"十年"作比較。"十年",即公元前 1035 年。是年,成王將唐地賜予弟弟虞作封地,晉國歷史就此開始。"今本"《竹書紀年》中這兩處絕對日期均有誤。但"十年",則是從公元前 335 年往前推算七百年後得來的。公元前 335 年,爲魏惠成王自稱爲王的年份,相當重要。數字"十"並沒有其他意義。公元前 327 年,也並無特殊含義,不過是數種淪鼎日期中的其中一種,從公元前 1027 年往後推算七百年得來的。按魏國專家的《紀年》,若非"十八年",則無法從公元前 1027 年開始推算。換言之,"十八年"本身具有相對獨立性,是正確的。所以,在以公元前 1040 年爲克商年份、以公元前 1037 年爲成王繼位年的前提下,進一步追問淪鼎日期時,必須採用"十八年"這個年份。有關淪鼎的年份,我認爲,應在公元前 320 年,且宋國在淪鼎傳説中佔據重要地位。若我對九鼎淪泗傳説的理解不誤,則此解説亦爲克商年在公元前 1040 年,提供了一條理由。①

5.9.5　進一步分析,可知"今本"《竹書紀年》杜撰《紀年》的全貌:若公元前 1035 年爲晉國開國之年,則據《國語》,該年木星位處大火(位次 10)。所以,公元前 1050 年爲鶉火年(位次 7),也即克商年份(亦見《國語》)。但若公元前 1037 年爲成王元年,則該年必爲成王實際掌權第一年。公元前 1044 年爲七年攝政之始。七年攝政,成王在名義上爲君王。換言之,公元前 1035 年爲成王十年。此外,若把七年攝政加在成王元年,即公元前 1037 年以前,則成王在位共三十七年,且以公元前 1044 年爲名義上的元年。但若克商年份在公元前 1050 年,則自成王紀譜必須竊取三年之文(見第三章),且爲避免克商年份和文王薨年衝突(前 1050),必須把五星會聚年份,即公元前 1059 年,往前移動一個木星周期,即往前移動十二年至公元前 1071 年。這樣一來,就要把文王薨年放在公元前 1062 年,把"武王十二年"當作克商年份。這需要兩個條件:其一,若人們要紀念從周初到穆王所經歷的一百年,穆王元年必須改成公元前 962 年。其方法可能是删去所有守喪期。其次,要使公元前 1035 年以及公元前 1059 年和公元前 1071 年,木星恰好處於位

---

①　以公元前 1040 年爲克商年份的另十二條理由,見倪德衛《武王克商之日期》,收入北京師範大學國學研究所編《武王克商之年研究》,北京師範大學出版社,1997 年,第 513-532 頁,尤其是第 516-523 頁(亦見本書第一章)。

次 10(大火)，要加上四年。因爲在這些年份，木星的實際位置在位次 6。所以，把五星會聚往前移動十二年，再加上上述一些改動，帝辛元年以及商代各年份均往前推動十六年。

《竹書紀年》中關於年表的改動是基於一系列原因的，包括：

(1) 修改文本以增强周朝和魯國的合理性——當時應在公元 425－公元 400 年前後。修改的辦法則是將堯元年移至公元前 2145 年(剛好是商封亶父的 1000 年前)；

(2) 將魏惠成王稱王的日期定位在公元前 335 年。

一旦我們發現了這個規律，就可逐步修正(古人)對《紀年》的破壞，恢復歷史的原貌。此外，《紀年》的重新編年工作顯然不是晉朝學者的傑作，他們是公元前 5 世紀到公元前 4 世紀末期間戰國時期出於宣傳需求的産物。

當然，一旦意識到這一點，我們便可着手解決、逐步恢復歷史真實。另外，較明顯的是，"今本"《竹書紀年》非晉國學者杜撰，相反，它是爲魏國政治宣傳家出於某些目的，在公元前 4 世紀時，改寫而成的。

第六章
雙元年假説

6. 倪德衛和夏含夷提出一項假設：西周君王繼位時，要先爲其父守喪兩年，等到第三年纔自稱爲王。我們把這第三年，稱作"即位年"。這項制度將對其以後的年表，産生影響。也許，在他父親的最後一名輔政卿士死後，各種青銅銘文等記録都要採用新曆，即從即位年開始算起。宣王紀譜中，有很多這樣的例子。成王、康王、穆王、共王、懿王和夷王紀譜中，亦有類似情況。

6.1 這一假説，否定了三年守喪制度爲戰國儒家發明一説。2002 年 4 月 12 日，我在芝加哥大學顧立雅紀念講座上，探討了雙元年假説問題。該講座講稿收録於英文版《〈竹書紀年〉解謎》。現在，將要點概述於下。

6.1.1 《孟子·滕文公上》記録了一則有關滕文公繼位的故事，後人常以此作爲三年守喪始於戰國一説的佐證。該故事説的是，滕文公的父親滕定公死後，滕文公向孟子請教祭禮事項。孟子將過去人們如何行禮之事一一告知。於是，滕文公照孟子所説選擇合適的禮儀行事。在長達二十五（或二十七）個月的時間裏，他只喝粥、穿粗服,在墓邊哀慟哭泣。他把國家大事都交託於朝中重臣,而這些大臣們也被要求同樣行事,只不過程度稍輕,不那麼嚴苛罷了。這些大臣們反對滕文公的做法,認爲如此奉禮之事,滕國歷史上古未有之。所以,現在許多學者都認爲,此禮爲孟子杜撰。我認爲,當時大臣們乃因朝政運作中斷而大肆抨擊,並非針對守喪之禮本身。即使如其所述,滕文公以前並無此禮,亦無法證明古代無此習俗。所以,孟子只不過復興了古代習俗,而非創造一項新制度。

6.1.2 在回到"今本"《竹書紀年》以前,我想讓大家先看看歷史史料和哲學文獻中的一些可靠證據。《史記》載,公元前 812 年,衛僖公薨。當時,衛僖公之子共和及共餘,都有可能繼承衛君位(《史記》作者不知道更早的共和攝政之事,於此處把共餘及共和混淆起來)。共和年紀較大,但爲合法繼承人。共和守陵時,共餘率部衆出現在陵墓前,這令共和倍感意外。當時,共和孤身一人,只好退入墓穴,然後自殺。共餘年紀較輕,繼承了公位,並統治了相當長一段時間。可見,共和孤身一人守在墓邊,乃因襲傳統之舉。《史記》並未特別強調,而把守喪視作理所當然。

6.1.3 哲學家們還常常提到商代武丁恪敬守孝的故事。武丁守在父親陵墓邊,食不甘、寢不安,還三年不理朝政,甚至不言不語、杜絕與人交流。現在,我們可以理解,爲什麼武丁被奉爲楷模了。王室守喪有兩個功能:其一,昭告天下,繼承人遵循傳統,有足夠的美德來統治國家。其次,亦對外公開,王室家族先祖的精神得到繼承。我想另補充一點,即守喪期間種種近似薩滿苦修的磨礪,給予繼承人與先祖有效溝通的力量。

我認爲,武丁繼位時遇到嚴峻的合法性問題,必須以非同一般的守喪行爲來作補償。他也因此成爲守喪者之典範。

6.1.4 吉德煒的甲骨文研究表明,商早期,通常每一代都有兩位君王。依我看來,朝政交接、第二位君王繼位時,乃朝中危機時刻(周朝亦有此問題)。例如,伊尹就曾在太甲居喪、孤立無援時,將其放逐,差點兒就自立爲王了。

此後,爲杜絶朝臣篡權,人們想到了讓兄弟繼承王位的辦法。這樣,先王之子,也即原本的繼承人可以專心守喪。等到叔父去世,他無須爲其叔父守喪,就可以正式繼位。如此,循環往復。

6.1.5 但到第十代時,人們停止了這種做法。第十代共有四位君王,陽甲、盤庚、小辛和小乙。小乙是下一代君王,也即武丁的父親。盤庚試圖篡位,遷都可能是他計劃中的一部分。

我研究了干支名及其對應日期,發現盤庚並沒有像後來史家所説在位二十八年,而僅在位二十四年,他把陽甲的四年算到了自己名下。盤庚讓另一位兄弟繼位。但其弟小辛以後,盤庚原本的繼承人,也即盤庚之子並未能夠繼承王位(也許他嘗試過),王位由其弟小乙繼承。自此,王位由小乙這一脈延續下去。小乙把王位傳給了其子武丁,此舉有悖傳統,故不合法。武丁繼位後,對父系兄弟間的篡位問題相當重視。他以後,再無弟繼兄位(除祖甲外。可是事實上祖甲是一位篡位王)。子繼父位,成爲最常規的做法。

6.1.6 現在,再看"今本"《竹書紀年》,我們會發現一個並不十分讓人驚奇的模式。即在夏代,人們還相當敬畏鬼神。王位繼承者在守喪期間,往往將政務交給朝臣。事實上,兩位君王之間,有一段空位期。而這期間及以後發生的各種大事,則按新王即位採納之新曆記録。

商代,不再有這種做法。但從在位長度的記録來看,仍有守喪期。先王逝年按他的即位年計算,採納其即位曆記録。除了孝王和幽王,西周的情況亦類似。孝王從懿王那裏繼承王位,但懿王不是孝王的父親。幽王卒於外族部落的一次攻伐,其卒年不可仍按傳統方式記載。自此以後,周王室衰微。周王雖無實權,但繼位第三年時,仍行即位禮,尊稱爲王。不過,即位年採納新曆這一制度,已廢除。

從商太甲至周宣王,除個別幾例,即位年均在其君王紀譜中,不可忽視。

6.2 朱鳳瀚、張榮明編寫的《西周諸王年代研究》(1998)第423－424頁中收錄了一篇簡畧評述倪德衛-夏含夷"雙元假説"的文章(該書亦收錄了夏含夷的兩篇文章和我的一篇文章)。這是我迄今爲止看到過的唯一對我們提出的假説進行考證的文章。即便有其他文章,該文也是流行最廣的一篇。所以我必須認眞地研讀它,我想作者也能够在本章中找到對他們提出質疑的回答。

6.2.1 他們删去了夏含夷的一個重要論點,此論點首見於1991年他所著的《西周史料》,當時以脚注的形式出現在第155頁第60條:

這兩個王曆並非如倪德衛所言,同時被採用。這些銘文上日期完整,且其日期的分布也得到共王時期四件青銅器(銘文)的印證:它表明一般來説,統治初期採用"繼位"曆,而"守喪期結束後"或"即位"王曆則在後期使用。

(這"四件青銅器"中三件爲裘衛所鑄。其中最早的一件標注爲"五年",並記載該年共王正式即位爲王;另一件趞曹鼎上的日期標爲"十五年",同樣記在共王名下。裘衛簋以公元前917年爲元年,而趞曹鼎以公元前915年爲元年。)

6.2.1.1 非常遺憾,夏含夷只在該書的脚注中談及了這個觀點,但他之後的研究與此一脈相承(過去的數年間他也用中文發表了大部分的研究成果)。

我立刻接受了他的更正，現在依然如此。比如我在之前的研究叢書之《武王克商之年研究》(1997 年，第 515 頁)中寫道：

> ……夏含夷……發現繼位之曆用在先，登基(即位)之曆用在後。例如宣王，繼位之曆從公元前 827 年用到公元前 810 年，而在公元前 809 年，紀年日期又從守孝期滿後的公元前 825 年開始算起。

我還援引了自己所整理的青銅器日期表(第 529－531 頁)，其實第 531 頁中記録了六個宣王鼎，其日期標注爲公元前 827 年，依次從公元前 825 年到公元前 809 年 3 月；還有六個日期標注爲公元前 825 年，從公元前 809 年 12 月到公元前 789 年。其他君王在位期所鑄的銅鼎也採用同樣的紀年法則。

6.2.1.2　我修正了自己的觀點(*Sino-Plations Papers* 1999)：只有在先王的首輔大臣過世後，君王纔會採用守喪期結束後的王曆來記録事件或文獻。這條規則非常嚴格，而且可能是爲王室所採用的(地方諸侯鑄鼎的銘文上並未發現這一規則)。比如，公元前 809 年似乎是共和守喪期結束之年。

6.2.2　此外，朱鳳瀚、張榮明並未注意到我的理論中至關重要的一點。即，傳統上有關夏商周三代君王在位長度的説法。一般史料所載夏商周君王的在位長度，其實大抵從他的卒年算起一直追溯到他的即位年份，而非他的繼位年。

比如在商朝的三十位君王中，《竹書紀年》只完整地保留了其中四位的在位期(見 2.12.3)。它通常記録(君王)薨逝日期的辦法是從即位之年開始算起，這種記録方式應用於二十位君王。而有關夏朝的記載中，元年通常是即位年。對於西周的改動較多，但保留了十二位君王中四位從即位年算起的在位期限。

6.2.2.1　這表明，《竹書紀年》對於夏、商和西周時期諸王在位年限的記録方式，通常是從該王即位年數起直到其薨逝之年，而非從其繼位年數起。東周的情況則不一樣：即位年對年表没有影響。但是要理順西周末代君王之前的年表，我們必須計入守喪年纔能得出歷任君王在位的正確年份。這是個和正確確定青銅銘文所屬年代和王世息息相關但又不同的問題（目前已發掘的最早的青銅銘文屬於晚商時期；我們有可能在不知道某個君王［比如説懿王］在位期長短的情況下，確定他的元年。找到正確的起始年份和確定在位期的長短是兩件不同的事情）。

6.3 八年前（2002）一次晚餐上，我遇到四位來自中國的學者。他們對我正從事的編年工作，都署有聽聞。其中有一位學者告訴我，我有一個理論，他永遠都不會接受：即在周朝，可以通過兩個彼此相差兩年的"元年"中之任一"元年"，來推斷某一事件發生的年份或銘文年份（此理論發表於 1983 年）。其他人都在聽，但都沉默不語。可見他們都贊同這位學者的看法。他們没有意識到，這位學者所言，其實質疑了我二十多年所作的所有努力。顯然，這些温文爾雅的先生們認爲我的理論太過新奇，故不值得認真對待。

6.3.1 但其實，我的理論既不新，亦不奇。王國維在《今本竹書紀年疏證》夏紀譜末尾就提到了類似觀點。王國維本人不贊成此觀點，但他認爲此觀點已爲人熟知，故連出處都未列。在文丁十二年的問題上，王國維可能引用了雷學淇《竹書紀年義證》（約1810 年）中的相關内容，而雷學淇則引用了《韓詩内傳》和鄭玄的説法。最近，我在清中葉早期研究《易經》的學者惠棟那裏，看到了有關此理論的一個例子。[①] 惠棟將此觀點錯誤地應用於對《竹書

---

① 陳逢衡：《竹書紀年集證》，第十六卷，第 13 頁 a，《續修四庫全書》重印，上海古籍出版社。

紀年》商太甲紀譜的分析。他認爲，按《竹書紀年》，太甲十年，大饗於太廟。這標誌着太甲爲湯服喪的終結。所以"十年"應爲"元年"。

6.4　朱鳳瀚、張榮明認爲，"倪氏的理論與其對今本《竹書紀年》的深入研究分不開"。在此，有必要仔細思考此話内涵。我用以分析《紀年》的論證和證據，皆需雙元年理論；同時反過來，亦爲雙元年理論提供合理性。現羅列相關論證和證據如下。

6.4.1　夏禹紀譜末尾副文載，禹在位四十五年（自舜十四年授權於禹始）。此説不確，除非將爲舜而進行的兩年守喪期排除在外（《竹書紀年》稱爲三年守喪期）：14 至 50 共 37 年；37＋8＝45 年。

6.4.2　夏紀譜中各王在位期間有間隔。我認爲，可暫不考慮帝相以後杜撰之四十年間隔，假設所有間隔均爲兩年守喪期所致。據班大爲觀察，公元前 1953 年發生了一次五星會聚，該天象標誌着舜和禹之間的權力移交，此觀察證實了我的假設。除此，對仲康日食加以分析，確認孔甲統治起始日期在甲子日，推斷帝發末年（非帝癸）恰爲班大爲觀察之夏末年（自公元前 1059 年五星會聚往前推移 496 年），均可證實我之假設。

6.4.3　從孔甲一條，可以假設商王將干支名中的"干"用於名號，而具體選擇取決於繼位第一天的干支號。由此，再加上如《紀年》所載，假設有兩到三年（若算上先王去世這一年）的守喪期，可推斷出全部商王的年表。

6.4.4　據我推測，戰國時期人們對《紀年》加以整理時，忽略了這些守喪期。這使他們不得不對各年份加以調整。這些調整，包括① 爲商代年表杜撰一段長達三十一年的間隔期，並杜撰夏帝桀來填補（此間隔期和帝桀在位期初爲三十五年而後減爲三十一

年）；② 顛倒太戊和雍己的順序（從甲骨卜辭可知，此處年表有
誤）；③ 將太戊在位時間延至一個不太可能的長度，即七十五年。

6.4.5 據甲骨卜辭所載，商末帝辛元年被往前移動了十六
年。另據天文學研究表明，周受命之五星會聚年，也即文王死前九
年，被往前移動了十二年。將此兩種變動應用於《紀年》中商朝第
二十七位君王武乙之紀譜，可確認武乙元年在公元前 1143 年，而
亶父被封爲周侯的年份在公元前 1145 年。要解決此矛盾，最好的
辦法是在武乙年表前補上兩年守喪期，即公元前 1145 年至公元前
1144 年。①

6.4.5.1 根據一些史料（如《史記》）記載，周文王在位共 50
年；而另一些（如《竹書紀年》）則記載其在位 52 年。這兩種説法都
對（參見第二章 2.2.2，2.2.4；下文 6.5 - 6.5.3. 也有論述）。

6.4.6 在推算周克商以後各事件年份時，我發現，必須協
調好《洛誥》及傳統觀念中有關周公七年攝政的説法。據《紀年》
載，成周之立及成王之相關舉措，發生在攝政最後一年。然而據
何尊銘文載，即成王五年。我已推斷，武王卒於公元前 1038 年，
故公元前 1037 年至公元前 1036 年爲守喪期。成王三十年在位
期（許多記載均有提到），應從公元前 1035 年至公元前 1006 年。
而攝政期結束於公元前 1031 年。有的時候此年稱爲"七年"（從
公元前 1037 年算），有的時候它稱爲"五年"（從公元前 1035 年
算），然而此結束年必爲公元前 1031 年。也就是説，若成王出生年
份是武王立年（前 1049）的話，成王在公元前 1030 年正式掌權，當
時他二十歲。

---

① 我們不能把此類發生於商之大事歸在商的名下，並據此把年份往後移動十六
年。公元前 1145 年是確切年份，且意義重大。一些年份的推斷，如錯誤的堯元年，即公
元前 2145 年，和被戰國早期人認爲是克商年份的公元前 1045 年，均基於此年份。

6.4.7 幾乎所有參考材料（包括《紀年》），均認爲穆王在位五十五年。若此，無法合理推斷出裘衛青銅器及其所刻銘文的年份。前兩件彼此應相隔三十一年，但删去守喪期使得穆王在位年份變長。也即按《紀年》，穆王繼位年份要比實際早六年（3×2），而在位期結束年份則比實際推遲十年（5×2）。這些年份加到穆王在位長度中，以彌補删去前三位君王（成、康、昭）及後五位君王（共、懿、夷、厲、宣）守喪期的損失。① 經此修改，裘衛青銅器的問題就不復存在了。

6.4.8 據西周大部分青銅銘文顯示，君王在位前一階段以繼位年份爲元年，後一階段則以守喪期滿後之年，即夏含夷和我所謂"即位年"爲元年。這些君王包括康王、穆王、共王、懿王、夷王和宣王，幾乎無一例外。

6.4.9 最著名的是共王和宣王。共王之重要性在於，共王名下有兩件青銅器：一是裘衛器群中的一件，即五祀衛鼎（五年正月初吉庚戌），按其銘文顯示，以公元前 917 年爲元年。另一是趞曹鼎，鑄造年份（十五年五月既生霸壬午）必在公元前 901 年，但以公元前 915 年爲元年（最近，人們發現了士山盤，該盤鑄造於公元前 902 年，且銘文以公元前 917 年爲元年）。② 宣王之重要性在於，宣王在位年份很長（前 827－前 782）。因此，所有年份跨度較大或具有西周晚期年份特徵的青銅器，皆在其名下。這些青銅器銘文均以公元前 825 年爲元年（參見第二章 2.8.4；又見第八章）。

---

① 無證據顯示，幽王曾採用第二個元年。假設他也曾採用第二個元年，那麽，很可能在使用守喪期滿后新元年以前，他的在位長度就已被縮短。所以歷史記錄中，有關他的去年，均從他繼位年算起（孝王統治之初可能亦無守喪期滿后之新元年，因爲懿王不是他的父親，且孝王繼位之初，懿王可能仍活着）。

② 中國主持的夏商周斷代工程，否認四分月相的説法，並以此回避"以公元前 915 年爲元年"的結論。

6.4.10 第 270 簡至第 273 簡:三十二年"王師伐魯"(前 794)和三十九年"王師伐羌戎"(前 787)均以公元前 825 年作元年。見倪德衞、夏含夷,《中國史研究》第 1 期(2001),第 10 頁,及《早期中國》第 25 卷("2000"實際爲 2002);另見英文版《〈竹書紀年〉解謎》(2009),第 215 頁。《國語·周語》亦提到"三十二年"和"三十九年"這兩個年份。

6.5 我將以有關西伯昌(文王)的材料作結,並再爲雙元年理論提供些强有力的證據。

在《天命:易經秘史》(2001)中,S. J. 馬歇爾(Marshall)認爲,第五十五卦"豐"講的是一次日食。經仔細考察後,馬歇爾指出,此日食發生於公元前 1070 年 6 月 20 日。他聲稱發現了周克商的年份(並對克商年份晚於公元前 1059 年五星會聚一説,置之度外)。馬歇爾對克商年份的判斷有誤,但他有關日食和第五十五卦的判斷則可能很準確。據《紀年》載,帝辛二十一年,即公元前 1082 年,西伯昌在周地招待各諸侯。《紀年》中這一年份再減去十二年,可得正確年份公元前 1070 年(因爲按《紀年》,五星會聚年份在公元前 1071 年,而非公元前 1059 年。五星會聚年份對判斷周代年表,十分重要)。西伯昌之所以召集諸侯,可能受到日食影響,因爲日食被視作商王朝衰亡之預兆。

6.5.1 西伯昌會盟諸侯後第二年(前 1069),帝辛在渭谷(周封地)狩獵,算是回應西伯昌的舉動。且公元前 1068 年,帝辛又在商都城召集諸侯,自稱爲"帝",指定禄父爲繼承人(即後來的武庚),並宣告採納新曆(我從《逸周書·酆保解》推斷而來)。西伯昌不得不參加此次會盟,並因此被商王囚禁在羑裏,直到公元前 1062 年纔獲釋。人們普遍認爲,在此其間,西伯昌撰寫了部分《易經》，其中包括第五十五卦及對他來説仍記憶猶新的那次日食（所以，確切年份之推算，亦可證實傳統上普遍認爲西伯昌撰寫部分《易經》一事）。公元前 1065 年 3 月，發生了一次月食。這次月食，促使西伯昌寫信回周封地，要他們趕快決定繼承人（西伯昌當然不會忘記，公元前 1102 年，他的父親季歷就死在商王的監獄裏）。

6.5.2　上述内容見《逸周書・小開解》，記月食發生在"三十五年"。若"三十五年"爲公元前 1065 年，則元年爲公元前 1099 年。另據《史記・周本紀》及《尚書・無逸》，文王昌在位年份爲五十年。所以，文王必然薨逝於公元前 1050 年。《紀年》亦持此説。《紀年》載，文王在五星會聚九年後去世。但《紀年》亦載，文王之父季歷卒於公元前 1114 年，文王卒於公元前 1062 年。減去十二年後，可知文王在位五十二年，從公元前 1101 年至公元前 1050 年。這表明，文王擁有兩個元年，一爲公元前 1101 年，另一爲公元前 1099 年。

6.5.3　在此複雜的推算過程中，已有一次日食、一次月食及一次五星會聚，三者均證實了公元前 1099 年這個年份。但也有證據證實公元前 1101 年這個年份。據《紀年》載，帝乙三年，周地發生過一次地震。在《紀年》中，帝乙在位年份從公元前 1111 年至公元前 1103 年，但此年份必須減去十六年，即從公元前 1095 年至公元前 1087 年。在第五章，我已指出，"三年"實爲"十三年"之誤。該錯誤形成於戰國時期。也就是説，帝乙元年實際上在公元前 1105 年。①但不管怎樣，地震發生於公元前 1093 年。我們可以參考《呂氏春秋》裏一個有關地震的小故事，在第二章中，我探討了這

---

①　按我的計算，武王卒於公元前 1038 年，時爲五十四歲（按《紀年》説法）。所以，武王生於公元前 1091 年，當時爲帝乙十五年（文王十五而生武王）。

則故事。據《吕氏春秋》載，地震發生於文王八年。但《吕氏春秋》之作者對其所引之材料，理解有誤（原因可能在於，他忽視了"歲"的一個不常見用法）。他所引之材料，其實表明地震發生於文王九年，且暗示了元年在公元前1101年。他没能弄清楚這一點，繼續寫到文王在位五十一年。其實，文王在位五十二年。此處，一個錯誤似乎比一段準確的論述來得更有説服力，因爲至少我們確信，這些不是憑空杜撰出來的。

6.5.4 在第四章之第270簡至第273簡的評論中，我分析了一個重要的細事：可能《紀年》出土原文的宣王用了即位年曆（以公元前825年爲宣王元年），而大部分晉朝學者用《史記》做整理。

6.6 在我看來，朱鳳瀚、張榮明似乎主張需要更多史料來支持我的觀點。他們似乎更樂於接受從現有歷史文獻中挖掘史實材料，而對基於考古發現的理論建構並無興趣。當然，我也可能誤解了他們的意思。但請注意，關於文王採用雙元年這一點，亦可在其他文獻中找到證據。換言之，無須參考《竹書紀年》，即可證明（當然，《竹書紀年》本身就可以證明這點）。另外，可從人們熟悉的《史記》中，找到一處證據。司馬遷爲推斷出確切年份，費盡心思將各諸侯紀譜年份和宣王元年相對照。他從公元前841年這個年份着手，該年爲長達十四年的共和時期之首年，也是現在人們普遍接受的、最早有記載的年份。對照各諸侯紀譜後，大致可知公元前827年爲宣王元年。只有陳國紀譜將公元前825年視作宣王元年。關於這一點，在我所撰寫的有關古代紀譜的第一篇文章中，即已指出。①

---

① 倪德衛：《西周年代》，載《哈佛亞洲研究學報》，第43卷，1983年，第527頁。

6.6.1　在此類研究中，事物之間都彼此關聯。雙元年假說亦或多或少、直接或間接地牽涉其中。共王名下兩件青銅器上的銘文，很好地説明了這個問題。按銘文所載之年份看來，若人們認同四分月相的説法，則須要接受雙元年假説。現在，已經有越來越多的證據顯示，確有四分月相一説。當然，你也可以堅持認爲，共王名下青銅器銘文對於四分月相説不能不作爲反證。[①] 但總得來説，此處一個基本的邏輯就是，"四分月相成立，僅在雙元年假説成立之基礎上"。若接受其中一個假設，則兩個假設必都接受；若反對其中一個假設，則兩個假設必都反對。接受或反對任一假設，在認識論上的代價（即改變人們原先的知識結構）都是巨大的（有關周克商年代的爭論，也存在相同問題）。

6.6.1.1　裘衛鼎（I）標有"（五年）正月初吉庚戌（47）"，以公元前 917 年爲共王元年，以朔或第一個四分之一月爲初吉，且丑月爲第一個月、庚戌日爲首日。關於這一點，沒有多少爭論。但趙曹鼎（II）標有"十五年五月既生霸壬午（19）"，若採用雙元年理論，則該銘文所載年份應爲公元前 901 年，即以公元前 915 年爲元年。若該年以子月爲開端，第五個月則以己巳日（06）爲開端，銘文所載日期具體則應爲十四日。若該年以寅月爲開端，第五個月則以戊辰日（05）爲開端，銘文所載日期具體則爲十五日。不論按哪種標準，十四日和十五日都算是既生霸。

但若不採納雙元年理論，則要以公元前 917 年爲元年。如此以來，銘文所載年份就爲公元前 903 年。公元前 903 年，按（建）子曆，五月從辛亥日（48）開始，不包括壬午日（19）。所以，人們就要

---

① 徐鳳先有這樣的看法。參見她的《以相對曆日關係探討金文月相詞語的範圍》，《早期中國》第 33－34 卷（2010－2011），第 171－198 頁，班大爲譯。徐氏所用的"論法"不容許討論任何別的"理論"，所以對於雙元年假説，她置之度外。如此，她保证了她自己的結論。

假設這一年從丑月開始,使五月首日爲庚辰日(17)。這樣以來,壬午日(19)就爲第三日。在四分月相理論中,這一天不可能是既生霸。但夏商周斷代工程和班大爲所採納的理論,認爲既生霸可以爲一個月的上半個月中的任何一天。有關上半個月的定義,或更嚴格地説,是一個月從朏日(第二日或第三日)開始的上半個月。此理論否認了四分月相一説,從而也否定了雙元年理論。

6.6.1.2 所以,要在兩組理論(存在雙元年/四分月相,及不存在雙元年/四分月相)中做出取捨,就必須找到證據證明既生霸爲一個月的第二個四分之一日。並且,要對後半個月做出限制,證明既死霸不可能發生在既望以後不過幾天内。

6.6.1.2.1 關於這個問題,李學勤教授的《札記》有一篇論文《〈尚書〉與〈逸周書〉中的月相》(第 125 - 133 頁,1998 年)給了我們一個簡潔的解答:在《尚書·召誥》初部分記有連續行爲的日期如下:二月既望(大月後是第十六日)+五日=乙未(32);三月丙午(43),朏(小月後是第三日)+兩日=戊申(45)+兩日=庚戌(47)。還在《尚書·康誥》最初部分記了同事,指此日謂是"哉生魄",即在生霸,必爲既生霸以前的某一天。所以,小月後的既生霸必爲(或者始於)月的第八日。此年必爲公元前 1031 年,即周公攝政最後一年。張培瑜《中國先秦史曆表》第 41 頁謂二月初日(大月後)是乙亥(12),及三月初日(小月後)是甲辰(41)。[1]

從青銅器銘文判斷,第六日或第七日爲初吉日(許多銘文可證)。但三代斷代工程的辯護者聲稱,初吉不能算一個月相名,所以可用來指稱屬既生霸的那些日子(甚或指稱任何一天。工程《報告簡本》第 32 頁,把 20 日視作初吉日)。

6.6.1.3 若標準定得如此寬泛,顯然就無法深究辯駁(亦没

---

① 同樣的理論可見於倪德衛《早期中國》第 20 卷(1995 年),第 186 - 188 頁。)

有任何的意思）。但從此可知斷代工程未曾願意接受雙元説法，又爲避免雙元説無不肯做。我們應當問他們，肯做什麼？由上文可想費用不太大：不過再定義"既生霸"使其意思包括"三日"在内。

　　但當讀一個日期，不肯承認雙元説時，只有假設這個日期在半個月的腕部（如第十四日），纔可以用這樣的辦法。因爲這樣的辦法事實上是以某一年期讀爲兩年前的年期。一年是六個甲子周加以五日或者六日。所以，若含有 29 日的月份與含有 30 日的月份彼此交替的話，(29＋30)×6 約得一個陰曆年，就是(60−1)×12，即(60×12)−12 得兩個陰曆年。若不承認雙元説法而分析日期的干支，則結果是那個干支日號必須減去一個 12 日或者 11 日：所以（共王的例子一樣）第 14 日成爲第 3 了。這個計算立即表示，若所分析的日期在某月的较早部分内的話，則那個日期必被移動到上半月，移到別的月相，也可能移到前月或者前年。

　　6.6.1.3.1　我們知道在《史記・周本紀》中，給予厲王公元前 841 年前的 37 年在位期，這樣的説法是完全不可能的，而必是假的。① 此説法跟《史記》世家諸章的在位年是完全矛盾的，而這個"諸章"是前後一貫的；② 此説法跟青銅器銘文年期有矛盾；③ 若我們承認此説法的話，我們則無法找到厲王以前諸王充足的在位時間。若此説法是假的，則偽作者是誰？他的來源是什麼？他的目的是什麼？厲王公元前 864 年生，公元前 828 年死，共在世 37 年。《史記・周本紀》論厲王生，年份是"……即位三十年……三十四年……三年……"，顯然共 37 年。偽作者不過以原文"十四年"前的一個"至"字變爲了"三"字。原文的意思是"……他在位三十年（前 857 至前 828）……至十四年（前 844，二十一歲，得王權了）……〔於享王權第〕三年（前 842）……"但"至"字變爲"三"字後，意思乃如下："……既享王權三十年（前 878 至前 849）……於三十四年（前 845）……又三年（前 842，共 37 年）……"偽作者的目的是什麼？偽作者（大概公元前 300 年前後）信守“殷曆”年代學派的説法，要使重要年期合於殷曆系統，即要使周克商年成爲公元前 1070 年，及商初年成爲公元前 1579 年。於每周王在位期之喪畢初兩年被删去以後，厲王元年從公元前 857 年變爲公元前 853 年了。可是若厲王之公元前 841 年亡奔以前的在位年數變爲 37 年的話，他的元年比較公元前 853 年則成爲公元前 878 年了，即是他的元年被提早了 25 年，與以前重要歷史年期一樣。許多年代學者們曾以公元前 1045 年爲周克商年，1045＋25＝1070；正確的商朝初年是公元前 1554 年，1554＋25＝1579。在《史記》寫作之際，作偽者（使用殷曆者）的文本與其所據之原文俱在。司馬遷採用原來的文本，此與《世家》各章相合。但是此後不久，某位（使用殷曆者）以作偽的文本將《史記》中“至”改作“三”了。

6.6.1.4 晉侯蘇編鐘銘文中的年代亦從宣王後期移動到臆想的厲王奔亡前的 37 年在位期中，當然這一移動另有原因。它是晉侯所作的，故不爲王朝命令所確定：它的年期（宣王）33 年以宣王繼位年公元前 827 年爲元年，所以“33 年”爲公元前 795 年。“蘇”是第八侯，即獻侯的名。然而《史記》（同别的史録一樣）謂它是晉邦第七侯，公元前 822 年-公元前 812 年之十一年間掌權。此錯誤的原因乃是早期的史學家對古代宗廟的排列次序錯用“昭穆”制度：始祖居中，二世左昭，三世右穆，以下子孫分别排列左右兩列。可是第九君殤叔是先君的弟弟，殤叔在穆侯去世後自立，後被襲殺，故未列爲單獨一世，而不計入王世。

所以我們必須改獻侯的年期爲公元前 795 年至公元前 785 年。史學家中较早注意此問題者是夏含夷和我，但我們遲至 2001 年前纔能出版我們的結論；而在 2000 年斷代工程已經出版了他們的錯誤結論，將編鐘銘文所敘述的事件移入假想的厲王 37 年在位年間，亦假想此編鐘是紀念了那個銘文内的事件而被後作的。如今我們可以知道凡此不過是假想的。

　　6.6.2　我們可以參考晉侯蘇編鐘。該編鐘爲晉鐘系列，不受雙元年影響，年份爲（宣王）三十三年，也即公元前 795 年（以公元前 827 年爲元年）。但據上面所刻有關月相文字，該編鐘應爲宣王三十四年器物。所以，我推測晉國年曆從亥月（冬季第一個月）開始，而周王室年曆則從寅月（春季第一個月）算起。編鐘銘文所載各年份中，最早一個爲周王三十三年（周曆十月），如“惟王卅又三年，王親遹省東國南國。正月既生霸戊午（55），王步自宗周”。三十三年爲公元前 795 年，（冬天）第一個月（建寅歷十月）從庚戌日（47）開始，所以，戊午日（55）爲第九天，從任何標準來看都是一個既生霸日。

　　6.6.2.1　該編鐘銘文上也記有其他日期。二月既望癸卯（40），王進入成周。二月既死霸壬寅（39），王繼續往東。我們都知道，既死霸在既望之後，而癸卯則在壬寅之後。所以，此處銘文有誤。第一件編鐘上的銘文以第一個二月作結，而第二件編鐘則從第二個二月開始。很有可能編鐘銘文刻寫者（編鐘銘文爲刻寫，而非鑄造），從第一件編鐘進行到第二件編鐘時，把日期搞混了。這也是馬承源的判斷。壬寅（39）和癸卯（40）實爲 24 日和 25 日，也即四分月相一說中劃分既望和既死霸之間（若上月小）的界綫（正如 1.4.11.1 條之克商役圖十二月一樣）。照理可以把問題解決了，但夏商周斷代工程卻提出，錯誤在癸卯（40），癸卯實爲辛卯（28）（纔可以回避王氏的四分說和倪氏及夏氏的雙元說）。所以，分歧尚未有定論。若接受馬承源的判斷，則四分月相說法正確，雙元年假設亦正確，斷代工程所做的年表則要被廢弃（請參見倪德衛和夏含夷，2002）。

　　6.6.2.2　參見第四章關於第 270 簡至第 273 簡的評注。在

第 270 簡至第 271 簡上,宣王"三十二年王師伐魯,殺伯御命孝公
稱"。這可能是宣王"巡視東南各郡"時的作爲。根據晉侯蘇鐘的
記載,以公元前 827 年爲元年,這件事發生於三十三至三十四年
(前 795-前 794)。因此"三十二年"和"三十四年"指的都是公元前
794 年。晉朝的編纂者從《國語·周語》中找到推斷"三十二年"的
依據,當時這個日期是以公元前 825 年爲元年計算的。

    6.6.2.2.1 還有一個以公元前 825 年爲即位元年的事件:見
《竹書紀年》、《史記》及《國語·周語》宣王三十九年(前 787)的千
畝戰(倪氏《紀年》竹簡第 272 支至第 273 支;又見倪、夏,《早期中
國》第 25 卷,"2000"事實上 2002,第 43 頁)。

    6.6.2.2.2 關於這個問題,我假定了《紀年》原本(不和"今
本"一樣)所用的年期無非以即位年爲元年,給了厲王二十八年(包
括共和的攝政十四年在内),而同樣地只給了宣王不過四十四年,
以其元年爲即位的公元前 825 年(下文的附錄中,以解釋《紀年》爲
何以公元前 853 年爲厲王元年,不可不假定它)。換言之,在戰國
時代《紀年》之最晚記錄,凡王在位期最初的喪畢年已經是被刪去
的,亦包括了宣王爲厲王的喪畢兩年在内。晉朝學者必從《史記》
想要改正宣王在位的年期,然而《史記》本身有以公元前 825 年爲
元年的事件。

    范曄的《後漢書·西羌傳》中有一段很有意思的短文,敘述中
國宣王、幽王時代約五十年的爭鬥(第四章之第 270 簡至第 273 簡
的評注中分析了范氏的原文)。

附録:公元前 853 年問題:如何解讀《竹書紀年》中的年份

    6.7 此處,我將討論《竹書紀年》中一個較多爭議的年份——

厲王元年,亦即公元前 853 年,並藉此進一步論證雙元年假説。

如果讀《竹書紀年》時,你想知道某位君王紀譜七年時發生的一件事的實際年份。按《竹書紀年》,這位君王紀譜元年歲在辛卯(28),假設書中該元年在公元前 870 年。但你知道實際上的元年在公元前 872 年,而非公元前 870 年。

於是,爲找出真正的年份,你着手研究。你會從公元前 872 年開始推算,然後得出"七年"在公元前 866 年嗎? 還是從公元前 870 年開始推算,得出"七年"在公元前 864 年這個年份? 還是把"七年"當作着手點,不去管元年究竟爲何年,就好像對待那些出土文獻一樣。若你發現真正的年份爲公元前 864 年,你是否可以説,從公元前 870 年往後七年爲公元前 864 年,所以,公元前 870 年必爲真正的元年?

6.7.1 《竹書紀年》演變的第二和第三階段,有關商和西周年表的制定,有一處重要改動,即採用兩種方法來錯置元年。重復的在位期被刪去,並把年表年份往前移動,守喪期亦被刪去。在商紀譜中,太戊以前的年份均往前移動,太戊以後的年份則往後移動(顛倒了太戊和雍己的順序,並將太戊在位年份拉長,等等)。在西周紀譜中,穆王以前的年份往前移動,穆王以後的年份則往後移動(由此,將穆王在位年份拉長)。又對宣王、共和的年份作了修正,恢復了他們真正的統治年份。

6.7.1.1 現在,我們來看看西周紀譜中的這些改動是如何產生的。穆王在位的真正年份爲公元前 956/公元前 954 年至公元前 918 年,即在位 2+37 年。《竹書紀年》載,穆王在位從公元前 962 年至公元前 908 年,共五十五年(很多文獻都説是五十五年)。公元前 962 年這個年份早了六年,而公元前 908 年這個年份又晚了十年。顯然穆王在位年份被拉長了。所以,穆王以前三位君王的守喪期要被删去，這三位君王分別是成王、康王和昭王。穆王以後五位君王的守喪期亦要被删去，穆王以後共有七位君王，但孝王和幽王被排除在外。因爲孝王並非接其父位，而且其前之王當時可能仍活着，故無守喪之必要。幽王因朝政崩壞而猝死，其後不可能記其事（也就無證據可言）。所以，穆王以後被删去守喪期的五位君王分別是共王、懿王、夷王、厲王和宣王。

6.7.1.2 據第八章的銘文♯53－♯56及♯59－♯62，宣王即位年在公元前825年。而銘文♯34－♯40顯示，厲王繼位年在公元前857年，故其即位年在公元前855年，在位共2＋28年。據此，我們應該期待在《竹書紀年》中找到以公元前853年爲元年的記載，即公元前857－2×2年。事實上，我們確實也能找到這一記載。銘文♯8a－♯14顯示，共王在位從公元前917年/公元前915年至公元前900年，共2＋16年；銘文♯15－♯22顯示，懿王在位從公元前899年/公元前897年至公元前873年，共2＋25年（其他文獻亦記其在位25年，25年必然從其即位年份算起）。這裏有一個難題，《竹書紀年》載共王在位十二年，而非十六年（《文獻通考》亦載其在位十二年）。據此，應推測可能是減去了四年的重復年份，將日期往前移動，而非將穆王最後一年往前移動。①

6.7.2 《竹書紀年》懿王年表顯示，若厲王元年晚四年（即在公元前853年而非公元前857年），則夷王元年要晚六年（即在公元前861年，而非銘文♯24－♯32所指公元前867年）。② 懿王元年應晚八年（即在公元前891年而非公元前899年），共王元年應

---

① 我利用銘文來佐證我的理論，而非以懿王"元年天再旦於鄭"一事，來確定懿王元年在公元前899年（考慮到史蒂芬遜[Stevenson]的論點）。

② 銘文♯24、♯25、♯27及♯29均提到師錄宮這一地點，及立在"右"的"司馬共"。只有這四篇銘文提到師錄宮。可能夷王世的"司馬共"爲後來攝政的"共和"。

晚十年（即在公元前 907 年而非公元前 917 年）。但在《竹書紀年》
中，懿王元年不在公元前 891 年，而在公元前 895 年。這表明，在
稍晚一位君王在位期内，存在四年重復紀年。删去此四年，則將懿
王元年從公元前 891 年推前至公元前 895 年。這亦表明，夷王元
年在公元前 867 年/公元前 865 年，厲王元年在公元前 857 年/公
元前 855 年。

6.7.2.1 這也解釋了爲什麼《竹書紀年》給出一個錯誤的公
元前 853 年這個年份。因爲只有删去公元前 867 年至公元前 866
年，及公元前 857 年至公元前 856 年這兩個守喪期（以及宣王守喪
的公元前 827 年至公元前 826 年），纔可能得出懿王（假設的）元年
在公元前 891 年。所以，只有在孝王在位時，纔有可能出現四年重
復紀年。《竹書紀年》載孝王在位九年，必然是將開始年份推後六
年，從公元前 872 年推至公元前 866 年，結束年份推前四年，從公
元前 866 年推至公元前 870 年。孝王在位九年（前 872 至前 864）
中的最後四年，必然和夷王繼位頭四年重合，即公元前 867 年至
公元前 864 年。

6.7.2.2 以下三個圖表具體顯示了上述推論。圖一，説明穆
王在位年份如何因删去守喪期而被拉長，然而他的在位年内事件
之原日期不變。圖二，説明共王在位長度如何縮減至十二年，及厲
王出生年份爲什麼從夷王紀譜移到了孝王紀譜。圖二、圖三修正
了我的前著作之錯誤（即分析師西鼎後發現的錯誤），重新確定夷
王和厲王的年份，並删去過去對幽王繼位初守喪期的錯誤假設。

（見英文版《〈竹書紀年〉解謎》第 217－218 頁，表二、表三和表
四。在下文中，我重做了最後兩張圖，對其中三處錯誤加以改正：
夷王元年應爲公元前 867/公元前 865 年，厲王元年應爲公元前
857/公元前 855 年，及重建幽王年份改爲公元前 781 年至公元前
771 年。）

第一圖：穆王

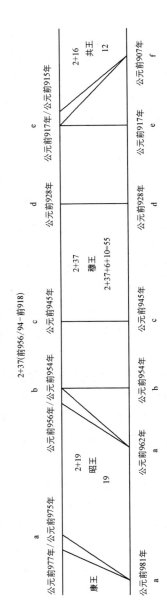

圖解：

a. 公元前 1040 年周武王克商，第三年公元前 1038 年去世。公元前 1037 年和公元前 1035 年分別爲成王繼位年和即位年。周朝每王初兩年雙事年被刪去，既而每王繼位年變爲即位年。所以，成王公元前 1037 年繼位的 2+30 年變爲公元前 1037+0＝公元前 1037 年即位的 30 年；康王公元前 1005 年繼位的 2+26 年即公元前 1005+2＝公元前 1007 年昭王公元前 977 年繼位的 2+19 年即公元前 977+2+2＝公元前 981 年即位的 19 年。同樣地，穆王元年變爲公元前 956+2+2+2＝公元前 962 年，即公元前 956+6。

b. 公元前 954 年，即穆王三年，此乃月築宮之事，有四月築宮之事；但在《竹書紀年》則成爲穆王九年（3+6），"築春宮"。

c. 公元前 945 年，即穆王十二年，當是假定是周克商的一百年（見第五章），而在《竹書紀年》變成穆王十八年（12+6），"諸侯來朝"。

d. 公元前 928 年，即穆王二十九年，在《竹書紀年》中變成穆王三十五年（29+6），即班盤所記之事——毛班、毛遷率師出發南來朝"。

征。班簋銘文記"八月,甲戌(11)"。公元前 928 年八月的朔日爲甲戌。

e. 《竹書紀年》記魯魏公卒於穆王四十五年,即公元前 918 年,於是便假定魯魏公在共王元年(前 917)繼位。然此說誤。魯厲公繼位之年恰爲公元前 915 年的共王即位(喪後)之年。

f. 公元前 918 年事實上爲穆王去世年。但《竹書紀年》記"五十五年王陟於祇宫",即公元前 908 年崩。解釋:穆王以後有七王,其中五王有初兩年喪事,被刪了:(1)公元前 918 年穆王崩。此後王在任年,共王,公元前 917/公元前 915 至公元前 900,即 2+16 年;懿王,公元前 899/公元前 897 至公元前 873,即 2+25 年;孝王,公元前 872 至公元前 868,即 5 年;夷王,公元前 867/公元前 865 至公元前 858,即 2+8 年;厲王,公元前 857/公元前 855 至公元前 828,即 2+28 年;宣王,公元前 827 年繼位而公元前 825 年即位。

(2)孝王有 4 年插入(見第二圖),故他的在位期向後退了 4 年,從公元前 872 至公元前 868 成爲公元前 876 至公元前 868 年。懿王同樣在位期移動成爲公元前 903/公元前 901 至公元前 877 年,既而共王在位期成爲公元前 917/公元前 915 至公元前 904,即 2+12 年,必以穆王崩年公元前 918 年爲界限。

(3)每王初兩期守喪期被刪去之結果爲:宣王公元前 827−2=公元前 825;厲王公元前 857−2−2=公元前 853,即公元前 857−4;夷王公元前 867−2−2−2=公元前 861,即公元前 867−6;孝王公元前 872−2−2+4=公元前 870,即公元前 872−6+4;懿王公元前 903−2−2−2−2=公元前 895,即公元前 903−8;共王公元前 917−2−2−2−2−2=公元前 907,即公元前 907 年,即公元前 917−10(關於幽王,見第三圖解 d 條)。

[據《紀年》,懿王十五年"王自宗周遷於槐里",可知他的伯父辟方于自稱王,爲孝王。後十年辟方即位子朝生(前 864),而孝王不薛退,乃退了。孝王五年(前 868)懿王去世了(即孝、夷),故作孝王有 4 年插入,後 9 年,即公元前 870 至公元前 862 年。所以,在《竹書紀年》穆王之 25 年成爲公元前 895 至公元前 871 年,而共王仍須必以公元前 908 年爲穆王崩年,故只有 16−4=12 年,即公元前 907 至公元前 896 年。此外,宣王元年爲公元前 827 年,而共和有 14 年,即公元前 841 至公元前 828 年。可能晉朝學者據《史記》改正了出土文本。]

第二圖：共王-懿王-孝王-夷王-厲王-共和

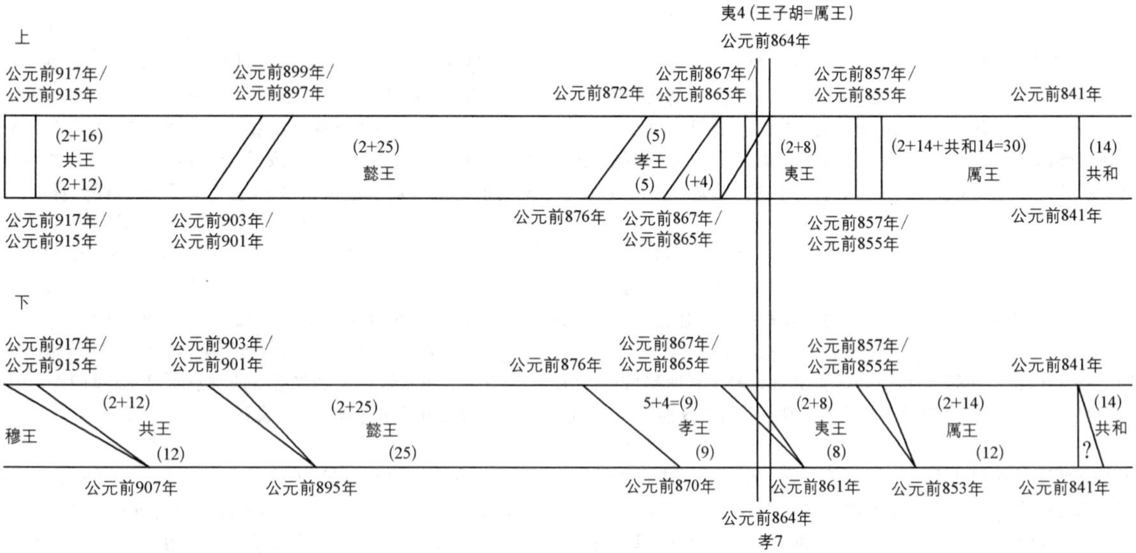
夷4 (王子胡=厲王)
公元前864年
上
公元前917年/
公元前915年
公元前899年/
公元前897年
公元前872年
公元前867年/
公元前865年
公元前857年/
公元前855年
公元前841年
(2+16)
共王
(2+12)
(2+25)
懿王
(5)
孝王
(5)
(+4)
(2+8)
夷王
(2+14+共和14=30)
厲王
(14)
共和
公元前917年/
公元前915年
公元前903年/
公元前901年
公元前876年
公元前867年/
公元前865年
公元前857年/
公元前855年
公元前841年
下
公元前917年/
公元前915年
公元前903年/
公元前901年
公元前876年
公元前867年/
公元前865年
公元前857年/
公元前855年
公元前841年
穆王
(2+12)
共王
(12)
(2+25)
懿王
(25)
5+4=(9)
孝王
(9)
(2+8)
夷王
(8)
(2+14)
厲王
(12)
(14)
共和
?
公元前907年
公元前895年
公元前870年
公元前861年
公元前853年
公元前841年
公元前864年
孝7

圖解：圖上半表示厲王出生的年代，及解釋孝王、夷王在位期重合的四年；圖下半是删除守喪期以使厲王出生年份保持不變之絶對年代(見下文)。

上：孝王的五年實際掌權的執政期(前 872 -前 868)，加上延伸至厲王出生年，即公元前 867 - 6 - 5 - 4 年，就使得其實際掌權的執政期既成為5+4=9年。以前，在懿王十五年前後，懿王的伯父辟方干王位，放懿王於槐里，而在公元前872年辟方自稱"孝王"。在公元前868年懿王去世，而在公元前867年其子燮自稱王，爲夷王。後來史錄編者不承認同時有兩個王，乃逼入4年給孝王，作孝王的執政期成爲公元前876年至公元前868年，而懿王之2+25年成爲公元前903/公元前901年至公元前877年，也就是說將較早的年份挪回4年，止於共王繼位之年公元前917年，然後把共王在位之年公元前903年7月3日早晨的日食很可能爲懿王元年的"天再旦"(但事實上大概這是公元前899年的，見倪德衛，1983年文，頁554)。

下：守襄期既已刪除，以後沒繼位/即位之區別，這就造成將共王元年推後10年，即從公元前917年推後爲公元前907年；將懿王元年推後8年，即從公元前903年和公元前895年，而孝王和夷王元年各推後6年，即從公元前876年和公元前867年推後爲公元前870年和公元前861年(於是共王的在位期只是12年了)。同樣，夷王四至五年(前864–前863)所發生事件的絕對年代(屬王元4年)則保持不變，於是成爲夷王七年至八年，而夷王四年至五年成爲空位(這一更動大約是在公元前350年至公元前300年左右發生的)。

第三圖：厲王 2+28（前 857/前 855－前 828），共和 14（前 841－前 828），
宣王 2+44（前 827/前 825－前 782），幽王 11（前 781－前 771）

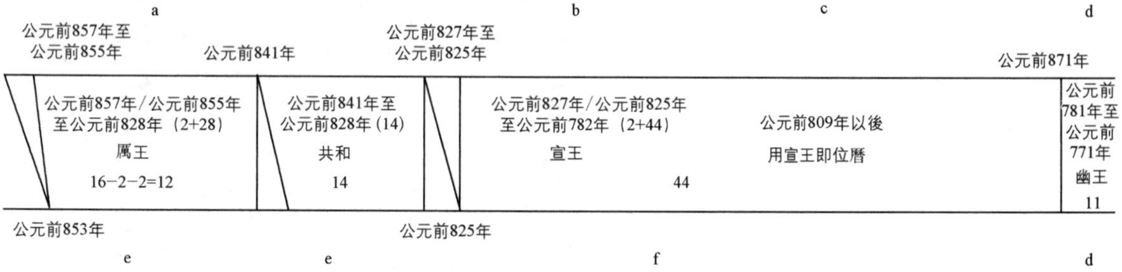

公元前857年至公元前855年	公元前841年	公元前827年/公元前825年	公元前841年至	公元前871年	公元前781年至公元前771年

公元前857年/公元前855年 至公元前828年 (2+28) 厲王 16-2-2=12	公元前841年至 公元前828年 (14) 共和 14	公元前827年/公元前825年 至公元前782年 (2+44) 宣王 44		公元前809年以後 用宣王即位曆	公元前781年至 公元前771年 幽王 11
a		b		c	d
e	e	f			d

公元前853年　　　　公元前825年

圖解三：厲王、共和、宣王至幽王的年代

a. 厲王之爲夷王守喪的兩年（前 857－前 856）被刪除：厲王 2＋14＋14－2＝28 年。他的繼位之年份是公元前 857 年，到公元前 842 年亡奔爲 16 年；從公元前（857－2）到公元前 842 年只是 12 年。

b. 宣王爲厲王守喪的兩年（前 827－前 826）被刪除：宣王即位年是公元前 825 年。公元前 825＋28＝公元前 853 年。所以，"今本"《竹書紀年》厲王元年成爲公元前 853 年。

c. 公元前 809 年以後青銅器銘文多用宣王即位曆。

d. 幽王爲宣王守喪的兩年沒有記錄：他被殺之時，宗周之政府同時被破壞，所以無法從其即位之年開始記錄其統治之年，他用宣王即位曆。

e. 對共和元年的兩年修正：厲王 2＋14（前 855－前 842）－2＝12（前 853－前 842）。

f. 對宣王元年的兩年修正：宣王 2＋44（前 827－前 782）－2＋2＝46（前 827－前 782）（很可能最後兩個修正是晉朝學者而作的）。

（在我的 2009 年的英文版《竹書紀年》解謎内，我假定幽王在位期必包括初兩年守喪期，即是公元前 783／公元前 781 年至公元前 771 年是他的完全在位期。事實上普通認爲公元前 771 年至公元前 781 年之 11 年，這是錯的。事實上普通認爲公元前 781 年至前 771 年的第二與第三圖不同，我做了修正。）

6.7.2.3 圖二顯示,夷王四年至五年(他的年表中未包括這兩年)和孝王七年至八年時間上是重合的。造成這一重合的原因是孝王末年後移了六年,而人們認爲他九年的在位期是(後人)在其五年在位期的基礎上增加四年的結果(孝王元年本應是 872-6=公元前 866 年,結果在《竹書紀年》中成了 866+4=公元前 870 年)。這之間相差的兩年是公元前 864 年至公元前 863 年。厲王生於公元前 864 年,這一日期至關重要,故而此後的一系列對年表的改動工作都必須確保這個日期的準確性。王子胡(即厲王)的誕生導致(或迫使)孝王退位。孝王執政的原因很可能是懿王失德,而在王朝找到新的繼承人延續王位之前,他恐怕也不太願意中止干政。夷王之死或許是個灾難(《竹書紀年》中記録了諸侯們在他病中爲他祈福),夷王的子嗣和繼承人的誕生讓孝王無法再名正言順地統治下去。

6.7.3 在另兩處材料中(《竹書紀年》文内注及《太平御覽》),可找到"孝王七年"的記載。"七年"爲訛誤,但所指年份無誤。若孝王元年在公元前 870 年(而非公元前 872 年),則"孝王七年"之"七年"和所指年份均無誤。

這説明,對已知絕對年份的某事件,《竹書紀年》通常從自身系統之元年算起,而不是從真正的元年出發。换言之,戰國時代《竹書紀年》的編者,改訂了一套在我們看來不正確的紀譜。他們將其視爲標準的紀年系統,並使用該系統。有許多這樣的例子。

比方説,厲王三年,齊獻公山死,卒年爲公元前 851 年,《史記》確認該年份爲真。《竹書紀年》編者們在一份他們覺得可靠的史料中發現這一年份,並將該年份轉録到自己的編年系統中去。

又比如,厲王六年,楚子延卒,卒年爲公元前 848 年,《史記》亦確認該年份正確。《竹書紀年》編者們在某處發現這一年份,並將其轉録到自己的編年系統中去。

再如,懿王十七年,魯厲公擢薨。薨年爲公元前879年,從懿王元年公元前895年算起的第十七年。懿王元年實爲公元前899年,但薨年年份不誤。編者必然在魯國年表中找到該年份,確認後,將其轉録到自己的編年系統中。當然,不可避免地採用了錯誤的懿王元年。

6.7.3.1 下表分析了魯國年表中,前八位統治者的在位年份。

魯 國 之 諸 公

魯君	《史記》卒年	在位時間(年)	《紀年》卒年	在位時間(年)	真實卒年,在位時間(年)
1 伯禽	(前999)		前989		前990,46
2 考公	(前995)	4	前988	(1)	前986,4
3 煬公	(前989)	6	(前982)	(6)	前980,6
4 幽公	(前975)	14	前968	(14)	前966,14
5 魏公	(前925)	50	前918	(50)	前916,50
6 厲公	(前888)	37	前879	(39)	前879,37
7 獻公	前856	32①	(前856)	(23)	前856,23
8 真公	前826	30	前826	(30)	前826,30

(推斷年份及長度,加括弧表示)

6.7.3.2 説明:

伯禽:參考第五章及圖表,伯禽在位年份① 前推兩年(從成王即位年到成王繼位年)所以他的末年成爲康王十四年,即公元前992年;② 在第二階段後推三年(跟一切的周初年代一樣),即成爲

---

① 《史記》以"二十三"爲"三十二"。

公元前 989 年；③ 在第三階段伯禽的末年仍爲公元前 989 年，可是跟一切周初年代一樣，康王年代被前推五年。如此一來，伯禽卒於康王十九年，而非十六年，這使得考公在位年份從四年縮減到一年。這一個年代更改，把武王在克商後的在位長度定在五年，而非兩年。後推三年對後世年份均有影響。但及至穆王，相應年份不再往後移動。所以，昭王在位末年爲十六年，而非十九年。這就能解釋昭王在位期間，爲何有兩次伐楚戰役。這兩次戰役分別在昭王十六年和昭王十九年。昭王十六年，“伐楚涉漢遇大兕”應爲“伐楚涉漢遇大兕”。

當三年的錯位得以更正之後，“兕”字被改成“兒”字，十六年也不再是昭王末年。（書中）先聲明“伐楚涉漢遇大兕”是十六年發生的主要事件，然後詳細描述了事件始末。無獨有偶，第 213 簡上記載，“七年周公復政於王”。周公復政是全年發生的一系列事件的結果，而其中詳情也在之後予以説明。

6.7.3.3 厲公：魏公的繼任厲公，其元年與共王元年重合。該年被誤認爲共王繼位年份，而非即位年份。伯禽在位時，也有相同的問題。伯禽在位四十六年，從成王在位三十年之元年開始，而非 2+30 年之元年。

獻公：《史記》調換兩個數字的位置，把 23 變成 32。這就解釋了爲什麼《史記》把公元前 888 年視作厲公卒年。同時，亦確認了真正的年份，如《竹書紀年》所載，爲公元前 879 年。

6.7.4 我注意到有一件事標有日期，這表明編者們（在此處）對待自己的紀年系統十分認真，堅信由自身紀年系統所推斷之年份，皆爲事實之年份。

共王九年正月丁亥(24)，王使内史良錫毛伯遷命（即任命爲大臣，毛遷曾是穆王麾下一勇將，見穆王三十五年簡文）。

此事實際發生於公元前 910 年 12 月 15 日,相對應於公元前 909 年,爲建子曆首日(共王九年,以公元前 917 年爲元年)。該段文字可能來自殘存的朝廷檔案(無"春"字),編者可能並未加以核對即接受此記錄。他們採用(夏朝)建寅曆及章蔀法來確定過去的干支日期。但章蔀法紀年並不十分準確,每 310 年就會提前一天。共王的時代與編者所處年代相距超過 310 年,且亦非兩倍於 310 年的長度。對編者來説,日期可能爲公元前 899 年 2 月 20 日(共王九年,以建寅曆公元前 907 年爲元年。總共有十年守喪期被刪去,該年份實爲共王紀譜結束後的一年,但編者並未意識到這一點)。公元前 899 年寅月首日實爲戊子日(25),即 2 月 21 日。所以,章蔀法給出的日期爲丁亥日(24),即 2 月 20 日。

6.7.5 以下探討一些有問題的年份。

穆王四十五年,魯侯潰薨。但穆王在位不到四十五年。所謂四十五年,其實從一個錯誤的元年,即公元前 962 年算起。從公元前 962 年算起,四十五年則在公元前 918 年。但據我對魯國年表的分析,魯侯潰卒年應在公元前 916 年。人們可能知道,魏公潰的繼任厲公其繼位年份恰好在共王元年。但繼位年份與即位年份常常混淆,所以編者們自以爲公元前 918 年爲確切的年份。

6.7.5.1 他們是否將公元前 918 年這一年份轉録到自己的紀年系統中?這樣説可能没錯,但容易引起誤解。現在可見《竹書紀年》之紀年系統,穆王在位年份往前移動六年,同時又往後移動十年。所以,各事件的絕對日期加上六年後,保持不變。"四十五年"即爲"三十九年"。穆王元年不能經此處理,但二年、三年、四年和五年爲空,接下來是六年。爲得到確切年份,必須減去六年,故穆王六年實爲零年,也即昭王薨年。可以想見,當昭王薨及喪六師的消息抵達成周,朝野一片恐慌。爲爭取時間,周王室拉攏徐王誕

《竹書紀年》稱其爲"子"），"命爲伯"，即"東伯"也即封他作東方的領主。徐王誕是東面最危險的非漢族部落的首領（七年以後，周、徐交戰）。

6.7.5.2 穆王紀譜中另有三處這樣的年份修改。

據載，穆王九年築春宮。以公元前 962 年作元年算起，九年爲公元前 954 年。但若以公元前 956 年作元年算起，實際上爲穆王三年。據師遽簋銘文載，三年春中間一月的中間一日，穆王造訪新宮。時值穆王三年，也是他守喪期結束後的第一年，他也能够做一些在守喪期内不能做的事情——例如修建新宮。

穆王十八年，諸侯來朝拜。若以公元前 962 年爲元年，則穆王十八年爲公元前 945 年。該年份可能是竹簡第二階段修改的結果。第二階段時，以公元前 1045 年爲克商年份。公元前 945 年恰好與周朝立朝之年，相距一百年，自然要大肆慶祝。

據載，穆王三十五年，荆人入徐（荆人亦即楚人），毛遷帥師敗荆人於泲。班簋銘文有載八月初吉甲戌（11），卻未指明年份。但據班簋銘文所描述的情況，可斷定爲此次戰役。若以公元前 962 年爲元年，穆王三十五年則爲公元前 928 年。公元前 928 年建子曆八月一日爲甲戌，以月首作發動戰役之日，相當合適。若以公元前 956 年爲元年，則穆王三十五年爲公元前 922 年。戰役日期將在建丑曆第七日。從技術角度來説，這是可能的。小月後一個月的第七日，可能是初吉日。但公元前 935 年至公元前 921 年間青銅銘文，均採用建子曆。

6.7.6 在此，我要重申我的問題。我們是否可以從一個確切的日子及《竹書紀年》所載的相應王位年份數，推斷出和該王位年份數相關的王位元年亦正確。你可能認爲，若王位年份數確切真實，則完全有可能判斷王位元年真實。但此推論並非理所當然。

在西周紀譜中，我注意到有八處記錄，其王位年份數和元年年份均有訛誤。

6.7.7 過去討論的焦點往往在厲王，因爲要判定厲王名下師兌簋銘文的年份，必然涉及另一個未被發現之厲王元年問題。我們知道，厲王繼位時，年紀尚輕，須有人輔佐，度過一段攝政期。該攝政期較早和較晚時候，均由共和執政。所以，那個未被注意的元年必然是厲王親政的元年。有人認爲，該年爲公元前853年。[①] 我已論證，公元前853年有訛誤，不可能爲厲王親政元年。厲王親政前的攝政期在公元前854年時，尚未結束。公元前854年，厲王纔十一歲。而據一篇完成於十一年，也即公元前847年的師嫠簋銘文顯示，十一年時，共和仍執政。[②]

6.7.7.1 此處，我研究的重點是，《竹書紀年》中的厲王元年。有關如何分析《竹書紀年》所提供的日期問題，需要詳述。有可能，王位年份數是對的，但相應的絕對年份數卻不對（所以，與之相聯的元年絕對年份亦不對）。比方說，仲康日食發生於仲康五年，但實際年份卻不在公元前1948年。也有可能，絕對年份數是對的，但在位長度卻不對。比方說，商子亥卒於公元前1719年，但當時在位的並非帝泄。當然，也有可能所有年份都對，偏偏對該時間的描述不對。比方說，《竹書紀年》將五星錯行記在帝癸十年一條下（但事實上沒有帝癸）。優秀的歷史學家同時也要是一位優秀的偵探家，因爲在探索真相的過程中，沒有教條可循。我已論證，從正確的絕對年份，並不能推斷出所給王位年份抑或王位元年是否正

① 夏含夷《史料》276（我想夏氏錯了）。
② 請參見♯38師嫠簋的評述。其中一件副器的蓋子上有文字，我認爲是"師和父作嫠叔市恐告於王"。也就是，共和讓師嫠去拜見君王，並請他告訴君王在這種情況下應當怎麼應對（KB31［189］768；此非白川靜的釋讀）。

確。這是否意味着不能相信王位年份數？是否意味着一定要從絕對年份數纔能推斷出可靠的元年年份？當然不是。在第五章，我推斷定鼎儀式發生於"十八年"，十八年爲公元前 1020 年。由此，推斷成王元年在公元前 1037 年。

6.7.7.2 我已解釋了正確解讀"孝王七年"這一年份的方法。我們要從《竹書紀年》所給出的孝王元年，即公元前 870 年開始，而不是真實之孝王元年，即公元前 872 年出發。於是，可以推斷，屬王生於公元前 864 年（屬王一共活了三十七年），公元前 844 年時，他正好二十一歲。標有"三年"字樣的師兌簋可能以公元前 844 年爲元年，若此，三年即爲公元前 842 年。屬王很年輕，真正掌權的年份不超過三年，之後就被驅逐了。

6.7.8 這一結論意義深遠。屬王的例子顯示，二十歲以下的年輕人不可以稱王。所以，有必要仔細考察最著名的七年周公攝政。首先需要解釋"七年"這一長度。攝政起始年距離成王滿二十歲，恰好七年。除此，還有更好的解釋嗎？鄭玄認爲，成王生於武王繼位年。若鄭玄説得没錯，那麽武王卒於公元前 1038 年。公元前 1038 年，成王十二歲，需要七年攝政期。接下來呢？我們知道武王在克商兩年后死去。也就是説，克商年份在公元前 1040 年（也可以見 1.4.9）。

第七章

商代晚期周祭系統：征夷方甲骨卜辭（及其意義）

7.0 從《竹書紀年》及《國語》材料，人們可推斷出公元前1086年爲帝辛元年（就《竹書紀年》本身而言，帝辛元年相應應爲公元前1102年）。另外，商代晚期有關征伐夷方的甲骨卜辭亦證實，公元前1086年爲帝辛元年。所以，《竹書紀年》本身對帝辛元年的説法，有訛誤。它認爲帝辛在位不是十九年（前1105至前1087），而是九年（前1111至前1103）；然後又連帶着認爲文丁（文武丁）在位不是三年（前1108至前1106），而是十三年（前1124至前1112）。文武丁繼位頭十年，乃名義上的帝王。而這十年，實際上仍屬帝乙執政，爲帝乙在位2＋35年（前1145/前1143至前1109）裏的最後十年（前1119至前1109）。

7.0.1 記載了有關商代晚期祭祀情況的甲骨卜辭，對確認上述年份，起着重要作用。例如，憑藉有關征伐夷方的甲骨卜辭，人們能確定商代晚期祭祀周期内發生各事之絶對日期。董作賓與島邦男已對商代晚期祭祀周期加以研究，並得出重要結論。其他學者如陳夢家、許進雄、常玉芝、徐鳳先及李學勤，均爲此作出了重要

貢獻。商代晚期，商王用五種祭祀方法依次祭祀先王先妣。一個
祭祀周期稱爲一祀，每祀有三組，共三十六旬（較早時候僅有三十
五旬）或三十七旬。一祀長度畧短於一個太陽年，因此，隨着時間
推移，每祀起始日就不斷提前。我試圖找出公元前 1111 年至公元
前 1040 年這七十二年間，商代周祭的具體情況。

7.0.2　與甲骨卜辭同一時期的，還有青銅器銘文。在第八章
中，我嘗試推算這些青銅器銘文的絕對日期，它們對我的論點至關
重要。

憑藉征夷方甲骨卜辭，人們還能恢復帝辛在位前二十年的設
閏法（一章七閏），並由此證實一些重要日期。例如第二十二任商
王武丁崩逝於公元前 1189 年（請見 7.7.4.1），斷代工程則認爲武
丁崩逝於公元前 1192 年（詳見 7.8）。

李學勤和徐鳳先作了一份商代晚期年表，和我的結論大不相
同，他們的研究成果爲斷代工程所用。附錄二中，我將檢驗此年表
系統，並指出島邦男所犯的一個錯誤。這個錯誤恰是李學勤和徐
鳳先所作年表賴以成立的前提。另外，我還補充了帝辛元年至十
二年周祭的情況。

7.1　一般來說，一祀有三十六旬（每旬十天），長度畧短於一
太陽年。但一祀也可能有三十七旬。兩種情況交替出現。人們通
常在每旬最後一天，即癸日，製作甲骨卜辭，以公布次日（即甲日）
將舉行的祭祀的情況。甲日受祀的，是以天干"甲"命名的先王。
所以，周祭祀日的天干與商王名號中的天干相同。整個周祭共有
五種祭祀方法，分別爲"祭"、"𢇃"、"劦"、"肜"、"翌"。在前三分之
一的時間裏，按"祭"、"𢇃"、"劦"的順序祭祀先王先妣，故"祭"、
"𢇃"、"劦"爲一組祀典。"肜"單獨舉行，爲中間三分之一時間內所

舉行的祀典。"翌"亦單獨舉行,爲最後三分之一時間内所舉行的
祀典。在一般三十六旬的周期裏,"祭"、"㝅"、"劦"這一組祀典持
續約十三旬,所以,爲祖甲舉行的最後一次"劦"祀的時間,在"肜"
祀開始前的一旬。"祭"、"㝅"、"劦"這一組祀典以及"肜"、"翌"兩
組祀典,在舉行之初,都要舉行工典。若一祀長約三十七旬,則工
典完畢後要增添一旬,或在"翌"組祀典完畢後增添一旬。若一祀
長約三十五旬,則"肜"組祀典最後一旬將被删去。

7.1.1　島邦男《殷墟卜辭研究》第 57、59 及 60 頁給出一些圖
表,從中可推斷以天干"甲"命名的帝王的祀序表。除此,《殷墟卜
辭研究》還給出了三分之一年内祭祀先王先妣的主要日子(祭、肜、
翌)(見第 101 及 534 頁)。我對此畧加調整,排列如下表。關於
"祭"、"㝅"、"劦"、"肜"、"翌"五種祭祀方法,何者爲一祀開端,頗有
爭議。島邦男認爲,"祭"爲一祀開端(我採用他的説法,但並不十
分肯定。見常玉芝 1987 年著作,第 186–191 頁)。但相較而言,
排在最後的一種祭祀方法似乎更爲重要。例如,"祭"、"㝅"、"劦"一
組祀典中,排在最後的"劦"祀,以及"祭"、"㝅"、"劦"、"肜"、"翌"全部
五種方法中,排在最後的"翌"祀。徐鳳先認爲,"翌"爲五種祭祀方法
之首,從第四個月開始,有時則從第三個月或第五個月開始。

7.1.1.1　除此,還有一個重要問題尚未解決,即利用第五期
甲骨卜辭推斷出五種祀典相應的絶對日期。人們要通過五種祀典
來得出年表,就必先要知道五種祀典本身相應的絶對日期。這也
是我在本章努力想要完成的工作。

目前,就此問題,有兩種説法。一種爲李學勤的觀點(1999)。
李學勤的説法,建立在徐鳳先研究成果的基礎之上,並爲斷代工程
(2000)所採納。後來,徐鳳先對此畧加修改,收於其 2006 年出版
的著作中。另一種,是我的説法,最初發表於 1999 年,但以 1982

年我與夏含夷、班大爲等人所作之研究成果爲基礎。這項研究成果沒有得到中國方面的重視。兩種説法最根本的不同，在於對有關征伐夷方的甲骨卜辭的年代有不同看法。

7.1.1.2　以下爲島邦男分析數百條癸日卜辭後得出的完整周祭情況（每旬最後一日，也即癸日，帝王要舉行祭祀，以祈求新的一旬不會有災難發生。同時，還要説明第二天，也即甲日將舉行之祭祀安排）。首先，我列出帝乙以前，分別以各種方式祭祀先王先妣的順序。

癸	壬	辛	庚	己	戊	丁	丙	乙	甲	日/旬
									工典	1
示癸	示壬					報丁	報丙	報乙	上甲	2
			壬2			大丁		大乙		3
	庚4	甲4	大庚		丁3		乙3 卜丙		癸2 大甲	4
	戊5			雍己	大戊				小甲	5
丁6	卜壬				丁6	仲丁				6
	辛7	祖辛		乙7				祖乙	河亶甲	7
			南庚辛 7丁8	丁8		祖丁			辛7 沃甲	8
		小辛	盤庚						丁8 陽甲	9
丁10	丁10		乙10 祖庚	乙10 祖己		武丁		小乙		10
	丁11			丁10 甲11		康丁			祖甲	11
丁12					乙12	文武丁		武乙		12

在標示先妣名字上，我採用與島邦男稍不同的方法。即，"妣"加上她所屬欄目之干名，而該欄前一欄，爲先王所在欄目之欄目號及排號。比方説，"庚"欄第三排，爲"壬 2"，意爲"示壬妣庚"。此處"示壬"，即"壬"欄第二排之王名。對這位先妣的祭祀，在"祭"、"宰"、"劦"循環周期中第三旬之庚日舉行。顯然，在"祭"、"宰"、"劦"循環周期中，先妣沒有接受"祭"祀，但受到"宰"與"劦"祀。

每旬最後一日＝祭祀周期内旬的序號＋0。以上爲十二旬長度内，"祭"、"宰"、"劦"組祀典，"肜"組祀典，或"翌"組祀典的祀序表。

7.1.2　有關商代晚期，爲以天干"甲"命名的帝王所舉行之祭祀，及"祭"、"宰"、"劦"組祀典情況，參見島邦男《殷墟卜辭研究》第56－61頁。此處所列王名，均爲卜辭記載之名。

旬 1　祭工典

旬 2　祭上甲

旬 3　　　　　　　　　　宰上甲

旬 4　祭大甲

旬 5　祭小甲　　　　　宰大甲　　　　　劦上甲

旬 6　　　　　　　　　宰小甲　　　　　劦大甲

旬 7　祭河亶甲　　　　　　　　　　　　劦小甲

旬 8　祭羌甲　　　　　宰河亶甲

旬 9　祭陽甲　　　　　宰羌甲　　　　　劦河亶甲

旬 10　　　　　　　　宰陽甲　　　　　劦羌甲

旬 11　祭祖甲　　　　　　　　　　　　劦陽甲

旬 12　　　　　　　　宰祖甲

旬 13　　　　　　　　　　　　　　　　劦祖甲

旬 14　肜工典

旬 15　肜上甲

旬 16

旬 17　肜大甲

旬 18　肜小甲

旬 19

旬 20　肜河亶甲

旬 21　肜羌甲

旬 22　肜陽甲

旬 23

旬 24　肜祖甲

旬 25

旬 26　工典，翌

旬 27　翌上甲

旬 28

旬 29　翌大甲

旬 30　翌小甲

旬 31

旬 32　翌河亶甲

旬 33　翌羌甲

旬 34　翌陽甲

旬 35

旬 36　翌祖甲

在較早的時候，人們以三十五旬爲周期（有一例在公元前 1080 年至公元前 1079 年）。而三十七旬周期與三十六旬周期，要彼此輪換，以使每年保證有三百六十五天。但實際上，人們並不總這麼做。公元前 1093 年至公元前 1077 年，一祀之首日從十一月底提前到了九月初。

7.1.3 我認爲,公元前 1086 年,帝乙爲其後繼即帝辛,施行新曆。之後不久,帝乙就死了(可能在公元前 1082 年)。帝乙的繼任者紂辛(受)修改了新曆,在年底加上兩個月,把原本以亥月爲歲首的年曆改成以丑月爲歲首(武乙在位時,以丑月爲歲首)。在服喪完畢後,他重新開始採納三十六旬周期與三十七旬周期交替的做法(見 7.6.1)。此後,周期首日逐漸從甲戌(11)提前到甲子(01)。這以後,也即公元前 1068 年,紂辛開始施行新曆,並自稱爲帝辛,稱其繼承人禄父爲小王。[①] 禄父即後來的武庚(公元前 1068 年始於庚日)。此後,建丑曆可能一直沿用到商代滅亡,且被視作商代的標準曆法。

7.1.4 我們很難十分肯定地描述這些祭祀活動,大部分應是公共事件。這些事件的日期,在卜辭中,可能被記作"肜"、"翌"、"劦"。對當時人來説,"肜"、"翌"、"劦"等指意明確,毋需解釋。另外,從卜辭可知,有些活動爲衆人身穿華服、沿街游行,就好像日本京都常常舉辦的各種"祭"。舉辦這些活動時,人們總是擔心下雨,生怕雨水阻斷儀式、弄髒身上的衣服。一篇有關征伐盂方的卜辭(見 9.5 - 9.5.3)中,寫道"惠衣翌日步"(《甲編》2416,島邦男《殷墟卜辭綜類》,518.4),即"翌祀當日,穿上袍子,出發行進"。除此,我們没有更多有關祭祀活動的描述。僅能確定的,是祭祀活動的名稱及順序。

7.2 首先給出我自己的分析。我們必先從一組相關卜辭着

---

① 康丁在位時,爲祖己舉行祭祀,稱其爲"小王父己"。而武丁曾指定祖己爲其繼承人(島邦男《殷墟卜辭綜類》,第 549 頁,第 3 行,《南明》631)。《竹書紀年》也涉及武丁廢黜一事。但此事似乎源自古人對《尚書·高宗肜日》的誤讀。人們把"高宗肜日"理解爲"高宗行肜祀之日"。而實際上,這句話的意思是,"高宗受肜祀之日"(倪德衞,"The King and the Bird(帝王與鳥)",亞洲研究學會,1984 年,未發表)。

手。這組卜辭要能提供足够的訊息,幫助我們確定年份、帝王世位。同時,這組卜辭内還至少要有一條卜辭,記録有某帝王在某年月日舉行祭祀的情況。記録有關東征夷方(或人方)情況的一百多條卜辭,恐怕是唯一一組符合要求的卜辭。夷方在淮谷一帶,而征伐夷方的時間爲帝辛十年至十一年(見陳夢家列表,1956年,第301-304頁)。這一百多條卜辭中,有一條記録日期爲十年十二月甲午(31);緊接着一條記録日期爲一月[丁]酉(34)。這表明,"十年"終於甲午(31),或乙未(32),或丙申(33)。此外,還有兩條卜辭,分別記録日期爲十年九月甲午(31)和九月癸亥(60)。若綜合考之,可知以大小月交替來看,"十年"有一個閏九月。

---

30 天:十二月:(02)-(31),(03)-(32),或(04)-(33)

29 天:十一月:(33)-(01),(34)-(02),或(35)-(03)

30 天:十月:(03)-(32),(04)-(33),或(05)-(34)

29 天:九月:(34)-(02),(35)-(03),或(36)-(04):必有(60);
　　　没有(31)

30 天:九月:(04)-(33),(05)-(34),或(06)-(35):必有(31);
　　　没有(60)

從上表可知,第一個九月有癸亥日(60),該月必爲閏九月。董作賓、陳夢家皆持相同看法,且推斷理由可能也相近。

7.2.1　商代晚期,唯一符合以上描述的年份,爲公元前 1077 年。該年以冬至日所在月爲最後一月,且以乙未(32)日爲最後一日,即上表所列中間一行的情況。我們也可從有關卜辭記録,看出該年必有閏九月(陳夢家,1956年,第301-302頁)。這些卜辭要麼直接點明年份,要麼對年份予以暗示。另外,從張培瑜的曆表角度看,月份長度也符合當年有閏九月的説法。

征夷方役之十年九月至十一年一月表

年	月	日	月份長度	
10	9	甲午(31)	05 – 34(30 天)	(上甲,宰)
	9	癸亥(60)	35 – 03(29 天)	(閏月)
	10	癸酉(10)	04 – 33(30 天)	
10	10	甲午(31)		
	11	癸卯(40)	34 – 02(29 天)	
	11	癸丑(50)		
	11	癸亥(60)		
	12	己巳(06)	03 – 32(30 天)	
	12	癸酉(10)		
	12	癸未(20)		
	12	癸巳(30)		
10	12	甲午(31)		(上甲,肜)
[11]	1	[丁]酉(34)	33 – 01(29 天)	

秋分日,即 10 月 2 日,儒畧曆 132 8324 日,爲丁酉日(34)。此中
氣日爲陰曆第一個九月的最後一天。所以,第二個陰曆九月,只有二
十九天。該月沒有中氣日,按後來文獻所載規律,該月必設閏。①

7.2.2　當時的中國人以爲,四季把一個太陽年均分爲相等的
天數。他們不是從冬至日而是從秋分日開始,計算各季節中點,也
即春分、夏至、冬至,以及其他各中氣日的日期。秋分與真正冬至

---

　　①　中氣日爲陽曆月中間一日(一個太陽年有十二個月,每月爲三十日或三十一
日)。冬至、夏至和春分、秋分成爲中氣日(這個概念於天文学不是正確的;有關中氣日
概念的分析,見在第一章及本章)。

日的間隔爲八十九或八十八天，而非九十一天。所以，若從真正的冬至日開始計算，得到的秋分日會提前兩到三天。但此處的秋分日恰好是對的。

換言之，遇到與冬至日有關的日期時，我們必須瞭解，涉及的冬至日比實際的冬至日要晚兩到三天。這一點在推斷商代晚期和周初的絕對日期問題上，十分重要。比方説，在斷定公元前1040年爲周克商年份這一點上，冬至日的算法就占據了極其重要的地位（見第一章）。①

7.2.3　李學勤（1999）及斷代工程（2000）的結論與我的看法則大相徑庭。後來，徐鳳先又在其2006年近作中，爲他們一派的看法作了辯護。在《夏商周年代學札記》其中一篇文章裏（1999，第245-250頁），李學勤認爲，征夷方在公元前1066年，所以，帝辛元年爲公元前1075年（這亦是斷代工程給出的年份）。且在征夷方戰爭中，爲了方便，公元前1066年9月至12月間人們不再採用干支紀日法，取而代之的是“一甲十癸”的曆法。“一甲十癸”，即每月以甲日爲始，長爲三旬，即三十天。

李學勤還認爲，十祀十二月甲午（31）肜（上甲），應爲十一祀正月之誤（這是按“一甲十癸”推斷來的）。這樣一來，就沒有必要找出一個以甲午（31），或乙未（32），或丙申（33）爲最後一日的年份。而以甲午（31），或乙未（32），或丙申（33）爲最後一日的年份，僅可能是公元前1077年。這就意味着，必得去掉公元前1066年的可能性。徐鳳先巧妙地質疑了“一甲十癸”的説法，但保留了公

---

①　若從秋分日算起來確定二十四節氣（正常來説，應從冬至日算起），牧野之戰獲勝日，即公元前1040年建寅二月甲子，爲清明日。《詩經·大明》載，“肆伐大商，會朝清明”，證實了我的説法。同時，也解釋了利簋上銘文所記録的内容。“克聞夙又商”説的就是，葳鼎祭儀上，我們向先祖匯報，我們已經打敗商王軍隊。清明日爲敬拜祖先的重要日子，所以，也是帝王向先祖匯報勝利的最佳時間。

元前 1066 年爲征夷方的年份。她認爲，卜辭上記錄上甲"宰"祀典發生於九月甲午(31)，應爲八月之誤。

7.2.4 年内置閏倒不成問題。中國人在商代以前，就開始採用將一年均分爲二十四節氣的做法(倪德衛 1989)。這爲以中氣日觀察月相並決定何時置入一個陰曆月，奠定了基礎。有人認爲，有了第十三個月，就沒辦法再進行年内置閏。此説不確。古時候，中國人要麼通過置入一個第十三月，或第六月來修改曆法；要麼採用中氣日法則。但有些時候，他們兩者兼用(參見附錄二)。

7.3 征夷方卜辭見於《甲骨文合集》(後簡稱"合集")36482，日期爲"甲午(31)⋯⋯在九月，遘上甲宰，唯十祀"。這些卜辭進一步確認了學者對周祭祀序表的重建(如島邦男《殷墟卜辭研究》)。從上甲"宰"祀至上甲"肜"祀，共歷十二旬。除此，我們知道征夷方這一年秋分日的絶對日期。所以，可推斷征夷方卜辭的日期爲，公元前 1077 年 9 月 29 日，儒畧曆 132 8321 日；且該年周祭始於 9 月 9 日甲戌(11)，儒畧曆 132 8301 日(第一種祭祀爲"祭"，以工典爲開端)。

7.3.1 所以，如我預料的，帝辛元年爲公元前 1086 年。本章，我主要對此加以解釋。若周克商的年份爲公元前 1040 年，但後來被誤認爲公元前 1045 年，那麼，帝辛末年就不可能爲公元前 1041 年。我認爲，要解決這一問題，必須證明商代最後一年爲周朝名義上立朝的前一年。周朝名義上立朝的年份，也即施行受命曆法的第一年，爲公元前 1056 年。那麼，公元前 1057 年即帝辛最後一年，而人們過去認爲帝辛最後一年在公元前 1041 年。這樣一來，帝辛在位年份就往前推移了十六年。

但在《竹書紀年》中，帝辛元年爲公元前 1102 年。要推斷真正的帝辛元年，需從公元前 1102 年往前推移十六年，至公元前 1086 年。這一結論應在情理當中。若唐叔虞受封年爲公元前 1035 年，與公元前 335 年魏惠成王自立爲王相距七百年，且按《國語》記載，假定唐叔虞受封之年，木星位置在大火，位次 10，而克商之年，木星位置在鶉火，位次 7。那麼，就可相對獨立地推斷，帝辛元年必在公元前 1086 年，比原來的認識提早十六年。

五星聚合的實際年份爲公元前 1059 年，比公元前 1035 年早 2×12 年。從木星位次 6 變爲木星位次 10，則木星在位次 6 的那一年，應比原先認爲的提早四年。但文王卒於五星聚合後九年（《逸周書·文傳解》），這樣一來，文王卒年與克商年份相同，顯然有訛誤。所以，《竹書紀年》的做法，就是將五星聚合年份往前移動一個長約十二年的木星周期至公元前 1071 年。總共移動的年份爲十六年。

此外，還有一條證據，可相對獨立地證實帝辛元年爲公元前 1086 年這一説法。《史記》有一條記錄，讓人很難相信。它説，商王囚文王於羑里，七年後將其釋放。釋放同時，賜予文王獨立出兵的權力。但據其他史料載，文王獲此權力，在五星聚合及受天命以後，也即公元前 1058 年。從公元前 1086 年算起，公元前 1058 年爲帝辛二十九年。而《竹書紀年》載，帝辛二十九年文王獲釋。西漢時候，這兩條材料可能仍可見，並對司馬遷造成困惑。

另有一條材料，也可作爲佐證。《竹書紀年》商代紀譜末尾的總結寫到，從湯滅夏到受稱王，即帝辛，共歷二十九世，四百九十六年。但《竹書紀年》裏，記錄有三十位帝王，而非總結裏所説的二十九位。"王"可能爲原本《竹書紀年》"年"字之誤。若此，商代紀譜末尾的總結應爲，從湯滅夏到受二十九年，共歷四百九十六年。如果，帝辛元年爲公元前 1086 年，那麼這一説法就恰好吻合。"受二十九"年爲公元前 1058 年，也即周王受命之年，與商朝立朝年份，即公元前 1554 年,恰好相距四百九十六年(班大爲已證明)。

7.3.2 對此問題,已有很多研究著述,相當一部分學者(除夏含夷之外)並不認同我的觀點。比方説,徐鳳先製作了周祭表,把帝辛前十年確定爲公元前 1075 年至公元前 1066 年(第 162－172頁);她還列出了她認爲屬帝乙二年至十年間的甲骨卜辭(第 85－86 頁,因無確切的日期,故未製表),這些卜辭與她對帝辛日期所作的判斷不符,故歸至帝乙時代(徐鳳先採納《合集》的看法,認爲這些卜辭屬同一位帝王)。徐鳳先搜集的材料遠勝過我。我使用了這些材料,並十分感謝她所作的搜集工作。但我得出的結論和她的大不相同。下表第三欄至第八欄是我作的推論。

徐氏二年四月至十年五月祀典表

1：年/陰曆月	2：日(干支)、祀典	3：祀典、祀周	4：祀周的首日和月份	5：該年首月	6：祀典的儒畧積日	7：祀典日期(陰曆)	8：祀典日期(公元前)
2/4 ①	(21)肜,上甲	141	(01) 11	亥	132 5051	2.4.27	1085/03/03
3/6 ②	(31)肜,羌甲	201	(11) 11	亥	132 5621	3.6.14	1084/05/09
3/6	(41)肜,陽甲	211	(11) 11	亥	132 5631	3.6.24	1084/05/19
3/7	(01)肜,祖甲	231	(11) 11	亥	132 5651	3.7.15	1084/06/08
3/8	(21)翌,工典	251	(11) 11	亥	132 5671	3.8.5	1084/06/28
3/8	(31)翌,上甲	261	(11) 11	亥	132 5681	3.8.15	1084/07/08
3/11 ③	(11)祭,工典	001	(11) 11	亥	132 5781	3.11.26	1084/10/16
3/12	(21)祭,上甲	011	(11) 11	亥	132 5791	3.12.7	1084/10/26

---

① 《合集》37836。該卜辭證實了我的推測,即從公元前 1086 年 10 月 17 日開始的一祀年長約 37 旬。

② 《合集》35756 及《合集》37838(從 3.6 至 3.8)。

③ 《合集》37840 及《合集》35529(從 3.11 至 4.1)。

續　表

1：年/陰曆月	2：日(干支)、祀典	3：祀典、祀周	4：祀周的首日和月份	5：該年首月	6：祀典的儒畧積日	7：祀典日期(陰曆)	8：祀典日期(公元前)
3/12	(31)宰,上甲	021	(11) 11	亥	132 5801	3. 12. 17	1084/11/05
3/12	(41)祭,大甲						
	宰,上甲	031	(11) 11	亥	132 5811	3. 12. 27	1084/11/15
4/1	(51)祭,小甲						
	宰,大甲	041	(11) 11	亥	132 5821	4. 1. 7	1084/11/25
4/7①	(51)肜,陽甲	211	(21) 1	子	131 9101	4. 7. 21	1102/07/03
4/[4]②	(31)肜,上甲	141	(11) 11	亥	132 5921	4. 4. 19	1083/03/05
5/9③	(41)翌,上甲	261	(21) 1	子	131 9511	5. 9. 17	1101/08/16
6? /12④	(21)翌,祖甲	351	(31) 1	亥	132 0691	8. 12. 16	1098/11/09
7/5⑤	(21)宰,祖甲	111	(31) 1	亥	132 0091	7. 5. 6	1099/03/18
7/5	(31)劦,祖甲	121	(31) 1	亥	132 0101	7. 5. 16	1099/03/28
7/5	(41)肜,工典	131	(31) 1	亥	132 0111	7. 5. 26	1099/04/07
7/6	(51)肜,上甲	141	(31) 1	亥	132 0121	7. 6. 6	1099/04/17
8/2⑥	(11)祭,小甲						

---

①　《合集》37839,帝乙世,非帝辛世。

②　《合集》37841。

③　《合集》37844,該帝乙卜辭使我不得不對我先前所作的年表加以修改(倪德衞1999和2002),把原先定在甲戌(11)的周祭首日,改至甲申(21)。該祀年必有三十六旬,而非三十七旬。而在此之前的一個祀年必有三十七旬,而非三十六旬。且四年爲建子年,五年亦爲建子年,所以五年中間的閏月必然被删去了。

④　《合集》37845,該卜辭僅有右半,故人們可見之部分,爲"六"或"八"字的一半。而該卜辭,恰恰符合帝乙八年的情況。

⑤　《合集》35422等。

⑥　《英》2503等,我將在下文分析這些卜辭。"二月"指占卜日期,而非祭儀日期。祭儀在占卜後第二天(也即下一個月月首)舉行。

續　表

1：年/陰曆月	2：日(干支)、祀典	3：祀典、祀周	4：祀周的首日和月份	5：該年首月	6：祀典的儒畧積日	7：祀典日期(陰曆)	8：祀典日期(公元前)
	宰,大甲	041	(31) 1	亥	132 0381	8.3.1	1098/01/03
8/3	(21)宰,小甲						
	劦,大甲	051	(31) 1	亥	132 0391	8.3.11	1098/01/13
8/3	(31)祭,河亶甲						
	劦,小甲	061	(31) 1	亥	132 0401	8.3.21	1098/01/23
8/3	(41)祭,羌甲						
	宰,河亶甲	071	(31) 1	亥	132 0411	8.i3.1	1098/02/03
8/3	(51)祭,陽甲						
	宰,羌甲						
	劦,河亶甲	081	(31) 1	亥	132 0421	8.i3.11	1098/02/12
8/4?①	(01)宰,陽甲						
	劦,羌甲	091	(31) 1	亥	132 0431	8.i3.21	1098/02/22
8/[4]	(11)[祭]祖甲						
	劦,陽甲	101	(31) 1	亥	132 0441	8.4.2	1098/03/04
8/7②	(41)肜,河亶甲	191	(31)	丑	131 5851	8.7.19	1111/08/08
9/10③	(04)翌,大丁	274	(31) 2	丑	131 6294	9.10.18	1110/10/16
[10]/3④	(21)祭,小甲						

① 該月份應爲3,而不是4。

② 《合集》37847、37872。

③ 《合集》36511(《甲編》2416)。

④ 《後》上18.6。

續　表

1：年/ 陰曆月	2：日(干 支)、祀典	3：祀 典、祀 周	4：祀周 的首日 和月份	5：該 年首 月	6：祀典 的儒畧 積日	7：祀典 日期 (陰曆)	8：祀典 日期 (公元前)
	宰，大甲	041	(41) 2	丑	131 6431	10. 3. 7	1109/03/11
[10/5]①	(41)劦，祖甲	121	(41)	丑	131 6511	10. 5. 28	1109/05/30
2/5②	(41)肜，上甲	141	(21)	丑	131 7231	2. 5. 10	1107/05/20

　　許多學者希望，這兩年至十年間各年份的甲骨卜辭，均屬同一帝王。但起始月份越晚的，其所在年份就越早，因爲總的來説，祭祀周期比一個太陽年稍短，故隨着時間推移，每一祀的起始時間就會越來越早。我認爲，這些卜辭分屬商代最後四位帝王。標有二年和三年，且以十一月 01 日與 11 日爲起始的卜辭，屬帝辛卜辭。兩篇標有四年且以 11 日爲起始的卜辭，亦屬帝辛卜辭。餘下的標有四年且以一月 21 日爲起始的卜辭，屬帝乙卜辭，絶對年份爲公元前 1102 年。另外，標有五年且以一月 21 日爲起始的卜辭，亦爲帝乙卜辭。

　　標有六年的卜辭，與任何帝王年表之六年均不符。該卜辭僅有右半，故人們可見之部分，爲"六"或"八"字的一半。而該卜辭，恰恰符合帝乙八年的情況。另外，幾乎所有標有七年和八年的卜辭，均屬帝乙卜辭。剩下標有九年和十年的卜辭，最後一篇標有八年的卜辭，及被徐鳳先歸爲二年的卜辭，均屬文武丁卜辭，均爲建丑曆（見下文 7.5.1 和 7.6.1）。

　　7.3.3　但常玉芝提出反駁意見。她認同商代年内置閏的説

---

① 《後》上 18.7。
② 《合集》35427＋37837。

法。但她認爲,從卜辭文獻可知,商代及更早時候,中國人以胐日,即月亮初現於西方夜空的那一天,爲一個陰曆月之月首。他們從未以朔日,即日月交會那一天,爲陰曆月之月首(該天象肉眼不可見,見常玉芝 1998 年,第 322 - 340 頁)。

這是必須解決的一項難題。分析征夷方卜辭時,我採用了張培瑜的《中國先秦史曆表》。張培瑜認爲,每個陰曆月皆始於朔日。所以,本書中我以朔日作爲陰曆月起始之日。我還認爲,王名中出現的干支名,由他們繼位第一個陰曆月第一天的干支名決定。所以,我對上甲微、孔甲等三十位商王所作的有關論斷,與常玉芝的看法相左。當然,這不足以證明我之觀點的正確性。另外,還要瞭解常玉芝的推論過程。

首先,她指出當時的中國人不懂天文科學,無以借助科學來計算確切的日期,尤其是無法以肉眼判斷朔日。這一點沒錯。其次,西周晚期纔出現"朔"字。第三,甲骨卜辭顯示,有時一個陰曆月的長度要比計算所得的長度更長或更短,所以時人必得依賴主觀觀測。作爲回應,我要指出,首先,人們並不真正需要科學計算,僅需在一個月的其他時刻作一些簡單觀察,便可推斷肉眼無法觀測的朔日。人們也不需要天文科學知識來解釋他們觀測到的是什麼,僅需分辨每次看到的天體即夜幕下移動的不同亮點。當然,人們的觀測可能並不十分準確,這就解釋了常玉芝提出的第三點理由。至於前兩點,"閏"字直到東周纔出現;所以,有沒有"朔"字出現,並不是一個直接關聯的問題。就好像"日出"、"日落"這兩個詞,與哥白尼之前人們對天空的理解並無關聯。

7.4 另一條卜辭,見《合集》37852,預言了征夷方的問題,其日期顯示"(乙)亥(12)……二月,遘祖乙肜,唯九祀"。也就是說,卜辭日期爲公元前 1078 年 3 月 20 日,儒畧曆 132 7762 日,而當時周祭始於公元前 1079 年 9 月 10 日,即儒畧曆 132 7571 日、甲子日(01);當時官曆(如《前》7.2.1)始於在冬至後的一個月。

　　要得到這樣一個日期,就要假設公元前 1079 年(帝辛八年)"肜"祀典被縮短至十一旬。因爲在爲帝乙守喪期滿後,帝乙也要被列入祀表中。其結果是,把本來在祖甲後一旬的"肜"祀典,安排至"翌工典旬"中。而在武乙和文武丁之後一旬的帝乙,則被安排至"翌上甲旬"。這樣一來,帝乙的受祀日就和爲報乙舉行的"翌"祀典在同一天。先王的數量越來越多,使得周祭表變得擁擠不堪。據甗方鼎(第八章),公元前 1065 年,帝乙受"肜"祀的日子和報乙受"翌"祀的日子相同,並沒有刪去任何一旬。所以,此項安排是永久性的。

　　7.4.1　另有兩條卜辭(《續編》1.5.1,即《合集》37840),分別爲三祀十一月癸酉(10)和三祀十二月癸未(20),兩者均以甲戌(11),即公元前 1084 年 10 月 16 日、儒畧曆 132 5781 日,爲"祭"組祀典起始日。若三祀十一月癸酉(10)爲公元前 1084 年 11 月,那麼,官曆從亥月,也即冬至日所在月前一個月開始,亦即 11 月 19 日至 12 月 18 日期間。

　　從公元前 1084 年至公元前 1079 年,祭祀週期平均爲三十六旬,除一處例外,其餘皆以甲戌爲起始日。這樣一來,祭祀週期首日,每四年往前移動二十一天。這期間,官曆的起始日,可能因年尾加上了兩個月,而往前移動兩個月。這一做法,可能爲帝辛五年(前 1082)所爲。而帝辛五年,帝乙去世。據小臣邑觶(赤冢忠♯4,參見附錄一),帝辛六年(前 1081)可能採納了建丑曆。

　　7.4.2　皇甫謐(《太平御覽》83 引《帝王世紀》)稱,帝乙在位三十七年。全部在位時期分爲幾部分,公元前 1118 至公元前 1109 年,公元前 1108 年至公元前 1106 年(文武丁),公元前 1105

年至公元前 1087 年（文武丁改名帝乙），及公元前 1086 年至公元
前 1082 年。而公元前 1086 年的年曆，乃帝乙爲繼任者受所創之
年曆（公元前 1086 年始於甲子日）。武乙死後，文武丁也即帝乙修
改了年曆，刪去公元前 1106 年和公元前 1101 年的閏月，把建丑曆
改爲建亥曆。而受則在帝乙死後，在公元前 1082 年年尾增加了兩
個月，以恢復建丑曆。公元前 1105 年（文武丁改名帝乙）以後三十
七年，受自稱爲帝辛。而公元前 1068 年，帝辛施行新曆。

7.4.3 李學勤、齊文心及艾蘭（Sarah Allan）《英國所藏甲骨
集》（1985）所收第 2503 條卜辭，爲其中一組最長的卜辭，該組卜辭
由十天的卜辭組成。《英國所藏甲骨集》收錄了早先發表過的部
分卜辭碎片（許進雄指出，占卜人在癸日占卜，而非甲日舉行祭儀
的時候。若我推算的日期没錯，在下表（1）中，甲戌爲三月首日）。

---

(1) 癸酉（10）……第二月。甲戌（11），爲小甲舉行的"祭"祀，等
等；商王第八祀。

(2) 癸未（20）……第三月。甲申（21），爲小甲舉行的"宰"祀，
等等。

(3) 癸巳（30）……第三月。甲午（31），爲河亶甲舉行的"祭"祀，
等等。

(4) 癸卯（40）……第三月。甲辰（41），爲羌甲舉行的"祭"祀，
等等。

(5) 癸丑（50）……第三月。甲寅（51），爲陽甲舉行的"祭"祀，
等等。

(6) 癸亥（60）……第？月。甲子（01），爲陽甲舉行的"宰"祀，
等等。

(7) 癸酉（10）……第？月。甲戌（11），爲祖甲舉行的"祭"祀，等等。

在早期手抄本中，上列（6）的月份爲四月。但其實，以四月來看，問題很多。① 若像我那樣，認爲不會有三十一天的月份，那麼，此"八祀"可能包括閏三月。現在，我嘗試檢驗一下後來人們總結的，沒有中氣日的月份爲閏月的規律，以及從秋分日算起每隔十五至十六天爲一節氣，從而導致官曆冬至日要晚兩天的假設。從卜辭看，當時周祭始於甲午（31），所以，其所用年曆肯定不是從公元前1086年開始的年曆。

7.4.4 這也表明，周祭首日必在官曆年第一個月，所以，該日期要比目前爲止各種推斷的日期更早。原因在於，公元前1084年12月時，周祭首日爲甲戌（11）。而上表所列七旬，其周祭首日在甲午（31）。要把周祭首日從甲午移到甲戌，按照2年/旬＝2×4，共需八年。公元前1084年12月，其實相當於公元前1083年。目標年的三月至少有二十天，所以，該年周祭首日可能爲第一個月前十天的某一天。我們要計算的是40天減去2，即38天。若以一年5.25計，共7年左右。所以，要從公元前1083年算起，先數七

---

① 關於這個月份究竟爲何月，疑惑很多。我嘗試尋找其他可能性，結果並未發現有其他可能，除非周祭必須始於歲首甲午（31）。許進雄認爲，該月份僅表明癸日占卜的時間，未必能説明接下來（甲日及其後）祀典的時間。他的説法是對的（《綴合》21＊ 該卜辭碎片包含了連續七個癸日占卜的情況，見自島邦男1958年第62頁）。"……癸巳（30）……在四月，遘示癸彡，乙未彤大乙。癸卯（40）……在五月，甲辰（41），彡大甲……"也就是説，癸巳（30）在"四月"，同時不排除甲午（31）或者乙未（32）爲五月月首的可能性。關於另一個月份，也可作類似推斷。該月份表明確認祭祀結果的時間，但未必能説明卜辭內容上所有事件的日期。接下去爲《合集》第10976條卜辭（常玉芝1998，第290頁）。"辛未（08）卜，爭貞，生八月帝令（多）雨。丁酉（34），至於甲寅（51），旬有八日，九月。"這條卜辭的意思，並不是説"八月"最多只有二十五天，從壬申（09）至丙申（33）。因爲，我們不知道丁酉（34）究竟屬於哪個月，只能假設"八月"長度和一般月份差不多。這樣一來，丁酉就在八月，而非九月（八月，人們對降雨做了占卜。而這條卜辭所記錄的，乃是對當時所作占卜的一種確認。所以，丁酉必定在八月底以前。這個例子表明，究竟以朔、抑或朒爲月首，要通過計算而來，不能單靠觀測。在本例中，要通過計算得出九月月首，因爲當時可能一直在下雨。若未在《合集》中找到相應甲骨文序號，則採納吉德煒《史料》中的縮寫，見第229－231頁）。

年,再數八年,從而找出七旬的年份。該年份應爲公元前1098年。

　　有幾種可能的情況。第一,某月有三十一天,其中包括第二至第五行的日期。第二,某月爲閏月,包括第五至第六行的日期,與第六行所示日期不相矛盾。第一種情況並不可能實現。從張培瑜的曆表看,公元前1098年及相近年份都不包含始於甲申或相近日期的"三月"。① 若"三月"果真始於甲戌(11),那麼,三月就至少得有四十天。這顯然不可能。不過,公元前1098年確實有一個閏月。若當年歲首爲亥月,則該閏月爲閏二月或閏三月(請見下文7.7.1條"1080"行:以"1079"加19年)。②

　　下文有關中氣日的圖表,指向公元前1098年,這表明,公元前1098年前後十九年(即一章),每年中的這一時刻,均沒有設閏。所以,若經科學分析證實,第2503條卜辭之記錄爲上表第六行對應的"四月",那麼該卜辭本身則有錯。

　　張培瑜(1987)曆表顯示,公元前1098年真正的冬至日爲辛未(08),也即公元前1099年12月31日。所以,當時人們所認定的冬至日,也即中氣日,爲1月2日,即癸酉(10),爲陰曆月最後一

───────────────

　　①　有些人可能會提議,公元前1079年爲"八年",且該年三月(子曆表)以甲申(21)爲月首。但當時似以丑月爲歲首,以甲戌(11)爲周祭首日。
　　②　張培瑜(1987)認爲,公元前1098年子月冬至日爲辛未(08)。但一般人們會從觀測到的秋分日算起,數九十一天,然後得出該年冬至日在癸酉(10)。Stahlman與Gingerich(1963)認爲,該年冬至日在庚午(07),而非辛未(08)。換言之,古代中國人認爲冬至日在壬申(09),而秋分與冬至的實際間隔爲八十八天,而非一般以爲的八十九天。所以,若把秋分與冬至的間隔數成九十一天,會推算出冬至日在癸酉(10)。要把這一材料與第2503條卜辭聯繫起來,必須假定張培瑜曆表中的四月月首爲癸酉(10)而非甲戌(11)(若大小月交替,則月首應當爲癸酉/甲戌?),這樣三月就爲小月。接着就會有兩種可能性。第一,古代中國人把壬申(09)當作冬至日,把下一個月月底的癸卯當作中氣日,這樣,當月就毫無疑問地也成爲了"三月";而"三月"後一個月就被設成閏月。第二,古代中國人也可能並未確定確切的冬至日,僅暫時把下一個月稱爲"三月"。在當所謂的"三月"月底,人們發現並沒有預計中的中氣日時,他們便在接下來的一個月裏,繼續沿用"三月"這個稱謂。

天。我和許進雄都認爲，這一日期僅指占卜的日期，而不是後來祭祀活動的日期。而對張培瑜曆表署作調整後，可知有兩個"三月"，其中一個爲閏月。所以，官曆從亥月開始。而且，若該年爲八祀，那麼元祀應爲公元前 1105 年。

　　7.4.5　另外，還有一組七祀卜辭，與八祀卜辭相符合，且周祭首日相同，都爲甲午（31）。見 7.3.2 表，請注意七祀五月有三個"甲"日，分別爲甲申（22）、甲午（31）及甲辰（41）。若這一組八祀卜辭有一個月爲三十一天，即從甲申（21）至甲寅（51），那麼這些"甲"日必爲三月月首及月尾。這就與七祀五月的"甲"日不相符，而且還使得七祀和八祀兩組卜辭分屬不同帝王。但若把八祀確定爲公元前 1098 年，那麼七祀也在相同時間。

　　7.5　人們可按周祭首日、官曆歲首及旬數這幾項，排出這七年的祀譜。

1099 – 8	甲午	（31）	亥	36, 37
1097 – 6	甲申	（41）	亥	36, 37
1095 – 4	甲寅	（51）	亥	36, 37
1093	甲子	（01）	亥	36

　　顯然可知，即便把歲首移至冬季第一個月，要使周祭開始的時間和官曆歲首保持一致（甚至以官曆歲首移到立冬），也是不可能的。因爲，三十六旬和三十七旬相互交替，如此周而復始，其結果是每四年周祭首日就會提前一天。

　　所以，曆法制訂者不得不放弃交替的做法，讓周祭的周期保持在三十六旬，直至公元前 1086 年。這樣，周祭首日就保持在了甲子日。其後,曆法制訂者把周祭的周期改成三十七旬、把周祭首日移至甲戌。這一做法延續到公元前 1077 年(但也有例外)。於是,周祭首日很快從初冬提前至初秋。可能從公元前 1092 年開始,"祀"被等同於"年"。但從公元前 1099 年往回追溯,情況並不那麼簡單。

7.5.1 現存征盂方卜辭,其年代可確定爲公元前 1110 年至公元前 1109 年。若按三十六旬、三十七旬交替往回推算,可知公元前 1110 年和公元前 1109 年的周祭分別始於甲午(31)和甲辰(41)。征盂方卜辭(《合集》36511,《甲編》2416,爲已知最長的一條卜辭)開篇載:"丁卯,……在十月遘大丁翌。"大丁爲湯的兒子,大甲即太甲的父親。爲大丁舉行的"翌"祀時間爲 274 日,所以,該周祭起始于甲午(31)。另外,從次年春季的日常祭祀卜辭看,次年周祭從甲辰(41)開始。已知征盂方卜辭的最後一條,刻在動物頭骨上,記錄了帝王秋季狩獵於盂方一事,顯然爲勝利的標誌。若帝辛年曆實際從公元前 1086 年開始,而《竹書紀年》卻將帝辛年曆元年定在公元前 1102 年,那麼,商代晚期的年份都要往前推十六年。《竹書紀年》記載,武乙卒於公元前 1125 年。所以,武乙實際上卒於公元前 1109 年。《竹書紀年》又載,武乙卒於雷電。當時武乙正在河渭一帶狩獵,忽遇大雷雨,因躲避不及,被雷電擊死。這顯然應爲當年下半年,而河渭一帶可能稍往西遠了一兩百里,但很可能是征伐盂方勝利後進行狩獵的地點。

7.5.2 武乙在位時間爲公元前 1145/1143 年至公元前 1109 年,共歷 2+35 年。那麼,上述幾條卜辭是否屬於武乙三十四至三十五年?《甲編》2416 沒有標明年份。《懷特氏等收藏甲骨文集》中第 1908 片卜甲碎片上,有一小段文字,與《甲編》2416 內容相同,但標明了時間爲"九祀"(常玉芝 1987 年,第 246 頁)。照此推斷,武乙在位晚期,在公元前 1118 年時爲其繼承人文武丁制訂了

一種新曆。《竹書紀年》載文丁在位十三年，應爲公元前 1118 年至
公元前 1106 年。其他年表指文丁在位僅三年，這三年應爲公元前
1108 年至公元前 1106 年。公元前 1105 年，文武丁可能將其稱號
改爲"帝乙"，並開始施行新曆（一些商代晚期甲骨文提到"文武帝
乙"）。公元前 1105 年始於天干"乙"日，這或許能解釋爲什麼文武
丁改稱號爲帝乙。子月月首爲乙酉（22）。《竹書紀年》稱，帝乙在
位僅九年，這可能是因爲戰國時期編者不認爲武乙和文武丁的在
位年份，有十年重疊期。所以，他們把這十年刪去，從而使得長達
十九年的帝乙時代（前 1105 至前 1087），縮減至九年，即公元前
1095 年至公元前 1087 年。這一年份再往前移動十六年，爲公元
前 1111 年至公元前 1103 年。

7.5.3　但公元前 1108 年至公元前 1106 年，和始於甲午（31）
的周祭年份，即公元前 1110 年不相符。我們可以假定，文武丁二
年即公元前 1107 年，周祭首日爲甲寅（51）。但徐鳳先材料（第 86
頁）顯示，當時周祭首日應爲甲申（21）。若周祭首日爲甲申（21），
則文武丁一執政，就更改了周祭周期，刪去位於祖甲所受之"肜"祀
典與"翌"工典中間的一旬，將周祭周期改爲三十五旬一祀，如此循
環往復四次。當時，文武丁尚在人世，並爲其父守喪，所以沒有必
要保留中間這一旬。其結果，如我在 7.6.1 所示。同時，官曆也要
作出相應修改，刪去閏月，以與周祭相符。帝乙四年至五年爲建子
年，帝乙七年至八年爲建亥年。武乙曆表應爲建丑曆。《甲編》
2416 所標的"十月"，爲公元前 1110 年 10 月 26 日，即張培瑜曆表
中的十一月。

7.6　一些世系年表，如《帝王世紀》，認爲帝乙在位三十七年。
這個年份數應有其依據。按我推斷，公元前 1068 年時，有另一次

登基稱帝禮。參照以公元前1068年爲開端的曆表,可知二十三年
爲公元前1046年。《逸周書・酆保解》載,克商以前,武王與周在
二十三年某月朔日庚子(37),召見諸侯。克商以前且距離克商時
間較近的年份中,只有兩個年份包含以庚子爲月首的月份。這兩
個年份分別爲公元前1046年與公元前1041年。若公元前1068
年爲新曆元年,則能解釋爲什麼就目前發現來講,帝辛時代没有任
何年份數大於二十二的甲骨卜辭。若公元前1068年爲第二次登
基稱帝的年份,則該年份的選擇可能出於某種特殊用意。周祭周
期中,公元前1105年至公元前1104年爲甲子年。要使公元前
1068年至公元前1067年也爲甲子年,帝辛必須以公元前1077年
9月9日起點,展開新的一輪長約三十七旬的周祭,然後恢復三十
六旬和三十七旬相互交替的做法。我假設他確實是這樣做的,並
一直按照這種方式來舉行周祭。我發現有至少五條卜辭是以公元
前1068年爲元年的。但同時,我亦發現至少有三條年份晚於公元
前1068年的卜辭,以公元前1086年爲元年。

7.6.1 以下爲我嘗試製作的從公元前1111年至公元前
1040年間的周祭表。

(＊表示爲甲骨卜辭或其他文獻證實的年份,＊＊説明該年爲元年。)

年份 (公元前)	干支 (祀首日)	王年	儒畧曆① (祀首日)	祀的日期首日 (公元前)	旬
1111＊ 1110＊	31 武乙 31	(33)8＊ (34)9＊	1315661 6021	1111/01/31 1110/01/26	36② 37

① 儒畧積日數,參考 Stahlman 與 Gingerich(1963);干支的計算方法爲,除以60,
再減去10或加上50。
② (我認爲)八年、九年和十年爲文武丁第一個曆表中的紀年。該曆表以公元前
1118年爲元年,乃其父爲其制訂的曆法。

續　表

年份 （公元前）	干支 （祀首日）	王年	儒畧曆 （祀首日）	祀的日期首日 （公元前）	旬
1109*	41	(35) 10*	6391	1109/01/31	35①
1108**	31 文武丁	1** (11)	6741	1108/01/15	35
1107*	21	2* (12)	7091	1108/12/31	35
1106	11	3(13)	7441	1107/12/16	35
1105**	01 “帝乙”	1**	7791	1106/12/01	36
1104	01	2	8151	1105/11/25	37
1103	11	3	8521	1104/11/30	37
1102*	21	4*	8891	1103/12/05	36
1101*	21	5*	9251	1102/11/30	36
1100	21	6	9611	1101/11/24	37
1099*	31	7*	9981	1100/11/29	36
1098*	31	8*	1320341	1099/11/24	37
1097	41	9	0711	1098/11/29	36
1096	41	10	1071	1097/11/23	37
1095	51	11	1441	1096/11/28	36
1094	51	12	1801	1095/11/23	37
1093*	01	13*	2171	1094/11/28	36
1092	01	14	2531	1093/11/22	36
1091*	01	15*	2891	1092/11/17	36
1090	01	16	3251	1091/11/12	36
1089	01	17	3611	1090/11/07	36
1088	01	18	3971	1089/11/02	36
1087	01	19	4331	1088/10/27	36
1086**	01 紂辛	1**	4691	1087/10/22	36

---

① 據徐鳳先所引（第86頁），《合集》第35427及37837條卜辭要求當時周祭週期爲三十五旬，且文武丁二祀首日爲甲申(21)。但我認爲，《合集》所複製的卜辭並不十分清楚，無法讀出全部卜辭内容。徐鳳先還指出，《合集》第37398條卜辭的日期爲“十祀九月，肜”（第86頁）。該卜辭刻於動物頭骨，其内容確認了公元前1109年所採用的曆表爲建丑曆。見本章7.3.2（赤塚忠，第651頁；常玉芝1987年，第249頁）。

續　表

年份 （公元前）	干支 （祀首日）	王年	儒畧曆 （祀首日）	祀的日期首日 （公元前）	旬
1085*	01	2*	5051	1086/10/17	37
	11		5421	1085/10/21	36
1084*	11	3*	5781	1084/10/16	36
1083*	11	4*	6141	1083/10/12	36
1082	11	5	6501	1082/10/06	36
1081*	11	6*	6861	1081/09/30	36
1080*	11	7*	7221	1080/09/25	36
1079	11	8	7581	1079/09/10	36
1078*	11	9*	7941	1078/09/15	36
1077*	11	10*	8301	1077/09/09	37
1076*	21	11*	8671	1076/09/14	36
1075	21	12	9031	1075/09/09	37
1074	31	13	9401	1074/09/14	36
1073	31	14	9761	1073/09/08	37
1072	41	15	1330131	1072/09/13	36
1071	41	16	0491	1071/09/08	37
1070	51	17	0861	1070/09/13	36
1069	51	18	1221	1069/09/07	37
1068**	01 帝辛	1** 19	1591	1068/09/12	36
1067*	01（＝ 紂辛）	2* 20*	1951	1067/09/07	37
1066*	11	3* 21*	2321	1066/09/12	36
1065*	11	4* 22*	2681	1065/09/06	37
1064	21	523	3051	1064/09/11	36
1063*	21	6* 24	3411	1063/09/06	37
1062	31	725	3781	1062/09/11	37
1061	41	826	4151	1061/09/15	37
1060*	51	9* 27	4521	1060/09/20	37
1059*	01	1028*	4891	1059/09/25	37

續　表

年份 （公元前）	干支 （祀首日）	王年	儒畧曆 （祀首日）	祀的日期首日 （公元前）	旬
1058*	11	1129*	5261	1058/09/30	37
1057	21	12	5631	1057/10/04	37
1056	31	13	6001	1056/10/09	37
1055	41	14	6371	1055/10/14	37
1054	51	15	6741	1054/10/19	37
1053	01	16	7111	1053/10/23	37
1052	11	17	7481	1052/10/28	37
1051	21	18	7851	1051/11/02	37
1050	31	19	8221	1050/11/07	36
1049*	31	20*	8581	1049/11/01	37
1048	41	21	8951	1048/11/06	36
1047	41	22	9311	1047/11/01	37
1046*	51	23*	9681	1046/11/06	36
1045	51	24	1340041	1045/10/31	37
1044	01	25	0411	1044/11/05	36
1043	01	26	0771	1043/10/31	37
1042	11	27	1141	1042/11/02	36
1041	11	28	1501	1041/10/30	37
1040**		29①			

7.7　帝辛時期的前二十年：中氣及閏月；武丁-祖庚時代；武丁去世的日期

此節我將給出一份從公元前 1086 年至公元前 1067 年，也即帝辛時期前二十年的中氣日表。每行均從秋分日的儒畧日序號開

---

① 二十九年（公元前 1058 年）＝周受命之年；二十九年（公元前 1040 年）＝周滅商之年。

始。秋分日的儒畧日序號加上一定間隔,可得與之相應的中氣日儒畧日序號。間隔長短如何確定,即我在 1.4.11 中對周克商戰役進行分析時所用的方法(與《淮南子·天問》同)。也即,31+30+30=91,冬至;31+31+30=92,春分;31+31+30=92,夏至;31+30+30=91,秋分。同時也給出一份從夏至算起,方法稍有變化、細微地方畧有調整的圖表見 7.7.1.1 表。

商代晚期及西周早期,中國人使用這一系統來計算節氣。但從這個系統來看,過去中國人所推算的冬至日要比實際晚兩天(這樣,每四到五年,冬至日就要比實際晚三天。但從觀測所得正確的春分日算起,可得正確的冬至日)。所以,我推斷,每四年左右,古代中國人在下一個秋分到來前,其紀日要比實際少一天。所以,他們必須要增加一天,並從下一個正確的秋分日開始進行新的一年的紀日。

中氣系統依據太陽而定,所以,中氣日通常爲公曆十二個月每月的月初。每月中氣日具體爲哪一天,見表中各年份所在行下的第二行,縱欄爲月份(與張培瑜《中國先秦史曆表》所列中氣日日期相同)。儒畧日所在行以下,中氣日在該月份所在日的序號行以上,爲中氣日的干支序號(除第一欄以外,其餘幾欄均只列儒畧日序號最後四位)。

從公元前 1086 年至公元前 1068 年,共十九年,恰好爲一章(古代中國人應已意識到章的周期及長度,但真正對此有概念上的認識,則要在六個世紀以後)。若計算正確,這十九年包含七個閏月,且接下來一年開始新的周祭。下表中,第一行閏月與最後一行閏月,其實發生在同一時間(相似地,公元前 1079 年之前的一個第十九年,其歲首爲閏月,也即,公元前 1098 年歲首爲閏月。見 "1080" 部分)。

下表中,每一年份均從秋分算起,因爲在我看來,這應是古代中國人確定中氣日所採納的方法。所以公元前 1085 年至公元前 1066 年有閏月。月份數表明採納的爲子曆。事實上，公元前 1084 年以前或更晚，帝辛時期官方採用的是亥曆。直到公元前 1081 年，纔改用丑曆。

7.7.1　閏周期由閏月前後一對節氣日（斜體）標明。有閏周期的年份前，我用（＊）加以表示。

“1086”行，公元前 1085 年 7 月後設閏。公元前 1085 年 7 月月尾爲（22），所以，中氣日爲（21）。第二個中氣日爲（52），爲下一個月月首。所以陰曆月（23）至（51）爲閏七月。

“1083”行，公元前 1082 年 4 月後設閏。公元前 1082 年 4 月月尾爲（06），所以，中氣日爲（05）。第二個中氣日爲（36），爲下一個月月首。所以陰曆月（07）至（35）爲閏四月。

“1080”行，公元前 1079 年 1 月後設閏。公元前 1079 年 1 月月尾爲（50），亦爲中氣日。而下一個月月首爲（21），也是中氣日。所以，兩月首間設閏，爲閏一月（若公元前 1079 年正月爲建丑曆，則此閏月爲閏十二月）。

“1077”行，公元前 1077 年 9 月後設閏。丁酉（34），即公元前 1077 年 10 月 2 日，太陽位置在 180 度，爲秋分日，即第一個中氣日。第二個中氣日爲戊辰（05），在 11 月 2 日。所以，戊戌（35）至丙寅（03），也即 10 月 3 日至 10 月 31 日間，缺少一個中氣日，要設閏。

“1075”行，公元前 1074 年 5 月後設閏。公元前 1074 年 5 月月尾爲第一個中氣日（18），第二個中氣日（49）爲下一個月月首。所以，（19）至（48）爲閏五月。

“1072”行，公元前 1071 年 4 月後設閏。公元前 1071 年 4 月月尾爲第一個中氣日（02）。第二個中氣日（33）爲下個月月首。所以，（03）至（32）爲閏四月。

年份(公元前)	儒畧	10月	11月	12月	1月	2月	3月	4月	5月	6月	7月	8月	9月	10月
1086	132	5037	5068	5098	5128	5159	5189	5219	5250	5281	5311	5342	5372	*
		47	18	48	18	49	19	49	20	51	21	52	22	
		3	3	3	2-85	2	3	2	3	3	3	3	2	
1085		3402	5433	5463	5493	5524	5554	5584	5615	5646	5676	5707	5737	5767
		52	23	53	23	54	24	54	25	56	26	57	27	57
*		2	2	2	1-84	1	3	2	3	3	3	3	2	2
1084		5768	5799	5829	5859	5890	5920	5950	5981	6012	6042	6073	6103	
		58	29	59	29	60	30	60	31	02	32	03	33	
		3	3	3	2-83	2	4	3	4	4	4	4	3	
1083		6133	6164	6194	6224	6255	6285	6315	6346	6377	6407	6438	6468	*
		03	34	04	34	05	35	05	36	07	37	08	38	
		3	3	3	2-82	2	4	3	4	4	4	4	3	
1082		6498	6529	6559	6589	6620	6650	6680	6711	6742	6772	6803	6833	
		08	39	09	39	10	40	10	41	12	42	13	43	
*		3	3	3	2-81	2	3	2	3	3	3	3	1	
1081		6863	6894	6924	6954	6985	7015	7045	7076	7107	7137	7168	7198	7228
		13	44	14	44	15	45	15	46	17	47	18	48	18
		2	2	2	1-80	1	3	2	3	3	3	3	2	2

續　表

年份(公元前)	儒略	10月	11月	12月	1月	2月	3月	4月	5月	6月	7月	8月	9月	10月
1080		7229	7260	7290	7320	7351	7381	7411	7442	7473	7503	7534	7564	
		19	50	20	50	21	51	21	52	23	53	24	54	
		3	3	3	2-79	2	4	3	4	4	4	4	3	*
1079		7594	7625	7655	7685	7716	7746	7776	7807	7838	7868	7899	7929	
		24	55	25	55	26	56	26	57	28	58	29	59	
		3	3	3	2-78	2	4	3	4	4	4	4	3	
*														
1078		7959	7990	8020	8050	8081	8111	8141	8172	8203	8233	8264	8294	
		29	60	30	60	31	01	31	02	33	03	34	04	
		3	3	3	2-77	2	3	2	3	3	3	3	2	
1077		8324	8355	8385	8415	8446	8476	8506	8537	8568	8598	8629	8659	
		34	05	35	05	36	06	36	07	38	08	39	09	
		2	2	2	1-76	1	3	2	3	3	3	3	2	*
*														
1076		8689	8720	8750	8780	8811	8841	8871	8902	8933	8963	8994	9024	9054
		39	10	40	10	41	11	41	12	43	13	44	14	44
		2	2	2	1-75	1	3	2	3	3	3	3	2	2
1075		9055	9086	9116	9146	9177	9207	9237	9268	9299	9329	9360	9390	
		45	16	46	16	47	17	47	18	49	19	50	20	
		3	3	3	2-74	2	4	3	4	4	4	4	3	*

續　表

年份(公元前)	儒畧	10月	11月	12月	1月	2月	3月	4月	5月	6月	7月	8月	9月	10月
1074		9420	9451	9481	9511	9542	9572	9602	9633	9664	9694	9725	9755	
		50	21	51	21	52	22	52	23	54	24	55	25	
*		3	3	3	2-73	2	3	2	3	3	3	3	2	
1073	132	9785	9816	9846	9876	9907	9937	9967	9998	0029	0059	0090	0120	
	133	55	26	56	26	57	27	57	28	59	29	60	30	
		2	2	2	1-72	1	3	2	3	3	3	3	2	
1072	133	0150	0181	0211	0241	0272	0302	0332	0363	0394	0424	0455	0485	0515
		60	31	01	31	02	32	02	33	04	34	05	35	05*
		2	2	2	1-71	1	3	2	3	3	3	3	2	2
1071		0516	0547	0577	0607	0638	0668	0698	0729	0760	0790	0821	0851	
		06	37	07	37	08	38	08	39	10	40	11	41	
*		3	3	3	2-70	2	4	3	4	4	4	4	3	
1070		0881	0912	0942	0972	1003	1033	1063	1094	1125	1155	1186	1216	
		11	42	12	42	13	43	13	44	15	45	16	46	
		3	3	3	2-69	2	3	2	3	3	3	3	3	
1069		1246	1277	1307	1337	1368	1398	1428	1459	1490	1520	1551	1581	
		16	47	17	47	18	48	18	49	20	50	21	51	
*		2	2	2	1-68	1	3	2	3	3	3	3	2	*

續 表

年份 (公元前)	儒略	10月	11月	12月	1月	2月	3月	4月	5月	6月	7月	8月	9月	10月
1068		1611	1642	1672	1702	1733	1763	1793	1824	1855	1885	1916	1946	1976
		21	52	22	52	23	53	23	54	25	55	26	56	26
		2	2	2	1-67	1	3	2	3	3	3	3	2	2
1067		1977	2008	2038	2068	2099	2129	2159	2190	2221	2251	2282	2312	
		27	58	28	58	29	59	29	60	31	01	32	02	
		3	3	3	2-66	2	4	3	4	4	4	4	3	*

　　"1069"行，公元前 1069 年 11 月後設閏。公元前 1069 年 11 月月尾爲第一個中氣日（47），下個月月首爲第二個中氣日（17）。所以，（48）至（16）爲閏十一月。

　　"1067"行，公元前 1066 年 7 月後設閏。公元前 1066 年 7 月月尾爲第一個中氣日（01），下個月月首爲第二個中氣日（32）。所以，（02）至（31）爲閏七月。

　　7.7.1.1　在此置閏圖後，我給讀者們列出一張類似的圖，採用類似的系統：每年第一個月是張氏的子月（每年的頂行年份後有張氏之冬至日。以後在頂行，若前陽月有三十一天的話，我寫"1"號。"1*"在夏至處謂那年必有閏月。在中行有每月中氣日。下行有每月的朔日。在中氣行的"閏"指明該處有一個閏月）。

年份（公元前）	1月	2月	3月	4月	5月	6月	7月	8月	9月	10月	11月	12月	13月
1085	(16)	1			1	1			1			1	
中氣日	18	49	19	49	20	51	21	閏	52	22	52	23	53
朔日	56	25	55	24	54	23	53	23	52	22	52	21	51
1084 *	(21)	1			1	1	1*	1			1		
	23	54	24	54	25	56	27	58	28	58	29	59	
	20	49	19	48	18	47	17	46	16	46	15	45	
1083	(26)	1			1	1			1			1	
	29	60	30	60	31	02	32	03	33	03	34	04	
	15	44	13	43	12	42	11	40	10	40	10	39	
1082	(32)	1			1	1			1			1	
	34	05	35	05	閏	36	07	37	08	38	08	39	09

續　表

年份 (公元前)	1月	2月	3月	4月	5月	6月	7月	8月	9月	10月	11月	12月	13月
	09	39	08	38	07	36	05	35	04	34	04	33	03
1081	(37)	1		1	1		1			1			
	39	10	40	10	41	12	42	13	43	13	44	14	
	33	03	32	02	31	60	29	59	28	58	27	57	
1080 *	(42)	1		1	1	1*	1			1			
	44	15	45	15	46	17	48	19	49	19	50	20	
	27	57	26	56	25	55	24	53	23	52	22	51	
1079	(47)		1		1	1		1			1		
	50	閏	21	51	21	52	23	53	24	54	24	55	25
	21	51	21	50	20	49	19	48	17	47	16	46	15
1078	(53)	1		1	1		1			1			
	55	26	56	26	57	28	58	29	59	29	60	30	
	45	15	44	14	44	13	43	12	41	11	40	10	
1077	(58)	1		1	1		1			1			
	60	31	01	31	02	33	03	34	04	34	閏	05	35
	39	09	38	08	38	07	37	06	36	05	35	04	33
1076	(03)	1		1	1		1			1			
	05	36	06	36	07	38	08	39	09	39	10	40	
	03	33	02	32	01	31	01	30	60	29	59	28	
1075 *	(08)	1		1	1	1*	1			1			
	10	41	11	41	12	43	14	45	15	45	16	46	

續　表

年份（公元前）	1月	2月	3月	4月	5月	6月	7月	8月	9月	10月	11月	12月	13月
	58	27	57	26	56	25	55	24	54	24	53	23	
1074 (13)	1			1		1		1				1	
	16	47	17	47	18	閏	49	19	50	20	50	21	51
	53	22	51	21	50	19	49	18	48	18	47	17	47
1073 (19)	1			1	1		1				1		
	21	52	22	52	23	54	24	55	25	55	26	56	
	17	46	15	45	14	43	13	42	12	41	11	41	
1072 (24)	1			1	1		1				1		
	26	57	27	57	28	59	29	60	30	60	31	01	
	11	40	10	40	09	38	07	37	06	36	05	35	
1071* (29)	1				1	1	1*	1				1	
	31	02	32	02	閏	33	04	35	06	36	06	37	07
	05	35	04	34	03	33	02	31	01	30	60	29	59
1070 (34)	1			1	1		1				1		
	37	08	38	08	39	10	40	11	41	11	42	12	
	29	58	28	58	27	57	26	55	25	54	24	53	
1069 (40)	1			1	1		1				1		
	42	13	43	13	44	15	45	16	46	16	47	閏	17
	23	52	22	52	21	51	21	50	19	49	18	48	17
1068 (45)	1			1	1		1				1		
	47	18	48	18	49	20	50	21	51	21	52	22	

續　表

年份 （公元前）	1月	2月	3月	4月	5月	6月	7月	8月	9月	10月	11月	12月	13月
	47	16	46	15	45	15	44	14	43	13	42	12	
1067 *	(50)	1			1	1	1*	1			1		
	52	23	53	23	54	25	56	27	57	27	58	28	
	41	11	40	10	39	09	38	08	38	07	37	06	
1066	(55)	1			1			1			1		
	58	29	59	29	60	31	01	閏	32	02	32	03	33
	36	05	35	04	34	03	32	02	32	01	31	01	30

7.7.2　通過上表，可確認公元前 1098 年爲第 2503 組卜辭中所説的“八年”。其推算方法爲，從公元前 1079 年往回數十九年。

又如，考慮到 $3 \times 19 = 57$，$2 \times 31 = 62$，陰曆月月首的干支序號，大約每三十一年、每六十二年、每五年就會重復。此外，$57 + 5 = 62$，$1071 + (2 \times 57) = 1185$，這説明公元前 1185 年仲春應設閏，就像公元前 1071 年一樣（見“1072”行）。常玉芝（1998 年，第 307 - 308 頁，第 13 組卜辭）列出《合集》11545 的一組卜辭，以此證明公元前 1185 年有閏四月。卜辭中，“賓”爲占卜者。

有關公元前 1185 年，張培瑜認爲子月冬至日在乙未（32）。但 Stahlman 與 Gingerich 認爲，子月冬至日在甲午（31）。我認爲，古代中國人推算的冬至日要比實際晚兩天。所以，從夏至日往後數 182 天，即從公元前 1186 年 7 月 4 日、儒畧曆 128 8421 日，數到公元前 1185 年 1 月 2 日、儒畧曆 128 8603 日，冬至日在丙申（33）。從《合集》11545 卜辭可知，二月有癸亥（60），三月有癸酉（10），五月有癸卯(40)及癸丑(50)。括號内數字爲干支序號。

1　子月：(06)-(35)(冬至日,亦即中氣日[33];加 31)

2　丑月：(36)-(05)(中氣日[04];加 30);"二月(60)"

3　寅月：(06)-(35)(中氣日[34];加 30);"三月(10)"

4　卯月：(36)-(04)(中氣日[04];加 31)

閏 4(設閏)(05)-(34)(無中氣日)

5　辰月：(35)-(03)(中氣日[35];加 31);"五月(40)";"五月(50)"

　　換言之,人們在 4 月 3 日至 5 月 2 日間設閏。公元前 1071 年(見 7.7.1.1 表),同樣也在 4 月 3 日至 5 月 2 日間設閏。

　　我與常玉芝兩個人的分析並不相同,但公元前 1185 年這個日期與"賓"爲占卜者這條記載相一致。所以,可以和她共同探討(前提是在朔、朏問題上要靈活應對)。"賓"爲一期甲骨文(也即武丁晚期)的占卜者。我認爲武丁卒於公元前 1189 年(見本書第二章),而祖庚在公元前 1188 年繼位。但公元前 1188 年始於"丁"日,觸犯了武丁的名字,所以要避諱。祖庚名字中的天干"庚"字,由他繼位年的干支名決定。所以,祖庚應在公元前 1185 年即位。子月月首爲己巳(06),武丁繼承人祖己(小王)稱號中的天干"己",即取決於這一天的干支名。祖己爲主要的守喪人。祖庚代立爲王,所以以第二天的干支名命名。

　　7.7.3　常玉芝(1998 年,第 312－313 頁)另有第 17 條卜辭(《合集》26643),可以用相同的方法,推斷出確切日期。但第 17 條卜辭更複雜,也更有意思。因爲它的年份必爲公元前 1188 年,也即祖庚繼位之年。武丁在位時間很長,一般來說,人們認爲他在位五十九年。而我認爲,武丁的在位時間還要再加上最開始的三年守喪期。武丁在位晚期的甲骨卜辭顯示,當時武丁健康狀況不佳。所以,最後幾年的統治可能十分混亂,以至於漏掉了一個閏月,導致公元前 1188 年從亥月開始。這樣一來,就有許多彌補工作要做。常玉芝表示,除非人們假設在年中時候有兩個閏月,或有一個閏月外加一個長達三十一天的月份,否則無法解釋第 17 條卜辭(第 314 頁)。我認爲有兩個閏月的假設比較可行。我的分析從公元前 1074 年(五六月間有閏月)開始,往回數 2×57 年,則日期爲六月癸未(20)、癸丑(50)、癸亥(60)、癸酉(10)、癸巳(30)、癸卯(40),然後七月癸丑(50)、癸巳(30)。占卜者爲"兄"、"大"以及"出",均活躍於祖庚、祖甲時期。張培瑜曆表顯示,己卯(16)爲冬至日。但就我分析來看,冬至日必爲辛巳(18),儒畧曆 128 7508 日,1 月 2 日。具體分析如下(該年採用建亥曆,張培瑜曆表中 1 月即我所作曆表的 2 月):

張：1(54)	倪：2	(54)-(23)	(冬至日,亦即中氣日[18];加上 31)
2(24)	3	(24)-(52)	(中氣日[49];加上 30)
3(54)	4	(53)-(22)	(中氣日[19];加上 30)
4(23)	5	(23)-(51)	(中氣日[49];加上 31)
5(52)	6	(52)-(21)	(中氣日[20];加上 31);"六月(20)"
6(22)	閏 6	(22)-(50)	(無中氣日)　　　　　"六月(50)"
7(51)	閏 6	(51)-(20)	(中氣日[51];加上 30);"六月(60)";"(10)"
8(20)	7	(21)-(50)	(中氣日[21];加上 31);"(30)";"(40)";"七月(50)"
9(50)	8	(51)-(19)	(中氣日[52];加上 30)
10(19)	9	(20)-(48)	(中氣日[22];加上 30);"(30)"

我大致採納張培瑜的曆表,但同時把卜辭本身之規律(連續三月標記爲六,癸丑[50]在七月)、大小月交替的做法以及中氣日制

訂系統的要求都考慮在内。

公元前 1188 年有十三個月。按張培瑜的曆表,十一月、十二月、十三月分別以(49)、(19)及(49)爲月首。但實際上,月首可能分別爲(50)、(19)及(49)。我對月首所作的改動,範圍不超過一天。第一個六月跟在"五月"之後。第二個六月仍標記爲"六",因爲該月缺少中氣日,所以爲正常的閏月。第三個六月把該年曆法從建亥曆改成了建子曆(第八章 8.2 中曶鼎,公元前 899 年,是類同的)。如果不嚴格參照張培瑜曆表的話,我們可以讓第三個六月缺少中氣日,而第二個六月則成爲閏月,使原先曆法變爲建子曆。這種做法完全行得通。午月(七月)首日甲申(21)爲儒畧曆 1287691 日,即公元前 1188 年 7 月 4 日,當時太陽位置在 90 度,爲夏至日。這樣一來,曆表就和實際日期相一致了。

7.7.4 中國遠古時候的天文曆法學家們是如何制訂出這麼準確的曆法的? 中氣系統就是一個很好的例子。如果沒有有關"閏年"的規律(給冬至日一個標準日期,比實際晚兩天),中氣系統不可能達到精確的程度,而且可能需要每隔幾年就要通過系統觀測來修正。假設遠古時候中國人並不具備將時間精確到分、秒的技術,但他們仍能夠相當準確地觀測到至日與分日。雖然,人們能夠從傳統認定的冬至日出發,推算出其他中氣日,但他們並不能通過觀測找出冬至日以開始這個推算。因爲,要使用日晷這樣的儀器,不得不比較前後的日子,以便對所估測的日子加以修正。而且,也可能碰到天氣惡劣的情況。但一旦冬至日確定下來,就可以立刻把冬至日當作首日展開推算。

所以,要從較早的一個日子來判斷冬至日。顯然,人們可以選擇夏至日和秋分日,這兩點中間相距九十一天(365 天除以 4,整數部分爲 91)。從真正的冬至日算起,四個至日和分日之間的間隔,分別爲 90

天、95 天、91 天和 89 天。可是節氣系統的傳統間隔，分別爲 91 天、92 天、91 天和 91 天；其中唯一正確的是第三段間隔，即夏至到秋分。

最簡單的方法是以夏至日爲起點，這樣前後都有足夠多的日子和旬數可供比較。從夏至日開始，往後數兩個 91 天。在數的過程中，留心秋分日（夏至日以後約 91 天）。據常玉芝，7 月也即午月爲商代農業年歲首。所以，夏至日對商代農民來説，是新年的第一天。

7.7.4.1　此外，在探討常玉芝有關第 17 條卜辭分析時，我所採用的確證方法，還可使我推算出武丁卒於公元前 1189 年的結論。這讓我感到十分有意思。因爲很多年以前，我已採用一種完全不同的方法，推算出了這個年份。這種方法從夏朝曆表開始，推算出夏朝第十四位帝王孔甲繼位第一天爲甲子日。這表明，帝王稱謂中的天干名，包括商王，必定由他們繼位當天的干支名決定。據此，我製作出一份暫時算是最合理的，包括武丁在内的商王紀譜。第二種方法與上述方法並無聯繫。它從帝辛元年，也即我認爲的公元前 1086 年開始。《竹書紀年》將帝辛元年前移十六年，至公元前 1102 年。祖庚和祖甲前移年份更多。我發現祖甲在位的三十三年，其實把祖庚的十一年也包括在内了。換言之，祖甲篡位後，沒有施行新曆，而沿用祖庚舊曆（可以與晉武公曲沃在公元前 679 年消滅其他晉侯後所採用的紀年法相比較）。正統紀年並不採納這種做法。所以，祖庚元年又被前移十一年。也就是說，《竹書紀年》載祖庚元年爲公元前 1215 年，而真正的祖庚元年應減去 16＋11 年，即公元前 1188 年。

大部分學者認同，利用甲骨文有關公元前 1200 年至公元前 1180 年間發生之月食的記録，可解決武丁卒年的問題。吉德煒（《商史資料》，1978，第 174 頁，注釋 19）列出了四種可能的月食日期，分別爲公元前 1198 年、公元前 1192 年、公元前 1189 年及公元前 1180 年。他認爲，正確的月食年份應爲公元前 1180 年。但我認爲,人們從中判斷出公元前 1180 年的那條材料,其實指的是發生於公元前 1201 年的一次月偏食。所以,公元前 1189 年爲最後一個可能的月食年份。夏商周斷代工程認爲公元前 1192 年爲月食發生年份,並由此推斷出武丁元年(在位五十九年)爲公元前 1250 年。我認爲月食發生於公元前 1189 年,所以武丁即位年份在公元前 1247 年,繼位年份在公元前 1250 年(始於某個"丁"日)。在中國大陸,學者並不認同我和夏含夷提出有關即位年、繼位年的雙元年假設(朱鳳瀚、張榮明在其編輯的論文集《西周諸王年代研究》[1998]中,未經充分論證,便草率否定),而我本人有關天干名的假説似乎亦未被認同。我有關商代的研究均基於這兩個理論。而有關公元前 1188 年的探討,可以證實這兩個理論。

《合集》26643(常玉芝第 17 條卜辭)的年代爲公元前 1188 年,這是我所推斷的祖庚的繼位年。另外,《合集》26643 條卜辭的内容與某一帝王元年的情況相一致。綜合以上兩點,可論證我有關雙元年假説和天干名假説的兩個理論。這兩個理論並未受到應有的重視,但我認爲它們對斷代及"今本"《竹書紀年》研究而言,非常關鍵。另外,我還推斷,"今本"《竹書紀年》中有關帝王在位長度的記錄基本上是正確的。我對夏商紀譜的研究,很大程度上基於此項推斷,而這一推斷亦得到上述材料佐證(中國大陸的斷代工程和吉德煒均未認真對待"今本"《竹書紀年》)。

7.7.5 爲進一步完善我的論證,以下爲武丁在位最後五年,也即公元前 1193 年至公元前 1189 年的分析(首先,要指出商曆以所信受的冬至日所在月或後一個月爲歲首)。

7.7.5.1 常玉芝在《殷商曆法研究》第 400 – 422 頁指出,從部分有關農業的甲骨卜辭看,商代曆法以午月爲歲首,而夏至日亦在午月。若此説站得住脚且別無限制條件,那麼,我有關商代年表的論斷，就可能有誤。

常玉芝從書中所列材料得出最重要的結論，就是午月爲歲首。但其他更多材料顯示，商曆以冬至日所在月或後一兩個月爲歲首。我認爲，帝王繼位首日的干支名決定了帝王稱謂中的天干名及其死後配享祭祀的具體日子。這兩點相一致，可引爲證據。所以，帝王在年初繼位，而商歷年初通常在亥月、子月或丑月（偶爾爲寅月）。

關於帝辛元年在公元前 1086 年這一點，有幾種單獨的證據。其中一種爲一組征夷方卜辭。該組卜辭顯示，秋分日所在月爲九月（秋分日在九月月尾，所以需要第二個九月，也即閏九月）。所以，可由此推斷，卜辭所用曆法及其歲首月爲丑月。一般來説，重要的軍事行動多發生在秋季（收穫期）快要結束的時候。征夷方戰役選擇的時間，亦如此。

再看常玉芝書中第 290－291 頁上所引第 23 條卜辭，爲當時人們對一次降水的預測和確認。"辛未卜，爭貞：生八月帝令［多］雨。貞：生八月帝不其令多 雨。丁酉雨，至於甲寅，旬有八日。九月"。就我來看，"九月"爲驗證預言的時間，而非驗證内容的一部分。若元月爲午月，則八月、九月分别爲丑月和寅月。此時爲冬季，人們並不期待降雨，即使天氣乾燥，也不會影響人們的日常生活。但若元月爲子月，則八月、九月分别爲仲夏及夏末時分。這時，缺少降水就會造成旱災。

所以，我不得不得出這樣一個結論，即商代使用兩種不同的曆法：一種爲日常農業的曆法；另一種曆法則用於政治、軍事及其他重大事件。商曆爲午曆的説法不確，實際是其中一種商曆爲午曆。商代占卜系統使用了至少兩種截然不同的曆法，兩種曆法所規定的歲首，彼此相隔半年（這確實十分驚人）。

最後一種證據，爲記録了武丁在位末期發生月食情況的一組甲骨卜辭。按我的推算，武丁卒於公元前 1189 年。在這一組記録月食情況的卜辭中,有一條卜辭提到了月食發生當日的干支名,以及月食前一個月的月份數,即"十三月"。這表明,月食發生於接下來的一個月裏。這條信息,可以讓我們把月食確定在公元前 1192年 12 月 27 日。① 這一天恰好在陰曆月的中間,所以該月必然爲子月。而子月,從該卜辭來看,爲一年歲首。

而我以中氣系統證明公元前 1188 年必爲祖庚繼位年的論斷,亦與上述證據及推斷一致。除此,用中氣系統來分析武丁晚期相關的卜辭,亦可解釋爲什麼祖庚在以亥月爲歲首的這一年繼位。

7.7.6　關於武丁死亡之日期的辯論

若我說這個探討就此"完成",大多數研究甲骨文的學者都不會認同。他們長期以來已經習慣按董作賓確立的"時期"和王在位的"日期"來劃分材料:武丁是第一期;祖庚和祖甲是第二期;廩辛和康丁是第三期;武乙和文武丁是第四期;帝乙和帝辛是第五期。目前的共識是,沒有早於武丁的材料。有許多種將各期進一步分割的方案,它們標準不一,比如按不同的書體(和銘文的演變),或按占卜者的名字,將一件帶字甲骨歸入某個時期。最精細的分期是按商王家譜,我們知道一片提及"小王父己"的甲骨一定是指向祖己——武丁的繼承者,它應該是在康丁時期即第三期時製作的。另一種確鑿的日期細節是日食或月食,它包含給出一個絕對日期的充足信息,或給出一個準確日期的選擇範圍;但是就這麼一片來

①　吉德煒(D. N. Keightley),《商史資料》(*Sources of Shang History*),Berkeley: University of California Press(1978),第 174 頁注釋 19。又可見李學勤,《札記》第 31 頁,引《英》886(《合集》40610)。吉德煒以月食的日期爲十二月。李教授的甲骨文重建,結合《英》866 正面底部"癸丑"與反面右邊月食文末,亦暗指日期是十二月。我以爲月食必須在"十三月"後之來年正月,正反結合必用所結合之文的開始日期(請見下圖《合集》40204、40610 正、40610 反、11482 正)。《合集》40610 正面"十三年"下之卜(沒有辭: 空不足)爲王在反面圍於卜穴所占讀。此必是個癸丑(50)卜,因爲此月食是王所預言的"祟",而月食文開始"七日己未(56)……"其文在反面右邊,因爲沒有別的空間。

説,其分期可能不是别的分期標準所表明的那樣。

　　這就提出一個問題,分期是否可以按照哪位王在位來嚴格確定? 或者,一種獨立的紀年(比如我的)是否正確? 二十多年來,這類問題一直讓學者們質疑"五期"分類學説是否可用,並推薦採用以占卜者團體爲標準的分類法。但是無論哪種分類法與王年對應都已經是老生常談的問題了,也許我推算出的紀年會有用。

　　7.7.6.1　我將描述一個最近讓我關注的例子——《合集》40610(圖1),我完全有理由在意它。它在一片肩胛骨的頂部,正反面都刻有文字,有三對鑽鑿痕迹,正面全都是炙烤産生的"卜"形裂紋。正面的所有裂紋均爲每十天占卜一次,除了一個在右上方的(那應該是最後一次占卜)。那上面甚至没有足够的空間刻寫常見的簡短記録,而(我揣摩)這裏的文字應該是一篇長文。

　　但背面刻有一篇文字,在鑽鑿痕迹周圍:

　　　　王占曰有祟

背面右側邊緣寫的是:

　　　　七日己未向庚申月有食

(月食一般是不祥的,表明統治者可能就快死去,除非他改正某些錯誤)。

　　這是我們預計在甲骨正面出現的部分内容,但是書寫空不够。正面左方是一篇包括好幾部分的長文:

　　　　癸未卜争貞
　　　　旬亡禍
　　　　王占曰有祟
　　　　三日乙酉夕向丙戌允有來入齒
　　　　十三月

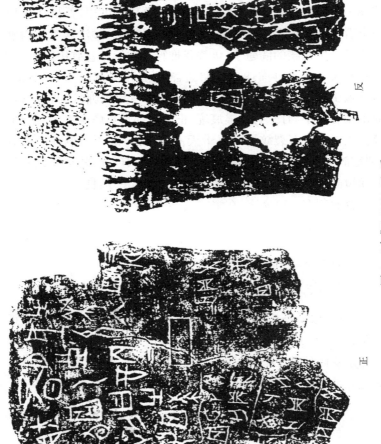

圖 1 《合集》40610 正、反

假設左邊癸未日的卜痕早於右邊的無字卜痕,那麽後者的日期就應該是癸丑(50),其後的第七天是己未(56)。因此那日期肯定就是翌年的首月。由此就可能推出準確的日期:月食發生於公元前 1192 年 12 月 27 日至 28 日。時期是第一期(争是第一期的貞人),武丁仍在世,但已年老病衰,他素有齒疾,病痛曾一度使他推遲參與某次軍事作戰(吉德煒《商代史料》,第 76－79 頁)。

7.7.6.2　關於《合集》40610 有許多争議。還有學者認爲背面的王卜辭與月食記録之間没有關係,他們認爲像這種刻在背面的月食記録一定會有一個日期記在正面相對應的位置。他們指出這應該是正面靠近底部的一段更早的癸丑日記録,日期應在第 12 個月。這就需要一個建寅曆,與我對公元前 1188 年(《合集》26643)的分析不合。若有人堅持"第 12 個月",那就要採納可能與月食相符的另一個日期,公元前 1166 年 8 月 14 日。那樣,有人就可以説第一期延伸到了祖庚和祖甲統治時期,就像某些學者現在正在宣稱的那樣,否認第一期僅限於武丁在位時期,但是齒疾又使這疑竇叢生。

7.7.6.2.1　此處月食記録與較早的癸丑日記録(李學勤《札記》,1997,第 31 頁)並不匹配,因爲在第 12 個月癸丑日相對位置記録的月食已到文本的末尾,而且别的個案表明正面與月食文本相匹配的日期記録一定要對應着月食文本剛開頭的位置。

有一片甲骨碎片使我們對此深信不疑:《合集》11482(圖 2),吉德煒將之斷代爲公元前 1189 年,其中,刻在背面的月食日期"旬壬申(09)"是月食文本的開頭,它位於與正面十天一記的癸亥日(60)對應的位置上(10 天包括壬申日)。

此外,還有一片碎骨與《合集》40610 的月食有關,就是《合集》40204(圖 3),它可能滿足這個要求(位置更靠下);而且一共有三個日期相近的月食記録(前 1198、前 1192、前 1189),它們密集地出

圖 2 《合集》11482 正、反

現,也許表明了當時對王的命運的關注。這些細節與我對公元前
1188 年的分析(《合集》26643)表明,可能一個新王在指使第二期
的貞人清理曆表,在我看來這是肯定的(武丁卒於公元前 1189 年,
與我的整個三代紀年年譜是密不可分的)。

但《合集》40204 也有《合集》40610 缺失的細節,在癸未日(20)
上方是從其他甲骨上抄寫下來的癸日卜辭(《合集》40610 上沒
有),因此時間晚於它:

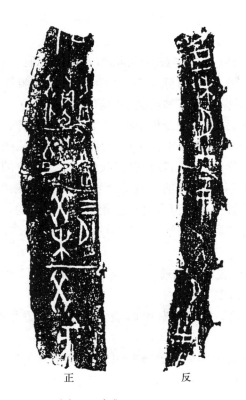

正　　　　　　　　反

圖 3　《合集》40204 正、反

癸巳(30)卜貞，旬亡禍。

癸卯(40)卜貞，旬亡禍。

　　如果我們把没有文本的卜痕的日期斷爲癸丑(50)，並因此以
之作爲背面王卜辭的日期，那麽就顯示了我們應當知道《合集》
40610 内容的延伸部分。在七天中發生的事件是月食，這顯示了
王占卜的能力，它被契刻在背面卜辭的右側。

　　《合集》40610 與《合集》40204 的關係是什麽？ 兩者是對同一

次月食的記録？它們不是相互獨立的，其中一個肯定較晚，是以前一個爲基礎的。

《合集》40204一定是較晚的那個，它沒有卜痕，只有日期癸亥（60）和癸未（20），完全排除了癸酉（10）。所以複製件僅有最基本的日期信息，以落實真正被複製的内容。

7.7.6.3 如果我的分析正確，那它還不是全部。我們一定要問，在《合集》40610背面的卜辭中，王爲什麽懼怕某些不祥之事發生？月食又怎樣證實了這種恐懼？我們能從癸未日的王卜辭中理解他爲何懼怕不祥，他此前一直受着牙痛的折磨，並預感到還會有不堪的痛苦接踵而至。但人是無法預感月食降臨的。不管是病痛還是月食都意味着王行止失當，並且我覺得武丁在害怕他真的犯了錯。

7.7.6.4 我對公元前1194年至公元前1185年曆譜的復原（我估計）顯示了問題所在。

A：張培瑜《中國先秦史曆表》中每個朔望月朔日的公曆月/日。

B：張培瑜《中國先秦史曆表》中每個朔望月朔日的干支。

C：每個朔望月中中氣日的干支（通過在兩個中氣日之間加上間隔的天數來推算，歲首的中氣日是中國人推算的冬至日，是通過在張培瑜曆表的冬至日上加兩天得到的[冬至日是從夏至起算2×91天]），若某月無中氣，就必須閏一個月。

D：兩個中氣之間的天數間隔（採自《淮南子》）。

E：商代甲骨文中顯示的朔望月的假設序數。

武丁，54/57年（繼位年爲公元前1250年，即位年[守喪期後]爲公元前1247年）

＊公元前1194年：44＝46（公元前1195年的最後一個月始於壬戌[59]，加30天，爲壬辰[29]，子[冬至]月）(a)

A	12/16	1/14	2/13	3/15	4/13	5/13	6/11	7/11	8/9	9/7	10/7	11/5
B	29 子	58	28	58	27	57	26	56	25	54	24	53
C	46	17	47	17	48	19	50	21	51	21	52	22
D	+31	+30	+30	+31	+31	+31*	+31	+30	+30	+31	+30	+30
E	1	2	3	4	5	6	7	8	9	10	11	12

武丁,55/58 年(建子。對於中氣日懷疑,失閏)

公元前 1193 年:50=52

A	12/5	1/3	2/2	3/3	4/1	5/1	5/31	6/29	7/29	8/27	9/25	10/25	11/25
B	23	52 子	22	52	21	51	21	50	20	49	18	48	17
C	51?	52	23	53	23	54	25	55	26	56	26	57	27
D		+31	30	+30	+31	+31	+30	+31	+30	+30	+31	+30	+30
E	1x	2	3	4	5	6	7	8	9	10	11	12	1

武丁,56/59 年(建亥。有懷疑,故有"修補"置閏十三月)

公元前 1192 年:55=57

A	12/23	1/21	2/20	3/22	4/20	5/20	6/18	7/18	8/16	9/15	10/14	11//13
B	47 子	16	46	16	45	15	44	14	43	13	42	12
C	57	28	58	28	59	30	60	31	01	31	02	32
D	+31	+30	+30	+31	+31	+30	+31	+30	+30	+31	+30	+30
E	2	3	4	5	6	7	8	9	10	11	12	13 y

武丁,57/60 年(建子。既有十三月,所以失閏十月;在子月,月有失之[前 1192/12/27─28])

公元前 1191 年:60=02

A	12/12	1/11	2/9	3/11	4/9	5/9	6/7	7/7	8/6	9/4	10/4	11/2	12/2
B	41 子	11	40	10	39	09	38	08	38	07	37	06	36
C	02	33	03	33	04	35	05	36	06	36		07	37
D	+31	+30	+30	+31	+31	+30	+31	+30	30	+31		+30	+30
E	1	2	3	4	5	6	7	8	9	10	11 z	12	1

武丁,58/61 年(建亥)

＊公元前 1190 年:05=07

A	12/31	1/30	2/28	3/30	4/28	5/28	6/26	7/26	8/24	9/23	10/23	11/21
B	05子	35	04	34	03	33	02	32	01	31	01	30
C	07	38	08	38	09	40	11	42	12	42	13	43
D	+31	+30	+30	+31	+31	+31*	+31	+30	+30	+31	+30	+30
E	2	3	4	5	6	7	8	9	10	11	12	1

武丁,59/62 年(建亥。武丁去世;戌月,月食[前 1189/10/25])

公元前 1189 年：11＝13

A	12/21	1/19	2/18	3/18	4/17	5/16	6/14	7/14	8/12	9/11	10/11	11/10
B	60子	29	59	28	58	27	56	26	55	25	55	25
C	13	44	14	44	15	46	16	47	17	47	18	48
D	+31	+30	+30	+31	+31	+30	+31	+30	+30	+31	+30	+30
E	2	3	4	5	6	7	8	9	10	11	12	1

祖庚,元年(建亥。繼位年;元日是武丁的天干日,新王不可以用"丁"命名;必有置閏六月,又必有一個"修補"閏六月)

公元前 1188 年：16＝18(b)

A	12/9	1/8	2/7	3/8	4/6	5/6	6/4	7/3	8/2	8/31	9/30	10/30	11/29
B	54子	24	54	23	52	22	51	21	51	20	50	19	49
C	18	49	19	49	20		51	21	52	22	52	23	53
D	+31	+30	+30	+31	+31		+30	+31	+30	+30	+31	+30	+30
E	2	3	4	5	6	閏6	閏6	7	8	9	10	11	12

祖庚,2 年(建子)

公元前 1187 年：21＝23

A	12/28	1/27	2/26	3/27	4/25	5/25	6/23	7/22	8/21	9/19	10/19	11/18
B	18子	48	18	47	16	46	15	44	14	43	13	43
C	23	54	24	54	25	56	26	57	27	57	28	58
D	+31	+30	+30	+31	+31	+30	+31	+30	+30	+31	+30	+30
E	1	2	3	4	5	6	7	8	9	10	11	12

祖庚,3 年(建子)

* 公元前 1186 年：26＝28

A	12/17	1/16	2/15	3/16	4/15	5/14	6/13	7/12	8/10	9/9	10/8	11/7
B	12 子	42	12	41	11	40	10	39	08	38	07	37
C	28	59	29	59	30	01	32	03	33	03	34	04
D	+31	+30	+30	+31	+31	+31*	+31	+30	+30	+31	+30	+30
E	1	2	3	4	5	6	7	8	9	10	11	12

祖庚,4/元年(建子。即位年歲首爲己巳日[06],被武丁的繼承人祖己用作名義上繼位的年代,而實際取而代之的王祖庚則使用次日的干支庚午[07]命名)

公元前 1185 年：32＝34

A	12/6	1/5	2/4	3/5	4/3	5/3	6/1	7/1	7/30	8/28	9/27	10/26	11/23
B	06 子	36	06	36	05	35	04	34	03	32	02	31	01
C	34	05	35		05	36	07	37	08	38	08	39	09
D	+31	+30	+30		+31	+31	+30	+31	+30	+30	+31	+30	+30
E	1	2	3	閏3	4	5	6	7	8	9	10	11	12

(a) 公元前 1194 年：商和早周時期的中國人使用一種幾乎不會出現四季失衡的曆表。這使他們在夏至日後加上 2×91 天而得到冬至日的日期,導致官方的冬至日往往要比實際晚兩天。我通過在張培瑜曆表中的冬至日上加兩天來表明這一點,因此這裏的丁未日(44)應當是己酉日(46)(下同)。我們必須用這個來確定中氣日。B 行的"子"標明了冬至日所在的那個月。"閏"(比如公元前 1188 年的 E 行)表示那是一個閏月。星號"*"表示那是閏年(或加一天使之成爲閏年)。最後發現比現在的習慣早了一年(這——即我在公元前 1194 年 6 月加出一天——是由於公元前 1193 年歲首的錯亂所致)。

(b) 公元前 1188 年：始於丁巳日(54),武丁的繼位年公元前 1250 年始於丁亥日(24),因此公元前 1188 年不能是名義上繼位的年份。

對於 7 月到 10 月（張培瑜曆表中的 8 月到 11 月），我必須讓這幾個月的首日都比張培瑜曆表中的晚一天。甲骨文（《合集》26643）所記錄的這幾月中天干爲癸的日期需要這種修正。

x：公元前 1193 年首月：在張培瑜的冬至日癸丑（50）加上兩天後，確定乙卯（52）是可能的日期。在這個案例中，這是錯的。公元前 1194 年的夏至是 7 月 4 日，儒畧日 1285499，干支壬子（49），太陽在 90 度角方位。正確的冬至日是 12 月 31 日，太陽在 270 度角方位，儒畧日 1285679，干支壬子（49），比夏至晚 180 天。中國人會數 2×91＝182 天，得到甲寅日（51），公元前 1193 年 1 月 2 日。一天一天地數，這個日子就是張培瑜曆表中公元前 1193 年第一個月的最後一天。商的曆表創製者覺得這個計算漏掉了中氣，從而將中氣日放在乙卯（52）。這樣，他們就忘了這暗示始於乙卯的第二個月必須置閏，所以他們就繼續數公元前 1193 年的月份，那年有 13 個月。

y：公元前 1192 年最後一個月：到這時，曆表創製者意識到漏掉了一個月，並宣布年末有第 13 個月。《合集》40204 正面顯示這一個月的癸日爲癸未（20）、癸巳（30）、癸卯（40）。

z：公元前 1191 年，第 11 個月：根據中氣計數，這個月應當置閏。但是曆表在公元前 1192 年末時剛剛宣布加"第 13 個月"而被調整過。一次占卜（《合集》40610）使商王相信那是一次錯誤，所以爲了彌補這個設定的"錯誤"，公元前 1191 年的第 11 個月沒有置閏。結果，曆表就變成從亥月開始，並順延下去，直到公元前 1188 年下一位王祖庚在位時纔得以矯正。那時需要在第 6 個月後面加兩個閏 6 月。

7.7.6.5 公元前 1192 年至公元前 1191 年正月（即公元前 1192 年 12 月 12 日至公元前 1191 年 1 月 10 日）似乎是發生月食的那個月，即 12 月 27 日的晚上，"己未夕向庚申"。我認爲《合集》

40204 和《合集》40610 記錄了這次月食，並暗示那個月緊隨着一個第 13 個月，又暗示那個第 13 個月包括癸未（20）、癸巳（30）和癸卯（40）。對此争議頗多，但無論如何，公元前 1192 年 12 月 27 日的確發生了一次月食，直到午夜以後纔結束（請見上文武丁 59 年十三月至 60 年正月）。

我的復原工作表明，公元前 1193 年的第一個朔望月是否置閏存在疑問。從最後一個中氣日開始數 30 天，得出下一個朔望月始於乙卯，1 月 3 日，正是下一個中氣日，即冬至日。但是若從公元前 1194 年的夏至開始數 91＋91 天，就會得出甲寅（51），1 月 2 日，假設的冬至日。由於這一天是始於 12 月 5 日的朔望月的最後一天，那個月就是子月。那是武丁和他的專家們所決定的，但是他忘了這個選擇意味着下個月必須置閏。所以一個閏月被遺漏了，而且是個很重要的閏月，因爲像這類在歲首的錯誤會影響到此後一整年的祭祀日期。到次年陰曆年末，大約是公元前 1192 年，商王與他的臣僚們確定他們犯了一個錯誤，所以商王宣布在第 12 個月後置閏一個月，即第 13 個月。

但是武丁仍然感到心神不安，他決定在下一個癸日測試一下結果，那天是公元前 1192 年 12 月 21 日癸丑，中國曆表中公元前 1191 年的第一個癸日。所以他占卜並預見到有某種不祥會在六天後的月食中顯現。對他而言，這肯定了他的疑慮，即他錯誤地宣布增加第 13 個月（注意，正面第 13 個月的文字幾乎正好對應背面卜辭的位置）。所以他多加了一次閏月，並通過不在公元前 1191 年的第 10 個月後置閏來"糾正"他的"錯誤"。這使商代曆表推遲了一個月，它在武丁在位餘下的時間裏一直是建亥曆。

7.7.6.6 公元前 1189 年 12 月 25 日夜晚，武丁可能已經去世，那時又發生了一次月食（《合集》11482），此前沒有任何王卜辭。但其意義對於商王的繼承者不言而喻，他將採用祖庚爲號，這時曆表仍然是錯的。月食既是故去商王的喪鐘,又是對新王的威脅。一位王的逝去已經足以昭示天譴。祖庚發現了錯誤,並在公元前1188年用一連3個六月來糾正。他幹得很棒,在七月即戊月的第二天(夏至),太陽位於90度角方位。

7.7.6.7 讓我思考這個問題的朋友劉學順不同意我的觀點,他認爲《合集》40610月食的日期是公元前1166年8月14日。他的分析非常有意思,結論令人吃驚。但是他即將發表他的文章,我在這裏就不介紹了。

在不破壞他論述的情況下,我可以指出其中的主要問題:如果日期是公元前1192年,己未至庚申(56-57)的月食就對應公曆12月27日至28日,始於27日20時20分43秒,終於28日0時13分28秒。它持續了三個多小時,在子夜以後結束。如果日期是公元前1166年,月食就發生於8月14日,始於3時14分02秒,終於7時01分21秒,也持續了三個多小時,大部分時間是在夜晚,但結束於破曉以後。卜辭說月食始於某日終於次日。所以問題是,商代的一天結束於什麼時間?新的一天又何時開始?是午夜還是拂曉?如果我相信答案是"拂曉"的話,我想我就不得不放棄出版這本書。我認爲《合集》40610告訴我們,武丁還健在。如果武丁不是卒於公元前1189年——我想我已經用四種不同的方法證明了這個日子——那麼我的整個三代年表就會漏洞百出,以至於我無法重新構建。

我不相信商代的一天始於拂曉。因此我們遇到一個問題:如何確定這件事?這裏有更多證據。

7.7.6.8 我們是否知道商代稱呼午夜或是(更準確地說)午夜前一段時間的術語呢?下面的證據似乎表明了曆表上緊隨這一個時段的次日。我將分析兩段甲骨文,在島邦男的《殷墟卜辭綜類》第419頁第1行(這兩段文字與衆不同:最開始講到天氣,接下來是關於一個嬰兒的出生)。

《續》4.7.1：……　　壬其雨不……中录允……辰亦……風

補缺後：

《續》4.7.1：……[翌]壬其雨,不[令風。辛卯]中录允[雨小;壬]辰亦[雨,帝不令]風。

……[下一個]壬日會下雨,但不會[颱風]。(驗辭)[辛卯日(28)]實際上在中录期間[下了一點兒雨;壬]辰日(29)也[下雨,帝不讓]起風。

"允[雨]"後面的"小"是不必要的。填充進去的其他內容是邏輯上需要的。

《鐵》5.2：……維……中录……退……嘉二日……

補缺後：

《鐵》5.2：……維[甲子]中录,[婦好]退[免]嘉。二日……

……那天是[甲子日(01)]中录,[婦好]退下並順利地[分娩]。第二天……

(這肯定是一篇較長的文字的一部分。它是前一篇占卜未出生嬰兒性別的驗辭。)

解讀這片甲骨殘片的關鍵是可以綴以"嘉"的那個詞。它在甲骨文中通常用在嬰兒出生的文字當中。我插入的"甲子"和"婦好"當然是此處所需插入內容的唯一選擇。"[免]嘉"的意思是她生了個男孩(但也可能在"嘉"前面有一個否定的詞)。"二日"的意思是第二天,第一天是包括中录的那一天(島邦男質疑"日")。

7.7.6.9　我前面已提到，《合集》40610中"拂曉"與"午夜"相對的解讀從另一個角度來看就不一樣了。月食文本的末尾與正面的癸丑日記錄相匹配，使那個月變成第12個月，而不是首月。我們不得不假設武丁曆表的歲首始於秋季的中間一個月。當然，在這樣做以前，我們應該再檢查一下月食文本末尾——而非開頭——與正面的癸丑日記錄相匹配的論點（不要把背面的卜辭當作問題的一部分，即我們不需要對它進行解釋）。

　　爲此，我們應該仔細地看一下《合集》40204。它的正面頂部記了一個癸丑日，在正面底部也有一個癸丑日，背面的月食文本與兩者一頭一尾地對應。有可能確定哪個癸丑對應月食嗎？我前面已提到，《合集》40204晚於《合集》40610產生，前者部分地抄錄了後者的內容並有所擴增，沒有卜痕。明顯被刪去的一部分是月食文本開頭的詞"七日"，即第七天——但需要澄清，它必須被假設和理解爲指向前一個"癸丑"日（注意，這個要素出現在《合集》11482中："旬"，我判斷這也是一份抄本，在一片肩胛骨的相同位置）。

7.7.7　這似乎解決了所指是哪一個沒有出現的癸丑日的問題，確定是在公元前1192年12月27日至28日。

　　我認爲我的論點是有優勢的，但是我承認優勢並不大，而且我相信反對意見不會平靜下去。我還能說些什麼呢？我嘗試將觀點訴諸我的三代年表的整個結構以及相關論點，畢竟，如果我作爲反對者獲得勝利，那麼現在的年表將無以立足；而如果我的年表是正確的話，它也會駁斥我的反對者的論點。我的年表包含越多的細節，它所傳達信息的可能性也越高——而事實上它幾乎包括所有信息（爲了使之更易理解，這個材料需要幾幅甲骨的插圖，就像在常玉芝《殷商曆法研究》第21頁[《合集》11482]和第28 - 30頁[《合集》40610和40204]那樣，每片甲骨都要展示正反兩面）。

黄天樹（1998）和李學勤（1997）的文章中舉了許多日期跨兩天的案例。分娩記錄是很重要的，因爲分娩日期是無法事先確定必須在哪一天的。天色破曉時（假設曆表上的一天從有亮光開始）可能有足够的自然光來確定那是同一天，因此無須説分娩"從一天延續到後一天"。還有記錄關於有些事件持續了整晚，比如，有一個記錄講商王一整晚的病痛，可能是關節炎：

《合集》6057，6060：辛丑夕向壬寅王亦終夕🦴

在辛丑日（38）直到壬寅日（39）的晚上，商王又因爲🦴，一整晚都受着折磨。

🦴是一個疾病的術語（它是"骨"的象形字的變體）（李學勤，第36頁；也見黄天樹引，第172頁）。另一個案例引自黄天樹的文章（第169頁，9A）。

《屯》744［歷二］：癸卯卜甲啓不啓終夕雨。

癸卯（40）日占卜，（占辭）甲［日］（41）會放晴。（驗辭）那天没有放晴，下了一整夜雨（這暗示了上半夜是癸卯日（40）而後來是甲辰日（41），因此甲日是從午夜開始的）。

7.7.8　一個全然不同的問題是，"五期"學説是通過商王在位的時間來確定的，但是有時却要通過與商王在位無關的標準來判斷。假設有人認爲有些證據表明第一期比它現在被認定的時間更長，① 這是否意味着第一期延續到祖庚和祖甲在位時期呢（在武丁死後）？ ② 還是表明武丁（根據對"第一期"的定義）健在的時間比我們現在所認爲的一期更長？——就像一位同行所提出的那樣（他在電子郵件中引用了《合集》33694 中的日食，他認爲發生在公元前 1175 年。他把它放在第四期，但是現在認爲那是第一期的。他説李學勤和裴錫圭在討論中同意他的觀點。他把這作爲否定我

將武丁卒年定在公元前 1189 年的證據）。我堅持認爲後一種假設
②是錯的，除非有另外的關於武丁生活時期的特別證據（畢竟，這
是不能通過定義來確定的）。

7.8 關於夏商周斷代工程的帝辛年表的評論

徐鳳先在 2006 年出版了《商末周祭祀譜合曆研究》。這亦是我汲
汲研究的課題。而且，在此以前，我一直想知道夏商周斷代工程背後
的邏輯。現在，從徐鳳先這本書裏，可以窺知一二。徐鳳先與李學勤
之間的討論，持續了很多年。這些爭論可見於李學勤《夏商周年代學
札記》中，一篇名爲《再説帝辛元至十一祀祀譜》的文章（第 245 - 250
頁）。閲讀徐鳳先的著作後，我對自己的結論進行了部分修改與增訂，
但與她的觀點仍然十分不同。我想我們當中只能有一方是對的。

一個困擾許多學者的問題是，如何把一組標爲十至十一年的
征夷方卜辭與兩條標爲九年的卜辭配合起來。兩條卜辭所標年份
相同，其中一條記録了即將發動的征夷方戰役。本章 7.4 中，我寫
道，"《合集》37852，預言了征夷方的問題，其日期顯示'（乙）亥
（12）……二月，遘祖乙肜，唯九祀'"。徐鳳先還在書中提到另一條
卜辭記録，即《明》61。這條卜辭殘缺較多，可分成兩部分。第一部
分爲"癸丑（50）貞：今……，婦……又……"；第二部分（記在上面，
可能爲後來所加）爲"［癸□卜貞：婦□娩］不嘉。在正月遘小甲肜
夕。唯九祀"（肜夕爲"肜"前一晚，而非後一晚）。

小甲肜日前一晚，爲祖乙肜日前二十二天。而癸丑（50）爲乙亥
（12）前二十二天。所以，島邦男認爲《明》61 兩部分實爲一體，均可
記録癸丑（50）事的説法似乎沒錯（《研究》第 141 頁）。① 但我們若認

---

① 徐鳳先第 54 頁引用了島邦男《研究》第 141 頁，並指出，許進雄、常玉芝及李學勤
均贊同島邦男的看法。

同島邦男的説法，那麼爲使兩次祭祀活動分別在一月和二月，必須
把那組征夷方卜辭中原先屬於兩個不同九月的日期，即甲午（31）宰
上甲及癸亥（60），理解爲同一個九月的月首及月尾，且當年没有設
閏。否則，《明》61 的日期須爲二月。這和《明》61 卜辭顯示的不符。
徐鳳先和李學勤都贊同島邦男的觀點。島邦男對《明》61 的解釋，可
以證明征夷方卜辭相應的年份裏，没有閏九月。徐鳳先和李學勤没
有參考張培瑜《中國先秦史曆表》中有關公元前 1077 年的記載，而
直接以公元前 1066 年爲帝辛十年，公元前 1075 年爲帝辛元年。

　　征夷方卜辭内容與公元前 1066 年似乎一致的話，這一情況
出人意料，同時十分牽强。若此，人們必須假設有四個連續爲三十
一天的大月。人們還要假設，年底的"肜"日，也即"十年十二月甲
午（31）肜"爲訛誤，甲午肜（31）應在十一年一月（這解決了要找到
一個年尾爲甲午 31、乙未 32 或丙申 33 的年份的問題）。徐鳳先更
進一步，提出九月宰上甲實爲八月之誤。後來她發現，二年郊其卣
的年份爲公元前 1074 年，而這似乎驗證了她先前的想法。李學勤
在《夏商周年代學札記》一處注釋中，曾説徐鳳先認爲帝辛二年爲
公元前 1074 年。二年郊其卣這條證據可能就驗證了她這一結論。

　　7.8.1　但也可能，島邦男犯了一個錯誤，導致結論出錯。"不
嘉"，即所生爲女嗣而非預料中之男嗣。這表明，這條卜辭，包括下
面那條卜辭的隻言片語，記録了有關皇家子嗣性别的問題。若帝
王配偶已分娩，根本無須再行占卜。所以，上半部分相對完整的卜
辭，並非正反對貞中的反貞（或一些人認爲的詢問）。該卜辭應是
一份報告，對一個事件加以總結，並標明具體日期，即"肜"夜（因爲
在夜晚分娩）。它也是對先前提出貞問之卜辭的一種回答與確認
（以貞與干支日作結）。所以，這類卜辭必然和另一類貞問卜辭同
時出現，以證明先前所卜結果正確與否。吉德煒出版於 1978 年的

著作中,收錄了一個有意思卻又令人悲傷的故事。見圖 12(《丙編》247.1)。以下我採用吉德煒的翻譯。

> 甲申卜,殼貞:婦好娩嘉。
>
> 王占曰:其維丁娩,嘉。其維庚娩,弘吉。
>
> 三旬有一日甲寅,娩不嘉,維女。

這裏也有詢問與驗證兩部分。吉德煒的這個例子,取自第一期甲骨文,格式上相當不同,但基本含義一樣。所以,《明》61 中提到的癸丑(50),其實指帝王配偶生產前三旬或更早前發生的事。

人們認爲《明》61 所在年份與《合集》37852 相同,但月份上要早一個月,原因在於《明》61 上明確提到"九祀"。明義士所著《殷墟卜辭》,出版於 1917 年。所以,《明》61 與《合集》37852 並不是一起被發現的。

但對徐鳳先、李學勤來説,《明》61 與《合集》37852 的"九年"必是同年,似是毫無疑問的。他們没想過,帝辛可能還採用了另外一種曆法。而之所以忽視這另一種曆法,其原因在於,徐鳳先與李學勤以爲,帝辛在位年份爲公元前 1075 年至公元前 1047 年,僅二十九年。但據我分析,帝辛在位年份爲公元前 1086 年至公元前 1041 年,共四十六年。另外,徐鳳先和李學勤認爲,他們有一件標爲"二十五祀"的商代晚期青銅器可做證據(《夏商周斷代工程 1996－2000 年階段成果報告》第 58 頁,徐鳳先第 82 至 83 頁,宰椃角。確切的日期爲"二十祀庚申[57]翌日[後]五日",赤冢忠,第 666 頁)。他們没有進一步追問,爲什麼目前發現的帝辛時期甲骨卜辭,没有祀數較高的卜辭,如標有二十二祀以後,三十祀甚至四十祀以後的卜辭。而這是我必須追問的問題。

7.8.2 《明》61 屬帝辛第二個曆表。若以公元前 1068 年爲元年,則九祀爲公元前 1060 年。與之相應的祀首爲公元前 1061

年 9 月 15 日，儒畧曆 133 4151 日，甲辰(41)。"肜"夜爲肜小甲的
前一個晚上，也即周祭第 170 天，儒畧曆 133 4320 日，公元前 1060
年 3 月 3 日，癸巳(30)。這一天爲癸丑(50)後第四十天。兩者間
隔的天數與吉德煒例子中兩個日期的間隔，非常相近。

　　在確定商代晚期紀年的問題上，我有單獨地引自其他文獻材料
的證據來論證。但斷代工程的推斷則缺乏佐證(除了《國語‧周語
三》。本書已證明《國語‧周語三》爲公元前 5 世紀編者杜撰之文獻：
1.4.7;2.10.3.1)。我的論證主要都是直接或間接地依據"今本"《竹
書紀年》，但斷代工程卻並不認可"今本"《竹書紀年》。我認爲，要在
其他問題上達成一致，必先解決"今本"《竹書紀年》的問題。

　　就目前掌握的材料來看，我可以推斷出所有帝辛時期青銅銘
文和甲骨卜辭的年份，不論這些卜辭是以公元前 1086 年年曆爲基
準，抑或以公元前 1068 年年曆做依據。我發現，大部分青銅銘文
以寅月爲歲首。我唯一沒有十足把握的問題是，如何解釋那些年
份在公元前 1068 年以後的卜辭或銘文，其採用的年曆以公元前
1086 年爲元年。我們應當注意到這個問題，但也許並不需要解釋
它。帝王的人選沒有變過。採用公元前 1086 年年曆的紂辛，只不
過在公元前 1068 年改稱帝辛。我推測，公元前 1068 年年曆是爲了
武庚受封"小王"而施行的。可能當下就開始使用，過了一段時間以
後，則成爲唯一的年曆。公元前 1049 年的宰椃角、十日祭祀甲骨卜
辭，以及《逸周書‧酆保解》有關公元前 1046 年各諸侯間關係的敘
述，均採用了公元前 1068 年年曆。而當時執政的仍然爲帝辛。

　　7.8.3　我對商代最後八十年年表的看法相對複雜，亦與傳統
觀點不同。以下爲簡要概述及具體論證。

　　武乙卒於公元前 1109 年(從《竹書紀年》的公元前 1125 年減
去十六年)，在位 2+35 年(《竹書紀年》認爲其在位三十五年)。但

據征夷方卜辭,武乙卒於"十年"。所以,若我的紀年正確,則武乙必定在公元前 1118 年採用了新年曆,而原因可能是爲了他的繼承人文武丁作準備。

帝乙年表從公元前 1105 年開始,該年以"乙"日爲開端。所以,《竹書紀年》中記載的文武丁十三年,實爲十年(前 1118 至前 1109)加三年(前 1108 至前 1106)。

《竹書紀年》中有關帝乙在位九年的説法,有訛誤。很可能,它在遭埋藏以前,原來帝乙在位十九年的記錄被改爲了九年。當時,魏國編者沒辦法縮短武乙大約十年的在位時間,也不願承認兩位商王在位期重疊。但他們知道文武丁確實在位十三年。所以,他們不像其他編者那樣,僅給文武丁分配三年在位時間,而是保留了文武丁在位十三年的記錄,把帝乙時期的前十年删去了。這樣一來,《竹書紀年》中帝乙"三年"和"九年",實際應爲"十三年"和"十九年",即帝乙在位年份爲十九年。

帝辛元年爲公元前 1086 年(而非三代工程認爲的公元前1075 年)。帝辛的稱謂中已包含天干名(天干"辛"可能來自公元前 1106 年某個干支日)。公元前 1086 年始於甲子日,所以,帝辛可能在這一年受命稱王,而當時帝乙仍活着,直到公元前 1082 年。

公元前 1068 年,帝辛施行第二個年曆。可能從這一年起,他自稱爲"帝"。公元前 1068 年這一年曆,可能是爲了他的繼承人禄父,也即後來的武庚(公元前 1068 年始於一個"庚"日)而採用的。但因帝辛仍然爲商王,所以,公元前 1086 年的年曆也仍然有效。

7.8.4　部分論證

我認爲征盂方的日期相對要早,原因在於,周祭的平均長度要比一個太陽年畧短一些。祀首在一年中的位置越往後,其絶對日期就越早。此外,我對征盂方日期的判斷,也在對《竹書紀年》大事

年表加以分析調整後，得到確認。《竹書紀年》中没有提到征盂方
一事，但有一條甲骨卜辭提到，征盂方勝利後，王室舉行了一次狩
獵活動。按我的推算，這次狩獵活動發生在公元前 1109 年夏末或
秋天。而《竹書紀年》中提到，武乙在一次狩獵活動中卒於雷擊，當
時年份爲公元前 1125 年。相應地，也即公元前 1109 年。

7.8.4.1　公元前 1105 年與帝乙元年情況相符。以公元前
1086 年爲帝乙元年，則公元前 1106 年爲文武丁三年（或十三年）。
若武乙卒於公元前 1109 年，則公元前 1106 年爲文武丁即位的年
份。對此，最有力的證據是記錄於帝乙三年的幾件大事，即"六月
周地震"（《吕氏春秋》指其發生於公元前 1093 年）和"王命南仲西
拒昆夷、城朔方"①。南仲爲周宣王時期的著名將領。宣王十二年
（虢季子伯盤）和十三年（不其簋）銘文記録有他征戰的活動，而宣
王十三年銘文年代可考爲公元前 815 年。②顯然，宣王十三年的大
事，被誤置於帝乙十三年。而這一錯誤發生之後，"帝乙十三年"被
改爲"帝乙三年"。那樣，戰國時代整理《竹書紀年》之人可以使文
武丁的十三年置在武乙的三十五年之後。

亦請見上文：我用置閏周期的分析表明公元前 1099 年是"第七
年"而公元前 1098 年是"第八年"，所以公元前 1105 年必是一個元年。

若此，人們就能對文王"十五而生武王"這一謎題加以解釋。
"十五而生武王"中的"十五"指的是帝乙十五年，也即公元前 1091
年，而非文王十五歲時。《竹書紀年》指出，武王活了五十四歲。此
外，我們可從其他材料單獨證明，武王卒於公元前 1038 年。

7.8.4.2　從征夷方甲骨卜辭可知，"十年"有閏九月。該年末

---

①　《詩經·小雅·出車》"天子命我，城彼朔方；赫赫南仲，玁狁于襄……赫赫南
仲，薄伐西戎……赫赫南仲，玁狁於夷"，即南仲抵禦玁狁而非昆夷。

②　馬承源 1988，第 310 頁注釋一。我很感謝夏含夷提醒我注意這條材料。

日的干支可能爲甲午(31)、乙未(32)或丙申(33)，而且其絕對年份在公元前 11 世紀上半葉的中段左右。所以，唯一的可能就是公元前 1077 年。這就要求公元前 1086 年爲帝辛元年。斷代工程採用了一些錯誤數據，因而無法得出結論。他們沒有正確的數據來與周祭日期相配合，也沒有合理的思路把中氣系統和設閏系統聯繫起來，並證明章蔀系統亦適用於商代晚期。他們在製作年表的時候，並未首先考慮設閏系統，然後採用甲骨卜辭加以驗證。相反，參與斷代工程的學者們，僅從卜辭入手，用卜辭來確認閏月，除此，便再無設閏理論支持。

最開始的時候，我並未留意到《明》61 及島邦男對此的研究。所以，我從帝辛在位四十六年，即公元前 1086 年至公元前 1041 年這一點着手。在研究過程中，我發現帝辛應有第二個年曆。第二個年曆從何時開始使用？要解決這一問題，有兩條綫索。其一，較晚的文獻材料指出，帝辛在位三十七年。據我所知，帝乙元年在公元前 1105 年。所以，帝辛第二個年曆可能從帝乙元年三十七年以後開始，也即公元前 1068 年。其次，《逸周書・酆保》。撇開班大爲對《逸周書・酆保》的誤讀，便可善加利用。《逸周書・酆保》記錄了克商以前支持周王的各諸侯在周地會盟一事。日期標示並不完全，爲二十三年庚子朔，沒有月份。在此期間，唯一與之相符且包含有一個以庚子爲歲首的月份的年份，爲公元前 1046 年（建子五月）。若公元前 1046 年爲二十三年，則帝辛元年爲公元前 1068 年。[1]

7.8.4.3 以公元前 1077 年爲帝辛十年，且該年有閏九月。這一論斷使我相信，章蔀理論及閏月爲缺少中氣日的月份這一説

---

[1] 《合集》37867（徐鳳先 2006，第 104 頁）及宰椃角（廿祀翌又五）可證明公元前 1068 年年曆確實存在。《逸周書・酆保解》是個諸侯會議公文，所以必須用通行的商曆名年；同樣，沒有通行的正月，故不可以用數名月，而只可以名朔日。

法，完全可行。而且，公元前 1077 年（缺少中氣日的）閏九月爲秋分日後的第一個月。設閏理論中，秋分日就是其中一個中氣日。所以，當時的中國人，爲方便起見，把一年均等地分爲四個季度（其實各季度並不等長）。他們把太陽年與中氣系統整合起來，從觀測的秋分日算起，得出其餘日期。而照此方法計算的冬至日，要比實際晚兩天。根據設閏理論和中氣系統，可推論出公元前 1040 年爲克商年份，且公元前 1188 年爲祖庚繼位年份。這使我更加確信，我用以重建商代年表的方法是正確的。

7.8.5　最後，我注意到，商代晚期各諸侯國往來溝通時，也採用商曆（就像《酆保解》裏提到的那樣），那麼，反映在商曆中的克商年份就有十分重要的意義。周朝名義上的立朝年份爲公元前 1058 年，恰好在五星聚合的後一年，是公元前 1086 年年曆上標明的“二十九年”。而周朝實際上的立朝年份爲克商當年，也即公元前 1040 年，是公元前 1068 年年曆上標明的“二十九年”。這樣一來，周代的“吉日”策畧就相當明顯了。首先，按現行曆法選擇一個年份，即“二十九年”，然後選擇甲子日。爲什麼要選甲子日呢？甲子日每六十天出現一次，在建寅二月，甲子日就是清明日。當時的中國人認爲，這就是天意。難怪武王不聽魚辛的勸誡呢。

不過，在軍事方面受上天庇佑固然重要，讓敵人知道你奉天命而來，也很重要。這是戰爭取勝的策畧之一。

7.8.5.1　“文武帝乙”的問題還懸而未決。可能有兩個叫作“文武”的商王：一位是父親文武丁，一位是兒子文武乙。文武乙死後被尊稱爲“帝”，而獲此稱號的年份大約爲公元前 1068 年，當時文武乙的兒子紂辛自稱爲帝。也有可能只有一個叫作“文武”的商王。他在武乙繼位時，以天干“丁”命名，等到公元前 1105 年（該年首日爲乙酉）自稱爲“帝”，所以死後在“丁”日或“乙”日受祀。而究竟在哪一天受祀則要通過占卜來決定。有許多"文武丁"名下的祭祀活動，發生在"丙"日（"丁"日後一天）；還有一些其名下的祀點發生在"乙"日（島邦男《綜類》537.2－3）。若只有一位"文武"王，那麼他在位的三十七年，就是公元前1105年及公元前1068年這兩個元年間相隔的年份數，同時也是從公元前1118年至公元前1082年，經歷兩種曆表的實際在位年份（前提是，該"文武"王卒於公元前1082年的説法不謬）。

7.8.6　帝辛元年至十二年（前1086至前1075）

帝辛元年至十二年（前1086至前1075）每月祭祀表

前1086 帝辛 1	甲祀日		先　祖	前1085 帝辛 2	甲祀日		先　祖
2(子)01① 12/21	01 11 21	祭 祭 祭	河亶甲 羌甲 陽甲	2(子)56 12/11	01 11 21	祭 祭 祭	河亶甲 羌甲 陽甲
3　31 1/20	31 41 51	祭	祖甲	3　25 1/9	31 41 51	祭	祖甲
4　60 2/18	01 11 21	肜 肜	工典 上甲	4　55 2/8	01 11 21	肜 肜	工典 上甲*②
5　30 3/20	31 41 51	肜 肜	大甲 小甲	5　24 3/8	31 41 51	肜 肜	大甲 小甲

---

① 帝辛首日（子月）爲甲子（01）。若帝辛的父親帝乙，仍在世時爲帝辛制訂了新的曆法，那麼特別挑選甲子日的做法，就合情合理。

② 《合集》37836，表明此處使用建亥曆（此處及下文用［＊］表示卜辭中涉及的日期）。

續　表

前1086 帝辛1	甲祀日	先祖
6　60	01	
	11　肜	河亶甲
4/19	21　肜	羌甲
7　29	31　肜	河亶甲
	41	
5/18	51　肜	祖甲
8　59	01	
	11　翌	工典
6/17	21　翌	上甲
9　29	31	
	41　翌	大甲
7/17	51　翌	小甲
10　58	01	
	11　翌	河亶甲
8/15	21　翌	羌甲
11　28	31　翌	陽甲
	41	
9/14	51　翌	祖甲
12　57	01　祭	工典 [37]
	11　祭	上甲
10/13	21	
1(亥)　26	31　祭	大甲
	41　祭	小甲
11/11	51	
左欄:左上方是官用年曆的陰曆月	右上方是該陰曆月首日的干支	左下方是與陰曆月首日相對應的儒畧曆月份和日期

前1085 帝辛2	甲祀日	先祖
6　54	01	
	11　肜	河亶甲
4/7	21　肜	羌甲
7　23	31　肜	河亶甲
	41	
5/6	51　肜	祖甲
8　53	01	
	11　翌	工典
6/5	21　翌	上甲
i8　23	31	
	41　翌	大甲
7/5	51　翌	小甲
9　52	01	
	11　翌	河亶甲
8/3	21　翌	羌甲
10　22	31　翌	陽甲
	41	
9/2	51　翌	祖甲
11　52		
	01	(額外旬)
10/2	11　祭	工典 [36]
12　21	21　祭	上甲
	31	
10/31	41　祭	大甲
1　51	51　祭	小甲
	01	
11/30	11　祭	河亶甲

前1084 帝辛3	甲祀日	先祖
2(子)20 12/29	21 祭 31 祭 41	羌甲 陽甲
3 49 1/27	51 祭 01 11	祖甲
4 19 2/26	21 肜 31 肜 41	工典 上甲
5 48 3/27	51 肜 01 肜 11	大甲 小甲
6 18 4/26	21 肜 31 肜 41 肜	河亶甲 羌甲*① 陽甲*
7 47 5/25	51 01 肜 11	祖甲*
8 17 6/24	21 翌 31 翌 41	工典* 上甲*
9 46 7/23	51 翌 01 翌 11	大甲 小甲
10 16 8/22	21 翌 31 翌 41 翌	河亶甲 羌甲 陽甲

前1083 帝辛4	甲祀日	先祖
2(子)15 12/19	21 祭 31 祭 41	羌甲 陽甲
3 44 1/17	51 祭 01 11	祖甲
4 13 2/15	21 肜 31 肜 41	工典 上甲
5 43 3/17	51 肜 01 肜 11	大甲 小甲
6 12 4/15	21 肜 31 肜 41 肜	河亶甲 羌甲 陽甲
7 42 5/15	51 01 肜	祖甲
8 11 6/13	11 21 翌 31 翌	工典 上甲
9 40 7/12	41 51 翌 01 翌	大甲 小甲
10 10 8/11	11 21 翌 31 翌	河亶甲 羌甲

① 《合集》35736、37836。

前1084 帝辛3	甲祀日	先　祖
11　46	51	
	01　翌	祖甲
9/21	11　祭	工典*①[36]
12　15	21　祭	上甲*
	31　宰	上甲*
10/20	41　祭	大甲*
1　45	51　祭	小甲*
	01	
11/19	11　祭	河亶甲

前1083 帝辛4	甲祀日	先祖
11　40	41　翌	陽甲
	51	
9/10	01　翌	祖甲
12　10	11　祭	工典[36]
	21　祭	上甲
10/10	31	
1　39	41　祭	大甲
	51　祭	小甲
11/8	01	

前1082② 帝辛5	甲祀日	先　祖
2(子)09	11　祭	河亶甲
	21　祭	羌甲
12/8	31　祭	陽甲
3　39	41	
	51　祭	祖甲
1/7	01	
4　08	11	
	21　肜	工典
2/5	31　肜	上甲
5　38	41	
	51　肜	大甲
3/7	01　肜	小甲

前1081 帝辛6	甲祀日	先祖
14(子)33	41	
	51　祭	祖甲
12/27	01	
1　03	11	
	21　肜	工典
1/26	31　肜	上甲
2　32	41	
	51　肜	大甲
2/24	01　肜	小甲
3　02	11	
	21　肜	河亶甲
3/25		

---

①　《合集》37840、35529，這組卜辭顯示，"十一月"和"十二月"分別屬於兩個連續的旬，爲周祭中最早發生的兩件事，似乎並無可能將其歸於其他絕對日期。

②　帝乙必卒於此年，即三十七年（從公元前1118年算起）。據《合集》37852，公元前1078年（帝辛九年）的肜河亶甲旬應爲以甲子爲祀首之周祭周期的二月。這要求肜河亶甲旬和翌工典旬都被刪去。其結果是，帝乙肜日與報乙翌日在同一天。反過來，肜祖甲和翌工典之間的旬必須被刪去。導致的結果是把帝乙肜祀和報乙的翌祀放在同一天，因此帝乙也列入祀譜中——我認爲守喪期滿後則必完成這項工作。

續　表

前 1082 帝辛 5	甲祀日		先　祖
i5　07 4/5	11 21　肜 31　肜		河亶甲 羌甲
6　36 5/4	41　肜 51 01　肜		陽甲 祖甲
7　05 6/2	11 21　翌 31　翌		工典 上甲
8　35 7/8	41 51　翌 01　翌		大甲 小甲
9　04 7/31	11 21　翌 31　翌		河亶甲 羌甲
10　34 8/30	41　翌 51 01　翌		陽甲 祖甲
11　04 9/29	11　祭 21　祭 31		工典 [36] 上甲
12　33 10/38	41　祭 51　祭 01		大甲 小甲
13　03 11/27	11　祭 21　祭 31　祭		河亶甲 羌甲 陽甲

前 1081 帝辛 6	甲祀日		先祖
4　31 4/23	31　肜 41　肜 51		羌甲 * ① 陽甲
5　60 5/22	01　肜 11 21　翌		祖甲 工典
6　29 6/20	31　翌 41 51　翌		上甲 大甲
7　59 7/20	01　翌 11 21　翌		小甲 河亶甲
8　28 8/18	31　翌 41　翌 51		羌甲 陽甲
9　58 9/17	01　翌 11　祭 21　祭		祖甲 工典 [36] 上甲
10　27 10/16	31 41　祭 51　祭		大甲 小甲
11　57 11/15	01 11　祭 21　祭		河亶甲 羌甲

①　赤冢忠♯4,小臣邑觶表明,根據其標注的日期,此祀爲第四月首日。因此當時用的曆表是建丑曆,帝乙崩逝可能導致了曆表的變化。

前1080 帝辛7	甲祀日	先祖	前1079 帝辛8	甲祀日	先祖
12(子)27	31　祭	陽甲	12(子)21	21　祭	羌甲
	41			31　祭	陽甲
	51　祭	祖甲	12/4	41	
1　57	01		1　51	51　祭	祖甲
	11			01	
1/14	21　肜	工典	1/4	11	
2　26	31　肜	上甲	i1　21	21　肜	工典
	41			31　肜	上甲
2/12	51　肜	大甲	2/2	41	
3　56	01　肜	小甲	2　50	51　肜	大甲
	11			01　肜	小甲
3/14	21　肜	河亶甲	3/3	11	
4　25	31　肜	羌甲	3　20	21　肜	河亶甲
	41　肜	陽甲		31　肜	羌甲
4/12	51		4/2	41　肜	陽甲
5　55	01　肜	祖甲	4　49	51	
	11			01　肜	祖甲②
5/12	21　翌	工典	5/1	11　翌	工典
6　24	31　翌	上甲	5　19	21　翌	上甲
	41			31	
6/10	51　翌	大甲	5/31	41　翌	大甲
7　53	01　翌	小甲 *①	6　48	51　翌	小甲
	11	河亶甲		01	
7/9	21　翌		6/29	11　翌	河亶甲

①　殷墟西區♯1713(見附錄一)的日期爲七祀六月壬申(09),該日爲"翌"日。該銘文上年份與公元前1080年相符。公元前1080年,若採用建寅曆,則壬申在翌小甲旬。青銅銘文普遍採用建寅曆。當時受翌祀的爲大戊妣壬。

②　肜祖甲後,翌工典前的一旬被删去後,此周祭周期僅有三十五旬(與《合集》37852帝辛九年二月條卜辭相符)。而且,肜帝乙與翌報乙發生於同時(附錄一甝方鼎,肜帝乙,二十二年五月乙未,即公元前1065年)。

續　表

前 1080 帝辛 7	甲祀日		先　祖
8　23	31	翌	羌甲
	41	翌	陽甲
8/8	51		
9　52	01	翌	祖甲
	11	祭	工典 [35]
9/6	21	祭	上甲
10　22	31		
	41	祭	
10/6			大甲
11　51	51	祭	小甲
	01		
11/4	11	祭	河亶甲

前 1079 帝辛 8	甲祀日		先祖
7　17	21	翌	羌甲
	31	翌	陽甲
7/28	41		
8　47	51	翌	祖甲
	01	祭	工典 [37]
8/27	11	祭	上甲
9　16	21		
	31	祭	大甲
9/25	41	祭	小甲
10　46	51		
	01	祭	河亶甲
10/25	11	祭	羌甲
11　15	21	祭	陽甲
	31		
11/23	41	祭	祖甲

前 1078 帝辛 9	甲祀日		先　祖
12(子)45	51		
	01		
12/23	11	肜	工典
1　15	21	肜	上甲
	31		
1/22	41	肜	大甲
2　44	51	肜	小甲
	01		
2/20	11	肜	河亶甲 * ①

前 1077 帝辛 10	甲祀日		先祖
12(子)39	41		
	51	祭	祖甲
12/12	01		
1　09	11		
	21	肜	工典
1/11	31	肜	上甲
2　38	41		
	51	肜	大甲
2/9	01	肜	小甲

---

　　①　《合集》37852 日期顯示爲"(乙)亥(12)……二月,遘祖乙肜,唯九祀",恰好在肜河亶甲後一天,據該卜辭,此周祭祀首爲甲子。

續　表

前1078 帝辛9	甲祀日	先祖
3　14	21　肜	羌甲
	31　肜	陽甲
3/22	41	
4　44	51　肜	祖甲
	01	
4/21	11　翌	工典
5　13	21　翌	上甲
	31	
5/20	41　翌	大甲
6　43	51　翌	小甲
	01	
6/19	11　翌	河亶甲
7　12	21　翌	羌甲
	31　翌	陽甲
7/18		
8　41	41	
	51　翌	祖甲
8/16	01	（額外旬）
9　11	11　祭	工典 [36]
	21　祭	上甲
9/15	31	
10　40	41　祭	大甲
	51　祭	小甲 *①
10/14	01	

前1077 帝辛10	甲祀日	先祖
3　08	11	
	21　肜	河亶甲
3/10	31　肜	羌甲
4　38	41　肜	陽甲
	51	
4/9	01　肜	祖甲
5　07	11	
	21　翌	工典
5/8	31　翌	上甲
6　37	41	
	51　翌	大甲
6/7	01　翌	小甲
7　06	11	
	21　翌	河亶甲
7/6	31　翌	羌甲
8　36	41　翌	陽甲
	51	
8/5	01　翌	祖甲
9　05	11　祭	工典 [37]
	21　祭	上甲
9/3	31　宰	上甲 *②
i9　35	41　祭	大甲 *
	51　祭	小甲
10/3	01	

①　赤冢忠♯7萬重卣，九年九月丁巳(54)，劦日：劦大丁在祭小甲後三天（九月，該卜辭採用了建寅曆）。

②　《前》3.27.6＋4.18.1；島邦男《研究》第141頁：癸亥(60)日也在"九月"（即閏九月；陳1956，第301頁）。丁酉(34)爲秋分日，所以下一個月設爲閏月。

續　表

前 1078 帝辛 9	甲祀日	先　祖
11　10	11　祭	河亶甲
	21　祭	羌甲
11/13	31　祭	陽甲

前 1077 帝辛 10	甲祀日	先祖
10　04	11　祭	河亶甲
	21　祭	羌甲
11/1	31　祭	陽甲
11　34	41	
	51　祭	祖甲
12/1	01	

前 1076 帝辛 11	甲祀日	先　祖
12(子)03	11	
	21　肜	工典
12/30	31　肜	上甲 *①
1　33	41	
	51　肜	大甲
1/29	01　肜	小甲
2　02	11	
	21　肜	河亶甲
2/27	31　肜	羌甲
3　32		陽甲
	41　肜	
3/29	51	
4　01	01　肜	祖甲
	11	
4/27	21　翌	工典

前 1075 帝辛 12	甲祀日	先祖
12(子)58	01　祭	祖甲
	11	
12/20	21	
1　27	31　肜	工典
	41　肜	上甲
1/18	51	
2　57	01　肜	大甲
	11　肜	小甲
2/17	21	
3　26	31　肜	河亶甲
	41　肜	羌甲
3/18	51　肜	陽甲
4　56	01	
	11　肜	祖甲
4/17	21	

---

　　① 《庫方》1672,《金璋》574;島邦男《研究》,第 141 頁;陳 1956,第 302 頁。徐鳳先與李學勤認爲甲午(31)"肜"日在公元前 1065 年歲首月(徐鳳先 2006,第 172 頁;李學勤《夏商周年代學札記》第 249 頁)。但"十年肜,十二月甲午"這個日期爲訛誤。

續　表

前 1076 帝辛 11	甲祀日	先　祖	前 1075 帝辛 12	甲祀日	先　祖
5　31	31　翌	上甲	5　25	31　翌	工典
	41			41　翌	上甲
5/27	51　翌	大甲	5/16	51	
6　01	01　翌	小甲	6　55	01　翌	大甲
	11			11　翌	小甲
6/26	21　翌	河亶甲	6/15	21	
7　30	31　翌	羌甲	7　24	31　翌	河亶甲
	41　翌	陽甲		41　翌	羌甲
7/25	51		7/14	51　翌	陽甲
8　60	01　翌	祖甲	8　54	01	
	11	(額外旬)		11　翌	祖甲
8/24	21　祭	工典 [36]	8/13	21　祭	工典 [37]
9　29	31　祭	上甲	9　24	31　祭	上甲
	41			41	
9/22	51　祭	大甲	9/12	51　祭	大甲
10　59	01　祭	小甲	10　53	01　祭	小甲
	11			11	
10/22	21　祭	河亶甲	10/11	21　祭	河亶甲
11　28	31　祭	羌甲	11　23	31　祭	羌甲
	41　祭	陽甲		41　祭	陽甲
11/20	51		11/10	51	

第八章

四要素俱全的青銅器絕對年代的推定

（本章對倪德衛《三代紀年之關鍵》，《經學研究論叢》［2002 年
10 月］中的所提出日期進行修正。）

我對於這些日期並不完全確定，自我 1983 年第一次試圖確定
這些日期到現在，已經作過了很大修改，具體問題可見注釋。本文
僅探討紀年四要素完整的銘文，只有兩處例外。本文中各銘文的序
號和 2009 年的英文版是一樣的。但同時我又增加了一些新近發現
的銘文，其中的一些新銘文使我有必要對其他銘文的年代推定進行
修正。因此，爲了按年代順序排列這些銘文，當我插入新銘文或更
改原有銘文的位置時，根據需要用"a"和"b"等字母以示區別。比如
在調整銘文♯63 的位置時，我保留其原有位置和信息，並注明"參見
8a(63)"，以便幫助讀者們找到它的新位置。這一新位置是由於對其日
期的修正造成的，我將修正的原因在"銘文日期注釋"中予以説明。

8.1　銘文日期的解釋

例如："2/8"指的是第二項"師遽簋蓋"，這篇銘文在朱鳳瀚和

張榮明編著的《西周諸王年代研究》(1998)第 438–512 頁中的序
號爲 8。

　　銅器名稱(如"小盂鼎")之後是上面記載的年份和月份(如：
25/8)。

　　A(初吉) B(既生霸) C(既望) D(既死霸)指的是四分月相,具
體情況如下：

　　(1) 大月(30 天)後：A＝第 1 日到第 6 日,B＝第 7 日到第 15
日,C＝第 16 日到第 23 日,D＝第 24 日以後。

　　(2) 小月(29 天)後：A＝第 1 日到第 7 日,B＝第 8 日到第 16
日,C＝第 17 日到第 24 日,D＝第 25 日以後。

　　在位者名稱之後的日期是時王所用紀年的元年,第二個年份
是該篇銘文鑄造的年份。子、丑、寅代表我所認爲的銘文鑄造年份
的歲首之月(即建亥、建子、建丑或建寅)：亥月爲冬至日所在月的
前一個月;子月爲冬至日所在月;丑月爲冬至日所在月的後一個
月;寅月爲春分日所在月的前一個月。

　　括號裏的數字是干支;倒數第二列的兩組數字分別是張培瑜
總結的月份以及該月首日的干支。如果我的意見與張培瑜相左,
則把我認爲的該日的干支用中括號標注出來,附在此日期後面。

　　如果我認爲在銘文鑄造當月之前,該年有置閏月的話,則在該
年份後面標上"閏"字。[閏 13]中的"13"不是張培瑜推定的月份,
只是表明,我認爲該年最後一個月爲第十三月。

　　＊表示我和夏含夷(《西周史資料》,附錄三)對此年份達成共
識(但有時他提出了其他可能性,而我沒有;有時我們在年份上認
識一致,但是在月份和日期上有分歧)。

　　! 表示夏含夷不同意的年代推定。

　　＋表示該項在倪德衛 1983 的列表中並未出現(其實我對
1983 的列表做過多次修改)。

8.2 銘文日期

1	小盂鼎	25/8 C(21)	康	前 1003	前 979 寅,閏	11(06)	16 日*
2/8	師遽簋蓋	3/4 B(58)	穆	前 956	前 954 子	4(44)	15 日*
3/1	庚嬴鼎	22/4 C(46)	穆	前 956	前 935 子	4(24)	23 日*
4	親簋	24/9 C(27)	穆	前 956	前 933 子	9(09)	19 日* +
5/7	裘衛簋	27/3 B(35)	穆	前 956	前 930 子	3(26)	10 日*
6	班簋	(29)/8 A(11)	穆	前 956	前 928 子	8(11)	1 日 +
7/12	虎簋蓋	30/4 A(11)	穆	前 956	前 927 子	4(07)	5 日 +
8/2	鮮簋	34/5 C(55)	穆	前 954	前 921 子	5(32)	24 日 +
8a(63)	師旬簋	1/2 C(27)	共	前 917	前 917 子,閏	2(10)	18 日
8b(64)	師穎簋	1/9 C(24)	共	前 917	前 917 丑	10(07)	18 日
9/14	裘衛盉	3/3 B(39)	共	前 917	前 915 丑	4(27)	13 日*
9a	師酉鼎	4/9 A(24)	共	前 917	前 914 丑	10(18)	7 日,新
10/3	裘衛鼎(I)	5/1 A(47)	共	前 917	前 913 丑	2(47)	1 日*
11/16	齊生魯方彝蓋	8/12 A(24)	共	前 917	前 910 丑	909,1(24)	1 日* +

續　表

12/4	裘衛鼎(II)	9/1 D(17)	共	前917	前909丑	2(53)	25日*
13/9	走簋	12/3 C(27)	共	前917	前906丑	4(05)	23日*
13a	士山盤	16/9 B(21)	共	前917	前902子	9(09)	13日,新
14/5	趙曹鼎(II)	15/5 B(19)	共	前915	前901子	5(06)	14日*
15/11	師虎簋	1/6 C(11)	懿	前899	前899亥,閏6	6(53)	19日*
16/55	曶鼎	1/6 C(12)	懿	前899	前899亥,閏6	6(53)	20日*
17/15	吳方彝	2/2 A(24)	懿	前899	前898丑	3(19)	6日*
18/6	趞觶	2/3 A(52)	懿	前899	前898丑	4(49)	4日*
19/29	癲壺	13/9 A(15)	懿	前899	前887子	9(12)	4日!
20/13	大師虘簋	12/1 C(31)	懿	前897	前886子,閏	1(11)	21日*
20a(43)	無㠱簋	13/1A(39)	懿	前897	前885子	1(35)	5日
21/62	望簋	13/6 A(35)	懿	前897	前885子,閏6	7(32)	4日*
22/17(53a)	休盤	20/1 C(11)	懿	前897	前878子	1(55)	17日*(?)
23/27	牧簋	7/13 B(51)	孝	前872	前866亥	12(39)	13日*
24/58	師㝨簋	3/3 A(11)	夷	前867	前865子	3(08)	4日!

續表

25/57	師晨鼎	3/3 A(11)	夷	前867	前865子	3(08)	4 日!
26/18	師旋簋(I)	1/4 B(51)	夷	前865	前865子	4(37)	15 日*
27/21	諫簋	5/3 A(27)	夷	前867	前863子	3(26)	2 日!
28/59	達盨蓋	3/5 B(39)	夷	前865	前863子,閏	5(25)	15 日+
29/28	瘭盨	4/2 B(35)	夷	前865	前862丑	3(21)	15 日*
30/36	散伯車父鼎	4/8 A(24)	夷	前865	前862丑,閏	9(17)[18]	7 日*?
31/19	師旋簋(II)	5/9 B(19)	夷	前865	前861丑,閏	10(11)	9 日*
32/61	史伯碩父鼎	6/8 A(06)	夷	前865	前860寅	10(05)	2 日*
33(65a)	王臣簋	2/3A(27)					
34/30	逆鐘	1/3 B(57)	厲	前857	前857寅	5(51)	7 日*
35/24	師兌簋(I)	1/5 A(51)	厲	前857	前857寅	7(50)	2 日*
36	叔尃父盨	1/6 A(24)	厲	前857	前857寅	8(19)	6 日*
37/48	鄭季盨	1/6 A(24)	厲	前857	前857寅	8(19)	6 日+
38/22	師嫠簋	11/9 A(24)	厲	前857	前847丑	10(20)	5 日*
39/26	大簋	12/3 B(24)	厲	前857	前846丑	4(17)	8 日*

續表

編號	器物	歷日	王	年			
40/37	大鼎	15/3 D(24)	厲	前857	前843寅	5(59)	26日*
41/25	師兌簋(II)	3/2 A(24)	厲	前844	前842丑	3(25)[24]	1日!
42/47	師䣄簋	1/1 A(24)	共和	前841	前841寅	3(19)	6日*
43/10(20a)	無㠱簋	13/1 A(39)					
44/33	克盨	18/12 A(27)	厲	前844	前827丑	13(23)	5日!
45/34	伯克壺	16/7 B(32)	共和	前841	前826丑	8(18)	15日!
46/43	頌鼎	3/5 D(11)	宣	前827	前825子	5(45)	27日*
47/51	兮甲盤	5/3 D(27)	宣	前827	前823子	3(04)	24日*
48/52	虢季子伯盤	12/1 A(24)	宣	前827	前816子	1(25)[24]	1日*
49	不娶簋	[13]/9 A(45)	宣	前827	前815子	9(44)	2日+
50/31	克鐘	16/9 A(27)	宣	前827	前812亥	8(28)[27]	1日*
51/	吳虎鼎	18/13 B(23)	宣	前827	前810亥	12(15)	9日+
52/40	趩鼎	19/4 C(28)	宣	前827	前809亥	3(13)	16日*+
53/38	此鼎	17/12 B(52)	宣	前825	前809亥,閏	12(39)	14日*
53a(22)	休盤	20/1 C(11)	宣	前825	前806丑	1(56)	16日*

續　表

54/35	番匊生壺	26/10 A(16)	宣	前825	前800寅	12(16)	1日*
55/49	袁盤	28/5 C(27)	宣	前825	前798寅	7(07)	21日*
56/46	伊簋	27[29]/1 C(24)	宣	前825	前797寅	3(04)	21日！
57/41	高攸從鼎	32/3 A(29)	宣	前827	前796寅	5(26)	4日！
58/53	晉侯蘇編鐘	33/1[12] B(55)	宣	前827	前795亥	12(47)	9日＋
59/50	伯筥父盨	33/8 D(28)	宣	前825	前793寅	10(07)	22日*
60/42	善夫山鼎	37/1 A(47)	宣	前825	前789寅	3(47)	1日*
61	逨鼎(Ⅰ)	42/5 B(52)	宣	前825	前784丑	6(46)	7日*＋
62	逨鼎(Ⅱ)	43/6 B(24)	宣	前825	前783丑	7(10)	15日*＋
63/56(8a)	師訇簋	1/2 C(27)					
64(8b)	師頪簋	1/9 C(24)					
65/23	鄭簋	2/1 A(24)	幽	前781	前780丑	2(25)[24]	1日*
65a(33)	王臣簋	2/3 A(27)	幽	前781	前780丑	4(24)	4日
66/54	柞鐘	3/4 A(51)	幽	前781	前779丑	5(48)	4日*

8.3 銘文日期注釋:

（對於西周年代以及銘文和《尚書》中月相術語的意思,我和夏含夷的觀點基本一致,在百分之八十的銅器銘文日期上達成共識。我 1983 年第一篇關於年代考證的論文中,對於銅器銘文的日期推斷有多處錯誤。）

1. 小盂鼎:《金文通釋》12(62)682。公元前 979 年有 13 個月,其中可能包括了一個置閏 10 月;如以寅月爲歲首,則該月爲置閏 7 月。[①] 我認爲該月始於己亥(36)而不是庚子(37),所以次月即第 8 個月,在大月之後,始於己巳(06),既望日甲申(21)則爲 16 日。原先銘文上的日期模糊難辨,但是可以根據文末的記載推斷出來——次日爲乙酉(22)(與夏含夷 1991 第 24－245 頁的深入分析對照研究可知,這段銘文證實了"雙元"假設。斷代工程未提及小盂鼎)。

2. 師遽簋蓋:《金文通釋》19(100) 304。這段銘文記載了仲春之月的既生霸辛酉日(即公元前 954 年 4 月 15 日,爲春季之中日),王去"新宫"。穆王繼位之年爲公元前 956 年,即位之年爲公元前 954 年,當時他已完成守喪之務。《竹書紀年》中把該年記作"九年",這是從(錯誤的)元年,即公元前 962 年開始算起的。《竹書紀年》中記載,"築春宫"。這證實了銘文的日期,也表明,《竹書紀年》所載的穆王紀年必然是從公元前 962 年開始算起,而不是公元前 956(或前 954)年。♯6 班簋的銘文也可證實這一觀點(此處爲我和夏含夷的重大分歧之一。因此我在此補充了班簋的例

[①]　春秋以前是否存在年内置閏的説法尚有争議,但我認爲無須争議。二十四節氣系統決定了年末是否需要置閏月;而這一系統在商朝之前就已存在(雖然節氣的名字可能會有所不同)——參見倪德衞《中國星宿起源》,A. F. 戴維尼編《世界考古天文學》(劍橋大學出版社 1989)第 203－218 頁。年内置閏並非總會發生,但是置閏法則已經知曉,我已經找出了三個晚商的例子(見第七章)。

子——即使它上面的日期並不完整)。

3. 庚嬴鼎:《金文通釋》16(80)78。有學者將此器定爲康王器,並採用他的即位元年公元前 1003 年。此處我所推定的日期是公元前 982 年,似乎早了一些,但不失爲一種可能性。

4. 親簋:中國國家博物館近年來(2005 年左右)的藏品。關於其文本和分析,請參見王冠英《親簋考釋》,《中國歷史文物》2006年第 3 期,第 4-6 頁。夏含夷 2006 採用此簋以及裘衛簋、虎簋蓋和鮮簋來證實穆王元年爲公元前 956 年(對此簋名稱的發音是否爲"Lu",我並不十分確定)。

5. 裘衛簋:《文物》1976 年第 5 期,第 27 頁。其他三個標有日期的裘衛器都屬共王器,把穆王在位時長確定爲 55 年(實際上是 39 年,前 956-前 918)的錯誤做法導致對這些銅器時間的錯誤推定。通常認定的穆王和共王紀年會使裘衛簋與其他裘衛器之間的年份差距過大,後者記載了 3、5、9 幾個較小年份的日期,因此必然屬於另一位周王的統治期(斷代工程沒有質疑 55 年在位時間的傳統説法。正確的統治時間 2+37 年可從"雙元年"假説和《竹書紀年》推斷出來。斷代工程對兩者皆未予以置評)。

6. 班簋:陳夢家《西周銅器斷代》,《考古學報》1955 年第 9期,第 70 頁。銘文上的日期並不包含年份,但我們可以從《竹書紀年》中推斷出來:毛班之子毛遷率軍遠征(銘文中記載之事)的日期爲"三十五年"和"三十七年"(征戰東南長達三年之久)。從公元前 962 年算起,我們可以得出公元前 928 年(穆王 29 年)開始征戰,這也是銘文中開始記載的時間。則甲戌(11)爲第八個月首日,此類征伐也往往選擇一個月的首日開始(如果從正確的穆王元年公元前 956 開始數起——如一些人所堅持的那樣——則可得出35 年是公元前 922 年。對於第八個月,也許有人會認爲其爲建丑或建亥(則可得出五日、六日、七日),但是穆王當時似乎是建子)。

7. 虎簋蓋：《考古與文物》1997 年第 3 期,第 78－79 頁。

8. 鮮簋：前月爲小月,所以 24 日是既望的最後一天。這是我所知道的,唯一一個把穆王即位元年定爲公元前 954 年的銅器。我同意夏含夷對"雙元年"假設的修正,在統治後期纔採用即位元年。

8a(63)、師訇簋：師訇簋或師旬(詢)簋(日期重新定爲公元前 917 年),《金文通釋》31(183)710。關於原先的日期推定,請參見倪德衞《毛公鼎銘文之真實性》,大衞‧巴爾貝克(F. David Bulbeck)和巴納德(Noel Barnard)主編《古代中國和東南亞青銅文化》(臺北：南天書局有限公司,1996－7),第 311－341 頁。甫作推定時,我就已承認這一日期的不確定性,現在我放棄原先錯誤的想法。問題在於：① 師訇簋和毛公鼎的銘文如此相似,以至於我們不得不認定,兩者爲同時代的器物；② 毛公鼎爲宣王晚期的風格,尤其是鼎足形制和口沿下的紋飾帶風格；③ 新出土的另一件訇器——訇簋,其裝飾爲簡潔的瓦紋,是典型的穆王器；④ 其他的一些資料充分證明瞭師西的父親是師訇這一事實(夏含夷,《古史異觀》第 201－203 頁)；而師酉鼎的日期只可能是公元前 914 年。重新把師訇簋的日期(元年二月)確定爲公元前 917 年則意味着需以子月爲歲首(穆王世二十多年都繼續沿用此曆)；但因此同時我也必須重新確定師穎簋的日期(元年九月)並將其從幽王世移至共王世,且建丑爲曆(此後至少十二年也用此曆)。這樣問題就迎刃而解了：共王掌權後,下令在第七個月前置閏,從而開始採用他自己的新曆(例子請參見♯16 曶鼎；又參見第七章,關於公元前 1188 年,商祖庚元年)。

因爲隨着師訇簋的年期從公元前 783 年被移動到公元前 917 年,繼而就沒有證據表明幽王在位 11 年之前有兩年的守喪期。要解釋《紀年》中公元前 853 年爲厲王世,我必須假定厲王於公元前

857 年繼位，公元前 857 年至公元 856 年爲守喪期（現在删去）；《紀年》中夷王的八年本來爲 2＋8 年，就像《紀年》中懿王的 25 年本來爲 2＋25 年一樣；宣王原來有 2＋44 年（前 827/前 825 -前 782）；厲王原來有 2＋28 年（前 857/前 855 -前 828）。公元前 825 年＋28 年＝公元前 853 年。

關於毛公鼎（《金文通釋》30[181]637）的問題，我懷疑臺北故宮博物館的藏品爲宣王晚期的複製品。毛公鼎文本和師訇簋文本的相似性，可能僅僅出於行文風格上的模仿。但是我認爲還存在另一種可能性：兩者出自朝廷同一官吏之手，毛公鼎銅器本身爲西周末年宣王或幽王世的器物。但是其銘文（没有日期）有兩個奇怪的特徵：其一，它没有獻辭，表明此銘文是獻給某位先祖的；其二，大多數行文每行有 15 個或 16 個字，而最後兩行——也就是獻辭原來的位置——每行只有 12 個字，每個字畧大，以填充空間。因此，我猜測，我們現有的銘文是西周晚期對於共王世原文的抄録。原文中有獻辭，抄録者（可能是毛氏家族的人）自然不會採用它。我進一步推測，原鼎製作者很可能就是毛遷。毛遷是穆王時代赫赫有名的將軍，公元前 909 年被共王委以重職（文中毛遷的字爲變形的"音"字，也就是《詩經》裏經常出現的"德音"中的"音"；而毛遷名中的"遷"字，也呼應了"帝遷明德"的記録[《詩經》241]）。

8b(64)、師穎簋：《金文通釋》26(152)344。原器物及圖片均已失傳。該銅器應該是常規性的對侍奉先王的臣子的褒揚賞賜和再册命。白川靜認爲，它屬於孝-夷王世（可能爲公元前 865 年）。但此簋一般性的賞賜册命的特點，使白川靜的結論難以成立。我必須重新確定它的日期，因爲師酉鼎迫使我放弃"公元前 783 年至公元前 782 年爲幽王世初期的守喪期"的看法。

9. 裘衛盉：《金文通釋》49(附録 11)256。

9a、13a、師酉鼎和土山盤：我的材料源於和夏含夷 2010 年 5

月的通信和他尚未出版的論文《西周史的最新資料：青銅器銘文，2000－2010》(2010 年 3 月 2 日，第 26 頁)。師酉鼎和士山盤的歲首之月分別爲建丑和建子，和之前分析的自共王年間的青銅器銘文一致。白川静(《金文通釋》31，第 701 頁以下)有一段論述，認爲師酉是師訇的父親；夏含夷(《古史異觀》第 201 頁以下)則認爲師訇是師酉的父親(賽瑞作"師訇"；夏含夷作"師詢")。將這個新發現的銅器日期確定地推斷爲共王年間，解決了我對如何推定訇簋和師訇簋日期的問題(我在巴納會議論文集中關於毛公鼎的論文[倪德衛 1996－1997]中提出了這個問題)。師訇簋的日期必爲公元前 917 年。因此，我現在並沒有足夠的理由來證實幽王繼位之年是公元前 783 年，而非公元前 781 年。要對《紀年》中厲王公元前 853 年作出合理解釋，必須假定《紀年》中夷王在位八年之前還有兩年的守喪期，則夷王世爲公元前 867/公元前 865 年至公元前 858 年，厲王世爲公元前 857 年至公元前 855/公元前 828 年。我相應地修改了表格排序和日期。

　　10. "五年"裘衛鼎：記有共王，可能把他作爲時王。《金文通釋》49(附録 11)262。

　　11. 齊生魯方彝蓋：夏含夷 1991，第 50－51、284 頁；《考古與文物》1984 年第 5 期。

　　12. "九年"裘衛鼎：《金文通釋》49(附録 11) 267。

　　13. 走簋：《金文通釋》21(122) 520。

　　13a. 士山盤：請見 9a。

　　14. "十五年"趞曹鼎：記有共王，把他作爲時王。《金文通釋》20(107)383。

　　15. 師虎簋：《金文通釋》19(104)353。

　　16. 曶鼎：《金文通釋》23(135) 113。這篇銘文有三個部分，涉及三個不同的日期：(一)元年六月既望乙亥(12)，王賜命於曶；

（二）四月既生霸丁酉（34），本篇銘文的主要内容，一次法律訴訟；
（三）“昔”之背景（先王在位期間内所發生的事情）。所以（一）、
（二）、（三）次序是顛倒的，可知（二）的“四月”亦必是元年六月以前
的元年四月。解釋：銘文年份是公元前 899 年，即懿王元年。公
元前 900 年是共王去世年，以張氏《中國先秦史曆表》應有置閏，而
失之；所以次年（即懿王元年）必有補閏於七月前（請比 7.7.3 條，
商祖庚元年即公元前 1188 年六月補閏）。就是説，張氏公元前
900 年十三月成爲懿王元年正月，張氏公元前 899 年建寅月成爲
（二）的元年四月，元日戊子（25），丁酉（34）是第十日，在既生霸；而
張氏公元前 899 年建巳月成爲補閏六月，即（一）之元年六月，元日
丙辰（53），乙亥（12）是第二十日，在既望。

17. 吳方彝：《金文通釋》19(105) 370。

18. 趞簋：《金文通釋》21(114) 449。

19. 癲壺：《金文通釋》50(附録 15)383。公元前 887 年的判
斷可能有誤。1999 年，我將其定爲公元前 815 年；1991 年，夏含夷
將其定爲公元前 903；2002 年，我將其定爲公元前 845 年。白川靜
可能混淆了四要素不全的“三年癲壺”和這個“十三年”銅器，他對
“三年”（第 385 頁）的解釋似乎和朱、張對♯29 癲盨“十三年”的解
釋是一樣的。夏含夷和羅泰對於如何確定微伯癲器和癲父所作史
墻盤的日期有很大分歧。夏含夷和大多數學者認爲史墻盤在共王
在位期間，在它的長篇銘文中，最後一個提及的王是穆王。羅泰則
認爲，共王的兄弟孝王，不僅把周朝從他不肖的侄兒懿王手中拯救
過來，而且事實上挑戰了共王的正統性，因此孝王名下的文本不能
提共王或懿王的名字，“王”字單指孝王。我個人淺見，這兩個壺像
是宣王器。關於此問題的更多討論，參見羅泰的著作（2006，第
56 -64 頁）和夏含夷的詳盡分析（2007，第 1129 - 1132 頁）。

20. 大師虘簋：《金文通釋》22(126)38。

21. 望簋：《金文通釋》22(129)67。若公元前 885 年是這個銘文的年代的話，則必須置閏六月於公元前 885 年，而不置閏於公元前 884 年（夏含夷提出了三個可能的年份）。

22(53a)、休盤：《金文通釋》25(146)296（可能屬於宣王世，以公元前 825 年爲元年，則其年代爲公元前 806 年）。

23. 牧簋：《金文通釋》19(104)361。

24. 師餘簋：《金文通釋》22(124)9。地點爲師录宮，司馬共右興，請參照♯25、♯27、♯29。

25. 師晨鼎：《金文通釋》22(125)18。地點爲師录宮，司馬共右興，請參照♯24、♯27、♯29。

26. 師旂簋(I)：《金文通釋》25(140)229。"一年"師旂簋時代錯誤地採用了即位紀年法，可能是因爲它和"三年"銅器是同時鑄造的。我認爲夷王應該另有即位年表。這意味着夷王之父懿王實際上一直活到公元前 868 年，雖然被他的叔父辟方即孝王（我推算的孝王：前 872 - 前 868）流放到槐里（我個人觀點）。

27. 諫簋：《金文通釋》22(127)55。地點爲師录宮，司馬共右興，請參照♯24、♯25、♯29。

28. 達盨蓋：《文物》1990 年第 7 期，第 33 頁。

29. 癲盨：《金文通釋》50(附錄 15)379。地點爲師录宮，司馬共右興，史年進行記録。請參照♯24、♯25、♯27。

30. 散伯車父鼎：《金文通釋》48（附錄 4）201；朱、張♯36。朱、張♯60 散季盨（僅見銘文摹本）年代與之相同。

31. 師旂簋(II)：《金文通釋》25(141)236。

32. 伯碩父鼎或史伯碩父鼎：（弗格森 894b）僅見銘文摹本，參見朱、張♯61。

33(65a). 王臣簋：《文物》1980 年第 5 期，63 - 66。

34. 逆鐘：《考古與文物》1981 年第 1 期。

35. 師兌簋(I):《金文通釋》31(187)751。

36. 叔尃父盨:《金文通釋》29(174)562。

37. 鄭季盨:《銘文選》402;《考古》1965 年第 9 期,圖版二(《考古》1965 年第 9 期,《陝西長安張家坡西周墓清理簡報》,第 447－448 頁)。

38. 師嫠簋:《金文通釋》31(189) 767。簋和蓋上都有銘文,但是簋上的銘文更加完整,開篇爲"師龢父作嫠叔市恐告于王"①(師龢父讓我,嫠,跪下恭敬地告訴君王這件事)。很顯然,全文 150 字中,大部分由共和所寫。此時(前 847)厲王年幼,他在朝攝政(文章內容很簡單,記錄一次正式的朝廷儀式:册命和賞賜嫠,而後嫠揚王休謝恩。厲王當時 18 歲,正在受教如何做好君王,共和爲實際下達命令的人)。

39. 大簋:《金文通釋》29(175)571。

40. 大鼎:《金文通釋》29(176)581。日期是十五年三月既霸丁亥。這個日期有兩個難解之問題:月相"既霸"應爲"既死霸"(夏含夷《材料》,第 279 頁;《金文通釋》,第 583 頁)。此外,結合我對♯41 銘文的分析,我的意見是厲王生年爲公元前 864 年,公元前 845 年二十歲,故次年公元前 844 年應爲他初持王權年,所以必改元稱元年。若我的意見正確的話,那麼大鼎的年代應當在厲王二年(夏氏《材料》第 278 頁有大鼎的全篇釋讀:王於庭內宴飲,大與同僚於庭外守衛,王召大等人入內並賞賜了馬匹。此鼎的銘文明顯不是出自於朝廷官方指導之下的規範的行文風格。可參校♯59 伯窺父盨銘文)。

---

① 我將此句第四字譯爲"作"字,該字左半邊爲"作"的右半邊,右半邊爲"設"字的右半邊。我根據語義推斷該字爲"作"字,然而有使役動字的意思;但它也可能是"設"字,不過意義不變(《金文通釋》以它爲殂＝卒;就是説,共和去世了,師嫠以此件事告訴了王)。

41. 師兌簋(II)：這個"三年"師兌簋和"一年"師兌簋採用的曆表不同，但是它們必在同一王的在位期内。因爲在"三年"銘文中，時王引用了"一年"銘文中記載的自己的册命。這個問題困擾着每一位研究人員，即位採用喪畢新曆的假説並不能解決這個問題。唯一可能的解決方式是，他採用了成年新曆，該曆從公元前844年開始，厲王生於公元前864年。《竹書紀年》（簡文注釋）記載其出生於孝王七年，此日期必是從《竹書紀年》中孝王元年的日期開始計算的，而不是孝王的即位元年。這與夏含夷《資料》（通常是西晉史學家徐廣；也常由裴駰説"徐廣曰……"；等等）的觀點相左。把公元前864年作爲厲王出生年的話，則他一共活了37年，這也就解釋了他被流放前在位37年的錯誤觀點（6.6.1.3.1；6.7.7–6.7.7.2;《史記·周本紀》）。

42. 師獸簋：《金文通釋》31(186)740。

43. 無㝬簋：《金文通釋》22(128) 62。請見20a。

44. 克盨：《金文通釋》28(166)485。如何確定這個銅器的日期，一直困擾着我和其他學者。我認爲，此處"克"是"伯克壺"中的"伯克"。克被賞賜了一群僕役（或奴隸），莊重地向"天子"（也就是統治者；可推斷剛崩逝的厲王以公元前844年爲元年）致謝。我認爲這是共和（參見下文）給他的賞賜，共和此時正準備關閉他在都城的宅第，回到他在衛的封地。

45. 伯克壺：《金文通釋》28(170)525。文本記載了（我認爲這是克盨銘文的主題）作器者對被賜一批奴僕的感謝，表明共和仍被尊爲國家之主，即使當年爲公元前826年，也就是宣王繼位的第二年。製作此器的伯克表達了他對"天佑王伯"（意爲：伯行使王權，得天之護佑）之誼的感激。事實上，共和並没有完全引退也是情理之中的事情。幾乎可以肯定宣王此時尚未成年，保護他父親的人在汾谷，必須小心行事。宣王尚未成年的話，則共和必須仍有攝政之命,不能引退。

46. 頌鼎:《金文通釋》24(137)165。其他與其日期相同的
"頌"器:頌壺、頌簋。

47. 兮甲盤:《金文通釋》32(191) 785。

48. 虢季子伯盤:《金文通釋》32(193) 800。

49. 不嬰簋:未注明年份。但是馬承源有力地證明了,此處的
軍事行動和虢季子伯上的一樣,但是不嬰簋時間上稍晚,在次年,
即十三年(夏含夷 2003,引用馬承源《商周青銅器銘文選》第 310
頁,注釋1)。

50. 克鐘:《金文通釋》28(171)531。

51. 吳虎鼎:參見朱、張,第 512 頁。

52. 趞鼎:《銘文選》423。

53. 此鼎:《金文通釋》49(附錄 11)280。另一個"此"器——
此簋,日期與之相同。公元前 809 年年中,元年從公元前 827 年變
成了公元前 825 年(可能標誌着爲共和守喪期已滿);因此,在第三
個月(=4)和第十二月之間置閏(把該年變成子年)也是可以理解
的,其中第三個月爲趞鼎,第十二個月爲此鼎。

53a(22). 休盤:《金文通釋》25(146)296。在之前所有出
版的論著中,我把它歸入宣王年間的公元前 806 年(從公元前
825 年算起),認爲該年始於丑月,日期爲 16 日(在大月之後)。
我同意夏含夷的觀點,宣王的推算可能是正確的(夏含夷:《西周
史的最新資料:青銅器銘文,2000－2010》[2010 年 3 月 2 日,第
26 頁]注釋 36 和 38)。但此處還有一個存在爭議的細節:這篇
銘文中提到有一位"益公"爲右黿,而共王、懿王時代的銘文中也
提到了一位"益公"(夏氏《材料》,第 258－259 頁)。而且近來一
件我認爲是公元前 780 年幽王器的王臣簋中,也提到了一位
"益公"。

54. 番匊生壺：《金文通釋》27(159)417。

55. 裘盤：《金文通釋》29(177)590。

56. 伊簋：《金文通釋》28(169)520。原來的年份"二十七"似乎經火燒後被改成了"二十九"。

57. 鬲攸從鼎（鬲[攸之主]之鼎）：《金文通釋》29(180)627。攸是魯國西南的一個獨立小國。該年所用年曆爲宣王繼位年曆，而不是周室即位年曆。但是銘文中年代不清，可能應作"三十一年"（前797）。如果這一説法成立，則解讀方式可能和晉侯蘇編鐘的一樣：攸公元前796年"第三個月"＝周公元前797年第十二個月：797.1＝(28)、(29)＝2日。

58. 晉侯蘇編鐘：因爲此銅器爲諸侯國所鑄，所以該年所用年曆爲宣王繼位年曆，從公元前827年開始算起。此時周朝所用年曆很顯然是以寅月爲歲首；但我認爲，晉的曆法要早一些，從亥月始（銘文内的"六月"朔戊寅正當張氏《中國先秦史曆表》的"五月"朔）。結果就是晉國的"第一個月"（其年份對應於公元前794年左右），是周朝的"第十個月"（其年份相對於公元前795年左右）。因此這一日期仍在周"三十三年"，月份則爲建子的第十二個月（冬至日前一月）（參見6.6.2至6.6.2.2；倪、夏2000及2001；又見沈載勳《晉侯蘇編鐘銘文及其意義》，《早期中國》第22卷[1997]，第43-75頁）。種種史書凡顛倒了穆侯和獻侯的在位年：以昭穆系統改正，獻侯當是穆侯之子，公元前795年至公元前785年。以張氏《中國先秦史曆表》，晉曆的公元前794年初六月如下：

月/日　01 02 03 04 05 06 07 08 0910 11 12 13 14 15 16 17 18 19 20 21 22 23 24 25 26 27 28 29 30

1　47 48 49 50 51 52 53 54 55 56 57 58 59 60 01 02 03 04 05 06 07 08 09 10 11 12 13 14 15

2　16 17 18 19 20 21 22 23 24 25 26 27 28 29 30 31 32 33 34

35 36 37 38 39 40 41 42 43 44 45

    3　46 47 48 49 50 51 52 53 54 55 56 57 58 59 60 01 02 03 04 05 06 07 08 09 10 11 12 13 14

    4　15 16 17 18 19 20 21 22 23 24 25 26 27 28 29 30 31 32 33 34 35 36 37 38 39 40 41 42 43 44

    5　45 46 47 48 49 50 51 52 53 54 55 56 57 58 59 60 01 02 03 04 05 06 07 08 09 10 11 12 13 14

    6　15 16 17 18 19 20 21 22 23 24 25 26 27 28 29 30 31 32 33 34 35 36 37 38 39 40 41 42 43

編鐘銘文內的日期：第一種，既生霸戊午（55），既望癸卯（40）；第二種，既死霸壬寅（39）；第十種，初吉戊寅（15）。（可知，癸卯（40）和壬寅（39）被顛倒。關於第 24－25 日與既望–既死霸，參見 1.4.11.1 條之克商役圖第 2、第 4、第 6 欄）。

59. 伯窺父盨：《文物》1979 年第 11 期，第 16－20 頁。"22日"應爲既望，而不是既死霸。詞語的使用可能並不規範（既死霸只是寫作"既死"）。這篇簡單的文本沒有涉及任何朝廷的活動（參見♯40 大鼎，日期被疏忽地記爲"既霸"了）。

60. 善夫山鼎：《金文通釋》26(154)357。

61. 逨鼎(I)：(夏含夷 2003.5)"逨"可能是"來"。

62. 逨鼎(II)：(夏含夷 2003.5)"逨"可能是"來"。

63(8a)、師訇簋或師旬(詢)簋：《金文通釋》31(183)710(日期重新定爲公元前 917 年)。

64(8b). 師穎簋：《金文通釋》26(152)344(日期重新確定爲公元前 917 年)。

65. 鄴簋：《金文通釋》31(185)733。

65a(33). 王臣簋：《文物》1980 年第 5 期，第 63－66 頁。夏含夷將年份確定爲公元前 898 年，但是被迫把日期定爲 9 日，我認爲這不符合 A(初吉)。由於我不再以公元前 859 年爲元年,因此我也同意重新確定日期。夏含夷把公元前 898 作爲王臣簋的時間,也就意味着該年始於子月;但是他把吳方彝(2 月)和趩觶(3 月)定爲公元前 898 年,則意味着該年始於丑月。一個較小的年份意味着以繼位之年爲元年。這篇銘文記載了一場正式的筵席,意味着該王世不得早於穆王,唯一的可能性就是幽王。如果根據銅器紋飾和爲右興者判斷該年爲公元前 898 年,那麼只能認爲銘文中的日期本身有誤。銘文内除了賞賜册命王臣外,並没有太特別的地方。此篇銘文中記載此次賞賜的右興是“益公”;夏含夷指出了百年前有一位益公爲右興:這也就是他爲何將王臣簋斷代爲公元前 898 年的原因(《材料》第 116－120 頁)。

66. 柞鐘:《金文通釋》33(198)898。

8.4　通過對商代銘文的分析總結,得知以下結果:(1) 征夷之戰;祭祀的絕對日期;公元前 1068 年的年曆。(2) 運用置閏法確定帝乙的年代;以置閏法計算擴展至武丁-祖庚更替年代和重新確定武丁之年代(與整個商代的年代計算)。在此之後是有關更多在徐鳳先和赤冢忠著作中找到的銘文解釋,由此進一步分析帝辛二十年銘文,以確認帝辛的“雙年曆”。

8.5　商代晚期青銅器銘文(並其他材料)及日期

(1) 我首先考察一條刻在動物頭骨上的卜辭。這件頭骨是征盂方獲勝後舉行圍獵的戰利品,其年份應爲公元前 1110 年至公元前 1109 年,《合集》37398 爲一幅較大的摺疊插圖。見赤冢忠,第 651 頁(赤冢忠並未對此加以分析);另見常玉芝 1987 年,第 249 頁(卜辭部分有清晰手抄本)。該條卜辭爲,“在九月,唯王十祀肜日,王來征盂方伯(炎)”,即十祀九月,商王征伐盂方後歸來。

公元前 1109 年,符合要求的祀首爲 1 月 31 日,儒畧曆 131 6391日。而建丑九月始於甲戌(11),也即 8 月 28 日,儒畧曆 131 6601日。該日爲周祭周期内二十二旬之旬首,總周期之 221 日。當時正在進行的是陽甲"肜"祀典。這表明,從公元前 1109 年開始,長約三十五旬的周祭必然循環往復四次。同時,爲了配合周祭周期,公元前 1099 年至公元前 1098 年,官曆從原先的建丑曆改成建子曆,又從建子曆改成建亥曆。若我們採用建亥曆,並從公元前 1099 年至公元前 1110 年開始採用三十六旬和三十七旬相交替的做法,那就不會有肜日了(該説法僅爲一種可能性,需要假設一個月首日期)。

(2)赤冢忠♯1,第 615 頁:鄁其卣♯1,銘文日期爲二年正月丙辰(53)。這和爲妣丙舉行"肜"祀典的時間相同。妣丙爲大乙(前 1554 至前 1543)的配偶。目前發現的兩件鄁其銅器,年份分別爲四年和六年。

爲妣丙舉行"肜"祀典的時間爲"肜"組祀典的第四旬第三日,這一天爲整個周祭周期的第十七旬,也就是整個周祭周期的第 163 天。若該日爲丙辰(53),那麼該祀祀首應爲甲戌(11)(163-2×60=43 天,應爲丙辰[53]。所以祀首爲甲戌[11])。

若以公元前 1086 年爲元年,則"二年"爲公元前 1085 年,且"祭"組祀典從甲戌(11)開始。但這樣的話,有一個日期會落在寅曆二月。所以,祀首應相對更早,而元年相對晚些。

若以公元前 1068 年爲元年,則"二年"爲公元前 1067 年。符合要求的祀首爲公元前 1068 年 9 月 12 日,儒畧曆133 1591日,爲甲子(01)而非甲戌(11)。若要使二年鄁其卣的日期與之相符,必須在爲祖甲舉行"肜"祀典以後加上一空白旬,使之成爲鄁其卣所在日期前的一個閏旬。該旬可能介於"肜"工典和上甲"肜"祀典之間。這就使得鄁其卣上銘文的日期爲第 173 天,儒畧曆133 1763

日。該日爲丙辰(53),是公元前 1067 年 3 月 3 日,亦即寅月 14 日,所以説是"正月"。①

(3) 虎上膊(即老虎前肢),三年十月辛酉(58),"劦"日:

若以公元前 1068 年爲元年,則"三年"爲公元前 1066 年。祀首爲儒畧曆 133 2321 日,也即 9 月 12 日。公元前 1066 年有十三個月,其中一個爲子曆閏七月。所以,寅曆"十月"在張培瑜的曆表中爲十三月。該月月首爲癸巳(30);辛酉(58)爲 29/28 日,也即公元前 1066 年 12 月 28 日,儒畧曆 133 2428 日。該日爲周祭周期第 108 天,也即第十一旬第八日,是爲小辛以及武丁妣辛舉行"劦"祀典的日子("祭"祀典僅限於男性)。

(4) 赤冢忠#2,第 631 頁:邲其卣#2,銘文日期爲四年四月乙巳(42),是"翌"祀日,但受祀者爲何人,並不清楚。

以公元前 1068 年爲元年,則"四年"爲公元前 1065 年。與之相符的祀首爲甲戌(11),即公元前 1066 年 9 月 12 日,儒畧曆 133 2321日。公元前 1065 年寅曆四月始於庚寅(27),也即 5 月 25 日,儒畧曆 133 2592 日。此日後十五天,爲乙巳(42),儒畧曆 133 2592日。乙巳(42)爲周祭(周祭周期從儒畧曆 133 2321 日開始至儒畧曆 133 2592 日)第 272 日,第二十八旬第二日。周祭總第二十八旬,爲"翌"組祀典第三旬。"翌"組祀典第二旬包含爲上甲舉行的"翌"祀典。所以,乙巳(42)後一天乃爲大乙(太乙)舉行的"翌"祀典,其日期爲公元前 1065 年 6 月 9 日。

大乙即商朝立朝者成湯。這篇銘文記録了敬拜"文武帝乙"的祭儀,"文武帝乙"可能是大乙的另一個稱號。假設公元前 1068 年紂辛稱帝,並封其子禄父爲"小王"。禄父即後來的武庚(公元前

① 這一改動使帝乙"肜"祀典和報乙"翌"祀典在同一天,這和預料的一樣(見甗方鼎)。

1068 年始於"庚"日)。

(5) 赤冢忠♯3,第 636 頁:鄧其卣♯3,銘文日期爲六年六月乙亥(12),是"翌"祀日。

若仍以公元前 1068 年爲元年,則"六年"爲公元前 1063 年。與之相符的祀首爲公元前 1064 年 9 月 11 日,儒畧曆 133 3051 日。張培瑜曆表中的八月,即寅曆六月,没有乙亥日。

但"六年"有十三個月,其冬至日在甲戌(11)。而當年實際之冬至日,在兩天後,即丙子(13)可觀測到。這就造成一個子曆閏五月,使得張培瑜曆表中的九月成爲寅曆六月,從丁未(44)直至丙子(13)。而乙亥(12)則是寅曆六月倒數第二天,8 月 28 日,儒畧曆 133 3402 日。

(6) 赤冢忠♯4,第 648 頁:小臣邑斝。小臣邑斝上銘文爲:"癸子(巳),王易(錫)小臣邑貝十朋,用乍(作)母癸尊彝。"銘文日期爲六年四月癸巳(30),爲"肜"祀日。

我認爲,邑因其母名字中帶"癸"字,故選擇癸巳(30)這一天;"肜"日爲"肜"夜後的"甲"日,且在以天干"甲"命名之商王受"肜"祀以前。羌甲似乎符合銘文描述的情況,羌甲在周祭第 201 天受"肜"祀。若周祭第 201 天爲甲午(31),那麼祀首爲甲戌(11)。這表明,與該周祭相聯繫的是帝辛所施行的第一個曆表。

"六年"應爲公元前 1081 年,與之相符的祀首爲公元前 1082 年 10 月 6 日,儒畧曆 132 6501 日。周祭第 201 天即儒畧曆 132 6701日,爲公元前 1081 年 4 月 23 日。張培瑜曆表認爲該日爲子曆五月月首,也即丑曆四月月首。大部分商末青銅銘文採用建寅曆。若不採用建寅曆,那麼,就好像這裏的日期,要採用官曆。若此説不謬,則公元前 1081 年,帝辛原本在公元前 1086 年採用的建亥曆就改成了建丑曆。

(7) 殷墟西區♯1713(徐鳳先,第 48 - 49 頁),有一篇祭獻銘文,日期爲七祀六月壬申日(09),"翌"祀日。

該銘文日期屬帝辛公元前 1086 年曆表,故年份爲公元前 1080 年。張培瑜曆表之八月爲建寅曆之六月,該月第一個"甲"日爲甲子(01)。我爲帝辛元年至十二年製作的曆表中,該甲子(01)爲小甲受"翌"祀的日子。甲子以後的"壬"日,爲大戊妣壬受"翌"祀的時間,具體爲公元前 1080 年 7 月 25 日。

(8) 赤冢忠＃7,第 660 頁:隽甫卣。完整日期爲"九祀九月丁巳(54)","劦"祀日。

以公元前 1086 年爲元年,則"九祀"爲公元前 1078 年。與之相符的周祭首日爲 9 月 15 日,儒畧曆 132 7941 日。丁巳(54)爲第五旬第四日,即大丁受"劦"祀的日期,周祭周期的第 44 日,也即 10 月 28 日(據 Stahlman & Gingerich),儒畧曆 132 7984 日。在張培瑜曆表中,丁巳(54)爲子曆 11 月 15 日。所以,也就是寅曆九月。

(9) 赤冢忠＃8,第 664 頁:戍鈴彝,第十年。完整日期爲"己酉(46)……才(在)九月,隹(唯)王十祀,劦日五。隹(唯)東"。

銘文最後幾個字表明,十祀九月劦日爲上甲受"宰"祀後的一旬。上甲受"宰"祀時,剛剛開始征伐夷方。劦日應爲公元前 1077 年 10 月 9 日,而己酉(46)爲 10 月 14 日(徐鳳先第 176 頁將此日歸入"十五年"。她還犯了一個類似的錯誤,認爲宰椃角的日期在二十五年而非二十年。戍鈴彝上銘文證明,"二十五"年的説法爲訛誤)。

(10) 赤冢忠＃9,第 665 頁:宰椃角。銘文載,"庚申(57),王才(在)東閞①,王各,宰從,易(賜)貝五朋,用乍(作)父丁(尊)彝,才(在)六月,唯王廿祀,翌又五。"

---

① 　徐鳳先,第 82 頁;赤冢忠作"闌"。

徐鳳先書中第 83 頁有一幅插圖。在最後一句上，她的句讀爲"廿祀翌又五"，因之，認爲宰樴角上銘文的日期爲"二十五"年。《夏商周斷代工程 1996－2000 年階段成果報告》（第 58 頁）也一樣，聲稱有一件銅器年份爲"二十五"年，但《簡本》沒有指明該銅器爲何器物。赤冢忠的句讀和判斷是正確的（第 666 頁），董作賓卻認爲該銅器年份爲"二十五"年（徐鳳先，第 109 頁）。

庚申（57）前五日爲乙卯（52），乙卯（52）爲翌日。翌日加上乙日，必定爲大吉之日。"四年"郇其卣上銘文載（徐鳳先，第 46 頁文及 47 頁插圖），"……乙翌"（郇其卣上銘文日期爲乙巳（42），四年四月翌日）。這可能也是爲什麼宰樴角以"唯王廿祀，翌又五"標注日期而不單單稱該日期爲庚申。

但相應的絕對日期是哪一天？本章 7.6.1 節圖表中，自公元前 1078 年以後，三十六旬與三十七旬一祀的周期相互交替。"二十"年即公元前 1049 年（以公元前 1068 年爲元年），與之相符的祀首爲甲午（31），即公元前 1050 年 9 月 8 日，儒畧曆 133 8161 日。報乙受"翌"祀在周祭第 262 日，若該日爲乙卯（52），則周祭首日必爲甲午（31）。

從儒畧曆 133 8161 日算起，第 262 日應爲儒畧曆 133 8422 日，也即公元前 1049 年 5 月 26 日，張培瑜曆表中的 6 月 29 日。所以，庚申在張培瑜曆表中的七月。張培瑜認爲戊子（25）爲冬至日。但我認爲冬至日要晚兩天，即在庚寅（27），爲張培瑜曆表中的 2 月 1 日。所以，張培瑜曆表中的一月，其實爲閏十一月；其曆表中的七月，實際爲建子曆六月。這樣一來，似乎就與宰樴角上銘文相符合了。但事實並非如此，原因如下。

8.6 徐鳳先《商末周祭祀譜合曆研究》第五章第 104 至第 106 頁探討了關於"二十祀"的甲骨材料。這些甲骨材料中，有兩

組較長的"甲"日卜辭:其中一組①記錄了商王東巡一事;另一組②
則記錄了周祭系統的祀典。這兩組材料,並不相符。例如,在前一
組卜辭中,六月"甲"日包括甲辰(41)、甲寅(51)及甲子(01);但在
後一組卜辭,六月"甲"日包括甲午(31)、甲辰(41)及甲寅(51)。前
一組卜辭時間從二十年五月直到二十一年二月;而後一組卜辭時
間相對較短,從六月到九月,期間有一些安排好的祭祀活動。在這
兩組卜辭中,每月均有三個"甲"日,沒有僅包含兩個"甲"日的月
份。這兩組卜辭如此不同,必定屬於兩位不同的帝王。根據對商
代晚期卜辭的分析,我提出兩種可能性;即一種曆表始於公元前
1086年;另一種曆表始於公元前1068年(公元前1086年曆表與
公元前1068年曆表有重疊)。

根據我對整個商代晚期的年代分析,要符合上述要求,這兩組
甲骨卜辭就必須與我所製作的兩份曆表相符。而事實上,這兩
組卜辭確實與我的曆表一致。較早的"二十年"爲公元前1067年,
當時商王正在礜地附近。③ 較晚的"二十年"爲公元前1049年,該
年份與宰椃角上銘文一致。宰椃角上銘文載,六月最後一個"甲"
日,即甲寅(51),翌上甲;次日乙卯(52),翌報乙。但較晚的"二十
年"這組卜辭,所採用的必爲建丑曆,這也是公元前1081年以後甲
骨文普遍採用的曆法。所以,宰椃角上銘文採用的爲建寅曆而非
建子曆。另外,較晚的"二十年"這組卜辭顯示,翌上甲以前,有一
個閏旬。翌報乙在周祭第262天,所以肜祖甲以後一個空着的第

---

①　《前》2.14.4;《前》2.14.1+《前》4.28.1=《合集》37863;《合集》36856(同徐鳳
先第105頁)。
②　《前》3.28.4+《續》6.1.8+《續》6.5.2=《合集》37867(同徐鳳先第104頁)。
③　李學勤指出,孫詒讓在一條注釋中曾說,這個字和《說文解字》中的一個字非常
相近。唯一的不同,是《說文解字》中的這個字下面爲"口"而非"酉",許慎認爲這個字應
讀"xie"。李學勤認爲,礜字所指地點,可能在山東境内,古齊國南面莒地附近(《夏商周
年代學札記》,第59-60頁)。

二十五旬就被省去了。

但若要在建丑六月翌上甲,也即比建子五月晚兩個月,就必須對"二十年"這組卜辭加以修改。我認爲,公元前 1062 年至公元前 1051 年間,六個全部長約三十六旬的周祭,其實長約三十七旬。人們可能在翌上甲以前,加入一個閏旬(其動機可能要將祀首移到原先所在的日子)。這樣一來,宰椛角"翌"日以前,總共會多出六旬。宰椛角"翌"日仍爲翌上甲以後的"翌"日,但晚了六十天。所以,宰椛角"翌"日不是 5 月 26 日,而是 7 月 25 日,也即建寅五月最後一天。庚申爲公元前 1049 年 7 月 30 日,爲建寅 6 月 5 日。

(11)赤冢忠♯10,第 668 頁:肆彝(簋?),也稱戊辰彝,二十年。完整日期爲,二十年十一月戊辰日(05)。"戊辰剙妣戊武乙爽",妣戊爲武乙配偶。

以公元前 1086 年爲元年。肆彝上銘文日期爲公元前 1067 年爲元年(未以公元前 1068 年爲元年)。女性不能受祀,故剙妣戊和剙祖甲在同一旬,也即第十三旬。所以,戊辰(05)爲周祭第 125 天,這要求祀首爲甲子(01)。而公元前 1067 年歲首即甲子(01)。

與之相符的祀首爲公元前 1067 年 9 月 7 日,儒畧曆 133 1951 日。周祭第 125 天爲儒畧曆 133 2075 日,即公元前 1066 年 1 月 9 日,也即建寅曆公元前 1067 年 12 月 1 日。

但肆彝上銘文記錄的日期爲"十一月"(該日期仍有爭議),且銘文結尾處,透露了有關豬的信息。祭祀中,人們祭獻了一頭豬。這一細節表明,該肆彝應爲民間器物。鑄造者可能採用了民間通行的曆法,以朏日也即新月初現之時爲月首。但若按張培瑜和我的算法,即以朔日爲月首來看,則該日可能爲第二或第三天。所以,很可能就鑄造者而言,戊辰爲 11 月月底,而非 12 月月首。

(12)寢孳方鼎:二十年十二月甲子(01),剙祖甲。

李學勤(《夏商周年代學札記》第 48 頁)在分析肆彝時,提到該鼎。兩件器物的日期必在同一旬。但我認爲，雖然寢孳方鼎上銘文顯示爲十二月，其實際日期要比肆彝早一個月，也即在建寅曆十一月（因爲戊辰爲十二月月首）。造成這一現象的原因可能是，鑄造者按照甲骨文的習慣，採用了建丑曆。

　　〔總之：公元前 1066 年（公）1 月 9 日，戊辰（5），即建寅公元前 1067 年 12 月 1 日，以公元前 1086 年爲元年後 20 年（朏曆 11 月）。所以，甲子（01）在公元前 1066 年 1 月 5 日，即建丑公元前 1067 年 12 月 26 日，儒畧曆 133 2071 日。在以上，第十三旬是公元前 1066 年（公）1 月 5 日甲子（01）至十四日癸酉（10）。〕

　　（13）龕方鼎：二十二年五月乙未（32），肜文武帝乙（徐鳳先，第 156 頁）。

　　以公元前 1086 年爲元年，則二十二年爲公元前 1065 年。與之相符的祀首爲公元前 1066 年 12 月 12 日，儒畧曆 133 2321 日，甲戌（11）。周祭第 262 日翌報乙，當時爲儒畧曆 133 2582 日，乙未（32），也即公元前 1065 年 5 月 30 日。張培瑜曆表中爲 6 月 6 日，故建丑曆爲 5 月。上文已經論及，報乙翌日成爲帝乙肜日。公元前 1079 年，爲帝乙守喪服滿，同時，帝乙在祀譜中的位置得以確立。確立帝乙在祀譜中的位置，必要刪去肜祖甲和翌工典之間的一旬，使得肜帝乙與翌報乙在同一時間。但稍候，人們發現沒有必要刪去一旬。在周祭系統中，報乙受祀日期總在帝乙受祀之前，並漸成規律。

　　徐鳳先（《商末周祭祀譜合曆研究》第五章第 103-124 頁）探討了六條“二十祀”材料，其中包括四版甲骨、兩件青銅器。在此基礎上，我要另加第七條材料，即宰椃角（徐鳳先認爲宰椃角爲“二十五祀”器物）。上文對宰椃角的分析中，我已考察了宰椃角上銘文及其他兩版甲骨。這兩版甲骨分別爲徐鳳先書第 103 至 104 頁第 1 和第 2 條卜辭。我認爲這三條材料的年份，均爲公元前 1049

年。但它們本身還有些問題。

(14) 徐鳳先♯1,《合集》37868。此爲(常見的十日)殘片,日期僅有"甲"字可見,剩下的部分爲"在二月。甲……劦日祖甲,唯王廿祀"。

祖甲劦日在第十三旬,爲周祭第 121 天。若該年爲公元前 1049 年,則當時祀首爲甲午(31)。所以,第 121 天(60n＋1)亦爲甲午(31)。祀首爲儒畧曆 133 8221 日,即公元前 1050 年 11 月 7 日。祖甲劦日爲儒畧曆 133 8341 日(公元前 1049 年 3 月 6 日),甲午(31)。在張培瑜曆表中,爲 4 月 7 日;在建丑曆爲三月。但在探討宰椃角時,我發現該年歲首可能爲閏十一月。所以,張培瑜曆表中的四月爲建丑曆中的二月。《合集》37867 包括了六月至九月的内容,並要求六月甲午(31)翌工典,以及甲寅(51)翌上甲(該旬始於甲辰[41],這一情況並不多見,可能爲閏旬)。要與上述情況相符,則要假定肜祖甲和翌工典之間的那一旬被删去了。

(15) 徐鳳先♯2,《合集》37864 及 37865。"(癸)亥(60)王卜,貞:酒肜日自〔上甲至於〕多後,衣,亡蚩〔?〕自〔禍〕。王占〔曰〕:吉,在三月,唯王廿〔祀〕。"

我認爲,此類卜辭通常不指明祀日的名稱,但"肜日"表明,該日必爲"肜"組祭祀周期中的某一日。而且,當時商王在癸亥(60)占卜,所以祭祀活動必在占卜後一天,也即甲子(01)。如果該年爲公元前 1049 年,那麽張培瑜曆表中的五月爲建丑曆中的三月,從戊午(55)至丙戌(23)。該月第一個"甲"日爲甲子(01),當日没有祭祀活動。而之前一個"甲"日爲甲寅(51),爲上甲肜日。

綜覽"二十祀"材料後,徐鳳先回顧了學者們對材料的處理。部分學者認爲,"廿祀"的"廿"字應釋讀爲"曰"字,即"令"的意思;"廿"字也可釋讀爲"元",即第一年。我不認同這兩種釋讀法。因爲,若能證明這裏所列卜辭的年份均爲二十年,那麽上述兩種釋讀便不能成立。同時，標明具體年份的卜辭很少，所以，從統計學角度看，七條標明"二十年"的卜辭，並不能構成問題（這些卜辭均屬公元前 1067 年，或公元前 1049 年）。

我呈現於此的兩個表格是説明商周年代的銅器銘文。我或可稱之爲兩個附録。由於這兩個表格體現了新的工作，我尚未在此後的"後記"中檢視它們。關於周代資料的第一部分糾正了我 2009 年版書中的一個重要訛誤，説明我是如何犯了這個錯誤，以及顯示我是如何進而解決了有關尚無確切年代的毛公鼎的一個著名爭論。此物的確不是原始銘本，但它卻是真實的西周副本。我認爲我本人已經確認了是何許人將佚失的銘文重新複製。在這部分，我要説明我仍需在哪些地方謹慎小心。

在後一部分，主要是商代器物，我認爲最重要的工作是我解決了徐鳳先對兩個顯然屬於不同年曆的第 20 年器物年代問題。這兩個不同的年曆至少同時使用了二十年，很可能是由於在某一陰曆月的不同癸日造成的，從而恰好適合於兩個不同的第 20 年的銘文。我始終屏着一口氣，知道問題解決了。在我的書中，任何事都是與其他事相關聯的，如果我不是看到兩個不同年曆合於兩個第 20 年的銘文，我就無法出版此書（即有公元前 1086 年年曆與公元前 1068 年曆，除非我完全錯了，我不認爲有其他的可能性）。

後　記

9　《〈竹書紀年〉解謎》一書的論证要從整體來看。

9.1　若以《竹書紀年》爲基本材料,去推論公元前 841 年以前的年代的話,就有兩個問題:(1)《竹書紀年》之公元前 841 年以前的年代大部分是不對的,那麼我們何以用《竹書紀年》來推斷其他事件? 有獨立的天文證據。(2)爲什麼原來的紀年是錯誤的? 在戰國時代由於政治因素被更改了。

9.1.1　西周銘文之月相日期,若用王國維的四分説解釋的話,暗指倪氏、夏氏的雙元論;而雙元論暗指每王歷史上記録的在位年是從喪畢後一年爲元年而計算的。若不認可這種説法,商週年代計算必有大錯誤(第六章)。此外,別的年代錯誤之原因有兩位王的重疊在位年數不被認同(如孝王在位公元前 872 年至公元前 864 年,夷王在位公元前 867 年至公元前 864 年);或者認定兩位王在位間必有一個大間隔(如一百年或一千年)。

9.1.2　夏朝始於公元前 1953 年的五星會聚(班大爲發現),從公元前 2029 年(即《竹書紀年》夏朝始年)至公元前 1953 年爲置閏法的一個蔀(76),所以,《竹書紀年》的材料錯誤也很可能是有事實依據的(見 2.6 至 2.6.4)。

9.1.3　公元前 1953 年,加以雙元説,加以《竹書紀年》之王在位年間,暗指夏朝第十四王孔甲在位元日爲公元前 1577 年 2 月 17 日甲子,那是他的歲名"甲"的解釋。亦暗指《竹書紀年》的夏朝最後一位王"帝癸"(桀)是杜撰的(2.6.3 表)。

9.1.4　那麼整個商代諸王名字的干由他們的元日干所定,我據此推出他們的絕對年份和日期。結果是,歷史上記録的三十位王中的二十位王在位年數均從喪畢後元年計算(而對於別的十位王這個觀點不適用)。有一位是值得注意的:商之第二十二王武丁的在位年從公元前 1250/公元前 1147 年至公元前 1189 年的元日均是丁亥日或丁巳日(2.7.4 表)。

9.1.5　從那個公元前 2029 年到公元前 1953 年的間隔中,發現了在公元前 428 年時已有古代置閏周期。一年内置閏,晚商時代已有之:公元前 1077 年至公元前 1076 年(帝辛十年至十一年)有征之役;公元前 1077 年有閏九月。用此,我計算出了帝辛初二十年置閏周期的絕對年代,而把它向前移動百餘年,用此方法我能論證公元前 1188 年爲祖庚繼位年,公元前 1185 年爲他的即位年,彼此一致,那麼公元前 1189 年爲武丁真正的去世年。此暗指雙元説、干名説均是真的(請見本書 7.2—7.2.1 和 7.8 至 7.8.3 條)。

9.1.6　凡必須指出官方認爲冬至日之年代問題,不可不注意晚商、早周時代官方所認爲的冬至日比實際的冬至日晚了兩(或者三)天(原因是秋分至冬至不是 91 日而不過 89[或者 88]日)(請見 1.4.11 條和 7.2.2 條)。

9.1.6.1　由此規則,我找到了牧野之戰的日期是公元前 1040 年的清明日,確定了周克商之年爲公元前 1040 年(請見

1.4.11.2條）。

9.1.7 班大爲找到晚夏之所謂五星錯行的事件發生在公元前 1576 年；夏含夷找到了《竹書紀年》之武王紀年有一支竹簡來自成王紀年。結果是夏含夷找到（地下）原書之竹簡正文有四十字，已而我找到副文竹簡只有三十四字（每簡首尾三空）。全書可能有七策，每策有六十簡（請見第三章）。

9.1.7.1 然則夏含夷發現的錯簡表明，《竹書紀年》之我所分析的部分原來是有順序的，而不是如夏含夷所言大多部分混亂的。

9.2 我把戰國時期對紀年年份所作的改動，分爲三個階段。

第一階段：正確的原始紀年。周克商於公元前 1040 年，受命之年爲公元前 1058 年。

第二階段：約公元前 400 多年，魯國開始以尊周爲目的的修改工作。

第一部分：删去各王在位的重疊期（一段時期內只有一王在任），並把堯元年確定爲公元前 2145 年，把周克商之年確定爲公元前 1045 年。商始年前移了 35 年，由公元前 1554 年移至公元前 1589 年。

第二部分：删去了商朝君王在其繼位初期的守喪期，商始年又回到了公元前 1554 年。爲了保留公元前 2145 年（不受變更），（編纂者們）杜撰了末代夏王桀這個富有傳奇色彩的人物，並給予這個虛構的君王 35 年在位期。

第三階段：删去了西周的守喪期，並爲了支持魏侯在公元前 335 年稱王（進一步篡改年表）。（編纂者們）把周克商之年移至公元前 1050 年，受命之年移至公元前 1062 年，商朝元年前推四年至公元前 1558 年，桀的在位期被縮減至 31 年。所以保全桀以前已被定的日期（比如對於魏國來說很重要的帝王的年表）。

9.3　第一個階段：我假設存在一個原始紀年。該紀年包括神秘的黄帝紀年，即公元前 2287 年至公元前 2188 年，以及七年守喪期和其他有關神話的材料(2.9)。較可靠地來看，堯元年的正確年份應在公元前 2026 年（但堯、舜、禹不是“聖人”，他們的連續繼承權位似乎是從普通的政治活動發生的）。所謂“夏”始於公元前 1953 年（班大爲所發見的）五星會聚（桀的在位期並不存在），商則始於公元前 1554 年。公元前 1145 年，商王武乙即位，並“命周公亶父，賜以岐邑”。公元前 1042 年，周克黎。

公元前 1040 年，周克商。公元前 1038 年，武王薨。公元前 1037 年至公元前 1031 年，周公攝政。而周成王完成兩年守喪期後共在位三十年，從公元前 1037/公元前 1035 年至公元前 1006 年。夏商周三代紀年裏，帝王即位前一般都有兩年守喪期（夏代紀年的守喪期記錄明顯，爲“無王”兩年）。① 在周朝，第五位帝王周穆王在位 2+37 年，即公元前 956/公元前 954 年至公元前 918 年。他在公元前 956 年繼位，這一年恰好與公元前 1056 年周朝開始制定年曆相隔一百年。公元前 1059 年，發生五星會聚，該天象預示了周將取商而代之。而公元前 1058 年，周受天命。這一年亦是帝辛二十九年，距離商立朝四百九十六年。②

---

① 商代，在位前的守喪期多爲三年而非兩年。
② 《竹書紀年》裏對年份所作的改動，使得“二十九年”無法成立。所以《竹書紀年》將“二十九年”改寫成“二十九王”（見現存《竹書紀年》對商代的簡述）。不過，《竹書紀年》又指商朝有三十位帝王。所以，所謂“二十九王”必另有他指。公元前 1058 年實際上應爲商代最後一位帝王帝辛二十九年（以公元前 1086 年爲元年）（另一方面，也有可能“二十九王”是第三階段以前竹簡上未修改的確切記錄。沒有減去守喪年份以前，不可能存在馮辛在位期。見 8.3.1）。

9.4 第二階段第一部分：到了戰國時期，有人將此紀年加以修改，便形成第二、第三階段紀年。第二階段初部（前 400 以前）紀年的形成，與魯國尊周、尊周公之舉有關。魯國編者將堯元年從公元前 2026 年往前移至公元前 2145 年。按魯國曆法來看，公元前 2145 年恰好是紀首年。[①] 之所以選擇公元前 2145 年這個年份，是因爲恰好距離商王武乙"命周公亶父"一千年。這一改動是通過以下幾步實現的：第一，將堯的在位時長從五十八年（帝子朱放在丹之年）延長至一百年。第二，將堯的守喪期從兩年延長至三年。第三，將夏立朝年份往前移動一蔀，也即七十六年。這一改動應於公元前 428 年，在章蔀曆法輔助下完成（見下 2.6 - 2.6.2.2 和 9.7）。少康之前，寒浞在位四十年可能爲杜撰 - 2.6.2.3(c)）。夏朝帝王在位期之間的兩年守喪期經調整，使夏朝前九位帝王的統治時長總共爲兩百年（前 1989 至前 1790），後九位帝王的統治時長也爲兩百年（前 1789 至前 1590）（見 2.6.2.3(a)-(h).）。若將這些變動改回，可得到真實的夏朝年份。而發生於公元前 1876 年 10 月 16 日的仲康日食，以及孔甲即位首日爲公元前 1577 年 2 月 17 日這一事實，均可對這些年份加以驗證。孔甲即位首日爲甲子日（01），此日恰解釋了孔甲名字的由來，並可驗證商朝諸王的干名及其年份。（見表，2.7.4，2.12.2 - 3.）。

9.4.1 第一部分：第二階段對紀年所作改動，忽視了前後兩位帝王在位期的重疊部分。這樣一來，就使得紀年的年份往前移動到公元前 2145 年。[②] 周公七年攝政記錄在成王三十年在位期

---

① 張培瑜 1985，第 252 頁，第一魯曆。蔀首年公元前 625 年往前 20 蔀。

② 當一段時期內，兩位帝王都宣稱在位，就會發生在位期重疊現象。兄弟中年輕的一位，繼任的順序應在兄長之子以後。但弟弟可能想要篡位，所以兄長崩後弟弟就可能宣佈自己在位。

之前,取代了成王原有的兩年守喪期。這一改動使得周克商的年份往前移至公元前 1045 年,與帝辛的在位期産生重疊。要解決這一重疊問題,就要把公元前 1056 年,而非公元前 1040 年,看作周的立朝年份。同時,還要把帝辛在《竹書紀年》裏所顯示的在位期整體往前移動十六年。①甲骨文(《甲編》2416,《懷特》1908)顯示,武乙(前 1145/前 1143 至前 1109)於公元前 1118 年給他的繼承人文武丁一個新曆(7.5.2)。這樣一來,以帝乙爲名號的在位年份就從原來的十九年縮短至九年,而以文武丁爲名號的在位年份爲十三年。所以,帝乙原來的繼位年份爲公元前 1105 年。

9.4.1.1　第二個重疊部分是在祖庚在位時(前 1188/前 1185 至前 1178)。祖甲把祖庚在位的十一年,算進了自己的在位年份中。所以,還原以後應是 16+11 年,加上第十九位王盤庚算在自己名下的陽甲守喪後的四年,再加上仲壬在位的四年。仲壬是太甲守喪後四年裏,伊尹所立的傀儡王(2.7.7)。

9.4.1.2　總共是三十五年。這樣一來,商代立朝年份就從公元前 1554 年往前移到公元前 1589 年。當時,桀的在位期還沒有被杜撰出來。據《竹書紀年》記載,祖庚的繼位年份爲公元前 1215 年,即比實際往前推了 16+11 年。實際的祖庚繼位年份應爲公元前 1188 年。要驗證這個年份,可以往回推十九個年份,即帝辛在位期所採用的置閏周期,然後再對照斷定年份爲公元前 1188 年的甲骨文。這樣一來,要改動年曆就需要 3 個第六月(而武丁在他3+59 年在位期的最後五年,因年老而變得糊塗起來,以至於漏掉了一個閏月。見 7.7.6.4)。

9.4.2　第二階第二部分:這以後,進入到第二階段後半段。

---

①　《竹書紀年》載公元前 1102 年,所以實際的元年應爲公元前 1086 年。這個年份可以通過有關帝辛在位十年、十一年淮谷征討夷方的甲骨文加以驗證(7.2)。

這一階段後半段，商代的守喪期就被忽畧了。但穆王在周朝建立一百年後繼位這一點，並未被篡改。商代的情況和周代差不多。這就要求商代第五代帝王太戊和周代第五位帝王穆王前後的帝王在位期都要有所改動。太戊的在位期往前移動一年，以使其繼位元年與湯曆元年公元前 1575 年相隔一百年。同時，删去守喪期後，太戊在位期前就産生了十二年的空檔。所以，本在太戊之後的繼任雍己（[2＋]12 年），被放到了太戊之前，以填補這一空檔。而太戊的在位期則通過加上雍己的在位年份，而被延長至七十五年（見 2.7.3 至 2.7.3.3）。

9.4.2.1 删去太戊之後共計 35 年的守喪期，但同時又删去了各王之間重疊的統治期，兩相抵消之下，商朝始年又被重新確定爲公元前 1554 年。但是這又會導致堯元年不再是公元前 2145 年，於是人們杜撰了末代夏王帝癸（桀），並給了他 35 年的在位期。這一做法將夏朝始年前移至公元前 2029 年，如第二階段第一部分所保留的那樣，公元前 2145 年仍是堯元年。

9.5 第三階段：戰國時代晚期，魏國編者對《竹書紀年》又作了一次修改，使其成爲第三階段之最終樣貌。他們改寫的目的，是爲了支持魏侯罃稱王。歷史上，魏侯罃即魏惠成王，又稱梁惠王。據説，每五百年就會出現一位新的明君。倘若這並未發生，人們就會猜測，是否天意要在七百年的時候纔讓明君出現，《孟子》、《左傳》都有這樣的説法。《竹書紀年》則間接提及這一説法，侯罃就是利用了這個説法。他把公元前 334 年當作新曆元年（這個年份恰好和公元前 434 年相隔一百年。公元前 434 年，侯罃的祖父魏斯從“子”晉升到“侯”），而在公元前 335 年的時候，他已稱王。所以在改寫《竹書紀年》的時候，要指明公元前 1035 年，王弟唐叔虞受封於唐，即後來的晉國。這一小小改動，使得全書許多地方都相應地加以修改。因爲,《國語》載,晉國建立時,木星在大火(12 位次中的位次 10。公元前 1031 年是最接近的大火年)。但《國語》亦載,武王伐商,木星在鶉火(位次 7),當然這一記載有誤。歲星有十二個位次,所以若以公元前 1035 年在位次 10,那麼公元前 1050 年就在位次 7(3. 3. 4)。

9. 5. 1　所以,按侯簉所需,周克商的年份應爲公元前 1050 年,成王三十年在位期應從公元前 1037 年開始。但公元前 1037 年其實是成王繼位的年份,繼位以前有七年的攝政期(按第二階段記載)。這反過來要求武王要比他實際壽命多活三年。爲瞭解決這個問題,編者把成王紀譜裏的竹簡移到了武王紀譜裏(夏含夷發現了這一錯簡現象,可是夏氏不同意我的解釋)。

9. 5. 2　而這又要求重寫成王紀譜。被移動的成王紀譜内容,要構成一支新的竹簡,就得使周公的卒年和葬年被往前移動十年,從第十一及第十二年至第二十一及第二十二年。但爲周公所舉行禘禮的年份沒有改動,還在第十三年。這一改動看上去很可笑,只可能出自魏國編者之手,爲了達到魏國本身的目的,而採用改動後的紀年。所以,我們不能説這支錯簡是在晉代時候發生的,也不能像夏含夷那樣,因竹簡排列混亂而否認我分析竹簡所載紀年的可能性(請見 3. 3. 2 - 3,也 3. 6 - 3. 10)。

9. 5. 3　這表明,戰國時期就已確定了公元前 1050 年這個年份。但若以公元前 1050 年爲克商年份,則與周文王卒年衝突。周文王的卒年也在公元前 1050 年,因爲據載周文王卒於公元前 1059 年五星會聚後的第九年。所以,有必要將五星會聚的年份往前移動一個木星周期至公元前 1071 年。而周朝,所有克商以前的年份,早至亶父,都往前移了十二年。

9.5.4 在周朝,成王、康王和昭王的守喪期被刪去,而其後的穆王繼位年份則從原來的公元前 956 年改成了公元前 962 年。所以,照這麼看來,周朝立朝年代比原來早了一百年,即在公元前 1062 年。而商朝立朝年代則比周朝立朝年代早四百九十六年,即在公元前 1558 年,而非公元前 1554 年,亦非公元前 1589 年(見 2.9.2.2,2.12.4.表)。

9.5.5 文王的去世年份改爲公元前 1062 年,武王的繼位年份改成公元前 1061 年,而克商年份則改成了公元前 1050 年,爲武王十二年。《竹書紀年》記載了這些改動後的年份(3.3.3-4)。

9.5.6 把周始年確定爲公元前 1062 年,就導致商始年(如第 182 支簡所示,是周始年的 496 年之前)須爲公元前 1558 年,而不是公元前 1554 年。這點通過更改帝癸(桀)在位後期諸多事件的年表得以修正:帝癸十四年發生的五星錯行被改成帝癸十年;但是湯始年(前 1575)發生的遷都事件仍被記作帝癸十五年,和太戊元年(前 1475)相呼應。因此桀的在位期縮減了四年:從 35 年減至 31 年。這 35 年中的最後四年是爲了補充康丁和武乙的守喪期而設置的;那麼現在就通過杜撰馮辛四年的在位期來進行彌補。馮辛是祖甲的繼承人,但在他父親之前去世。但是第三階段的修訂者爲什麼要刪減桀的在位期呢?公元前 2145 年是個不容更改的日期,因爲魏國必須把公元前 2353 年作爲黃帝五十年。魏國學者們謹慎地杜撰了發生在這一年仲夏的一件大事,並使之成爲公元前 453 年魏國(和趙國、韓國一起)大勝智伯的 100 章之前(請參見 2.9;2.9.1.2)。

9.6 除非大部分現存的《竹書紀年》和最初發現的版本沒有出入,否則的話,很難利用《竹書紀年》來作確切的紀年分析。夏含夷發現每支竹簡有四十字位的空間，他的發現有助於解決問題。
我對紀年年份的分析表明，夏朝末年帝癸（桀）的在位期其實是後
人杜撰加上去的。如果單從竹簡上的字數來看，可知帝癸紀譜由
八支竹簡組成，這就驗證了我的分析可能是對的。班大爲認爲，帝
癸紀譜裏描述的行星運行現象，如五星錯行，實際發生於公元前
1576 年 12 月。但《竹書紀年》裏卻指其發生在帝癸十年，也即公
元前 1580 年。我發現，孔甲元年爲公元前 1577 年。所以人們杜
撰帝癸紀譜的時候，也要同時改寫孔甲紀譜，刪去“五星錯行”的字
樣。我們發現，孔甲紀譜的第一支竹簡爲主簡，以下是 4×34 字位
的有關神話的附文（附簡頂部和底部均留有三個字位的空間）。所
以，應該數一數《竹書紀年》裏附簡上的字數，看看是不是以 34 字
爲基數成倍增加。它們當中大部分符合這個規律（雖然有些附簡
在晉代已經被分成幾部分）這使我們得以分析夾在兩篇附文中間
的主文構成，揭示主簡是如何組織的。按照這種方式，我對《竹書
紀年》近三分之二的竹簡加以分析，成功地令人信服地進行解密
（3.2 至 3.2.4，和第四章）。

9.7　在倪德衛、彭颰鈞合寫的文章（《早期中國》第 15 卷，
[1990]）裏，我們確定的仲康五年所發生日食的具體時間和《竹書
紀年》的記載不同。《竹書紀年》記載日食發生於公元前 1948 年庚
戌日（47），這個記載不對，可是很容易解釋：戰國時期的編者採用
置閏周期。從公元前 1876 年往前推一蔀，爲公元前 1952 年，往後
推一紀，爲公元前 432 年。《左傳·昭公十七年》載，日食位置在
房。但公元前 432 年九月朔日那一天，太陽的位置並不在房。公
元前 431 年、公元前 430 年和公元前 429 年的情況也不符合，只有
公元前 428 年符合要求。公元前 428 年九月朔太陽在房，那一天
又爲庚戌日（47），由此往回推一紀成爲公元前 1948 年，亦即“九月

朔庚戌"(2.6.2)。

9.7.1 我們應該更大膽一些：無法想象還有其他的解釋。我們還沒有注意到我們所發現的事情是多麼神奇。爲了造成現有的錯誤,這些編者必得知道比他們所處年代早十五個世紀的各種天象、政治事件的正確年份、月份,也可能早至"結繩而治"時代的日期。在中國,公元前 5 世紀時確實存在確切的年代記錄,這些記錄包括早至公元前 20 世紀的年份。我們也有理由相信,一個世紀以後的編年學家也可能接觸到類似的記錄,他們編寫了部分的《竹書紀年》。所以,通過瞭解當時編年學者想要做什麼,以及他們如何達成自己的目標,我可以還原那些已經遺失了的但曾爲當時編年學者所採用的年份材料。

9.7.2 我已指出我所發現與青銅銘文相符的内容,以及各種天象資料,如行星會聚,日食、月食,中氣日和閏月,以及農曆月首日的干支。我已經完成了宋健"三代工程"所要完成的任務。我希望通過我的這一研究,可以爲中國人民提供對他們來說相當珍貴的、有關他們過去的種種。

（倪德衛 2012 年 6 月 1 日）

參考文獻及縮略語

(以羅馬拼音爲序)

Ahnert，Paul 保羅・阿納特，*Astronimisch-chronologische Tafeln fur Sonne*，*Mond und Planeten*《太陽、月亮和行星的天文年表》(德)，Johann Ambrosius Barth，1960 年。

Akatsuka，Kiyoshi 赤塚忠，*Chugoku Kodai no Shukyo to Bunka: In Ocho no Saishi*《中國古代の宗教と文化：殷王朝の祭祀》，Kadokawa Shoten 角川書店，1977 年。

Allan，Sarah 艾蘭，"Review of Shaughnessy，*Sources of Western Zhou History*"書評夏含夷，《西周史史料》，*Bulletin of the School of Oriental and African Studies*《東方和非洲研究學院通報》1992 年第 3 卷，第 585－587 頁。

艾蘭：參見李學勤。

A. F. Aveni 等，*World Archaeoastronomy*《世界考古天文學》，Cambridge 劍橋大學出版社，1989 年。

"今本"："今本"《竹書紀年》。

Biot，Edouard 畢甌，"Tchou-chou-ki-nien"，《竹書紀年》(第一部分)，*Journal Asiatique* 亞洲期刊，1841 年，第 537－578 頁；《竹書紀年》(第二部分)，亞洲期刊，1842 年，第 381－431 頁。

Brooks，E. Bruce，A. Taeko Brooks 白牧之，白妙之，*The Original Analects: Sayings of Confucius and His Successors*《論語辨》，Columbia University Press 哥倫比亞大學出版社，1998 年。

常玉芝，《商代周祭制度》，中國社會科學出版社，1987 年。

常玉芝，《殷商曆法研究》，吉林文史出版社，1998 年。

Chavannes，Édouard 沙畹，*Les Mémoires Historiques de Se-ma Ts'ien*，法譯本《史記》共五冊，Ernest Leroux 拉魯斯出版社，1895－1905 年；Adrien Maisonneuve 梅森內夫出版社，1967－1969 年(重版)。

沙畹，法譯本《史記》第五冊，第 446－479 頁。附錄一："De L'Authenticité des 'Annales Écrites sur Bambou'"《竹書紀年》的真實性。

陳逢衡，《竹書紀年集證》50 卷，裹露軒，1813 頁。

陳力，《今本〈竹書紀年〉研究》，《四川大學學報叢刊》1985 年第 28 輯(收錄於邵東方 1998：第 386－410 頁，亦收錄於《今本論集》：第 143－171 頁；大部分有英譯，見下文"Fresh Evidence")。

陳力，《今本〈竹書紀年〉的史料價值》：從上文"今本竹書紀年研究"選錄在朱和張：第 237－238 頁。

陳力，"Fresh Evidence for the Authenticity of *Jinben Zhushu Jinian*""今本"《竹書紀年》真實性之新證據，*Social Sciences in China*《中國社會科學》1993 年第 14 卷第 3 期。該文節選自陳力所著"今本竹書紀年研究"，《四川大學學報叢刊》第 28 輯。

陳力，《今古本〈竹書紀年〉之三代積年及相關問題》，《四川大學學報》1997 年第 4 期，第 80 頁(也收錄於《今本論集》，第 219－235 頁)。

陳夢家，《西周銅器斷代》，1：《考古學報》1955 年第 9 期，第137－175 頁；2：同上 1955 年第 10 期，第 69－142 頁；3：同上 1956

年第 1 期,第 65 - 114 頁;4:同上 1956 年第 2 期,第 85 - 94 頁;5:同上 1956 年第 3 期,第 105 - 127 頁;6:同上 1956 年第 4 期,第85-122 頁。

陳夢家,《殷虛卜辭綜述》,科學出版社,1956 年。

陳夢家,《六國紀年》,學習出版社,1955 年。

陳致,《〈清華簡〉中所見古飲至禮及古佚詩試解》,此文發表於網絡("online")。該文引用李學勤《清華簡耆夜》,《光明日報》2009 年 8 月 3 日。

《中國書籍——一項古老的工藝》"Chinese Bookmaking — An Ancient Craft," *The Free China Journal*《自由中國》半月刊(xiii. 1),1996 年 1 月 6 日:5.

Debnicki, Aleksy, *The Chu-shu-ji-nien as a Source to the Social History of Ancient China*《從〈竹書紀年〉作爲古代中國社會歷史的資料》,Warsaw 華沙,1956 年。

Eckholm, Erik 埃克荷姆,"In China, Ancient History Kindles Modern Doubts"(中國:古史引燃今疑),The *New York Times*(International Section),《紐約時報》國際版 2000 年 11 月 10 日星期五 A3 版。

Falkenhausen, Lothar von 羅泰,*Chinese Society in the Age of Confucius*（1000 - 250 BC）: *The Archaeological Evidence*(孔子時代[前 1000 -前 250]的中國社會：考古學證據),Los Angeles：Cotsen Institute of Archaeology, Cotsen 考古學院,University of California, Los Angeles,加州大學洛杉磯分校,2006 年。

范欽(1506 - 1585):見《竹書紀年》。

Pang Sunjoo 方善柱,《西周年代學上的幾個問題》,《大陸雜志》1975 年第 51 卷第 1 期,第 15 - 23 頁,引述在朱和張第 125 -

126 頁。

方詩銘、王修齡，《古本竹書紀年輯證》，上海古籍出版社，1981 年；修訂版，2005 年。

方詩銘，關於王國維的"竹書紀年"兩書，收錄於吳澤等著《王國維學術研究論集》第二册，華東師範大學出版社，1987 年。

方詩銘，《〈竹書紀年〉古本散佚及今本源流考》，收錄於尹達《紀念顧頡剛先生學術論文集》第二册，巴蜀書社，1990 年（亦收錄於《今本論集》，第 15－40 頁）。

范祥雍，《古本竹書紀年校訂補》，上海人民出版社，1957 年。

范祥雍，《關於〈古本竹書紀年〉的亡佚年代》，《文史》1985 年第 25 輯，（收錄於《今本論集》，第 1－14 頁）。

房玄齡等，《晉書》，中華書局，1974 年。

傅斯年，《周東封與殷遺民》，《中央研究院歷史語言研究所集刊》1936 年第四本第 3 分，第 233－239 頁。

John C. Ferguson 福開森編，《歷代著錄吉金目》，上海，1939 年；東京：大安，1967 年（再版）。

顧炎武，《日知錄》第五卷，"三年喪"。

《漢書·律曆志下》，引用劉歆。

Hawkes, David 霍克思, Ch'u Tz'u: The Songs of the South, an ancient Chinese anthology，《楚辭：南方之歌，中國古代詩歌選》，The Clarendon Press 克拉倫敦出版社，1959 年。

何允中：參見《竹書紀年》。

《合集》：郭沫若（名譽）主編，胡厚宣主編，《甲骨文合集》全十三册，中華書局，1982 年。

Hessler, Peter 何偉, Oracle Bones: A Journey Between China's, Past and Present《甲骨文——游走在中國古代與中國現代之間》，HarperCollins Publishers 哈珀柯林斯出版社，2006 年。

胡適,《中國哲學史大綱》,商務印書館,1919 年。

胡適,《三年喪服的逐漸推行》,《武漢大學文哲集刊》1930 年第 1 卷 2 號,第 405－414 頁。

胡適,《説儒》,《中央研究院歷史語言研究所集刊》1936 年第 4本第 3 分,第 244－246 頁。

黃盛璋,《從銅器銘刻試論西周曆法若干問題》,《亞洲文明論叢》,四川人民出版社,1986 年,第 11－32 頁。

黃天樹,《黃天樹古文字論集》,學苑出版社,2006 年。

黃天樹,《殷代的日界》,《黃天樹古文字論集》,學苑出版社,2006 年,第 165－176 頁。

黃天樹,《殷墟甲骨文所見夜間時稱考》,《黃天樹古文字論集》,學苑出版社,2006 年,第 178－193 頁。

JD:儒略日。

《甲編》:甲骨文文本的簡稱之一,參見吉德煒(1978)第 229－231 頁,和島邦男《殷墟卜辭綜類》(1977)第 589 頁。

《今本論集》:邵東方和倪德衛(2002)的縮寫。

劉承幹和吳士鑒批注,《晉書斠注》,北京 1928 年;(再版)藝文印書館,1972 年。

開元占經:見瞿曇悉達。

考訂:《亦囂囂齋考訂竹書紀年》,參見雷學淇《竹書紀年》六卷及附錄。

Karlgren, Bernhard 高本漢,*Glosses on the Book of Documents*《尚書注釋》,Museum of Far Eastern Antiquities 遠東考古博物館,1970 年。

Keightley, David N. 吉德煒, The *Bamboo Annals* and Shang-Chou Chronology《竹書紀年》與商周年表,*Harvard Journal of Asiatic Studies*《哈佛亞洲研究學報》1978 年第 38 卷

第 2 期。

　　吉德煒，*Sources of Shang History*《商代史料》，University of California Press 加州大學出版社，1978 年。

　　Knapp, Keith N. 南愷時，The *Ru* Reinterpretation of *Xiao* 儒家對孝的重新詮釋，*Early China*《早期中國》1995 年第 20 卷，第 195 – 222 頁，其中第 209 – 213 頁尤爲重要。

　　Legge, James 理雅各，*The Chinese Classics*《中國經典》五冊，Hong Kong University Press 香港大學出版社，1960 年。

　　理雅各，《書經》，《中國經典》第三冊，Henry Froude, 1865 年。

　　理雅各，《書經》導論，第 105 – 183 頁。

　　雷學淇，《竹書紀年義證》四十卷，成書於 1810 年，藝文印書館，1976 年（再版）。

　　雷學淇，《考訂竹書紀年》，潤身堂補刊本，1883 年。

　　雷學淇，《竹書紀年》六卷附辨誤一卷、考證一卷、年表兩卷、曆法天象圖一卷、地形都邑圖一卷、世系名號圖兩卷，通州雷氏《亦囂囂齋考訂竹書紀年》。

　　李學勤，《殷代地理簡論》，科學出版社，1959 年。

　　李學勤、齊文心、艾蘭（Sarah Allan），《英國所藏甲骨集》(*Oracle Bone Collections in Great Britain*)，中華書局，1985 年。

　　李學勤，《古本〈竹書紀年〉與夏代史》，收錄於田昌五等所著《華夏文明》，北京大學出版社，1987 年。

　　李學勤，艾蘭，《鮮簋的初步研究》，《歐洲所藏中國青銅器遺珠》(*Chinese Bronzes: a Selection from European Collections*)，文物出版社，1995 年，第 419 – 422 頁，研究 108A 和 B 號盤。

　　李學勤，《夏商周年代學札記》，遼寧大學出版社，1999 年（簡稱《札記》）。

　　李學勤，《〈小開〉確記月食》，《慶祝王元化教授八十歲論文集》,華東師範大學出版社,2001 年,第 94 - 96 頁。

李學勤,《月吉、初吉、既吉》,《札記》,1997 年,第 88 - 96 頁。

李學勤,《利簋銘與歲星》,《札記》1998 年,第 204 - 205 頁。

李學勤,《伶州鳩與武王伐殷天象》,《札記》,1999 年,第 206 - 213 頁。

李學勤,《試説宣王早年曆日》,《札記》,1999 年,第 220 - 223 頁。

李學勤,《帝辛元至十一祀祀譜的補充與檢驗》,《札記》年,第 230 - 239 頁。

李學勤,《再説帝辛元至十一祀祀譜》,《札記》年,第 245 - 250 頁。

李學勤,2009:參見陳致《飲至禮》。

李學勤,2010:參見清華大學藏戰國竹簡。

林春溥,《〈竹書紀年〉補證》四卷,收録於楊家駱編纂《竹書紀年八種》,世界書局,1963 年。

林春溥,《古史紀年》,收録於林春薄所著《竹柏山房十五種》,1837 年。

劉殿爵(D. C. Lau)、陳方正等,《竹書紀年逐字索引》,香港:商務印書館,1998 年。

劉殿爵, *Confucius: The Analects*《論語》(英譯), Penguin Books, Ltd. 企鵝出版集團,1979 年(1984 年再版)。

劉知幾:參見浦起龍。

Loewe, Michael, ed. 魯惟一等, *Early Chinese Texts: A Bibliographical Guide*《古代中國典籍導讀》, The Society for the Study of Early China, and The Institute of East Asian Studies, University of California 早期中國研究協會和加州大學東亞研究中心, 1993 年。

羅泌,《路史》,收録於《文淵閣四庫全書》(影印版)第 383 册,臺灣商務印書館,1986 年。

馬承源,《晉侯蘇編鐘》,《上海博物館集刊》1996 年第 7 期,第 1－17 頁。

馬承源編著,《商周青銅器銘文選》,文物出版社,1998 年。

Mencius《孟子》,劉殿爵翻譯介紹,Penguin Books，Ltd. 企鵝出版集團，1970 年(1983 年再版)。

Metcalf，Peter 梅特卡夫・彼得、Richard Huntington 理查・亨廷頓，*Celebrations of Death: The Anthropology of Mortuary ritual*《死亡的慶典：死亡儀式的人類學研究》(再版),Cambridge University Press：劍橋大學出版社,1991 年。

Needham， Joseph 李約瑟，王鈴協助，*Science and Civilization in China*《中國科學技術史》第三册,*Mathematics and the Sciences of the Heavens and the Earth*《數學與天地的科學》,Cambridge University Press 劍橋大學出版社,1959 年。

Nivison，David S. 倪德衛,"The Dates of Western Chou"(西周年代考),*Harvard Journal of Asiatic Studies*《哈佛亞洲研究學報》1983 年第 43 卷,第 481－580 頁。

倪德衛,"1040 as the Date of the Zhou Conquest"(Research Note),(公元前 1040 年當爲武王克商之年［研究札記］),*Early China*《早期中國》1984 年第 8 卷,第 70－78 頁。

倪德衛,"The King and the Bird: a Possible Genuine Shang Literary Text and Its Echoes in Later Philosophy and Religion"(國王與鳥：一份可能爲真的商代文學記載及其對後世哲學和宗教的影響)(未發表;於 1984 年 3 月 24 日在早期中國研究會年會暨華盛頓亞洲研究學會第 36 屆年會上演講)。

倪德衛,"*Guoyu* Wu Wang ke Yin Tianxiang Bianwei"(《國

語》武王克殷天象辨僞），*Guwenzi Yanjiu*《古文字研究》第 12 輯，中華書局，1985 年，第 445 - 461 頁。

倪德衛，"A New Study of *Xiaotun Yinxu Wenzi Jia-bian* 2416"《小屯殷墟文字甲編》2416 新解（於 1987 年 9 月在中國安陽商文化國際研討會上演講；2007 年修改；未發表）。

倪德衛，"A Telltale Mistake in the *Lü shi chunqiu*：the Earthquake Supposedly in the Eighth Year of Wen Wang of Zhou"（《吕氏春秋》中泄密者的失誤：周文王八年的地震）（1989 年 10 月在科羅拉多大學、美國東方學會西部分會的年會上演講；未發表）。

倪德衛，"The Origin of the Chinese Lunar Lodge System"（中國農曆起源考），A. F. Aveni 等著 *World Archaeoastronomy*《世界考古天文學》，Cambridge University Press 劍橋大學出版社，1989 年，第 203 - 218 頁。

倪德衛，"The "Question" Question"（問"問"），*Early China*《早期中國》1989 年第 14 卷，第 115 - 125 頁（中譯本見《國際漢學叢書》2007 年第 3 期，第 139 - 148 頁，樂學書局）。

倪德衛、彭瓞鈞（Kevin. D. Pang），"Astronomical Evidence for the *Bamboo Annals'* Chronicle of Early Xia"（《竹書紀年》中初夏紀年的天文學考證），*Early China*《早期中國》1990 年第 15 卷，第 87 - 95 頁，論壇："反饋"：第 151 - 172 頁。

倪德衛，"*Chu shu chi nien*"（竹書紀年），Michael Loewe 魯惟一等著，*Early Chinese Texts: A Bibliographical Guide*《古代中國典籍導讀》，The Society for the Study of Early China and the Institute of East Asian Studies，University of California，早期中國研究會和加州大學伯克萊分校東亞研究所，1993 年。

倪德衛，"An Interpretation of the 'Shao Gao'"（"召誥"之

解），*Early China*《早期中國》1995 年第 20 卷，第 177 – 193 頁。

倪德衛、萬白安（Bryan Van Norden）修訂，*The Ways of Confucianism: Investigations in Chinese Philosophy*《儒家之道：中國哲學探究》，Chicago and La Salle：Open Court，1996 年。該文經由周熾成翻譯成中文，請參見倪德衛（2006）。

倪德衛，"'Virtue' in Bone and Bronze"（甲骨與青銅中的"美德"），該文收錄於倪德衛（萬白安修訂）的《儒家之道》，第 17 – 23 頁。中譯本參見倪德衛（2006）：第 21 – 36 頁。

倪德衛，"The Authenticity of the Mao Gong *ding* Inscription"（毛公鼎銘文真偽考），F. David Bulbeck 波耐特、Noel Barnard 巴納德（編），*Ancient Chinese and Southeast Asian Bronze Age Cultures*《古代中國和東南亞青銅文化》，SMC 出版社，1996 – 1997 年，第 311 – 344 頁。

倪德衛，《武王克商之日期》，北京師範大學國學研究所（編）《武王克商之年研究》，北京師範大學出版社，1997 年，第 513 – 532 頁。

倪德衛，《克商以後西周諸王之年曆》，朱鳳瀚、張榮明（編）《西周諸王年代研究》，貴州人民出版社，1998 年，第 380 – 387 頁。

倪德衛，"The Key to the Chronology of the Three Dynasties：The 'Modern Text' *Bamboo Annals*，倪德衛. *Sino-Platonic Papers* 93，1999 年，第 1 – 68 頁。

倪德衛，"The Chronology of the Three Dynasties Xia, Shang and Zhou"（夏商周三代年表），Patrick Suppes、Julius Moravcsik、Henry Mendell（編），*Ancient and Medieval Traditions in the Exact Sciences: Essays in Memory of Wilbur Knorr.*《古代和中世紀傳統的科學研究：紀念 Wilbur Knorr 文集》，CSLI 出版社，2000 年，第 203 – 227 頁。

倪德衛,《張培瑜對〈大衍曆議〉和今本〈竹書紀年〉》,計劃由《歷史研究》出版(待翻譯),2000 年 6 月 3 日。

倪德衛、夏含夷,《晉侯的世系及其對中國古代紀年的意義》,《中國史研究》2001 年第 1 期,第 3 - 10 頁。

倪德衛、夏含夷,"The Jin Hou Su Bells Inscription and Its Implications for the Chronology of Early China"(晉侯蘇編鐘銘文及其對早期中國年表的意義),《早期中國》2000 年第 25 卷(實爲2002 年),第 29 - 48 頁。

倪德衛,"Mengzi as Philosopher of History"(歷史哲學家孟子),Alan K. L. Chan 陈金樑編《孟子:背景與釋義》,University of Hawaii Press 夏威夷大學出版社,2002 年,第 282 - 304 頁。

倪德衛著,邵東方譯,《三代年代學之關鍵:〈今本竹書紀年〉》,《經學研究論叢》第 10 卷,第 223 - 309 頁,臺灣學生書局,2002 年(此文爲倪德衛[1999]的校訂翻譯稿)。

倪德衛,《論〈今本竹書紀年〉的歷史價值》,《今本論集》,第41 - 82 頁。

倪德衛,"The Xia-Shang-Zhou Chronology Project: Two Approaches to Dating"(夏商周斷代工程:確定年代的兩種途徑),*The Journal of East Asian Archaeology*《東亞考古》4. 1 - 4,2002年,第 359 - 366 頁。

倪德衛 2002:邵東方所譯倪德衛 1999。

倪德衛 2003(倪德衛 2002 亞洲研究學會論文),徐鳳先譯,《夏商周斷代工程:確定年代的兩種途徑》,《中國文哲研究通訊》2003 年第 13 卷第 4 期,中央研究院中國文哲研究所。

倪德衛,"Huang Di to Zhi Bo: a Problem in Historical Epistemology"(黃帝到智伯:歷史認識中的問題)(未發表),美國東方學會西部分會年會論文,加州大學伯克利分校,2003 年 10 月

10 日。

倪德衛,"Standard Time"(標準時間),Martin R. Jones、Nancy Cartwright 等編,*Idealization XII: Correcting the Model. Idealization and Abstraction in the Sciences*《理想化之十二:糾正模型——科學中的理想化和抽象化》(*Poznań Studies in the Philosophy of the Sciences and the Humanities*《科學與人類學中的波兹南哲學》第八十六冊)Rodopi,2005 年,第 219 - 231 頁。

倪德衛、萬白安(Bryan Van Norden)修訂,*The Ways of Confucianism*《儒家之道》,1996 年),周熾成譯,《儒家之道:中國哲學之探討》,江蘇人民出版社,2006 年。

倪德衛,"Epilogue to *The Riddle of the Bamboo Annals*"(《〈竹書紀年〉解謎》後記),*The Journal of Chinese Studies*《中國文化研究所學報》,2011 年第 53 卷,第 1 - 32 頁。

倪德衛,有關徐鳳先《早期中國》2010 - 2011 年第 33 - 34 卷的評論(將於 2014 - 2015 年出版)。

倪德衛、邵東方,《竹書紀年新探》(計劃於 2014 - 2015 年出版)。

Pankenier, David W. 班大爲,"Astronomical Dates in Shang and Western Zhou"(商朝和西周的天文日期),《早期中國》1983 年第 7 卷,第 2 - 37 頁。

班大爲,"*Mozi* and the Dates of Xia, Shang and Zhou: A Research Note"(墨子和夏商周的年代:研究札記),《早期中國》1983 - 1985 年第 9 - 10 卷,第 175 - 183 頁。邵氏中譯文可參見《今本論集》,第 297 - 303 頁;亦有徐鳳先中譯文在班氏 2008:第 74 - 81 頁。

班大爲,"The Metempsychosis in the Moon"(月亮輪回),*Bulletin of the Museum of Far Eastern Antiquities*《遠東古物博

物館學報》1986 年第 58 卷,第 149－159 頁。

班大爲,"Forum criticism of Nivison and Pang"(有關倪德衛和彭祉鈞的批評),*Early China*《早期中國》1990 年第 15 卷,第 117－132 頁。

班 大 爲,"The *Bamboo Annals* Revisited: Problems of Method in Using the Chronicle as a Source for the Chronology of Early Zhou"(重讀《竹書紀年》:根據其年代來確定早周年代的方法問題),*Bulletin of the School of Oriental and African Studies*《東方與非洲研究學院學報》Vol. LV,第二、三部分,1992 頁。

班大爲,"Reflections of the Lunar Aspect on Western Chou Chronology"(從月相看西周年表),*Toung Pao* lxxviii, 1992 年。

班大爲,《中國上古史實揭秘——天文考古學研究》,上海古籍出版社,2008 年。

班大爲 2012:參見徐鳳先《早期中國》第 33－34 卷。

Pines, Y. , "Intellectual Change in the Chunqiu Period: the Reliability of the Speeches in the *Zuo zhuan* as Sources of Chunqiu Intellectual History"(春秋時期思想史的變化:以《左傳》中言論之可靠性作爲春秋思想史資料),*Early China*《早期中國》1997 年第 22 卷,第 77－132 頁。

Prusek, Jaroslav 雅羅斯拉夫・普實克,*Chinese History and Literature*(中國歷史與文學),Springer,1970 年,第 35－47 頁;The Authenticity of the Chu-shu-ji-nien 竹書紀年之真實性:對 A. Debnicki(1956)的評論。

浦起龍,《史通通釋》。

錢穆,《先秦諸子繫年》,香港大學出版社,1956 年。

錢穆,《古本竹書紀年輯校補正》,收錄於楊家駱等編《竹書紀年八種》,世界書局,1963 年。

李學勤主編,清華大學出土文獻研究與保護中心彙編,《清華大學藏戰國竹簡》,上海文藝出版社,2010年。簡寫爲"TBS"。

Gautama Siddhartha 瞿曇悉達,《開元占經》第 713 - 741 頁,《文淵閣藏四庫全書珍本》第四版,臺北:商務印書館,1973年再版,第 172 - 181 册。

RECT:夏含夷,*Rewriting Early Chinese Texts*《重寫早期中國本文》。

伏勝,《尚書大傳》,鄭玄注;陳壽祺,《尚書大傳輯校》,收錄於《叢書集成》第一版,商務印書館,1937年。

邵東方, *Cui Shu*(1740 - 1816): *His Life*, *Scholarship*, *and Rediscovery*(崔述(1740 - 1816):其生平、學術與重新發現),夏威夷大學歷史系博士論文 University of Hawaii,1994年。

邵東方,《從思想傾向和著述體例談〈今本竹書紀年〉的真偽問題》,《中國哲學史研究》1998年第3期,收錄於邵東方 2005:第 1 - 36 頁。

邵東方,《崔述與中國學術史研究》,人民出版社,1998年。

邵東方,《〈今本竹書紀年〉諸問題考論——與陳力先生商榷》,收錄於邵東方 1998:第 293 - 385 頁;删改版收錄於邵東方《今本論集》,2002年,第 173 - 217 頁。

邵東方,《〈今本竹書紀年〉周武王、成王紀譜排列問題再分析》,《中國史研究》2000年第1期,收錄於邵、倪《今本論集》,2002年,第 101 - 120 頁,以及邵東方 2005:第 1 - 36 頁。

邵東方,《劉殿爵等點校〈汲冢紀年存真〉辨誤舉例》,《經學研究論叢》2002年第11卷;收錄於邵 2005:第 60 - 75 頁。

邵東方,《晉公子重耳返國渡河時間考》,邵東方 2005:第 76 - 89 頁。

邵東方,《文獻考釋與歷史探研》,廣西師範大學出版社,

2005 年。

邵東方、倪德衛,《今本竹書紀年論集》,臺北:唐山出版社,2002 年。

夏含夷,《也談武王的卒年——兼論〈今本竹書紀年〉的真僞》,《文史》1985 年第 29 輯。

夏含夷,"On the Authenticity of the *Bamboo Annals*,"(竹書紀年真僞考),*Harvard Journal of Asiatic Studies*《哈佛亞洲研究學報》46. 1(1986)。

夏含夷,"The 'Current' *Bamboo Annals* and the Date of the Zhou Conquest of Shang,"("今本"竹書紀年與周克商的日期),*Early China*《早期中國》1985 – 1987 年第 11 – 12 期。

夏含夷,*Sources of Western Zhou History: Inscribed Bronze Vessels*《西周史的起源:青銅銘文》,加州大學出版社,1991 年。

夏含夷,"*Shang shu* 尚書(*Shu ching* 書經)",收錄於魯惟一等 *Early Chinese Texts: A Bibiographical Guide*《早期中國文本:書目指南》,早期中國研究會和加州大學伯克利分校東亞研究所,1993 年,第 376 – 389 頁。

夏含夷,"*I Chou shu* 逸周書",收錄於魯惟一等《古代中國典籍導讀》,1993 年,第 229 – 233 頁。

夏含夷,《竹書紀年與周武王克商的年代》,《文史》1994 年第 38 輯(此文收錄於《今本論集》:第 121 – 141 頁)。

夏含夷,*Before Confucius*《孔子之前》,紐約州立大學出版社,1997 年。

夏含夷,《溫故知新録:商周文化史管見》,導向出版社,1997 年。

夏含夷,《父不父,子不子:試論西周中期詢簋和師酉簋的斷代》,《古史異觀》,1998 年,第 201 – 203 頁。

夏含夷,"The Editing and Editions of the *Bamboo Annals*"（《竹書紀年》的修訂及各個版本），2002 年 4 月 13 日在芝加哥大學夏商周斷代工程研討會上發表。

夏含夷,"New Sources of Western Zhou History：Recent Discoveries of Inscribed Bronze Vessels"（西周史新史料：新出土刻有銘文的青銅器），《早期中國》2001－2002 年第 26－27 卷。

夏含夷,《四十二年、四十三年虞逨鼎的年代》,《中國歷史文物》2003 年第 5 期,第 49－52 頁。

夏含夷,《商王武丁的末期：中國上古年代學的重構實驗》。

夏含夷,《竹書紀年錯簡三證》（打印稿）,2003 年 12 月 17 日。

夏含夷,《古史異觀》,上海古籍出版社,2005 年。

夏含夷,*Rewriting Early Chinese Texts*《重寫早期中國文本》,紐約州立大學出版社,2006 年。

夏含夷,"Texts Lost in Texts：Recovering the 'Zhai Gong' Chapter of the *Yi Zhou shu*,"（文本中遺失的段落：重解《逸周書》之《祭公》）,《紀念何莫邪（*Christoph Harbsmeier*）誕辰 60 周年論文集》,2006 年,第 31－47 頁。

夏含夷,《由 42 年，43 年"逨鼎"談周宣王在位,銅器銘文月相和"夏商周斷代工程"諸問題》,第 21 頁（2006 年 10 月收到中文打字原稿）。

夏含夷,《從"親簋"看周穆王在位年數及年代問題》,《中國歷史文物》2006 年第 3 期,第 4－10 頁。

夏含夷,《古中國紀年》,香港浸會大學金禧學術講座系列,2006 年 11 月 7 日,中文打字原稿 25 頁。

夏含夷,羅泰（Falkenhausen）2006 評論,*Journal of Asian Studies*《亞洲研究學報》2007 年第 66 卷第 4 期,第 1129－1132 頁。

夏含夷,"Of Riddles and Recoveries: The *Bamboo Annals*, Ancient Chronology, and the Work of David S. Nivison"(《竹書紀年》及其重解:古代紀年和倪德衛的工作),*Journal of Shinese Studies*《中國文化研究所學報》,2011 年第 52 卷,第 269–290 頁 (香港中文大學出版)。

沈約,《宋書》,中華書局,1974 年。

Shim, Jaehoon, 沈載勛, "The Jin Hou Su *Bianzhong* Inscription and Its Significance"(晉侯蘇編鐘銘文及其重要意義),《早期中國》1997 年第 22 卷,第 43–75 頁。

Shima Kunio,島邦男,《殷墟卜辭研究》(日),汲古書院,1958 年。

島邦男,《殷墟卜辭綜類》(日),汲古書院,1977 年。

Shinjo Shinzo,新城新藏,《周初の年代》(日),*Shinagaku* 4.4 (昭和 3.4,即 1928 年 4 月):第 1–150 頁。

Shirakawa Shizuka,白川静,《金文通釋》(日),白鶴美術館志,1962 年。

《四庫全書總目提要》:1781–1783.上海:商務印書館,1933 年重印,共 4 册(4490 頁,四角索引)。其中關於《竹書紀年》(兩卷)的内容在第 47 卷,歷史 III,紀年史:1022–24.

司馬遷,《史記》,中華書局,1959 年。

Stahlman, W. D. 斯塔爾曼,O. Gingerich 金格里奇,*Solar and Planetary Longitudes for years − 2500 to + 2000 by 10 - Day Intervals*(太陽和行星的經度:以 10 天爲間隔觀察從公元前 2500 年至公元後 2000 年),The University of Wisconsin Press 威斯康辛大學出版社,1963 年。

Stephenson, F. R. 斯蒂芬森, "A Re-investigation of the 'Double Dawn' Event Recorded in the *Bamboo Annals*"(再談《竹書紀

年》中的"天再旦"),*Quarterly Journal of the Royal Astronomical Society*《皇家天文學會季刊》1992 年第 33 卷,第 91–98 頁。

Stephenson, F. R. and Houlden, M. A., Cambridge: Cambridge University Press, 劍橋大學出版社, 1986 年。

Stephenson, F. R. 斯蒂芬森, Houlden M. A. 霍頓, *Atlas of historical eclipse maps: East Asia*, *1500 BC-AD 1900*《歷史上日食圖譜:東亞, 公元前 1500–公元後 1900》, Cambridge University Press: 劍橋大學出版社, 1986 年。

TBS: Tsinghua Bamboo Strips 清華大學竹簡, 參見清華大學。

王國維,《今本竹書紀年疏證》, 1917 年, 收錄於楊家駱等編《竹書紀年八種》, 世界書局, 1963 年。

王國維,《古本竹書紀年輯校》, 1917 年, 收錄於楊家駱等編《竹書紀年八種》, 世界書局, 1963 年。

王國維,《觀堂集林》, 中華書局, 1959 年。

王國維, 生霸死霸考, 收錄於《觀堂集林》卷一。

《竹書紀年》, 收錄於吳琯(明)《古今逸史》。

《武王克商之年研究》57 篇論文, 北京師範大學國學研究所編, 北京師範大學出版社, 1997 年。

《夏商周斷代工程: 1996–2000 年階段成果報告(簡本)》, 世界圖書出版公司, 2000 年。

《夏商周斷代工程簡報》1992 年第 1 期; 2000 年第 100 期(等)。

徐鳳先 2003, 參見倪德衛 2003 年。

徐鳳先,《商末周祭祀譜合曆研究》, 世界圖書出版公司, 2006 年。

徐鳳先著, 班大為譯, "Using Sequential Relations of Day-

Dates to Determine the Temporal Scope of Western Zhou Lunar Phase Terms"(以相對曆日關係探討金文月相詞語的範圍),《早期中國》2010－2011 年第 33－34 卷,第 171－198 頁(2012 年出版)。

徐鳳先,同上,《中國科技史雜志》2009 年第 30 卷第 1 期,第 89－101 頁。

徐文靖,《竹書紀年統箋》(清·乾隆十五年[1750 年]版),譯文印書館影印本,1966 年。

徐振韜、蔣窈窕,《五星聚合與夏商周年代研究》,世界圖書出版公司,2006 年。

楊朝明,《今本竹書紀年並非僞書説》,《齊魯學刊》1997 年第 6 期(《今本論集》:第 305－320 頁)。

楊朝明,《沈約與今本竹書紀年》,《史學史研究》1999 年第 4 期(《今本論集》:第 321－342 頁)。

楊家駱等編,《竹書紀年八種》,世界書局,1963 年。

楊寬,《戰國史》(增訂版),上海人民出版社,1998 年。

楊希枚,《孟子滕文公篇三年喪故事的分析》,《先秦文化史論集》,中國社會科學出版社,1995 年,第 402－432 頁。

永瑢等,《四庫全書總目》,中華書局影印本,1965 年。

于省吾,《利簋銘文考釋》,《文物》1977 年第 8 期,第 10－12 頁。

札記:參見李學勤 1999。

ZPY:Zhang, Peiyu 張培瑜。

張培瑜,《中國先秦史曆表》,齊魯書社,1987 年。

張培瑜,《有關倪德衛和彭祐鈞的批評》,《早期中國》1990 年第 15 卷,第 133－150 頁。

張培瑜,《大衍曆議與今本竹書紀年》,《歷史研究》1999 年第 3 期。

章學誠,《章氏遺書》,内編 30 卷,外編 18 卷,外集 2 卷,劉承幹刊刻,吳興:嘉業堂,1922 年。

趙紹祖,《校補竹書紀年》,古墨齋,1796 年。

鄭慧生,《孝己的存在與祖己卜辭的有無》,1986 年,第 14 頁(1987 年安陽商文化國際研討會論文)。

朱風瀚、張榮明編,《西周諸王年代研究》,貴州人民出版社,1998 年。

朱希祖,《汲冢書考》,中華書局,1960 年。

朱右曾,《汲冢紀年存真》歸硯齋版,收錄於顧廷龍等《續修四庫全書》第 336 册,上海古籍出版社,1995 年。

《竹書紀年》,范欽撰,天一閣(明,影印本收錄於《四部叢刊》,商務印書館)。

《竹書紀年》,明·何允中版,張遂辰修訂,收錄於《漢魏叢書》。

《竹書紀年》(及《穆天子傳》),收錄於鍾惺編《汲冢選書》。

中譯本跋

　　《〈竹書紀年〉解謎》是倪德衛（David S. Nivison）教授英文版著作 *The Riddle of the Bamboo Annals*（Taipei：Airiti Press，2009）的增訂中譯本。由於倪教授不幸於 2014 年 10 月 16 日逝世，作爲他生前的友人和同事，以及作爲這兩部書出版的牽線人，我在此將這兩部書的出版過程以及參與翻譯人員的工作情況做一簡略的回顧和介紹。

　　2008 年初，我向倪德衛教授建議：是否可以將他近年來有關《竹書紀年》研究的文字（包括尚未公開發表的）結集出版。考慮到學術出版的較長周期（通常需要數年之久）和倪教授本人的年紀因素（已經八十五歲高齡），我建議尋找一家商業出版社來出版這部論文集。爲了讓學術界，特別是《竹書紀年》研究者儘早看到他的研究成果，以及希望在有生之年看到自己的作品發行於世，倪教授放棄了遵行匿名審查的常規學術出版程序，同意接受我所推薦的著名台灣出版社 Airiti Press 作爲其著作的出版商。英文版於 2009 年 2 月出版後，我們兩人又商量如何將此書翻譯爲中文，並在中國大陸出版發行。2011 年 4 月我藉赴上海崇明島開會之際，會見了當時擔任上海古籍出版社社長的王興康先生，商談此書的出版。承蒙王社長的好意，同意由該社出版《〈竹書紀年〉解謎》中譯本，並指定童力軍先生擔任責任編輯。嗣後，繼任的上海古籍出版社社長高克勤先生繼續關心本書的出版，我在美國國會圖書館和上海浦東先後兩次與高社長會晤，他都表示對本書出版的大力支持。上海古籍出版社將此書的出版列入"早期中國研究系列叢書"，編輯人員也幾經更換，童力軍、徐衍及現在的吳長青諸位編輯對本書的出版都付出很大的辛勞。

目前出版的本書譯稿，最初由倪德衛教授邀請魏可欽於 2010 年翻譯台北版英文原著，其中第二章採用邵東方翻譯的"三代年代學之關鍵：'今本'《竹書紀年》"（發表於 2002 年《經學研究論叢》第 10 輯）。2011 年，倪教授又邀請斯坦福大學東亞語言與文化系博士生解芳校閱譯稿，並在魏譯的基礎上進行修訂和增譯。在此之後，魏可欽於 2012 年至 2013 年期間，對譯稿作了再次校閱，校閱的內容包括譯稿全部章節，以及導言、後記、書目和附錄。其後，斯坦福大學東亞語言與文化系博士生趙昊亦對部分譯稿作了校閱。

倪德衛教授本人非常重視此書的出版，在校對譯文的過程中，又對英文原書加以修訂，增補了一些新內容。值得欽佩的是，倪教授對中譯文親自加以修改並自行翻譯部分段落。可以說，這部中譯本是包括作者和幾位譯者共同努力的學術成果。有鑒於此，我們很難以量化的形式來體現譯校者的工作，並以此排列署名的順序，所以本書封面的署名將以兩位主要譯者姓氏的漢語拼音爲序。特別需要指出的是，在中譯文的稿本呈交給上海古籍出版社之後，倪教授還不斷對中譯稿進行補訂。據其哲嗣 James N. Nivison 告知，倪教授在逝世前的四個星期還在伏案校閱中譯稿。古詩云："春蠶到死絲方盡，蠟炬成灰淚始乾。"我們或可藉用此詩句來讚頌他這種臨終之際仍孜孜不倦的治學精神！

倪教授逝世後，我受其家屬的委託，與上海古籍出版社聯繫，以確保本書出版的最後階段順利完成。在高克勤社長的關切下，我與吳長青編輯對即將排稿的清樣,進行最後校霙,改正錯字,補翻漏譯文字,整齊體例。在校樣印出後,我參加了一、二、三校樣的定稿。在此,我要向上海古籍出版社前後兩位社長和各位編輯表示感謝。我還要向斯坦福大學圖書館館長 Michael Keller 先生和東亞圖書館副館長邱頎博士致以謝意。由於他們將"《竹書紀年》研究基金"放在大學圖書館妥善管理,資助翻譯的工作得以順利進行。

　　現在,《〈竹書紀年〉解謎》中譯本終於問世了,本書翻譯團隊的中青年學者都是倪德衛教授生前的友人,大家感到無比欣慰。我們可以告慰倪教授:您付出無數心血的這部中譯本,一定會流芳千古、傳至其人!

　　邵東方 2015 年 3 月 6 日識於美國國會圖書館亞洲部

早期中國研究叢書

（精裝版）

圖書在版編目(CIP)數據

《竹書紀年》解謎 /（美）倪德衛著；魏可欽，解芳等譯；邵東方校. —上海：上海古籍出版社，2018.9（2023.4重印）

（早期中國研究叢書）

ISBN 978-7-5325-8962-3

Ⅰ.①竹… Ⅱ.①倪… ②魏… ③解… ④邵… Ⅲ.①中國歷史—古代史—編年體②《竹書紀年》—研究 Ⅳ.①K204.3

中國版本圖書館 CIP 數據核字(2018)第 185936 號

早期中國研究叢書

《竹書紀年》解謎

［美］倪德衛 著

魏可欽 解芳等 譯

邵東方 校

上海古籍出版社出版發行

（上海市閔行區號景路 159 弄 1-5 號 A 座 5F 郵政編碼 201101）

(1) 網址：www. guji. com. cn

(2) E-mail：guji1@guji. com. cn

(3) 易文網網址：www. ewen. co

蘇州市越洋印刷有限公司印刷

開本 890×1240 1/32 印張 13.125 插頁 5 字數 314,000

2018 年 9 月第 1 版 2023 年 4 月第 5 次印刷

印數：9,401—14,500

ISBN 978-7-5325-8962-3

K·2535 定價：78.00 元

如有質量問題，請與承印公司聯繫